신앙과 인생

머리말

본서는 기독교 무교회 독립 전도자 노평구 선생 주필「성서연구(聖書研究)」영인본 15권 중의 선생의 글들 중에서 400여 쪽 단행본 1권 분량을 발췌하고 시골문화사 간행「노평구전집」을 참고하여「신앙과 인생」으로 제목을 붙여 출판한 것이다.

「성서연구」는 노평구 선생이 1946년부터 1999년까지 500호에 걸쳐 발간한 그의 기독교 신앙의 진수가 담긴 전도잡지였다. 선생의 글들에는 시종일관 루터의 신앙만의 신앙주의, 우찌무라의 제도교회와 그 의식들을 탈피한, 오직 그리스도의 속죄신앙에 의해 하나님 앞에 설 수 있는 십자가신앙이 선포되어있다. 나아가 그 신앙에 토대하여 선생의 인문학적 해박한 지식을 동원한 국가 사회가 나아갈 길, 도덕적인 길, 신의(神意)의 길이 또한 선포되어있다. 실로 인생사 전반에 대해 예리하고 거침없는 예언자적 진리의 선포는 우리를 압도하는 바가 있다.

선생은 정치, 경제, 사회, 문화 등 모든 면에서 인간 자체의 변화 없는 외적 개량(改良) 차원의 운동을 타기했다. 그는 진정 가치 있는 모든 일은 오로지 그리스도의 복음으로 신생된 인격에 의해서만 이루어지고 개인이든, 사회든, 국가든 거기에만 참 소망이 있다고 믿고 사회를 위하여, 사랑하는 조국을 위하여, 그 일에 일생을 걸고 진력한 것이었다. 그런 관점에서 선생은 민족이 긍지로 여기는 3·1독립운동도, 4·19 의거도 크게 가치 있는 것으로 평가하지 않았다. 과연 그리스도의 복음과 성서의 메시지에 조금이라도 제대로 귀를 기울이는 신앙인이라면 가치의 가장 윗자리를 어디에, 무엇에, 두어야 하는가를 어렵지 않게 깨달을 수 있을 것이다.

그럼에도 이 나라 주류 제도 기독교계, 특히 허다한 목회자들과 교권주의자들은 김교신 선생에게 해왔듯, 단지 노평구 선생이 무교회 기독교 신앙입장을 견지하고 있다는 이유로 해방 후 근년까지 오랜 기간 선생의 진리의 복음 선포와 그에 입각한 예언적 외침을 이단시 해옴으로써 대부분의 이 나라 기독교인들에게 그는 가리워진 존재가 되어온 것이 사실이다.

그러나 이제 우리는 선생을 다시 불러내야 한다. 이 말 아닌 세속주의 한국 기독교의 품격을 높인 김교신 선생과 함께 또한 노평구 선생에게 들어야 한다. 교회사가 민경배 교수의 평대로, "한국의 걸출한 인물이요 지사(志士)요, 양심과 신앙의 교과서적 신앙인, 한국 기독교의 지적(知的)이지만 동시에 강인한 도덕적 기풍을 풍겨 그것이 세계 기독교의 한 지표(指標)가 되게 한 인물(김성진 편 '노평구 신앙일기 출간에 붙이는 말' 중)"에게서 들어야 한다.

또 역사학자 김동길 교수가, "····일제 시대에는 김교신씨로부터 성서를 배웠고 해방 뒤에는 줄곧 성서연구에 몰두하여 「성서연구」라는 잡지를 매달 만들어 가까운 친구들과 몇 안 되는 독자들에게 나누어 읽도록 한 것이 어쩌면 그의 필생 사업의 전부였다. 그러므로 그의 이름 석자를 기억하는 한국인은 많지 않다. 그러나 그를 가까이 아는 몇몇 사람의 가슴 속에 노평구라는 이름은 한 시대의 기독교정신의 상징이었다. 돈을 탐하지 않고 감투를 쫓지 않고 전통적 한국의 선비답게 가난한 삶 속에서 성서연구에 자신의 모든 것을 바친 그는 가히 이 시대의 큰 정신적 지도자였다. 그는 한평생 부귀와 영화에 등을 돌리고 살았을 뿐 아니라 기성교회와도 거리를 두고 살았기 때문에 그 많은 교파의 그 많은 교회들이 성서에 대한 해박한 지식과 철두철미한 신앙의 사람 노평구의 말을 들으려 하지 않았다……"(김동길 블로그, '노선생님 추모 글'-2003. 9. 19-중에서)고 평(評)한, 이 참으로 경건한 신앙의 사람에게서 경청할 때가 되었다. 편자(編者)가 선생의 글들 일부를 출판하는 중요 이유가 이것이다.

또 하나의 이유로는 선생의 저작집은 기본적으로 신앙서적임에도 일찍이 하바드대학 도서관이 이 전집을 구입, 비치했고, 국내 최대 서점인 교보문고 역시 2질을 영구보존용으로 보관하기로 했다는데서 알 수 있듯(김성진 편, '노평구 신앙일기 17', 교육학자 김정환 교수의 '노평구 전집의 민족정신사적 유산 음미' 중), 그 큰 가치가 인정되고 있음에도 아직도 그 책들은 극소수 아는 이들에게만 알려진 책들로 남아있다는 점이다. 이것은 앞에서 언급한대로, 선생이 이 나라의 유달리 강고한 제도교회의 환경에서 가려진 점도 있지만 또한 그의 저작집이 '종교와 인생'편만 해도 450여 쪽 5권의 방대한 분량으로서 쉽게 독파하기에는 부담을 느끼는 측면도 부인할 수 없는 것이다. 하여 우리의 이 기독교 환경에서 진정한 복음을 갈구하는 영혼들에게 선생의 주옥같은 글들 일부라도 비교적 쉽게 접할 수 있게 할 필요성이 절감되기 때문이다.

 이렇게 해서 우리는 지도자든 평신도든 소수라도, 이 제대로 된 복음 생장(生長)이 어려운 척박한 광야에서 일생을 그리스도만을 의지하고 해방 후 근래까지 철저히 참된 신앙의 길을 외치고 간 시대의 예언자에게 경청하여 믿음생활에 있어 기독교란 과연 어떠한 종교이고 그 신앙 자세는 어떠해야 하고, 그가 지상(至上)의 가치로서 추구해야 하는 것이 진정 무엇인가를 조금이라도 새롭게 인식하는 계기가 되었으면 하는 마음 간절하다.

 끝으로 이 책 출판을 위해 격려, 후원해주신 이귀성, 성정환, 손현섭 선생님 내외분 등 여러분께 깊이 감사를 드린다.

편자(編者) 한병덕

〈일러두기〉

1. 원문에는 한자가 많이 사용되어 있어 한자세대 아닌 청년 독자를 위해 한글을 병용했고, 병용하지 않아도 쉽게 알 수 있는 한자 어휘는 한글로 바꾸었다.
2. 그 외 현대인, 특히 청년들을 위해 현대에 잘 쓰이지 않는 어휘들 중 소수는 현대어로 바꾸었다.
3. 각 글 끝의 년, 월 표기는 그 글이 실린 「성서연구」지의 발행 년 월이다.

목 차

원동력(原動力)으로서의 성서	15
당면한 3대 적	17
기독교 신자의 애국	22
기독신자의 싸움	24
기독교의 레종 데트르(존재 이유)	25
고난의 프리즘을 통하여	28
삼일운동과 기독교	31
김교신 선생을 찾음	33
소수의 신앙	36
신자의 세 유형	38
나의 무교회	40
신앙적 해결	41
민주주의 토대	42
병들어 누워 있을지라도	44
신앙의 세모감(歲暮感)	47
예수 강탄(降誕)의 목적	48
새 기독교를 위하여	52
기독교의 내용	55
무교회의 사실	57
근대의 전사(戰士) 우치무라 간조(內材鑑三)	59

부활생명과 고난	66
성서냐, 신학이냐	68
성서연구지의 성격	70
신앙의 3단계	72
이성·교권·신앙	75
신앙의 기쁨	76
인격의 가치	78
부활신앙의 사실	80
교회 문답	81
신앙 자유냐, 신앙 통제냐	84
정치지상(政治至上) 배격	87
신학과 신앙	89
예배 기술의 진보	91
작은 기원	94
신앙의 성장	95
결혼과 신앙	97
기독교, 즉 속죄교	101
김교신 선생과 신뢰	104
평화와 기독신자의 각오	107
폐허의 서울에서	109
종교의 혼동	111
하나님의 의(義)	114
없기보다 나은 교회	116
바울 서한과 그 이해	118
동양사상과 기독교	124
부활과 절망	126
나의 신앙 코스	128

치병 곧 기독교 신앙은 아니다	130
회당(會堂) 기독교에 대해	132
의식(儀式) 전폐	134
부활신앙의 필요	136
음탕의 영	138
양심의 종교	140
신앙 정사(正邪)에 대한 비판	141
죽고 사는 진리	144
신앙 싸움	149
현대문명과 기독교 신앙	151
신앙의 성장을 위하여	153
인생의 불행과 기독교 신앙	155
안식일 엄수와 무교회 신앙	157
루터의 종교개혁과 근대문명	160
3·1 운동 비판	180
복음의 이상(理想) 때문에	182
무엇이 무서웠느냐?	185
언론과 선거 유감	187
제도(制度)냐 사람이냐	189
환호냐, 치욕이냐	191
도덕과 기독교 신앙	193
진정한 교육자를	195
제2의 이슬람 문명	196
행복은 어디에	199
배교(背敎) 신앙	201
우선 종교를!	203
무교회 신앙	205

기독교와 우상 신앙	207
토인비의 기독교관에 대하여	209
초대신앙과 성서	211
김교신 선생과 성서	213
예수의 세계전도 명령	224
교회냐, 그리스도냐	226
기독교인의 사회참여에 대하여	229
정신의 천박	233
너무나 정치적!	235
사랑과 도덕	237
십자가	239
사람을, 한 사람을	241
교육에 대하여	244
기독교와 전쟁과 평화	246
무교회 신앙의 앞날	250
생활의 반성	253
교회냐, 진리냐	255
정직	256
인내와 믿음	258
신앙만의 신앙	261
죽음에 대하여	263
현대인의 약화(弱化)	265
나의 민족 이상(理想)	267
조국애에 부침	269
망국 정신	271
치욕의 잔	273
종교와 현실문제	275

진리가 무엇이냐? 277
부활신앙과 인생 279
프로테스탄트 신앙의 본령(本領) 286
기독교는 무엇으로 서나? 288
신앙노력의 초점 290
정치냐, 종교냐 292
인류의 성적 타락 294
신앙의 유산화 문제 296
신앙과 행위에 대해 298
예수의 죽음 301
이중의 사악(邪惡) 303
기독교의 속화(俗化) 305
죄 죄 죄 307
우리 민족 성격 문제 309
생활이냐 믿음이냐 311
신앙생활이란 무엇인가? 313
체제냐 사람이냐 316
복음적인 구원과 사랑만 318
신앙의 기쁨과 학문과 인격 320
초대 기독자들의 싸움과 주기도 322
기독교는 사회의 청사진이냐? 325
기독교 신앙의 세 유형 327
다시 본지(本紙)의 목표에 대해 329
표적(表蹟) 신앙 331
민족 이상(理想)에 깨야 333
우리 신앙의 혼미(昏迷) 335
하르나크의 아우구스티누스의 '고백'을 읽고 337

11

민족의 개종(改宗)에	340
우리 신앙의 재출발	342
인생의 방향에 대해	344
무교회의 앞날	346
민족의 신앙 정착을 위해	348
우리 신앙 노력의 방향	350
기독교 신앙의 본질	352
무교회 신앙과 예배	363
미군철수에 즈음하여	365
도덕적 신생(新生)을!	367
무서운 하룻밤	369
세계의 신앙 동태	370
교회와 신앙은 별도	372
1세기 우리 기독교의 혼미	374
너무나 민족적!	376
레바논 학살사태에 접하고	378
납세(納稅)문답으로 본 예수의 강세(降世)목적	381
민족 이상(理想)	383
민족 문제에 대해	387
우리 기독교의 무당종교화	390
일에 대해	392
죄·십자가·부활·재림	394
6·25의 신앙적 의미	395
기독교와 우상숭배	397
교회가 무어냐?	399
후천성 면역결핍증 유감	401
신앙전투의 귀감	403

체르노빌 원자로 폭발에서	405
4. 26 선거 소감	407
이스라엘과 아랍 세계	409
나의 유일의 기원	411
400호의 변(辯)	412
여행 소감-청결 문제	415
빵이냐, 자유냐?	417
우리 민족 성격의 감정성에 대해	419
독일 통일을 보며	422
공산주의 패망을 보고	426
본회퍼와 우치무라(內村)	428
대통령 선거를 보고	430
인간 정신의 빈곤과 부패	432
한국 통일에 대한 이중의 언어	434
우리의 요한복음 이해에 대해	439
우리 사회의 부정과 죄악	440
현대 물질주의 비판	443
우리 기독교의 이상과 사명	445

〈한국기독교의 품격을 높인 노평구 선생의 신앙과 인생〉
〈무교회주의 독립 전도자 노평구〉

원동력(原動力)으로서의 성서

조선인은 지금 인류 앞에 역사 위에, 그리고 역사의 궁극의 섭리자이신 신(神) 앞에 제출된 독립이란 위대한 문제로 그 실력을 테스트당하는 엄숙한 순간에 놓여있습니다. 그 실력은 시시각각으로 엄연하게 나타나고 있습니다. 정부 수립, 좌우합작, 정치·경제운동, 언론·교육 투쟁, 3백만 구령운동, 파업, 시위 등, 심지어 모리(謀利)배, 지폐 위조, 정치 협박, 살인, 방화 등등으로.

이런 중대한 시기에 처하여 교회에서는 강대상이나 장식하고, 고상 유식한 우리의 학사, 박사, 문사(文士), 정상배(政商輩)들은 무가치라 하여 일고(一顧)도 않는 성서를 위해, 그것도 목사나 신학자면 또 몰라도 저 같은 일개 평민 신도로서 전문 지식도 없이, 사회의 냉소와 조롱도 번연히 알면서 자비로서 본 연구를 냄에는 일언(一言)이 없을 수 없습니다. 성서는 과거 6천 년의 수명을 가진, 그리고 오늘날 9백여 국어로 번역되어 매년 수천만 권이 분포되고 있는 책이니만큼, 이를 모른다고 하는 것은 결코 유식이나 진보의 자격이 아니며, 구태여 자격이라면 무지와 우매의 자격밖에 못 되는 것입니다. 또한 성서는 그 연구 방법에 있어서도 고전으로, 문학으로, 혹은 신학으로, 윤리·사상서로, 혹은 현대 과학이라는 쾌도(快刀)를 들어 고등 비평적으로도 연구할 수 있는 것입니다.

그러나 우리가 조선인으로서 오늘날 조금이나마 애국의 뜻으로 이를 행하려고 하는 것은, 성서는 실로 모든 국가, 민족, 사회, 그리고 모든 문화 현상의 원동력이기 때문입니다. 다시 말하면, 인류 역사상 성서는 기독교가 전파된 모든 국가, 사회, 민족 발전의, 그리고 모든 문화 현상의 원동력이 되어 왔기 때문입니다. 이집트, 바빌로니아, 앗시리아, 희랍, 로마 등 거대한 고대 민족과 국가들이 역사상에서 멸절된 오늘에 있어서도, 유대 민족만은 확고하게 독립된 일개 민족으로 아무런 국가적 배경과 권력의 보호도 없이, 오히려 2천 년 동안 무수한 민족적인 시련과 고난, 박해 가운데서도 뚜렷한 역사적 존재로서 존속할 수 있었던 것은 오로지 그들이 성서의 생명력을 파지(把持)한 때문입니다. 근세 문명의 2대 주역인 앵글로 색슨과 게르만 민족도 7세기부터 8세기에 이르는 소위 개종기(改宗期)를 거쳐 그들의 손에 성서가 종교 및 정신생활의 절대 신성한 경전으로, 또 사회생활의 유일한 법전으로 쥐어지기 전까지는, 역사가 타키투스가 지적한 바, "그들은 전쟁이 없는 때는 사냥 아니면 먹고 자는 일 이외에는 아무것도 하는 일이 없었다"고 한 대로, 만용(蠻勇)의 해직이있으녀 사나운 야만족에 불과했던 것입니다. 그러므로 오늘날 구미세계에서 기독교를 제하면 모든 고상하고 가치 있는 것이 제거된다는 것이 공정한 역사가의 발언입니다. 단테·밀턴·셰익스피어의 문학, 베토벤·바하의 음악, 미켈란젤로, 밀레의 회화, 케플러·뉴턴의 과학, 루터·칼빈의 종교개혁, 링컨·크롬웰의 정치 등등. 사실 남는 것이 있다면 육욕적이고 동물적인 부분밖에 없을 것입니다. 아직 성서가 미치지 못하고 있거나 혹은 고의로 이를 물리치는 터키, 인도, 중국, 조선, 일본

등 동양 문명에 어떤 적극적인 생명력이 있는지 우리는 알지 못합니다. 다만 쉴러의 이른바, "세계 역사는 세계 심판(Die Weltgeschichte ist das Weltgericht)"—이는 엄숙한 세계사의 결론입니다. 우리는 영원부동(永遠不動)하는 성서의 진리만이 이에 견딜 수 있음을 확신하기 때문에 사랑하는 조선을 이 성서의 진리 위에 세우려고 하는 바입니다. 동시에 모든 진리의 적에 대하여 싸움을 포고하는 바입니다.

(1946년 11월 '성서연구'지 창간사)

당면한 3대 적

나는 오늘 기독교 존재의 근저에 위협을 주는 두서너 가지 방관치 못할 중대 현상에 대해 한마디 경고하려는 바이다. 아니, 이는 기독교의 사활에 미치는 문제이므로 한사코 싸우려는 바이다. 기독교는 평화의 종교라고 잠꼬대를 하는 자는 누구냐? 저는 기독교의 폭탄 뒤나미스(δύναμις)의 위력을 모르는 자이며, 신구약성서도, 교회사도, 세계사도 읽지 못한 무식한 자다. 로마 법관이 무죄를 선고한 예수를 에루살렘 전 민중이 들고 일어나 십자가에 단 것은 무슨 연고인가! 유대 전 국민이 그의 적이었기 때문이다. 우리는 복음서를 통하여 "화 있을진저! 뱀들아, 독사의 자식들아!" 등등 불미(不美)한 언사에 접함으로써 그 싸움의 격렬을 엿볼 수 있다. 바울도 베드로도 온돌방 위에서 여인들의 손목이나 만지며 유유히 운명한 행복자들은 아니었다. 진정한 신자면 마땅히 깰 때다. 환도를 살 때다. 신(神)의 전신갑주에 구원의 투구를 쓰고 진리의 장검을 뺄 때다. 성서의 마디마디가 격려의 깃발, 승리의 나팔소리 아닌가.

"의를 위하여 핍박을 받는 자는 복이 있도다", "나는 세상에 평화를 던지러 온 것이 아니고 칼을 던지러 왔노라", "사람의 원수가 자기 집안 식구리라", "부모나 자녀를 나보다 더 사랑하는 자도, 자기 십자가를 지고 나를 좇지 않는 자도, 자기 생명에 애착을 느끼는 자도 나에게 합당치 않다"고 했다. 이제 그대가 진정한 전우라면 마땅히 조국과 동포와 사회와 교권에, 가정과 우인에게 절연장을 준비할 것이다. 무릇 싸움에 있어서 가장 중요한 것은 목표를 정확히 하는 일이다. 허공을 치다가 자신이 먼저 치명상을 입어서는 적을 발견하여도, 그리고 그 약점을 간파하여 승산을 갖고도 항복하여야 하는 비운에 빠진다. 그러면 우리의 당면한 적은?

먼저 우리가 무단 접근을 금하고 십자 포화를 집중하여야 할 자들은, 도덕은 한갓 사회생활의 약속이라 하여 법률과 도덕을 구별하지 못하는 금일 조선의 학자 무리는 논외로 하고, 의식적인 도덕폐기론자(Antinomian)인 기독교도들이다.

저들은 신앙은 도덕을 초월하니 그 대용물이니 하여, 오늘날 소위 불교도가 매월 혹은 매년 한 번의 물질적인 공양으로 그간의 모든 죄악을 용서받는다는 식으로, 1주 1회 교회 출입만 하면, 혹은 교적(敎籍)에만 오르면, 헌금만 내 두면, 죄를 용서 받는다고 생각한다. 그들은 권력을 쥐기에 책략과 금력 기타 온갖 수단을 가리지 않으며, 기생집과 요정 출입은 고사하고 이의 경영도 무방하다 하며, 야심으로 정당에 출입하여 세상과 간음하고, 벼슬과 뇌물이라면 눈이 뒤통수에 붙어 신앙적 양심도 헌신짝처럼 버리고, 종교를 미끼로 정계에 들어가서는 바가지 장사꾼으로 불의의 축재에 급급하는 무리들이다.

예수는 "너희 의가 바리새인보다 낫지 않으면 안 된다"고 하였으며, "도덕을 폐하러 온 것이 아니라 완성키 위하여 왔노라"고 하였으며, "주여 주여 하는 자가 다 천국에 들어가는 것이 아니라 신의 뜻을 행하는 자라야 들어간다" 하였다. 신앙은 물론 도덕이 아니다. 그러나 도덕은 산 신앙의 열매다. 이는 불완전하나마 신앙의 바로미터의 역할을 한다. 그러므로 우리는 신앙의 파악과 유지와 완성을 위하여 부도덕을 발밑에 밟아 버려야 한다. 다음 이들의 도덕 부정에 대해 기독교를 한낱 유교 또는 불교로 만들어 도덕주의, 금욕주의, 신비주의 등으로 몰고 가는 자들이다. 저들은 신교보다 가톨릭을 찬양하며, 루터보다 톨스토이를 숭배하며, 자유보다 복종, 생명보다 통제를 소중히 여긴다. 먹고 마시고 결혼잔치에 참석한 예수를 비난하며, 금식과 독신을 강조하여 속세를 떠나 산간에서 수도한다. 성서 연구보다는 명상에 치중하고, 인생의 떳떳한 임무보다도 기도에 열중한다. 그들의 남성은 거세한 자같이 중성이 되고 여자는 체면 부지의 히스테리 환자가 된다. 한마디로 저들은 도덕 문제의 해결을 여윈 말에 채찍 격인 인간노력에 두는 자들이다. 기독교는 절대로 잠에서 깨면 꿈자리나 캐는 무당 판수식의 지지러진 신비주의나 도덕교가 아니다. 저들은 도덕이 자신의 심각한 죄성을 폭로하는 데까지 절대적으로 이를 추구하지 못한, 바울처럼 자신의 도덕성에 파산을 당해 보지 못한 안이하고 행복스러운 도덕론자들이다.

그러나 기독교는 속죄의 신앙이 중심이어야 한다. 이를 통하여오는 새로운 생명으로써만, 나이아가라 폭포가 하강(下降)하듯 자연의 세(勢)로 도덕다운 도덕을 행할 수 있게 될 것이다. 셋째는 기독교를 정치화, 사업화 하려는 자들이다. 그러나 우리가 기독교를 신앙하게 된 것은 망국인의 비애를 억제하기 위함도 아니었고, 의식의 궁핍을 피하려 함도 아니었고, 서양 문화의 매력에 혹한 탓도 아니었다. 우리는 사람이 못난 탓인지, 불행하게도 의식주로는 해결치 못하는 심각한 영혼의 문제, 죄의 문제에 봉착하여 피골이 상접토록 고민하던 중 예수의 십자가로 구원받고, 따라서 인생의 근본 문제를 여기서 완전하게 절대적으로 해결한 자들이다. 이제 우리는 정치와 종교의 한계선도 이해치 못하고, 인생 문제는 오로지 의식주라 하여 정치만이 이를 해결할 수 있다고 생각하는 제군의 무지와 독단과 싸우기 위해 더욱 신앙 본연의 자세와 입장을 견지, 사수하려는 바이다. 제군은 아직도 인생의 '가갸'만 알았지 '흐히'는 모르는, 뇌세포가 너무나 간단한 동물들이다. 물론 우리는 제군이 의식주를 공급하는데 이의는 없다. 그것이 정치의 책임이고 본분이니 그에 충실하라. 그러나 제군이 끝내 종교의 세계를 인정치 않고 신을 모욕하고 인간의 영성과 도의성에 대한 자각이 없는 한, 제군이 이상으로 하는 바 정치도 결코 본래의 의미에서 성취치 못할 것을 단언하는 바이다. 오늘의 조선의 현실상, 더욱이 정치가 제군들의 그 추잡하고 야수적인 행동은 우리 진정한 기독 신자로 하여금 종교의 불필요를 느끼게 하기는커녕, 제군들 자신이 그 천박한 정치관과 정치설과 인생관을 포기하고 신 앞에 굴복할 때까지 더욱 싸움을 강화해 나가도록 절대적으로 요구하고 있다. 제군이 마치 보험 모집원과 같이 우리를 향하여 종교 포기를 권할 때마다 나는 데이비드 흄의 "전연 종교가 없는 민족을 찾아보라. 그러나 설혹 발견되었다 하더라도 그것은 금수에 지나지 못할 것을 각오하고"란 말을 생각하고, 조선의 장래를 위하여 전신에 소름이 끼침을 금치 못한다. 그러므로 나는 히틀러 전성기에 종교장관 켈러가 독일 신교연맹에 대해 총통에 대한 충성과 국가 봉사를 요구했을 때, 근본에 있어서 기독교보다도 국가사회주의적인 철학을 존중하는 국가와는 타협의 여지가 없다 하여 이를 거절한 아래 기독교 측의 회답을 또한 우리의 최후통첩으로 제군들께 보내는 바이니, 차후 이상 더 우리를 괴롭히지 말기를 바란다.

"우리는 물론 마음으로 국가에 진력하려고 한다. 그러나 교회의 사명은 국가에 진력하는 것으로써 신께 봉사하는 데 있지 않고, 자유로 복음을 전하여 신께 진력함으로써 국가에 봉사하는데 있다. 우리는 국가가 여하한 방법에 의하여서도 복음의 내용에 비판을 가하는 것을 용서할 수 없다."

(1947년 6월)

기독교 신자의 애국

　대소(大小) 공사를 막론하고 애국의 지성일념(至誠 一念)에서 움직인다는 오늘날 조선에서, 우리가 새삼스러이 애국을 운운함은 한갓 비애국적인 감이 없지 않다. 그럼에도 불구하고 우리가 발분하여 애국을 논하지 않을 수 없음을 슬프게 생각하는 바이다. 애국심이란 민족의 일원으로서 갖는 인간 고유의 본능적인 감정이다. 마치 부모, 형제, 남녀의 사랑과 같이. 그러므로 애국심은 그 유무로써 논의될 것이 아니고 그 질(質) 여하로, 그 내용 여하로써, 논의될 성질의 것이다. 엄부(嚴父)의 위엄이 없는 조모(祖母)의 익애(溺愛)가 자녀의 앞길을 그르치며, 이성과 도의의 판단과 제어 없이 다만 동물적인 본능의 충동에서 하는 남녀의 사랑이 젊은이의 모든 가능성을 꺾는다. 십자가의 의를 모르는 신자의 사랑조차 그 얼마나 불미(不美), 무력에 떨어지는 것인가.

　이리하여 우리는 오늘날 애국의 주장과 내용과 행동에 대하여 반성을 촉구함이 절실한 바 있다. 과연 소위 해방 2년간 꿈에도 상상치 못한 얼마나 무수한 죄악과 불의가 공공연히 혹은 숨어서, 부끄럼도 미안감도 없이 거룩한 애국의 이름으로 행하여졌던가! 아, 끔찍한 민족상잔도, 강도적 행위도, 분쟁, 시기, 증오, 정객의 책략도, 관리의 수뢰, 상인의 모리, 학자의 태만·부실, 부자의 무자(無慈)·방일(放逸), 빈자의 나태, 횡포… 이 모든 것이 오직 애국이라는 미명으로(행해졌다). 과연 존슨 박사가 언급한 대로 '애국은 강도들의 최후의 은신처'라는 무서운 진리가 그대로 이 땅에 실현되고 말았다. 천지의 영기를 타고 백두산 정상까지 올라야 할 애국심이 어찌 청계천 하수구에 떨어졌던고! 이리하여 바다 건너 섬나라의 딸들이 손뼉을 쳐 가며, 이 땅이 홍수로 망하고, 이 민족이 민족상잔으로 망하고, 이 백성이 흉년과 기근으로 망한다고 노래 부를 때, 오, 불우 고독한 조선의 애국심이여, 그대 얼마나 원한과 비분에 사무쳤던고, 언덕에서 숲에서 목메어 울었던고. 이 백성의 수치와 수모와 멸시 당함에.

유명한 세계사가 니부르는 그의 심원한 세계사의 결론에서, "역사상 모든 국가와 민족의 패망은 자살적"이라고 했다. 이는 민족의 패망은 외적의 침습 이상으로 그 국민의 애국심 여하에 의한다는 말이다. 애국심 곧 망국심임을 말한 것이다. 우리는 이제 심사(深思) 반성을! 동포여, 우익이여, 좌익이여. 그대 발이 정말 남산 데모에서 하산하여 어디로 향하며, 그대 마음이 훈련원 데모에서 떠나 어디로 향하는가? 인민의 결속이나 피를 뿌리는 애국 역시 최대의 힘도 최상의 애국심도 아닌 것이다. 독일인의 철의 결속과 일본인의 적성(赤誠)이 무참히 패한 이유 또한 여기에 있다.

최고의 애국심은 양심 위에 서는 도덕적 자각, 행위, 생활이다. 그리스도와 바울이 조국의 로마 예속이라는 불행한 정치 현실을 일고(一顧)함이 없이 오로지 국민의 도덕 문제의 근저인 죄의 문제의 해결, 즉 신앙 문제에 생명과 생애를 바친 이유가 여기 있는 것이며, 또한 여기 그들의 진정 정명(精明)한 애국심이 있었던 까닭이다. 그러므로 우리 기독 신자의 애국은 세인의 그것과 같이 현세적, 정치적 이익을 위한 천박한 것이어서는 안 된다. 양심과 도덕에 굳게 서서 국가, 민족의 양심으로 대처해야 하며, 조선 민족의 신앙적 구원을 위해 최후까지 싸우는 일, 이것이 신자의 애국이 되어야 한다. 도시국가 소돔의 멸망은 정치나 문화가 없었던 탓이었던가? 아니, 열 사람 의인이 없었던 때문이 아니냐.

(1947년 9월)

기독신자의 싸움

유제비우스의 대저(大著) '교회사' 제5권은 다음의 선언으로 시작된다고 한다.

모든 다른 역사적 저작가들은 전쟁의 승리와 정복 혹은 자손을 위하여, 국가를 위하여, 기타 이익을 위하여 피투성이 되고 무수한 살육으로 더럽힌 사람들, 즉 장군의 공적과 병사의 무용에 대한 기록을 취급하는 데 불과하였다. 그러나 그 생애를 신께 바친 우리의 기록이 영구한 기념비에 기록되는 것은 영혼의 평화를 위해 싸운, 무엇보다도 평화의 싸움이며, 또 그 싸움에 있어서 한 국가를 위하기보다는 도리어 진리를 위하여, 사랑하는 자를 위하기보다는 오히려 신을 위하여 용감히 싸운 사람들이다. 또 그것은 신의 선수의 고투이며 무수한 곤란과 싸운 무용이며, 악마에게서 빼앗은 우승배이며, 또한 보이지 않는 적에 대한 승리이며, 그리고 이 모든 최후에 획득되는 하늘의 왕관이다.

조선에 있어서도 기독 신자의 싸움은 정치적 싸움이어서는 안 된다. 신을 위한, 정의와 진리를 위한, 양심과 도덕과 평화를 위한 싸움이어야 한다. 이 싸움이야말로 실로 우리의 이름이 천국의 기념비에 기록되는 싸움이며, 우리의 국가 또한 영원한 천국에 이어지는 싸움인 것이다.

(1948년 8월)

기독교의 레종 데트르(존재 이유)

기독교의 레종 데트르. 기독교의 존재 이유이다. 전교(傳敎) 반세기를 지난 우리는 이제 우리의 기독교의 존재 이유를 재고할 필요가 있다고 생각한다. 즉 금일 기독교가 5, 60년간의 먼지와 잡음으로 드디어 신음을 발하게 되었기 때문이다. 아니, 실로 그 생명이 경각에 달렸기 때문이다.

흔히 기독교는 인간의 도덕 생활과 전 정신생활에 근본적이고 원리적인 생명을 제공하는 것이라고 말한다. 그리하여 그 원리는 인간의 내면으로부터 외부로 확장되어 소위 기독교 문명을 형성하는 것이라고 한다. 그러나 우리는 기독교 문명이 곧 기독교 자체는 아니라는 것을 알아야 한다. 그것은 기독교의 생명 파악의 강약, 순 불순, 기타 민족성과 민족 생활의 전통은 물론 사회생활의 제반 요소와 결합, 관련되는 것이다.

따라서 그것은 엄밀한 의미에서 개인 혹은 국가, 민족을 완전히 초월하는 보편적인 것일 수도 없다. 그런데 금일 조선에서 기독교를 기독교회, 기독교 교육, 기독교 사업, 기독교 정치, 심지어는 기독교적 수양이니, 금주 금연이니, 하는 것과 혼동하거나 동일한 것으로 생각하는 것은 한마디로 기독교적 문명을 기독교라 하는 것으로 이는 사실은 피상적인 천박, 몰상식한, 전혀 본질을 파악 못한, 정곡을 잃은 견해라고 하지 않을 수 없다.

이는 단적으로 조선 기독교의 성격을 잘 표현하는 말은 될 수 있을지 모른다. 그러나 조선 기독교는 그 전래 초기에 있어서, 조선인 자체의 제반 역사적 제약에 기인한 그 빈약한 정신력과 저급한 종교심 또는 당시 동양 천지를 풍미한 소위 동양인에 의한 서양 문명의 흡수열, 그 위에 또 가히 종교적인 민족이라 할 수 없는 미국인을 통한 선교 등으로 기독교의 원리적인 생명보다도 표면에 나타난 서양 문명을 기독교 자체로 이해하게 된 것이다.

그 후 타민족에의 예속으로 말미암은 자유의 상실이 이에 박차를 가하여 기독교를 순전히 정치화, 사업화 하게 된 것이다. 이리하여 금일 소위 기독교 공산 정당의 발생까지 보게 되는 사태에 이르렀다.

그러나 다시 말하노니, 기독교는 문명은 아니다. 또 그것은 기독교 문명을 산출하기 위해 존재하는 것도 아니다. 바로 그 반대이다. 기독교 문명이야말로 그 부산물에 불과한 것이다. 사실 기독교의 원리나 생명에서 본다면 그 따위 것은 있어도 좋고 없어도 좋은 것이다. 도저히 기독교 자체에 비교될 가치가 없는 것이다. 기독교는 그러한 기독교 문명으로 인류를 구원할 수 있다고 사람들이 흔히 생각하는 것처럼 그렇게 천박한 종교는 절대 아니다. 그 사업과 교육과 정치 등으로 인간을 구원할 수 있고 또 자신 구원 받았다는 자가 있다면, 저는 실로 금일 조선의 신문지 이상으로 인생을 이해치 못하는 자요, 저가 적어도 진정한 신자가 될 수 없는 것은 두말할 필요도 없다.

그러므로 기독교는 그 존재 이유가 다른 데 있지 않으면 안 된다. 그야말로 인생을 구하되 인생 문제에 완전히 종지부를 찍는 것이 아니면 안 된다. 그렇다, 실로 기독교의 존재 이유는 신의 아들 예수 그리스도의 십자가의 속죄로 인생의 죄의 문제를 근본적으로 해결하는 것이다. 인생 문제의 근본은 인간의 외부에 있는 것이 아니고 인간 자신, 그 인격 자체의 결함, 즉 내부의 죄에 있는 것이다.

이것이 인간에 대해 주로 외부적으로 관계하는 문명이나—그것이 기독교 문명이건 희랍 문명이건 물질문명이건 간에—정치가 인생 문제를 완전히 해결치 못하는 이유이며, 또한 이 죄악적인 인간성을 무(無)라 하는 불교, 선성(善性)이라 하는 유교, 자유·진보라 하는 철학 등이 인생 문제를 근본적으로 해결치 못하는 이유인 것이다.

실로 우리가 경험한바 일본인의 죄악에는 그 불가침의 존재였던 천황의 절대적인 권력도 미치지 못했으며, 소련 인민의 죄악과 이탈리아 인의 죄악은 스탈린의 정치적 독재나 바티칸의 종교독재로도 물리치지 못한 것이었다. 원자탄의 속죄력을 믿는 과학자는 현금 세계의 정치적 혼란과 원자탄에 의한 3차 대전의 책임을 져야 할 것이다. 더욱이 조선의 현실에서 죄를 모른다고 하는 자는 실로 양심, 아니 자기 존재의 근원 자체를 부정하는 자로, 진화론의 법칙에 의하여 이미 동물 세계, 본능 세계로 퇴락한 존재일 뿐이다.

그러므로 기독교는 이제 소위 기독교적인 모든 사업을 정치와 학문과 언론과 기타 모든 세상 사업에 완전히 이양하고 다시 그 존재 이유로 돌아가, 조선 민족의 현실, 그 정치와 경제와 교육과 종교와 기타 범백사에 치명적인 타격을 주고 있는, 실로 조선민족으로 하여금 영원한 멸망에 처박아두려는 우리 자신과 우리 민족의, 아니 인간의 본질적인 죄악의 제거에 전력해야 한다.

(1948년 10월)

고난의 프리즘을 통하여

해가 다 기울어가는 연말, 사랑하는 세상 친구가 나에게 한 말, "금년은 모든 것이 막혔지요. 얼마나 괴로우셨습니까? 그러나 이해가 얼마 안 남았으니 다행입니다. 명년에는 다시 운이 트이겠지요" 운운.
그러나 나에게 있어 정말 이 해가 괴로웠던가? 최제, 발 골절, 병상 생활, 피부병, 생활고, 정말 참을 수 없이 괴로웠던가? 이 모든 것이 확실히 하나님의 진노요 심판임에는 틀림없었다. 아, 그러나 심판을 심판대로, 징계를 징계대로 받지 못하는 나였다.
심판으로 받고 징계로 받았다면, 아파 견디지 못할 때 "용서하시고 살려 주소서" 하고 그의 품에 뛰어드는 것이 있어야 했을 것이 아닌가. 그러나 불이 충천해도, 다리가 부러져도 그저 태연한 나였다. 죄를 깨닫는 것도, 뉘우치는 것도 없었다. 태연, 그것은 무엇인가? 나에게 있어 이는 무감각 이외 아무것도 아니었다. 하나님에 대한, 하나님의 심판에 대한 이 이상의 멸시가 있을 수 있겠는가.

병상 생활도 피부병도 생활고도 그저 참는 것이 내가 힘들인 일이었다. 참는다는 것, 지금 돌이켜 생각하면 이야말로 치가 떨리는, 오로지 그와 적대하려는 심리 이외의 아무것도 아니었다. 이리하여 나야말로 자기의 힘에 쾌감을 느끼고, 자기 의로써 천국을 강탈하려는 무모, 불손한 자였다. 심판이라고 하지만 나의 마음은 바로와 같이 더욱 굳어만 가고, 회개라 하지만 바리새인같이 더욱 스스로 교만하여지기만 하였다.

죄란 나에게 있어서 가슴과 양심을 찌르는 인격적인 실재는 아니었다. 따라서 믿음만으로 구원을 얻는다는 절대한 기독교의 중심적인 진리도 나에게 대하여는 한갓 차디찬 신학이요 피 없는 교리일 뿐, 나의 좁은 입에 넘쳐흐르는 찬송의 재료도 못 되었으며 하루 10여 시간의 생활의 원동력도 못 되었다.

이리하여 나의 찬송은 마르고 영의 호소인 나의 기도는 소학생의 작문으로 화하고, 나의 기거동작 일체의 생활은 감사와 순종이 아니라 실로 단테의 말대로 견딜 수 없이 납덩이처럼 무거운 억제와 허위로 화하고 말았다. 나는 사실 본능으로 사는 단순한 인간도 아니었다. 나는 실로 불신으로 하나님의 심판에 대항하고 은혜를 배반하는 무서운 악마였던 것이다.

그러나 그의 심판, 그의 분노가 극에 다다라 나의 교만에 대해 드디어 폭발하는 날이 왔다. 그는 나의 어린 것을 나의 눈앞에서 감추심으로써 나에게 완전한 굴복을 강요하였다. 그렇다, 나의 불신은, 나의 허위는 그 앞에, 그리고 사람들 앞에 완전히 드러나고 말았던 것이다. 아, 나의 추태여! 나는 밤새 그에게 나의 불신과, 또 정말 그를 믿을 수 없음을 자백하고 고백하였다. 그날 밤이 시련을 당하는 우리를 돕기 위해 파천(派川)에서 오신 김종길 선생 손을 잡고 나는 나의 신앙의 거짓을 말하였다.

그러나 하나님은 나를 놓지 않고 더욱 엄혹하게 추궁하셨다. 자식을 잃은 최대의 살인죄로써, 어린 자식의 실종, 그것은 실로 다른 모든 부모에게나 마찬가지로 나에게 있어서도 자기 자신의 죽음보다도 더 참을 수 없는 일이었다. 아, 나는 끌리고 몰려 드디어 자식을 잃은 살인자로서 오늘까지의 모든 죄책을 지고 그의 심판대 위에 섰다. 이 순간 나는 죄의 심판을 통하여 하나님의 엄숙한 얼굴을 처음 쳐다봤다. 오늘까지 남의 말로 귀로만 듣고 있던 하나님을 고난의 사도 욥과 같이 처음 이 나의 눈과 귀로.

그러나 또한 내가 나의 죄를 자복하는 순간, 그는 그리스도의 속죄로 모든 것을 용서하시고 사랑으로써 그의 품에 나를 안아주시는 자애의 아버지였다. 그렇지 않으면 실로 나는 그를 대면하여 실지 못하였을 것이다. 10년 전 일본 신슈(信州) 아사마(淺間) 산 아래 은사 쓰카모토 선생의 하계 성서강습회에서 책상에 머리를 묻고 목을 놓아운 이래 처음으로 나는 울었다.

하나님은 다음날 저녁 문간으로 나의 자식을 돌려보내시고 떠나가셨다. 그 순간 또 나는 아브라함같이 그를 저에게 바치지 못한 불신을 크게 뉘우쳤다. 그러나 하나님은 "나를 대면치 못한 너에게 이는 될 수 없는 일이다. 다음부터는 순종의 자식이 되라"고 자애의 말씀을 주셨다.

  고난을 통하여 하나님을 만나고, 고난을 통하여 속죄를 깨달은 나는, 고난과 세상적인 불행을 인생의 8복으로 선언, 인류사의 가치를 완전히 전도시킨 예수의 복음적인 위대와 행복을 처음 깨달을 수 있었으며, 처음 이에 접하게 되었던 것이다. 고난과 절망으로 회개와 눈물을 통한 감사, 이 진정 하나님의 구원이요 은혜였다.

(1948년 12월)

삼일운동과 기독교

  조선 교회는 기독교가 3·1운동의 주동적 세력으로 활동한 것을 무엇보다 큰 신앙적 성과요 애국적 거사라 하여, 이를 큰 명예와 성공과 자랑으로 생각하고 있다. 그러나 나는 이를 용인치 않는 자이다. 무엇 때문에? 조선 기독교는 이를 계기로 완전히 복음적인 생명에서 떠나 더욱 정치의 노예로 타락하여, 국산장려운동과 농촌사업 등의 경제 운동과 교육, 의료 등 문화 사업과 살인적인 혁명적 정치운동으로 그 방향을 전환하였기 때문이다. 이때부터 교회는 더욱 솔개의 둥지로, 헤롯당의 누룩의 온상으로 화하고 말았다. 이는 8·15 후 한층 명백해진 사실이다. 물론 나 역시 신자의 애국적 행위를 부정하는 한갓 공상적인 세계주의자는 아니다. 그러나 신자의 애국은 세상의 그것과 동일하여서는 안 될 것을 주장하는 자이다. 신앙은 신앙이요,

국가의 일, 세상의 일에 있어서는 불신 세인과 함께 합심해야 하고 협력해야 한다는 주장을 차마 용인치 못하는 자이다.

기독 신자는 모름지기 기독교의 신앙과 진리와 정의, 그리고 사랑으로 애국하지 않으면 안 된다고 주장하는 바이다. 실로 자기의 최선으로 하지 않는 애국, 이는 허위요 불충(不忠)인 것이다. 이 점에서 기독교는 조선 민족의 죄악과 불의에 대항하여 싸울 것이었다. 스야마의 길을 취할 것이 아니고 예레미야의 길을 취할 것이었다. 독립의 상실도 자신의 죄악에 대한 신(神)의 심판인 것을 분명히 하여 민족의 회개를 위하여 예언자적 책무를 다할 것이었다. 문제의 근본이 외부에 있는 것이 아니고 내부에 있었으며, 외국인의 손에 있는 것이 아니고 자체의 부패와 무력에 있었던 것을 명백히 하여, 운동과 외교, 책략, 살해로 행하는 정치적 투쟁보다 민족적인 죄의 자각과 신생(新生)을 주로 하는 복음적인 진로(進路)를 취했어야 할 것이었다. 진실로 죄의 문제는 복음을 떠나 해결할 수 없기 때문이다.

나는 조선 기독교가 과거 3·1운동과 같은 정치 운동으로 떨어지지 않고 복음의 생명을 굳게 붙잡아 이로써 조선인의 죄 문제의 해결에 전력하였다면, 오늘날 조선 문제는 결코 이렇지 않았으리 라고 생각하는 바이다. 이럼에도 불구하고 아직도 오로지 정치와 사업에 여념이 없는 조선 기독교는 실로 화 있을진저!

(1949년 5월호)

김교신 선생을 찾음

4월은 아무래도 나에게는 김 선생의 달이다. 내가 김 선생을 처음 찾은 것은 1935년 봄이 아닌가 한다. 광주학생 사건으로 중학생활이 중단된 나는 1932년경부터 두어 명의 친구와 더불어 서울 도화동 세칭 토막민 부락에서 조그만 사업에 열중하고 있었다.

나는 주로 그때 동네 소위 무산 아동들의 교육을 담당하고 있었다. 사실 그때 우리는 열심이었다. 나는 종종 야학반까지 끝내고 조용히 정원에 서서 달 아래의 검푸른 한강을 바라보며, 만일 죽어서 성과가 있다면 동네와 아이들을 위하여 죽어도 좋다, 죽자 하고 혼자 생각하곤 하였다. 나에게는 사명에 대한 만족감, 피로 가운데도 희생적인 노동에서 오는 내심의 평화가 있었다. 내 머리 위에는 동네 어머니들의 뜨거운 사랑이 있었다. 그러나 또 한편으로는 어딘지 모르게 나의 마음 속 깊이 불안이 감돌아치는 충족되지 못하는 자리가 있었다.

그때 나는 1주에 한 두 번 시내에 들어갈 때마다 어느 틈엔가 종로 박문서관(博文書館)에서 청색 표지의 '성서조선'을 접하곤 했다. 무의식적으로 이에 끌려 권두문과 성서 연구, 일기 등을 읽고는 평소 나의 심중의 그 불안한 부분이 깊은 위안을 받고 마음 전체에 힘이 나는 듯한 것을 느끼게 되었다. 이렇게 해서 나의 마음은 차츰 신앙에 눈을 뜨기 시작했고, 또한 성서를 공부하고자 하는 절실한 생각이 일기 시작했다.

이리하여 마침내 나는 김 선생을 찾기로 하였다. 박문서관에서 '성서조선'을 뒤진 지 1, 2년 후 늦은 봄 어느 날 밤, 니고데모와도 같이 양정고보 숙직실로. 머리를 박박 깎고 이마가 유달리 빛나시는 건강체의 장대한 체구의 선생이셨다. 보리차를 손수 부어 주시며 한 시간 이상 말씀을 들려 주웠다.

나는 간단히 일에 불안이 따름을 말하고, 일본에라도 가서 신앙을 위하여 성서를 공부하고 싶다고 말씀드렸다. 선생은 정 그렇다면 성서를 공부하는 것이 좋겠다고 하시며, 인생 고민은 성서 이외에 해결의 길이 없다고 하셨다. 그리고 이에 대해 구체적으로 지도해 주셨다. 일본에 가면 우치무라(內村) 선생 문하의 선생 한분을 찾아 일요성서 연구회에 참석하여 성서를 배우는 한편, 영어 독일어 희랍어 공부에 열중해야 할 것이라고 하셨다. 앞으로 성서공부를 위해서는 히브리어도 필수지만 이는 사전으로 주해서를 읽을 수 있는 정도로 만족할 수밖에 없을 것이라고도 하셨다. 그것은 영어 독일어 희랍어만 해도 나에게 과한 부담일 것이라고. 그러나 사실 성서를 연구하려면 이 세 가지는 최소한의 것이라는 것이었다.

그리고 조선의 현실이 어느 부분이고 침체되어 있는 것은 사실이나, 무슨 일이고 충분한 준비를 한 후에 착수한다면 절대 그 타개가 어렵지만은 않을 것이라고 하시며, 우치무라 선생 문하의 쓰카모토(塚本) 선생 같은 이는 취미로 하시는 단테 연구에 있어서도 아마도 세계적일 것이라고 부러운 듯이 말씀하셨다.

내가 그때 듣고만 있다가, 그러나 1주 1회의 성서 강의로 만족할 수 있겠습니까 하자, 선생은 빙그레 웃으시며, 그러나 사실은 그 2시간 강의는 1주일에 다 이해, 정리도 못 할 정도로 풍부한 내용이라고 하셨다. 그 후 10년 이상이 지난 지금도 독일어나 희랍어는 차치하고 영어 하나 바로 못 보는 자신의 불성실, 나는 실로 선생께 면목이 없다. 그리고 서울 있는 동안 선생의 가정에서 양정 담임 반 학생 몇 명으로 열리고 있는 성서연구회에 특별히 출석하여도 좋다는 말씀도 계셨다.

이리하여 나는 새로운 희망으로 그 다음 주일 활인동 선생 댁을 찾으니 흰 두루마기에 짚신을 신으신 선생께서 직접 대문을 열고 맞아 주셨다. 그때의 인상이 지금도 나의 눈에서 사라지지 않는다. 나는 그때 실로 참 조선 사람을, 아니 조선 자체에 접한 듯한 느낌이었다. 선생의 성서 연구, 그것은 과연 과학자이신 선생 특유의 풍부한 학식과, 깊은 생활 체험과 진실한 신앙 체험, 그리고 신구약성서 자체를 총동원한 것이었다. 그 위에 하나님께 대한 겸손과 신뢰, 그리고 복음에 대한 확신과 감사와 진리에 대한 무한한 열애가 합쳐져, 성구 하나하나의 내용과 진리를 밝히려는, 실로 진땀이 흐르는 듯 망치 소리 들리는 듯 깊은 지심(地心)에서 광맥을 캐는 듯한 묵중(默重)한 강의였다. 그리고 대개 강의 끝에는 증명된 진리의 개인 또는 국가, 사회에 대한 응용면을 말씀하시고 끝마치셨다.

이리하여 선생의 신앙의 척추를 이루는 무교회 신앙과, 선생의 인격의 중심을 점(占)한 조선 민족에 대한 깊은 사랑과 희망이야말로 실로 이 진지한 선생의 성서 연구의 당연한 진리로서의 귀결이었던 것이다. 그러므로 선생의 생애를 통하여 교회주의에 대한 싸움이 격심하였으며, 또한 돌아가시는 순간까지 벽 위의 조선지도에 대해 깊이 계획하심을 그치지 않았다고 한다.

전날 조선 사람과 조선을 선생에게서 봤던 나는 그날 또한 선생의 성서 강의를 통하여 참 신앙, 참 기독교, 교회 아닌 참 교회를 발견하고 이에 접하였던 것이다. 나의 감사와 만족은 차고 넘쳤었다. 그날부터 성서와 조선, 무교회와 조선, 이 둘이 또한 나의 생애를 바칠 대상이, 아니 실로 나의 애인이 된 것이다.

(1949년 5월)

소수의 신앙

하나님은 한 사람 아브라함을 통하여 이스라엘 민족을 일으키시고, 한 사람 모세를 통하여 이를 이집트에서 구출하셨으며, 가나안 지방에 들어온 후 전 민족이 우상 숭배에 떨어져 바알, 아스타롯, 그모스, 몰록, 밀곰 등을 숭배할 때, 그들 가운데 엘리야 및 몇 사람의 예언자들을 예비하여 여호와에 대한 신앙의 정조를 지키게 하셨다.

한편 이방인의 육욕적이고 향락적인 물질문명 속에서 소수의 레갑 사람, 나시르 사람을 일으켜 그의 율법을 지키게 하셨다. 그 후 페르시아, 이집트, 바빌론, 앗시리아 등 전변무쌍(轉變無雙)한 고대사의 민족 흥망과 정치적 변동 밑에, 더욱이 그들의 '바빌론 포로'라는 민족적 위기와 고난, 시련 가운데서도 아모스, 호세아, 이사야, 예레미야 같은 예언자들을 통하여 그들을 가르치고 보호하고 인도하셨던 것이다. 과연 신(神)은 때로 열 사람 의인으로 유대 민족을 대신케 하셨으며, 한 사람 모세의 기도의 손으로써 그들을 용서하고 지키셨으며, 예레미야 한 사람을 세워 그의 말씀의 진리로서 만국의 역사를 혹은 넘어지게, 혹은 일어서게 하셨다. 최후로 신(神)은 그야말로 예수 한 사람으로서 인류 만대(萬代)에 뻗는 인류 구원의 길을 여셨던 것이다. 그리고 소수의 크리스천을 통하여 각 민족 가운데 이 구원의 역사를 계속하시며, 그들에게 그의 믿음과 진리와 도덕을 의탁하신다. 그러므로 오늘날 신자는 그가 아무리 작은 존재라 하더라도, 그가 그리스도와 하나님에 대한 산 신앙과 순종에서 사는 한 그 신앙을 통하여 보이지 않는 가운데 각각 민족에 대해 아브라함, 모세의 역할을 하는 것이며, 인류와 역사에 대해 구약 예언자의 역사(役事)를 하는 것이며, 혼란된 사상과 퇴폐한 현대 생활에 대하여 나시르 사람의 역할을 하는 것이며, 더욱이 그 타락한 종교 신앙자체에 대해 실로 엘리야의 역할을 하고 있는 것이다.

   신은 언제든지, 아니 확실히 지금도 소수의 신앙으로 사회를 움직이시고, 민족을 지키시며, 민족을 지배, 섭리하신다. 소수의 신앙으로 신앙의 생명을 지키시며, 진리의 승리를 보장하시며, 도덕이 아주 땅에 떨어지지 않게 하신다. 오늘 우리의 희망은 소위 다수의 신자나 다수 국민의 회개보다도, 하나님이 같이하는 이 소수의 신앙을 믿고 우리 자신이 또한 그 소수 가운데 충실, 진실한 한 사람이 되는 데 있는 것이다. 이것만이 오늘날 참으로 전체가 사는 길인 것이다. 이는 또한 고대(古代) 소돔, 고모라의 멸망에 있어 하나님이 아브라함에게 밝히신 인류와 역사 흥망의 대원칙이요 원리이다(창세기 18:22절 이하

참조). 그때 분명히 소돔, 고모라는 열 사람 의인이 없어 망하였던 것이다.

(1949년 8월)

신자의 세 유형

신자를 thinking christian, doing christian, being christian, 셋으로 나눈 사람이 있다. 이는 우리의 신앙을 반성하는 데 좋은 재료가 된다.

첫째는 머리 신자다. 이를테면 금일 조선에서 소위 신학적 노력을 한다고 자처하는 일반 신학생으로부터 교회 내의 인텔리, 미국 출신의 신학박사들이 이에 속한다고 할 수 있다. 그러나 신앙을 머리의 문제로 생각하는 것은 잘못이다. 설명이 부족하여 사람들이 이를 받아들이지 않는 것같이 생각하는 것은 잘못이다. 신앙은 머리의 문제가 아니고 인생 전체의 문제이며, 도리어 인격적인 품성의 문제이다.

그러므로 직업 근성으로 하는 신학공부는 백 년을 해도 신앙 자체에는 못 들어갈 것이며, 서양인의 밥을 먹는 걸인 근성의 신학자 역시 한가지다. 조선 사람이 신앙에 무관심하며, 들어간대도 병적으로 지지러지기만 하는 것은 신앙이 전적으로 해결하려는 인생 자체에 대하여 무관심하고 진실과 성실이 없기 때문이다. 그러므로 조선의 신앙을 위하여 나는 신학적인 노력보다는 인생자체를 심각히 추궁하는 좋은 기독교 고전 연구를 권하고 싶다. 그러나 성서 자체는 구신약이 합쳐져 전자가 참 의미의 인생을 가르치고 후자가 이를 해결하는 신앙을, 바르트나 브룬너 같이 설명하는 것이 아니고, 직접 성령의 역사로써 인도하여 준다는 것을 잊어서는 안 된다.

둘째는 행동 신자다. 금주 금연을 신앙으로 아는가 하면, 이는 구미(歐美)의 신자들도 먹으니 우리도 먹자고 한다. 고아원, 병원, 학교 등 사업을 위해서는 첫째도, 둘째도, 셋째도, 그저 돈이라 하여 그 결, 불결, 출처, 수단, 방법을 불문하고 동포에게는 물론 외국인에게까지 상거지로 굽실거리며 이를 얻기 위하여 애쓰며 이를 얻지 못하여 애타하는 자들이다.

수단 여하로 오막살이, 혹은 양옥의 교당을 짓고 이에 교인이 되며, 예배에 참석하여 더욱 많은 금품을 바쳐야 좋은 신자라 한다. 도덕적인 생활이나 행동이 있다면 또 몰라도, 여기서의 신앙은 완전히 세속적인 사업이요 생명 없는 형식이요 의식이다. 그러니 양자 모두 참 신자가 아니다.

셋째야말로 참 신자이다. 그 자체 그 자신 그대로 그 존재가 신자인 자다. 저 자신이 교회이며 제사장이다. 저는 안에서도 밖에서도, 교회에서도 관청에서도, 먹어도 굶어도, 슬퍼도 기뻐도, 병들어도 건강하여도⋯⋯ 실로 저는 지옥에 떨어져도 신자 이외는 아무것도 아닌 자이다. 이만이 참 신자이다.

(1949년 8월)

나의 무교회

나의 무교회주의는 교회 공격이나 또는 성서 연구에 의한 확청이 목적이 아니다. 물론 교회의 불신, 그 세속주의, 그 주의에 대한 싸움은 앞으로 더욱 맹렬히 할 것이다. 그러나 교회 자체는 가톨릭이 루터에 의해 끝내 확청되지 못한 것과 같이 무교회의 공격으로 확청되지는 않을 것이다. 그것은 끝까지 썩을 대로 썩어 갈 것이다.

그러므로 무교회는 교회 밖에서 새롭게 싹트고 새롭게 커 가지 않으면 안 된다. 그러나 꿈에라도 오해하지 말라. 그것은 새로운 조직이나 새로운 교회, 새로운 교파가 아니다. 그것은 오직 성서진리에 의해 개인과 하나님 사이에 신앙만으로 성립되는 관계일 뿐, 그 외에는 아무것도 없다. 즉 신앙을 나와 하나님과의 관계로만 생각한다. 여기에 단체적인 것은 생길 수 없지 않은가. 무교회는 영원히 제도교회 없는, 교파 없는 신앙 상태이다. 늘 하나님과의 관계만 똑바로 하고 사는 신앙생활이다.

이리하여 똑바로 회개하고 똑바로 죄 사함을 받아, 우리의 도더이 살아나고, 자유와 독립이 싹트고, 정의와 사랑이 물 흐르듯 흘러 흘러 삼천만이 천국의 백성 되고, 삼천리강산이 영(靈)으로 사프란 수선화같이 아름답게 피어나기를! 이것이 신자의 기원인저! 그들의 생활이고 유일한 목표인저, 야심인저!

(1949년 9월)

신앙적 해결

최근 내가 느낀 한 가지. 사람이 죽었다가 다시 산다는 부활 같은 진리를 지금 원기 왕성한 펄펄 뛰는 젊은이들에게 설명하여 납득시키는 일이란 참 어려운 일이다. 도대체 나 자신이 이를 정말 믿고 있는가 하고 자문(自問)하여도 내 신앙양심에서 힘찬 대답이 없다. 결국 하는 수 없이 "신앙 자체가 그렇지만, 이 부활 문제 같은 것은 더구나 이론으로 납득될 문제가 아니니, 각자 믿음으로 이를 마음 가운데 간직하여 두고, 혹은 자신의 병상에서 혹은 사랑하는 자의 죽음을 통하여 이를 실제로 체험하는 수밖에 없다"고 하였다. 그러니 사실 이런 구차한 설명에는 나 자신도 심히 불만스러웠던 나는 그 길로 뜻밖에 신앙의 친구의 부인 되는 이의 입관식에 참여하게 되었다. 더욱이 돌아가신 분은 결혼 20년 동안에 처음 1, 2년을 제하고는 생애의 태반을 병상에서, 또 최근 6, 7년간에는 7, 8회에 걸친 복부 수술을 받으며 지내다가 이번 대수술 중에 끝내 돌아가고 만 분이다. 단테의 말에, "슬픔 중에서 지난날의 기쁨을 생각하는 일처럼 슬픈 일은 없다"는 말이 있지만, 슬픔 중에서 슬픔 밖에는 생각할 수 없는 것이 정말 이분의 생애였다.

그런데 보라, 이상하게 내 가슴 속에 슬픔보다도 기쁨이, 두려움보다도 평안이, 실망보다도 힘이 솟아남을 느꼈다. 그이의 고난의 의미조차 내 마음 속에 알려지는 듯했다. 로마서 5장 처음이 내 심중에 떠올랐다. "우리가 환난 중에서도 즐거워하나니 이는 환난은 인내를, 인내는 연단을, 연단은 희망을 이루는 줄 앎이라." 그이가 아버지를 부른 정도란 우리의 정도가 아니었을 것이다. 매를 맞는 어린애가 무서운 아버지 품에 뛰어들 듯이 하나님 품에 뛰어들어, 아버지의 누그러진, 그 쓰다듬는 손으로, 그 무서운 병고 중에서 아픔을 잊으며 일생을 산 분이다. 이렇게 아버지 앞에서, 아니 아버지 안에서 일생을 산 분이다. 그러니 그가 아버지 앞에, 아버지 나라에 갔을 것은 의심할 여지가 없는 일이다. 그이를 생각하는 우리 마음에 아버지께서 성령으로 이 사실을 알려 주시고 또 친히 위로하여 주셔서 우리의 심중 평안이 넘친 것임을 알았다. 그렇다, 하나님은 우리가 참된, 거짓 없는 믿음으로 그를 믿고 의지만 한다면 그의 넘치는 성령을 부어 주시어, 우리가 봉착하는 인생의 모든 어려움 하나하나에 대해 그 깊은 뜻을 이해하고, 그래서 그것을 감사하고 그것을 이길 수 있는 은혜와 지혜와 힘을 그때그때 직접 내려 주시는 것이다. 그리고 이것이 진정 신앙자에 있어 만사에 신앙적인 해결인 것이다(요한 14:26).

(1949년 9월)

민주주의 토대

일본인이 쓴 어느 책에 '영국인이 본 각국 국민의 인물 평가법'이라 하여 다음과 같은 것이 있었다.

독일   What does he know?(무엇을 아나?)

프랑스   What examination did he pass?(무슨 시험을 통과했나?)
미국   What can he do?(무엇을 할 수 있나?)
영국   What does he like?(무엇을 좋아하나?)

이는 독일과 프랑스는 머리, 즉 지식 존중을 의미하며, 미국은 재간과 실력을 존중하는 것이며, 영국은 성격, 즉 인물을 존중하는 것이라 한다. 그런데 여기 대해 일본인은 What school did he graduate?(어느 학교 출신이냐?)로, 인물과 실력은 말할 것도 없고 머리도 아니고, 졸업장, 즉 면허가 말을 한다 하여 저자는 심하게 자국을 혹평하고 있었다.

나는 이를 읽으며 우리나라는 대체 어떨까 하고 생각해 봤다. 그러자 서투른 영어로, Who is your father?(아버지가 누구냐?), Whose card?(누구 명함이냐?), 이렇게 밖에는 내 입에서 말이 나오지 않았다. 나는 혼자 고소(苦笑)와 공허감을 금치 못했다. 그리고 일종의 모멸감까지, 자학(自虐)까지 느꼈다. 즉 여기는 사람 자신이, 다시 말하면 인격이 전혀 문제되지 않고 있기 때문이다.

조선은 지금 민주주의 시대라고 한다. 그러나 유물철학 위에서는 소련식의 정치 조직과 경제 제도와 일당 독재로써 어디까지나 제도와 기술과 통제 위에 서는, 좌익이 말하는 소위 신민주주의면 몰라도, 개인의 인격과 자유를 토대로 하는 서구 민주주의는 이렇게 철저히 인격이 몰각되고 있는 사회에는 존재할 수도 없고, 성장발전을 논할 여지조차 없는 것이다. 이것이 또한 인격 존중의 영국인이 서구에 있어서도 제일 건전한 민주주의 국가를 이루고 있는 소이이다. 이렇게 생각하니 조선의 진정한 민주화의 곤란성과 전도요원함을 탄하지 않을 수 없었다.

이때에 나의 머리에 떠오른 것이 서구 민주주의의 근본정신을 무엇보다도 잘 표현한다고 하는 에이브러햄 링컨의 저 유명한 게티스버그 연설의 결미(結尾)였다. "이 나라가 신의 지배 밑에 있어서 새 자유를 낳아 인민의, 인민에 의한, 인민을 위한 정치로 하여금 이 지상에서 소멸되지 않게 하는 일이다"라고.

그러므로 하나님에 대한 믿음으로 인간의 양심을 살려 인격적인 자각과 자유를 획득하게 하는 진정한 기독교와 진정한 신앙만이 진짜 민주주의의 토대인 것이다. 헤겔이 그의 '역사철학'에서, 서구인은 루터의 종교개혁으로 비로소 인간의 자각에 들어갔는데, 동양인은 아직도 자기를 제왕의 가마를 메기 위해 태어난 것으로 생각하고 있다고 한 심한 말을 깊이 생각해 봐야 할 것이다.

(1949년 8월)

병들어 누워 있을지라도

병들어 누워 있을지라도 이는 그의 뜻.
정말 그의 뜻이고 그의 최선이면
내 고통 가운데 평안하며

궁핍 가운데 족하도다.

최악에 있어 최선을 발견하며

고독에 있어 이를 내 보금자리로 삼는도다.

찌는 더위에 그늘지는 서편을 바라며

마음 주저앉는 실망에도 절망 않노라.

그리하여 갚음의 때 오면

즐거운 안식은 찾아와

내 하나님이 내 소망을 넘치도록 이루리니.

그렇다, 내 그를 대망함이 간절하도다.

어려운 일에도 싫다 않고 세월이 흐르되 상심함 없이.

크리스티나 로제티

고목같이 뻣뻣하던 내 마음도 작년 일 년을 병상에서 지낸 혜택인지, 다소나마 남의 병상을 생각하는 은혜를 갖게 되었습니다. 요즈음은 더욱 병상에 눕는 이가 많은 듯합니다.

벌써부터 위로의 말씀이라도 드리고 싶었으나, 내 병상생활을 돌아보아 실로 이 자격이 없음을 느끼고 지금까지 이를 못하였습니다. 이런 마음으로 여기 크리스티나 로제티의 시를 번역하였습니다.

그러나 이에 대해 근일의 나의 심경을 솔직히 말하는 것을 허락하여 주신다면, 지루하든, 괴롭든 간에 종일 하나님과 그리스도를 생각하고 지내던 병상 생활이 그리워졌습니다. 실로 건강과 함께 내 마음이 아버지와 그리스도로부터 내 자신에 돌아온 것을 부인할 수 없습니다.

그리고 아버지와 그리스도를 부른다고 하여도 아무래도 병상에서와 같이 진심으로 부를 수 없게 된 것 또한 사실입니다. 기도 이상의 사업이 있겠습니까? 더욱이 금일 모든 면에 인력이 쇠진하여버린 조선에서.

나는 병상에 계신 여러분께 조선을 위해, 이 건강자들의 불신과 부도덕, 죄악을 위해 기도하여 주시기를 간절히 바랍니다. 그리고 여러분의 그 병은 조선의 죄악과 질고를 지는 속죄의 그것임을 알아주시기를 바랍니다. 나에게는 여러분이야말로 조선의 죄를 지고 가는 어린 양으로 밖에 보이지 않습니다.

한걸음 더 나아가 여러분의 병은 실로 하나님의 영광을 위함인 것을 알아주십시오. 여러분이 욥과 같이 믿음으로 병고를 이기고, 병상에서 하나님을 찬미하고, 그에게 최선을 돌리고, 그에게 순종할 때 그 이상 하나님께 기꺼운 제사가 없으며, 또한 그 이상 불신의 세상에 대해 힘찬 생명의 증거가 없는 것입니다.

이리하여 영광이 아버지께 돌아가게 됩니다. 여러분의 고통과 호소와 눈물과 인내가 결코 헛된 것이라고 생각하지 마십시오. 아브라함의 제물은 그의 아들이었습니다. 여러분의 제물은 여러분자신이 아닙니까. 여기 하나님과 예수께서 여러분을 참으로 사랑하는 이유가 있는 것입니다.

이제 여러분은 병상이 아니면 받을 수 없는 은혜로써, 병상에서만 할 수 있는 위대한 사업에 착수해 주시기 바랍니다. 이제 예수그리스도를 통하여 받는 새로운 생명의 법에서는 병자와 건강자의 구별이 없는 것입니다. 아니 이것이 뒤바뀌는 것입니다. 이것이 우리가 믿는,

십자가에서 죽고 다시 부활하신 하나님의 아들 예수그리스도의 복음입니다.

(1949년 11월)

신앙의 세모감(歲暮感)

크리스마스는 신앙을 반성하는 때요, 연말(年末)은 인생을 반성하는 때로 지내 온 것이 나의 지난날이다. 작년만 해도 병상에 누워 있었던 까닭도 있었지만 12월 24일 밤 감정이 몹시 흥분되었던 것이 생각난다. 그런데 금년은 이상하게 크리스마스도 연말도 아무런, 이렇다 할 느낌이 없이 그저 평정(平靜)하였다. 나는 내 신앙의 침체 또는 내 인생의 위축 때문은 아닌가 하고 걱정도 했다. 그래도 그저 평정하기만 했다. 그저 조용, 그것이었다. 아무런 파동도, 아무 거치는 것도 없었다. 평안하고 감사하고, 불평이나 또 무슨, 이랬더면 저랬더면 하는 생각도 없었다. 표현할 수 없는 무슨 기쁨마저 치밀어 내 입에는 저절로 부를 줄도 모르는 찬송가까지 올랐다.

고요한 바다로 저 천당 향할 때
주 내게 순풍 주시니 참 감사합니다.
주 내게 순풍 주시니 참 감사합니다.
큰 물결 일어나 내 쉬지 못하되

이 풍랑 인연하여서 더 빨리 갑니다.

이리하여 이 평정 가운데서 내가 깨달은 것은 이때까지의 내 신앙생활이란 내 감정과 내 의지로, 내 기분, 내 결심으로 해 온 것이라는 사실이다. 그리고 이것은 확실히 신앙이라고 할 수 없음을 깨달았다. 감정이 살아 있고 결심이 필요한 것은 분명히 아직도 사람이 살아 있다는 증거이다. '내'가 살아 있는 이상 그것은 신앙이 아니다. 신앙은 내가 절망하고 내가 항복하고 정말 이 내가 죽어 내안에 하나님과 예수 그리스도가 사는 것이다. 내 감정과 내 의지가 아니라, 하나님과 그리스도의 생명인 성령의 힘으로 사는 일이다. 그러므로 거기 세상을 이기는 평안이 있고, 슬픔을 이기는 기쁨이 있고, 불의와 죽음을 이기는 생명력이 있다. 주여, 언제든지 이를 넘치게 하소서!

(1949년 12월)

예수 강탄(降誕)의 목적

서울만 하여도 크리스마스는 확실히 사회적인 하나의 연중행사가 되었다. 크리스마스 휴가, 크리스마스 대매출, 크리스마스 방송, 심지어 교회의 크리스마스 음악과 연극, 캬바레의 크리스마스 댄스 등등. 그리고 이는 기독교가 사회를 정복한 증좌라 하여 신자들도 크게 만족하는 모양이다.

그러나 나는 아무리 생각해도 이것이 크리스마스의 주인 격인 예수와는 도무지 어울리지 않는 것을 느낀다. 예루살렘 성전에 나타나, 그것도 年 1회의 국민적 대제(大祭)에 모든 것을 뒤엎고 채찍으로 상인들을 몰아낸 그와는, 또는 예배는 영과 진리로만 할 것이라고 한 그와는 아무래도 어울리지 않는다.

그가 만일 지금 서울에 온다면 그것이 캬바레건 교회건 성당이건, 너희는 나를 팔아먹는 강도들이라고 채찍을 들 것을 나는 두려워한다. 과연 이 예수가 마음 가운데 살아 있는 신자라면 결코 이런 짓은 못 할 것이다. 그러므로 우리는 이 기회에 다시 한 번 예수 강탄의 목적을 밝혀야 한다.

이는 그가 누구냐로, 혹은 그의 생애, 아니 그보다도 그가 행한 일을 통해 생각하면 잘 알 수 있을 것이다. 그는 농부였던가, 정치가였던가, 사상가였던가? 또는 종교가, 도덕가였던가? 그렇다, 그는 목수였다. 그러나 그는 정치가가 될 자질도 충분히 있었던 것이다. 그는 수천 군중에게 수차 식사를 공급하였고, 모든 병자를 고쳤으며, 목자 없는 양 같은 그들 민중에 대해 한없는 동정을 보냈던 것이다. 그가 불타는 애국심으로 예루살렘아, 예루살렘아 하고 목이 메어 불렀을 때, 그는 확실히 다윗 이상의 대정치가가 될 수 있는 인물이었다고 볼 수 있다. 그러나 군중이 그를 왕으로 삼으려고 했을 때, 그는 이를 거절하고 산으로 들어갔던 것이다.

다음 그가 대 시인, 대 문호가 될 수 있었던 것은, 산상수훈 중 '들의 백합화'의 한 구절을 읽는 것만으로도 수긍이 갈 것이다. 단테의 '신곡(神曲)'도, 밀턴의 '실낙원(失樂園)'도 모두 그에 대한 믿음의 영감

(靈感)으로 이루어진 것이다. 그리고 아우구스티누스의 사색과 아퀴나스의 신학 체계와 칸트의 신교철학(新敎哲學)으로도 그의 본질을 완전히 드러내지는 못했다면, 과연 그는 자신의 말대로 하나님의 로고스요 진리 자체로서, 전 우주와 인류를 포용하는 대문학자나 대사상가도 될 수 있었을 것이다.

가령 도덕가로서의 그를 생각하여 보라. 아마도 역사상 성문화(成文化)한 도덕률로서 모세율법 이상 가는 것은 없을 터인데, 그는 이를 전복시키고 그야말로 완전히 새로운 신적인 도덕률을 제창했다. 사람을 미워하는 자는 살인자이며, 음욕을 품는 자는 간음자라고. 더욱이 종교 교사로서의 그를 보면, 나를 본 자는 신(神)을 본 것이라 하였으며 신의 아들로 자처했다. 그를 접한 자들은 그를 분명히 태초부터 하나님과 함께 계셨고 그의 우주 창조에까지 참가한 주로서 믿었다.

실로 역사상의 뭇 종교가, 성현에 비하면 히말라야의 군봉(群峯)위에 솟은 에베레스트 이상이다. 그러나 그는 플라톤같이, 또는 공자같이, 수천 제자를 거느리고 철학과 사상을 강의하고 종교와 도덕을 가르치며 유유히 천수를 다하지는 않았다.

물론 그에게도 주로 어부 출신의 열두 제자가 있었다. 그러나 그가 그들을 데리고 멀리 가이샤라 빌립보 혹은 헤르몬산상을 배회했을 때, 이는 동양적인 신비주의나 인도적인 오도(悟道)를 가르치기 위함은 결코 아니었다. 아니, 놀라지 말라. 이 모든 것을 자의로 택할 수 있는 30 청년의 몸으로 이제 예루살렘에 올라가 죽어야 된다는 것을 그들에게 알리고, 이를 이해시키기 위함이었다.

베드로가 이때 '마소서' 하고 간(諫)하였을 때 과연 그는 악마의 심정에서 그렇게 하였던가? 나는 사탄이라고 책망을 받은 베드로에게 동정을 금할 수 없다. 이리하여 소크라테스는 국법에 순종하여 죽었으나, 예수는 자기 스스로 십자가의 죽음을 택하였다. 결국 예수는 우리와는 다른 의미에서, 수차에 걸친 그의 예고대로 진정 죽기 위하여 세상에 온 것이었다.

그렇다, 그가 정치와 예술과 종교와 도덕, 이 모든 것을 버리고 죽음을 강세(降世)의 목적으로 한 데는 중대한 의미가 있지 않으면 안 된다. '인명(人命)은 재천(在天)'이라, 여기 또한 신(神)의 깊은 뜻이 있지 않으면 안 된다.

성서에서 이를 가장 명백히 설명하는 것이 로마서 3장 21-26절이다. 25절에 "하나님은 예수를 그의 피로써 신앙으로 말미암는 화목제물로 세우셨다. 이는 하나님께서 오래 참아 오신, 과거에 지은 사람들의 모든 죄악을 용서하시고 자신의 의를 나타내기 위함이다"라고.

그렇다, 그의 강탄(降誕)은 우리의 육체의 생명을 위한 의식주의 문제를 해결하려 함이 아니었다. 아름다운 예술과 높은 사상을 제공하며, 고원(高遠)한 도덕과 심오한 종교 진리를 가르치려는 것도 아니었다. 인생의 깊은 고민이란 돼지같이 먹을 것이 없어 우는 것이 아니요, 어린애같이 몽학선생이 없어 정도(正道)를 걷지 못함이 아니다. 양심과 도덕의 무력, 아니 그 완전한 부패와 타락, 인간의 죄성, 생명 자체 내의 치명적인 죽음의 포태(胞胎), 여기에 대한 정신적인 도덕적인 혈청인 것이다. 예수의 죽음은 죄 없는 하나님의 아들로서 이 인간을 죄와 죽음에서 구원하기 위한 도덕, 아니 생명의 혈청제(血淸劑)

로서의 죽음인 것이다.

그러므로 우리는 예수를 니고데모와 같이 선생으로 알아서는 안 된다. 아 켐피스와 같이 내 행위의 모범으로 삼아서도 안 된다. 내 도덕적 생명을 신생시키고 부활시키는 신앙의 대상, 하나님의 아들로 믿어야 한다. 앞에 인용한 바울의 말을 유대인의 한낱 종교사상이라 함은 신의 역사 섭리와 인간성, 즉 죄악의 보편성을 망각한, 아니 이를 체험치 못한, 천박한 망언이 아닐 수 없다. 만인을 위한 도덕의 사표(師表)가 아니라 도덕과 생명의 혈청제로서의 죽음, 이것이 예수 강세의 목적인 것이다.

(1949년 12월)

새 기독교를 위하여

신(神)은 영원히 계신다. 부활의 그리스도도 영원히 계신다. "풀은 마르고 꽃은 지되 하나님의 말씀은 영원히 선다"고 한 것은 이사야의 말씀이다(이사야 40:8). "율법의 폐지가 아니라 완성을 위하여 왔다"고 한 것은 예수의 선언이다(마태 5:18). "(내가 전한 것 외에) 다른 복음은 없나니" 한 것은 바울의 확신이다(갈라디아 1:7).

이와 같은 기독교에 새 것 밝은 것이란 있을 수 없을 듯하다. 그러나 신구약 기독교 6천 년사에는 확실히 이것이 있다. 크게 보아도 예언자 대 제사 계급, 예수 대 바리새파, 바울 대 유대교, 루터 대 가톨릭의 대립 등이 이를 보여 주는 것이다. 그리고 이를 다시 내용적으로 보면 도덕 대 제사, 생명 대 형식, 영(靈) 대 의식, 신앙 대 행위, 진리 대 거짓, 자유 대 제도, 독립 대 모방 등으로 볼 수 있다.

그러면 조선의 기독교와 그 신앙은 어떠한가? 종교는 정치 이상으로 개인적이어야 한다. 그것은 사람의 마음과 정신과 영혼의 일이기 때문이다. 또한 그것은 체험적이어야 한다. 머리로 하는 신학 사상의 이해나, 제도, 의식의 모방으로는 소용없다. 신앙, 종교의 필요가 정치적 이용이나 머리로 하는 사상적인 이해나 미신적인 이익에 그친다면 몰라도, 그것이 실 인생에 있어 현실적으로 죄와 도덕 문제, 양심 문제를 해결하며 죽음과 생명의 문제를 해결하고, 나아가 국가, 사회, 전 인류, 우주 문제의 근본적인 해결을 위한 것이라면 이는 이해나 모방 정도로서는 절대 될 수 없다. 전 인격으로 전인적(全人的)으로 체험되어, 사람에 있어 완전히 산 생명이 되지 않으면 안 된다.

그러나 오늘날 조선의 신앙이란 영미인의 모방 정도를 못 벗어나고 있는 것 아니냐. 신학적인 이해 정도도 못 된다고 생각된다. 유교 하나 바로 소화 못한, 순수한 학문 정신없는, 철학 정신없는, 심각성 없는 조선 사람으로는, 진리애의 철학 정신에서 우러나온 독일적인 신학과 경건한 신앙생활에서 나온 영국계의 신학을 절대 그렇게 쉽게 이해하지 못할 것이다. 더욱이 그것이 게르만, 앵글로 색슨의 7, 8세기 이후 적어도 천 년 이상의 신앙적 노력에서 나온 것일 때 정말 어림없다고 생각된다.

이러한 점에서 나는 위에서 말한 제도나 의식의 모방 정도도 엄밀한 의미에서 우리에게는 없다고 본다. 즉 종교에서 제도나 의식이란 우리가 유대교나 가톨릭에서 보는 바 그것은 생명의 고갈, 진리와 신앙의 죽은 껍질인데, 아직 신앙과 생명과 진리가 도시 없는 데야 진정한 제도나 의식조차도 있을 수 없는 것이다. 있다면 그것은 모방과 그림자와 거짓뿐이다.

그리고 또 보라, 오늘날까지 내용적으로 주로 미국의 사회적, 실제적인 사랑의 기독교를 배웠다고 하지만 우리에게 공공 정신, 협동심 하나 있나, 사랑이 있나. 웬 싸움은 그리도 많은가? 사업은 명예심 아니면 미국 돈에 대한 욕심일 뿐이다. 기타 무엇이 있다면 다만 철없는 광적인 열광뿐이다.

그러므로 이제 새 기독교를 생각하는 우리는 지금까지의 결실 없는 기독교 신앙에서 완전히 백지로 돌아가자. 그림자 같은 제도교회나, 제발 주제 넘는 신학 운운을 그만두고 세상과 타협 없는 진실한 신앙생활과 진리에 대해 겸허한 소학생의 태도로 돌아가 과거 우리 선조들이 불전(佛典)이나 사서삼경에 대해 가졌던 그 이상의 열심으로 우선 기독교의 경전인 성서 자체를 공부하여, 우리 자신의 노력과 체험으로 새롭게 믿음의 본질을 이해, 파악하지 않으면 안 된다.

목회학과 음악과 사교술의 습득을 그만 두고, 영어 독일어 희랍어 등으로 古來의 모든 고전적인 정평 있는 성서 주석과 현대의 학문적 연구의 결과를 소화하지 않으면 안 된다. 그러므로 본 '성서연구'도 앞으로는 더욱 명실 공히 신구약성서 자체의 연구에 열중해야 하며, 이를 철저히 사명으로 해야 한다.

(1950년 1월)

기독교의 내용

저번 '새 기독교를 위하여'에 대해 새 기독교의 내용을 제시하라고 한 분이 있었다. 그러나 이분은 아마 나의 생각을 전적으로 이해하지 못한 듯하였다. 나는 솔직한 나 자신의 고백과 미숙한 견해나마 아직 우리에게는 기독교의 진리 파악이, 체험적인 신앙이, 복음적인 생활이, 영원한 생명의 체험이 없다고 생각하고, 이제부터 이를 위하여 주로 성서를 연구하고 공부해야 할 것이라고 말하였기 때문이다. 그리하여 다소 대답에 궁해 있을 때 마침 신앙의 친구 부부가 한 달 동안의 진실한 신앙생활의 체험을 소식으로 써 보내 온 글에 '성경의 진리'라 하여 아래와 같이 있었다.

구약과 신약을 통하여 성경의 중심은, "의인은 그 믿음으로 살리라"고 한 구절에 요약된다(하박국 2:4, 갈라디아 3:11). 그러나 이 말씀은 구세주 그리스도가 오심으로 비로소 이루어진 것이다. 따라서 구약은 메시아 즉 그리스도가 온다는 예언의 책이며, 신약은 그리스도 즉 메시아가 왔다는 완성의 글이다. 그러므로 성경의 진리는 결국 하나다. 그것은 '예수 그리스도'다. 그러면 예수 그리스도의 무엇이 진리인가? 그의 사업인가, 인격인가, 교훈인가? 아니다, 그의 죽음이다. 그의 부활이다. 사람의 죄를 구속하고, 사람을 의로운 하나님의 아들이 되게 하기 위하여 예수는 스스로 죽고 부활하는 수밖에 없었던 것이다.

나의 죄는 그의 부활을 믿음으로 씻어진다. 죄 씻음을 받음으로만 영원한 생명을 얻는다. 영생을 얻음으로써만 모든 인생문제는 해결된다. "네가 만일 네 입으로 예수를 주로 시인하고 하나님께서 그를 죽은 자 가운데서 살리신 것을 믿으면 구원을 얻으리라(로마 10:9)". 이것이 성경진리의 전부이다.

과연 이것이 성서의 전부이다. 기독교는 이 이상도 이 이하도 아니다. 나는 엽서 한 장에 인쇄된 이 글을 읽으며 심중에 성서의 축소판이라고 느꼈다. 내 처도 또 이를 읽고 복음의 내용이 뚜렷하게 잘 이해된다고 하였다.

그런데 우리가 여기서 주의해야 할 것은, 우리는 이를 머리로만 이해하는 생명 없는 고목(枯木) 같은 신학자가 되어서는 안 된다는 것이다. 예전(禮典)이나 예배의 참가나 교리의 승인을 신앙인 줄 아는 형식적인 교회 신자가 되어서는 안 된다. 기독교를 사람의 덕행이나 선행으로 알거나 이로써 신앙을 획득하려는 도덕적 신자나 사업적 신자가 되어서도 안 된다. 종교 신앙을 그 이용가치로 다루는 정치가 따위는 더욱 말할 나위도 없다.

신앙은 철저히 자신의 죄악과 죽음의 공포에 대한 십자가의 속죄와 영적 생명과 신생으로 체험하지 않으면 안 된다. 이때에 비로소 우리 개인이 살고, 나아가 근세 이후의 역사에서만 하여도 우리가 보는 바 독일의 신앙주의와 영국의 청교정신과 일본의 무교회주의 등과 같이, 그것이 또 우리 민족의 성격을 형성하고 진정한 민족 이상을 제공하여 우리의 세계사적 사명을 다하게 할 것이다. 우리의 신앙 내용과 신앙적 노력의 목표가 바로 여기에 있음을 분명히 해 둔다. 여기에만 또한 진정한 민족 존재의 이유가 있는 것이다.

(1950년 2월)

무교회의 사실

요새 무교회가 사람 구실을 하려고 그러는지 세상, 아니 교회의 구설수에 많이 오르내리게 되었다. 그런데 별별 허무맹랑한 소리가 많이 들리기에 한마디 하고자 한다.

무교회주의가 과연 저들이 받는 비평이나 욕설대로 귀족주의냐, 변태의 고독이냐, 아니면 광신이냐, 독단이냐, 파벌주의냐, 파괴주의냐? 예배도 없고 회당도 없고, 그리고 또 비현실적이며 주관적이냐? 여기에 대한 개조적(個條的)인 나의 대답을 간단히 적는다. 평자(評者)의 귀족주의에 대한 대답은, 그러기에는 저들은 너무도 자신의 죄에 대해 우는 자들이라는 것이다. 고독이 아니다. 저들에게 소위 문화주의가 필요 없고 교회인의 사교주의가 필요 없는 것이 그 역설적 증거다. 교회로써 신망을 꾸려 나가는 교회인이야말로 고독의 갈증에 빠진 자들이다. 광신은 물론 아니다. 광신이기에는 저들은 너무도 상식적이고 건전성을 운위한다. 냉수를 쳐 가며 믿자는 것이 저들의 신앙 태도이다. 독단이냐? 결코 아니다. 저들이 교권과 목사의 말에 순종치 못함은 오직 하나님과 진리의 판단을 두려워하기 때문일 뿐이다. 저들을 파벌주의라 함은 저들의 신앙의 자립주의, 독립주의를 오해

하는 말이다. 파괴주의라 함은 영원성 없는, 소멸될, 쓰러질 것을 받치고 있는 자들의 공포감에서 나온 말이다. 물론 저들에게는 특정한 예배의식이란 없다. 저들은 주일 집회로써 오직 성서진리의 탐구에 전력한다.

그래서 저들은 저들의 모든 시간과 생활 전체를 거룩하게 예배로서 바치려는 것뿐이다. 저들의 회당은 전 세계 전 우주이며, 저들의 지성소는 저들 자신, 아니 저들의 마음이다. 부채와 가난한 신도의 눈물로 된 벽돌 뾰족집이 절대 아니다. 저들을 비현실적이라 함은 잘못 안 것이다. 그것이 저들이 도덕을 강조한 데서 기인한 것이면 몰라도, 저들에게는 예언자적인 싸움이 있을 뿐, 현실과의 타협은 허용되지 않기 때문이다. 저들이 주관적임은 교규(敎規)와 신조(信條), 신학 위에 서지 않고 각자의 속죄의 체험 위에 서기 때문이다. 독자들이여, 두려울 것 없다. 비평, 모욕, 박해, 그것은 예수 자신이 당하고 바울 자신이 받고 루터 자신이 먹은 것 아닌가! 연초 남쪽에서 온 싹트는 무교회의 승리의 희보(喜報) 한 장을 여기 올린다.

·····나는 이 위대한 사실 진리의 투쟁에 대하여 언제까지 수수 방관할 수는 없습니다. 지금까지 숨어서 굿만 보던 태도를 버리고 뛰어나왔사오니 용납하소서.

37년 전에 목사의 가정에서 태어나서 보라(保羅)라는 이름까지 따가진 자신은 신학도 목사도 정식 전도사도 다 거부하고 백운산 사(舍)에 은거하여 주경야독하며 때로는 복음을 전하여 교회까지 설립되는 형편이었으나, 이 전통적인 제도에 매력을 잃고 소위 정통적인 교리에 염증이 난 나의 심령은 남모르게 고갈상태에서 신음하던 차, 반란사건에 포로 되어 최후로 생명을 걸고 싸운 결과 오히려 놓임을 받아 기뻐하던 중 때때로 찾아오는 '성서연구'는 나에게 참 생명의 지침이 되었으며, 옥곡(玉谷)으로 소개하여 국민학교에 취직하고 성연지(聖研誌)를 중심으로 뜻 맞는 교사 세 명이 머리 숙이게 됨을 감사합니다. 서가(書架)에 꽂힌 '성서연구'는 정통목사의 눈에 가시가 되었고, 나 자신 벌써 그들과 정면충돌하기 부지기수올시다……

형제여, 철은 봄이다. 생명의 봄, 자유의 봄 아닌가! 나오라, 달마중 아니라 진리의 마중에! 어둠침침한 회당에서 형식의 누더기를 벗고 전통의 먼지를 털고 신학의 거미줄과 제도의 사슬을 끊고 빨리 뛰어나오라! 진리 자체, 생명 자체인 그리스도가 이미 2천 년 전에 오시지 않았는가! 그가 인간적인 유대교의 율법과 성전을 폐기하고 하나님의 복음적인 구원을 선포하지 않았는가!

(1950년 2월)

근대의 전사(戰士) 우치무라 간조(內村鑑三)

우치무라 간조, 그는 근대의 전사였습니다. 과연 그는 진리와 정의와 신앙의 전사였습니다. 청년 시대의 그는 아모스를, 장년시대의 그는 이사야를, 노년 시대의 그는 바울과 루터를 방불케 하였습니다. 실로 그는 전 인류를 대표하는 근대의 전사였습니다. 우리는 그가 동양에서 나고 일본에서 났다 하여 그의 인류의 전사로서의 명예를 부정해서는 안 됩니다.

길가의 돌로도 아브라함의 자손을 만들고, 나사렛 예수로 인류의 구주로 삼는 하나님이십니다. 아니, 신(神)은 그로 하여금 서양 문명의 결함에 대해, 그리고 2천 년 동안 서양인의 손으로 발전된 기독교의 그릇된 점에 대한 무자비, 철저, 강렬한 진리의 비판자, 전사로 세우기 위해 동양에서 그를 택한 것입니다.

그리고 또한 일본은 인도의 불교와 중국의 유교, 즉 이교적인 동양 문명의 개화지(開花地)인 것을 생각하면, 여기 그가 동서양을 통해 인류의 전사로 서는데 신의 깊은 섭리를 엿볼 수 있는 것입니다. 이교 일본이 소위 현대 문명에 깨기 시작했을 때 우치무라, 그는 애국정신에 불타는 무사의 아들로서 북해도의 원시림 속에서 신(神)의 것으로 성별되고 있었습니다.

애국심과 진리, 여기 모순을 느끼는 자는 사이비 애국자이며 진리에 불충(不忠)하는 자입니다. 그에게 있어서는 애국과 진리는 완전히 동심일체(同心一體)를 이루었습니다. 이리하여 격렬한 싸움은 준비되고 있었던 것입니다. 이제 우리는 그의 싸움을 보기로 합니다. 그야말로 근대의 전사임을 보려고 합니다.

그는 첫째, 신(神) 없는 근대 과학과 싸웠습니다. 다윈의 진화론을 떠받들고 전 세계를 휩쓴 신 없는 과학 문명에 대해 수산학(水産學)을 전공한 그는 일개 소장 과학도로서 단신 적의 무기를 빼앗아 들고 적

진에 뛰어들었습니다. 그에게 있어서 진화론은 자연계에 대한 신의 섭리 이외의 아무것도 아니었습니다. 그에게 있어서 자연과학은 사람으로 하여금 죽은 물질에 노예 되게 하는 소위 '과학'이 아니고, 산 생명의 근원인 신에게로 인도하는 일종의 철학이요 시였습니다. 그는 휘트먼과 같이, 루이 아가시와 같이, 한 개의 풀잎에서도 신의 조화와 우주, 인생의 깊은 의미를 읽었습니다. 그는 말년 물질진화설에 대하여 창조진화설이 학계의 우위를 점하는 것을 보고 매우 만족해하였습니다. 그리고 신 없는 과학주의는 필연적으로 인류에게 물질만능주의를 초래했습니다. 자연 가운데서 우주와 인생의 의미를 읽고 신에의 한없는 외경(畏敬)을 느낀 그가 인생관으로서의 이 유물주의에 침묵치 못한 것은 당연지사입니다.

청년기의 그의 싸움은 주로 인류의 도덕성을 부정하는 이 물질주의에 대한 예언자적인 싸움이었습니다. 실로 아모스의 싸움이었습니다. 이 물질주의가 서양 문명에 대해 무비판적인 천박한 정치가, 학자배에 의해, 기독교적인 정신적인 배경이 몰각되고 무조건 일개 진보적인 문명으로 수입될 때, 더욱 그는 참을 수 없었습니다.

그는 서서 국민과 지배자의 무자각, 무절조, 무도덕, 무이상(無理想)에 대해 경종을 울렸습니다. 매독은 이토(伊藤博文)의 코도 뗄 수 있다 했을 때, 이는 실로 이상 없는 국가, 민족의 패망을 예고하는 아이러니였습니다. 그는 또한 물질주의에 의한 사회의 부패와 사회정의의 유린에 대해, 그리고 사람의 인격성과 윤리성을 부정하는 유물적인 사회주의에 대해 정면으로, 좌로 우로, 홀로 신앙과 진리에 굳게 서서 맹렬히 싸웠습니다. 청교도의 미국에 대해 최대의 존경과 기대를 가진 그가 한편 이를 사갈시(蛇蝎視)한 것도 그들의 물질문명에의 타락 때문이었습니다.

명치유신으로 근대 국가로 출발한 일본은 그 자체의 무이상과 그 지향하는바 물질문명의 결과로 결국은 제국주의적인 침략의 야망을 급속도로 동양 천지에 뻗치게 되었습니다. 이때에 그는 감연히 일어나 정면으로 국가를 상대로 실로 이사야적인 싸움을 시작하게 된 것입니다. "살벌(殺伐)한 영토 확장은 국가, 민족의 흥기(興起)가 아니고 봉기(蜂起)에 지나지 않으며, 문명사상 진보의 장해물, 질서의 파괴물일 뿐"이라고 이를 공격했습니다.

"불멸하는 것은 진리뿐이며, 이의 발현을 위하는 것이야말로 국가 존재의 유일한 의미"라고 하였습니다. 그는 일본뿐 아니라 멀리 영국의 제국주의적 침략 정책과 독일인의 그 힘의 철학에 대해서도 심한 증오와 비판을 보냈던 것입니다. 더욱이 이 국가주의가 진리에 근거하지 못하고 물질적인 침략주의로, 즉 죄악적으로 진전될 때, 이의 정당화를 위해 취해지는 길이란 결국 군주의 우상화인 것입니다. 그리고 벌써 1891년 구적으로 닉인 찍혀 국토에 머리 둘 곳 없이 전 국민의 박해를 받은 소위 불경사건이란 실로 일본 천황의 신격화에 대해 그의 기독교신앙으로 하는 거부였던 것입니다. 여기서 그는 국가의 우상화에 대항하여 신앙의 절대성, 인격의 자유를 위해 목숨을 걸고 싸웠습니다.

국가주의의 그릇된 철학적 근거인 천황의 신격화와 싸운 그는 동시에 이 국가의 야욕적인 횡적 발전, 그 제국주의적인 침략전쟁에 대해 싸우지 않으면 안 되었습니다. 즉 그의 절대 비전론(非戰論)의 주장입니다. 절대 평화의 주장입니다. 일본 전 국민은 물론 전 세계가 의전(義戰)이라 한 노일전쟁에 그는 일족의 멸절을 각오하고 비전론을 주장하여, 일본은 설사 망하더라도 이 인류 최대의 죄악인 전쟁을 해서는 안 된다고 하였습니다. 죽음과 병기가 무서워서가 아니었습니다. 진리와 죄악이 무서워서였습니다. 아니, 적극적으로 정의와 진리의 실천을 위해서였습니다. 그의 비전론은 소위 오늘의 정치가, 사상가, 과학자배의 그것과는 완전히 다른 것이었습니다. 전쟁을 통해 인류의 살인성에서 인류의 죄악성까지 철저히 체험한 그는 이제 인류에 대한 모든 낙관적인 희망과 기대를 포기하고 오직 종교적인 인류의 영적 구원을 위해 깊이 성서 연구에 침잠(沈潛), 기독교의 중심인 복음의 내용을 밝히기에 그의 생애의 방향을 돌리게 되었습니다. 이야말로 그의 생애를 양분하는 획기적인 시기입니다. 그는 이제 구약에서 신약으로, 율법에서 복음으로, 이사야에서 바울로 오게 되었던 것입니다.

그의 전반생은 실로 그의 후반생의 복음적인 사업을 위해 그 자신이 행한 세례 요한의 역할이었던 것입니다. 이 심적(心的) 변화 가운데서 전날 노일전쟁에서 파열되었던 그의 심장은 이제 또다시 인류의 대 비극, 제1차 대전에 직면하게 되었습니다. 전 인류가 정의와 평화를 위한 전쟁이라 하며 또 이제 국제연맹을 통해 인류의 영구평화가 온다 할 때, 그는 이에 강력한 노우(No!)를 발하였던 것입니다. 인류의 자각과 정치적 문화적인 노력으로 인류는 평화에 도달할 것이라 할 때, 인류를 구하는 것은 윌슨의 국제연맹이 아니라 예수 그리스도의 복음이며, 문화적 노력이 아니라 그리스도의 재림이라 하여 인류의 온갖 인본적인 문화주의에 대해 반기를 든 것이 바로, 일본뿐 아니라 외국에까지 파문을 던진 그의 일본대정(大正)시대의 소위 재림 운동이었습니다.

그의 이 재림운동이야말로 실로 그리스도의 복음으로써, 아니 복음적 신앙으로써 하는 인간 자체, 육적 인간 자체에 대한 신앙적인 싸움이었던 것입니다. 우리는 여기서 에라스무스 대 루터의 싸움을 봅니다. 한편 이는 또한 인류가 없는 평안을 있다 있다 하여 미래의 더 큰 불행을 쌓아올리고 있는 데 대한 예언자적인 경고이며, 철저한 회개를 촉구하는 복음의 전달이었습니다. 그러나 우리는 이를 무시한 일본이 그의 사후 2차 대전을 일으켜 원자탄에 의해 패망한 것을 상기할 것입니다.

이리하여 그는 더욱 성서진리의 탐구, 복음진리의 천명, 영의 구원에 전력을 경주하였습니다. 인류의 구원, 절대 평화의 보장, 우주 완성의 성취를 그는 이 복음 가운데서 확실히 보았기 때문입니다. 동양 바빌론의 중앙에서 수많은 청중을 향해 그가 필생의 사업으로 행한 로마서 강연이야말로, 비텐베르크 대학에서 행한 개혁자 루터의 로마서 연구에 필적하는 것이었습니다. 루터의 연구에서 가톨릭이 부정되고 신교(新敎)가 발생된 것처럼, 그의 강연에서는 소위 신교의 교회주의가 부정되고 순 영적인 무교회주의가 태어났습니다.

무교회주의, 그것은 무엇입니까? 그것은 복음 위에 2천 년 동안 쌓인 모든 인간적인 요소를, 악마의 고의적인 장해를, 실로 루터 박사로서도 다 제거치 못한 그것을 철저히 제거하여, 복음으로 하여금 완전히 원초(原初)의 순전한 자태로 돌아가게 한 것입니다. 그리고 이 무교회주의의 싸움이야말로 그의 생애를 완성하는 최대 최후의 싸움이었습니다. 과거의 그의 모든 싸움—일본 제국주의와의 싸움도 결국 일개 한정된 싸움이었으며, 문화주의와의 싸움 역시 추상적임을 면치 못한 싸움이었습니다.

그러나 무교회주의, 이는 실로 기독교 세계 전체와의 싸움이었습니다. 가톨릭 프로테스탄트를 가릴 것 없이 기성의 전 기독교회와의 싸움이었던 것입니다. 과연 그의 전반생의 싸움은 이 최후의 싸움을 위한 준비였습니다. 그리고 사람의 신앙 문제, 죄악의 문제가 인생 모든 문제의 근저에 눕는 인생의 가장 크고 깊은 근본 문제라는 점에서, 이 무교회주의의 싸움이야말로 과거의 그의 모든 싸움을 근본적으로 단칼에 해결하는 최종적인 싸움이었던 것입니다. 이제 그의 그 임종의 유언대로 무교회주의로 꼭 신의 능력은 한없이 나타날 것이며, 그래서 인류는 구원될 것이며, 우주는 완성될 것입니다. 우치무라 간조의 싸움, 그것은 신 없는 과학주의와의 싸움, 유물주의와의 싸움, 신앙의 자유와 절대 평화를 위한 싸움, 그리고 모든 인간주의와 문화주의와의 싸움, 끝으로 기성 신앙에 대한 프로테스트, 즉 종교개혁의 싸움이었습니다. 그리고 이는 또한 그대로 2차 대전을 좌우하여 우리가 직면하고 있는, 아니 인류가 고민하고 있는 현실적인 심각한 싸움인 것입니다. 이 의미에서 나는 우치무라 간조 그를 근대의 신앙전사라고 부르기를 주저하지 않는 바입니다.

그리고 끝으로 나는 그를 동양에서 택해 홀로 근대의 전사로 세우고 또 승리하게 한 하나님께 깊은 감사를 드리는 바입니다. 또 하나님께서는 이 싸움에 참가하고 있는 우리들로 하여금 이모든 싸움에서 승리하게 할 것을 믿어, 진리와 정의와 신앙에 굳게 서서 끝까지 현대의 싸움을 싸우려는 바입니다. 그리고 우리의 이 싸움이 앞으로 비기독교적인 우리 동양 세계에 점차로 크게 확대될 수 있기를 간절히 비는 바입니다.

그리고 끝으로 우리는 여기 실로 신이 동양에서 그를 택한 궁극적인 깊은 섭리가 있음을, 즉 동양 세계의 구원을 위한 위대한 섭리가 있음을 분명히 해야 될 줄 압니다.

(1950년 3월)

부활생명과 고난

또 봄이 왔다. 생명의 봄, 부활의 봄! 만산(萬山)은 다시 희망의 푸르름으로, 결실을 보장하는 꽃으로 단장하고, 공중에는 뭇 새 날고, 땅 위에는 온갖 벌레가 꿈틀거린다. 약동, 비상(飛翔), 그리고 환희의 봄인저!

그러나 봄의 생명을, 이 부활의 생명을 눈앞에 펼쳐지는 봄에서만 느끼는 것은 피상적인 관찰이다. 기쁨으로 봄을 맞는 그 부활의 생명은 겨울의 시련, 엄동의 고난을 통과한 생명인 것을 우리는 잊어서는 안 된다. 휩쓰는 가을바람, 초겨울의 서릿발, 그리고 엄동의 눈보라와 얼음장 밑에서 수난의 수개월을 부대끼며 참고 싸우고 그러나 이에 굴하지 않고 승리하여 이 영광의 봄, 환희의 봄을 맞이한 것을 잊어서는 안 된다.

　그러나 고난과 부활, 이는 자연계만의 현상과 법칙이 아니다. 신앙의 세계에 있어서도 마찬가지다. 부활의 주 예수는 말씀하셨다. "우리가 예루살렘에 올라가노니 인자가 대제사장들과 성서학자들에게 넘겨지되 저희가 죽이기로 결의하고 이방인들에게 넘겨주겠고, 그들은 능욕하고 침 뱉으며 채찍질하고 죽일 것이니 저는 3일 만에 살아나리라"(마가 10:33-34)고.

　사도 바울은 이를 설명하여 "그는 근본 하나님의 본체시나 그와 동등됨을 취하지 아니하시고 오히려 자기를 비워 종의 형체를 가져 사람들과 같이 되셨고, 사람의 모양으로 나타나 자기를 낮추시고 죽기까지 복종하셨으니 곧 십자가에 죽으심이라. 이러므로 하나님이 그를 지극히 높여 모든 이름 위에 뛰어난 이름을 주사 하늘과 땅과 땅 아래 있는 자들로 모든 무릎을 예수의 이름에 꿇게 하시고, 모든 입으로 예수 그리스도를 주(主)라 시인하여 하나님 아버지께 영광을 돌리게 하셨느니라"(빌립보 2:6-9)고. 히브리서 기자도 "고난 받으심을 인하여 영광과 존귀로 관을 쓰신 예수"(히브리서 5:8)라고 하였다.

　그리스도의 부활과 고난이 뗄 수 없는 것이었다면, 신자에 있어서도 또한 더욱 그러하다. 그들의 부활의 봄은 언제이냐? 그것은 미래에 있는 것이며 내세에 속하는 것이다. 그러므로 현세는 그들에게 시련의 가을, 고난의 엄동인 것이다. 그러므로 예수는 말한다. "아무든지 나를 따라오려거든 자기를 부인하고 자기 십자가를 지고 나를 좇을 것이다. 누구든지 제 목숨을 구원코자 하면 잃을 것이요 누구든지 나와 내 복음을 위하여 제 목숨을 잃으면 구원을 얻으리라"고.

그러므로 부활이야말로 신앙의 완성, 신자의 꽃, 아니 실로 인생의 결실, 생명의 완성이다. 그러므로 또한 고난 없는 인생, 시련 없는 신자를 우리는 생각할 수 없다. 있다면 저는 김빠진 맥주 같이 무미한, 실로 넌센스한 아무 의미 없는 존재인 것이다.

과연 오늘날 신자의 현실에 대한 아첨, 추종, 굴복처럼 더러운 것은 없다. 모순된 것은 없다. 신자란 고난을 통하여 완성될 부활생명의 소유자인데도 불구하고 그들이 이 긴박한 현대의 도덕적인 진리와 정의의 싸움을 피하여 현실에서 안주하고 현실에서 부(富)하고 현실에서 행복하고 현실에서 만족하려고 하는 것은, 그들이 예수의 부활생명으로 사는 것이 아니고 오로지 먹고 마시고 자다가 썩어져 버릴 인간의 생명, 육의 생명, 죄악의 생명으로 살기 때문인 것이다.

(1950년 5월)

성서냐, 신학이냐

최근 신학열, 혹은 신학 논의가 심해져 신앙과 신학 혹은 성서와 신학의 관계에 대하여 고민하는 이가 많다. 또 각파 각인의 신학이 대립하여, 진실한 진리의 논의면 몰라도 개인적인 혹은 파벌적인 중상, 공격, 심지어는 공개석상에서 구타 사건까지 발생함에 거취를 잡지 못하는 사람이 많다.

그러나 나는 우리가 신앙을 배우고 하나님을 믿고 신앙생활을 하는데 머리로 하는 신학은 필요 없다고 주장한다. 도리어 다만 성서만으로 신앙생활을 할 수 있게 되어야 한다고 주장하는 바이다. 루터가 말한 대로 성서는 실로 일시적인 계시 수단이 아니고 신(神)의 본체의 표현이기 때문이다.

이렇게 말하면 신학 하는 분들은 곧 신학 역시 결국은 성서를 밝히는 일이라고 말한다. 그러나 나는 신학으로 성서를 알 수 있다고 생각하지 않는다. 성서 자체를 읽고 연구하고 또 그대로 진실히 살려고 하는 전인적(全人的)인 노력이 있어야 한다고 생각한다. 가령 논어에 대하여 생각할 때, 이에 대한 해설적인 노력 정도로는 이를 알 수 없다. 각자가 논어 자체를 백독 혹은 천독(千讀)하여 자연히 문리(文理)가 나야, 그리고 진실로 이를 살게 되어야 정말 이를 안 것이다.

흔히 성서에 대하여도, 읽어도 잘 알 수 없으니 결국 신학을 해야 한다고 성서에는 거미가 줄을 쳐도 바르트, 브룬너, 멘첸만 찾고 다니지만, 그것은 그들의 신학을 이해한 것이지 성서 자체를 알고 신앙 자체를 체험하고 욥과 같이 하나님 자신을 대면한 것은 아니다. 이 신의 본체의 표현인 성서를 직접 알게 되어야 한다. 즉 하나님이 성령을 통해 직접 이를 우리에게 알려 주셔야 한다.

이렇게 성령을 통하여 우리가 성서를 알 수 있게 될 때 직접 신앙에 관련된 문제는 물론, 또한 인생 모든 문제에 대하여 자유자재로, 신앙적으로, 임기응변으로 처할 수 있게 된다. 그리고 우리가 하나님과 이런 마음을 주고받는 인격 관계에 들어가려면 그에 대한 지식적인, 즉 신학적인 태도를 버리고 어린애와 같은 신뢰와 사랑과 기도로 그에게 나아가야 한다. 그에게 의지해야 한다. 이때에 비로소 우리의 믿음이 성서 기자와 직통하게 된다.

요즘 신학 신학 하지만, 루터나 칼빈의 중요한 노력과 사업은 오히려 성서 자체의 강해에 있었던 것을 우리는 생각할 것이다. 루터와 칼빈의 방대한 저작에서 사실상 성서 강해를 빼면 소위 신학 저작이란 3분의 1도 안 된다. 유대교가 '고르반'의 신학으로 망하고 가톨릭이 면죄부를 신학으로 속여 팔아먹고 망하더니, 이제 또 신교의 신학으로 이의 저녁이 오는 것인가!

(1951년 10월)

성서연구지의 성격

본 '성서연구지'는 출발에서부터 동인(同人) 연구지의 형식으로 오늘에 이르렀습니다. 그러나 금후는 노(盧) 자신의 개인지로 이를 전환하나이다. 이에 대하여 두서너 가지 이유를 말씀드리겠습니다.

첫째, 본지를 무교회주의 혹은 무교회 신앙자들의 소위 기관지 모양으로 생각하고 또 취급하는 사람들이 있는 것은 나로서는 참을 수 없습니다. 그것은 무교회는 그 명칭과 같이 아무런 기관도 아니기 때문입니다. 무교회란 순전히 한 사람 한 사람이 교회나 목사나 신부나 성찬, 세례 등 여하한 단체나 사람이나 의식에도 의하지 않고, 다만 예수 그리스도의 십자가를 통하여서만 하나님과 직결하는 데 성립되기 때문입니다.

즉 개인과 하나님과의 바른 관계, 이것만을 생명으로 전부로 하는 것이 우리 무교회 신앙입니다. 그러므로 우리를 무슨 단체나 기관으로 생각하는 것은 나의 무교회 신앙에 맞지 않습니다. 무교회도 물론 주일모임을 갖고 또 여름, 겨울 공동모임도 갖습니다. 그러나 그것은 어디까지나 성서 연구에 의한 개인 신앙의 확립에 그 목적이 있는 것입니다. 오해 없으시기 바랍니다.

둘째, 신앙은 교회의 승인이나 기명(記名)으로 되는 것이 아닙니다. 혹은 신학적인 객관적 진리의 용인도 아닙니다. 신앙은 개인적, 주관적인 체험으로 파악되어야 합니다. 즉 그것은 산 하나님과 개인의 인격적인 교제입니다. 부모와 자식 사이 혹은 부부 사이 이상의 개인적인, 사적인 교제입니다. 아니, 실로 영적인 교제입니다. 그러므로 이런 사적인, 개인적인, 주관적인 신앙의 발표는 역시 개인지의 형식을 취하는 것이 제일 순수하다고 생각되기 때문입니다.

셋째, 신앙의 독립성 때문입니다. 누구나 자신의 신앙으로써만 구원받을 수 있는 것이며, 그리고 신앙이 대인 관계라면 협동도 필요하겠으나 하나님과의 관계이며, 따라서 하나님 자신의 일이기 때문에 독립적일 것을 요하는 것입니다. 그리고 또 개인의 독립 없는 곳에는 진정한 협동도 절대로 없는 것입니다. 본지는 앞으로 독립을 생명으로 삼으려는 바입니다.

(1951년 11월)

신앙의 3단계

자신의 신앙생활을 돌아보아 여기 크게 세 단계가 있었음을 발견한다. 그리고 각 단계는 나의 신앙생활에 있어 확실히 하나의 위기였던 것도 사실이다. 그러나 지금 또한 그때그때 무사히 이를 돌파시켜 준 하나님 앞에 무한한 감사가 솟는다.

첫째는 신앙이 순전히 외적이었던 시기다. 좀 더 구체적으로 말하면 나 자신이 신앙을 이용한 시기다. 그때의 신앙이란 오직 나의 공부를 위하여, 혹은 미국 유학을 위하여, 내 이상의 달성을 위하여, 또는 사회를 위하여, 국가와 민족을 위하여 있었고 또 필요하였다. 그러므로 이 시기의 나의 신앙생활이란 부족하나마 나로서는 생명을 걸고 교육에 종사하고, 밤잠을 안자고 사회사업에 열중하는 것이었다.

그러나 이 시기의 끝에서 내가 철저히 깨달은 것은, 사회사업도 교육도 사람을 높은 의미에서 행복스럽게 할 수 없고 또 도덕적으로 사람을 향상시킬 수도 없다는 것이었다. 즉 아무리 사회적인 복지 시설과 경제적인 수입을 도모하여도 그것을 통해 더욱 부도덕이 조장되 있다. 소년 소녀를 교육시키면 이것이 도리어 불미한 길로 빠져 들어가는 수단이 되기도 하였다. 그리고 이는 또한 일반적으로 사회의 부유층이나 지식층에 있어서도 다를 바가 없었다.

이리하여 차후의 나의 신앙생활은 외부에서 내부로, 도덕 문제로, 그것도 나 자신의 도덕 문제로 전환되었다. 즉 철저히 도덕의 실천으로. 이것이 나의 신앙생활의 둘째 단계이다. 이리하여 나에게는 수도원에서가 아닌 일상생활 속에서의 수도생활이 시작되었다.

이때에 나에게는 이성의 얼굴을 정면으로 쳐다보지 못한 시기가 오랫동안 계속되었다. 이로써 나는 나의 순결에 만족하였다. 나는 남루를 입고 지게를 지고 서울 시내를 활보하는 것으로 그윽히 심중 하나님 앞에 기쁨을 느꼈다. 한때 나는 서울 어느 빈민굴에서 살았는데, 이때 수년 동안 매일 두세 곳의 공동변소 청소를 도맡아 한 때도 있었던 것이다.

나는 일제하 광주학생사건으로 체형을 받고 감옥살이 한 일이 있는데, 이력서를 쓸 때마다 이를 쓸까 말까하고 망설였다. 한번은 어느 일본인에게 이력서를 제출하는데, 처음에 이를 빼고 제출한 다음 4, 5일을 고민한 끝에 이를 고백한 일까지 있었다.

한편 나는 고명한 선생들을 찾아가 교훈과 체험에 귀를 기울이고, 또 서적을 통해 정신력의 함양에 주력하였다. 그리고 적극적으로 도덕이란 결국 하나님의 뜻을 실천하는 것이라고 생각하여, 그의 뜻을 찾아 부지런히 성서를 읽었다. 또 고래로 도덕적인 위대한 인물들이 다 기독 신자였다는 점에 나의 기독교 신앙의 중요한 근거를 두기도 했던 것이다.

이때에 확실히 내 신앙은 도덕적이었다. 그러나 내가 이 시기에 스스로 넘어지게 된 것은, 초기에 있어서 내가 어느 정도 만족했던 나의 도덕 생활에 차츰 금이 가고 급기야는 파산을 보게 된 때문이었다. 도덕 생활이라 하여 만족을 느낀 것도 한때 뿐, 차츰 이에 전전긍긍, 얇은 얼음을 밟고 있는 자신을 발견하였다. 나는 도덕을 열심히 행하려고 하면 할수록 한사코 이를 불순하게 하고 이에 반항하는 알지 못할 힘이 내 속에 있음을 발견하였다.

그것은 더구나 내가 나의 눈곱자기만한, 그나마 더러운 자기도덕에 자부를 느끼기 시작한 때라, 그때의 나의 실망과 당황, 비애란 지금 생각만 해도 몸서리가 쳐진다. 나는 정 반대로 급전직하, 도덕에서 죄악으로, 하나님에게서 사탄에게로, 천국에서 지옥으로 떨어지게 되었다. 이제는 문제의 해결을 앞날에 바라는 희망도 신뢰도 가질 수 없게 되었다. 그것은 이제 하나님 자신이 무서운 나의 죄악의 규탄자가 되고 심판자가 되었기 때문이다.

바로 이때다. 죄 많은 곳에 은혜인가, 나는 내 도덕에 넘어져 예수의 십자가를 쳐다보게 되었던 것이다. 그 순간 내 눈에서는 회개와 감사의 눈물이 흐르고, 내 두 어깨에서 무거운 내 죄의 짐이 떨어져 나가는 것을 사실로 체험하게 되었다. 이제 나에게는 빛나는 하나님의 의(義)가 있었다. 예수 그리스도가 내 지혜와 내 의와 내 거룩과 내 구속이 되었다(고전 1:30). 이리하여 내 신앙은 이제 사업과 도덕에서 복음에 이르게 된 것이다.

자신에서 빠져 나와 예수를 통해 하나님에 머물렀다. 나 자신의 자발적인 열심을 거쳐 은혜로 끝났다. 이제는 온 인류와 역사가 하나님을 저버려도 나 자신 홀로 그를 아버지로, 나의 구주로 믿을 수 있다. 그가 주는 기쁨을 통해 모든 슬픔을, 고통을 이길 수 있다. 아니, 그가 주는 생명으로 죽음도 이길 수 있다. 이것이 나의 신앙의 최종 단계 제 3단계이다. 진정 감사가 없을 수 없다. 하나님과 그리스도 만세!

(1951년 11월)

이성·교권·신앙

연말 모처에서 교회의 책임 있는 자리에 있는 분을 만나 여러 가지로 교회 형편에 대해 들을 수 있어 많은 공부를 했다. 그때 신 신학파와 구 신학파의 싸움에 대해서도 자세히 들을 수 있었다. 그런데 그분의 결론적인 말씀이, 결국 두 파가 최후로 도피하는 곳은, 신 신학파에 있어서는 학문이고, 구신학파에 있어서는 교권이라고 했다. 나는 이를 듣고 끝없는 신학 싸움의 정체를 파악한듯 하여 나도 모르게 무릎을 쳤다.

즉, 나는 두 파가 다 최후의 근거로 하는 학문 및 교권도 기독교의 근거는 될 수 없다고 생각하는 바이다. 진부한 소리 같지만 기독교는 다만 신앙 위에 서는 것이기 때문이다. 신앙만이어야 하기 때문이다. 그리고 학문상의 논리나 교권의 도움을 필요로 하는 신앙은 벌써 신앙이 아닌 것이다. 참 신앙이면 이성의 증명이나 교회의 지지를 필요로 하지 않는다.

예수는 물론 바울과 루터가 사람은 신앙으로 구원받는다고 했을 때, 그 신앙은 절대적이었다. 그것은 신앙이란 하나님에게서 오는 것이기 때문이다. "바요나 시몬아, 네가 복이 있도다. 이를 네게 알게 한 이는 혈육이 아니요 하늘에 계신 내 아버지시니라"(마태 16:17)고. 사도 요한도 "믿는 자가 하나님 아들 되는 것은 혈통으로나 육정으로나 사람의 뜻으로 나는 것이 아니고 하나님으로부터 난다"고 했다(요한 1:13). 그러므로 예수는 니고데모에게, 위에서 즉 하늘에서 나지 않으면 하늘나라에 들어갈 수 없다고 하셨다(동 3:3 이하).

그리고 기독교 역사에서 한 가지 주목되는 것은, 신학의 번잡과 교권의 강대는 대체로 신앙의 타락과 기독교의 쇠퇴를 의미했다는 사실이다. 예수 당시 그를 죽인 것도 바리새주의의 신학과 사두개파의 교권이었다. 16세기 종교개혁 시대 가톨릭의 신학과 그 교권이 또한 완벽, 강대했던 것도 사실이다. 그러므로 우리는 조선의 기독교가 신앙보다도 신학과 교회에 열중하는 것은, 혹은 신학이나 교권으로 신앙을 옹호하려는 태도는 신앙 타락 내지는 신앙 없는 증거라고 보는 바이다. 오직 하나님이 주시는 신앙으로 만족하여, 인간 두뇌의 산물인 신학이나 정치성의 발로밖에 안 되는 현실 소위 제도교회가 전혀 필요치 않은 것이야말로 나의 무교회 신앙인 것이다.

(1952년 1월)

신앙의 기쁨

기독교는 곧 복음의 종교이다. 희랍어로 복음은 유앙겔리온(εὐαγγέλιον), '기쁜 소식' 이 란 뜻이다. 물론 모든 사람들이 제각기 기쁨을 찾고, 또 어떤 모양으로나 이를 갖고 있는 것도 부정할 수 없을 것이다. 2차 대전 전 프랑스 사람들은 돈을 몹시 사랑하여, 이를 은행에도 넣지 않고 집에 두고 매일 밤 쳐다보고 만져 보며 즐겼다고 한다. 모로아는 이것이 프랑스 패전의 가장 큰 원인이었다고 했다. 혹은 생활상 의식주에서 오는 기쁨도 있고, 혹은 정치적인 명예나 지배욕 등 권력에서 오는 기쁨도 있을 것이다. 그러나 이런 것들은 다 본능적인 혹은 낮은 기쁨에 속하는 것으로, 어떤 면에서는 동물에게도 있는 기쁨이라 할 것이다.

그러나 사람에게는 사람다운 기쁨이 있을 것이다. 인류와 사회를 위하여 하는 고귀한 사업적인 기쁨도 있을 것이다. 아프리카 전도자 리빙스턴이나 슈바이처, 극지 탐험가 난센이나 문명의 은인 에디슨 같은 인물들은 필시 이를 느꼈을 것이다. 철학자 칸트는 생애 독신으로 진리 탐구에 열중했다. 그에게 있어서 진리야말로 한없이 달콤한 애인이었을 것이다. 일본의 후지이다케시(藤井武)씨의 글 가운데, 진리를 발견한 기쁨에 책상을 치고 돌아간다는 것이 있다. 정말 그럴 것이다. 그러면 신앙의 기쁨, 복음의 기쁨은 무엇인가? 그것은 하나님과 사귀는 기쁨이다. 한국 신앙계의 지보(至寶)인 경남 김해 금석호(琴錫浩) 선생 말씀에, 칠순이 넘으신 선생이 매일 밭에서 일을 하시며 하나님과의 대화로 혼자 웃고, 혼자 이야기하고, 혹 지나가는 사람이 없나 하여 사방을 돌아본다고 하셨다. 밤에도 홀로 앉아 하나님과 이야기하고 무릎을 치고 좋아한다고 하셨다. 이것이 신자의 기쁨이다. 그것도 두려움으로 사귀는 것이 아니고, 우리의 모든 죄를 용서하여 주시고 우리를 의롭다 하시며 자기 품에 안아 주시는 아버지로서, 그의 크신 사랑 안에서, 진리 안에서, 생명 안에서, 그의 자녀로서 그와 사귀는 신자의 기쁨인 것이다.

근래 교계에 교파 싸움과 신학 싸움이 심한데, 아마 이는 당사자들이 하나님과 사귀는 이런 기쁨이 없는 때문이 아닐까? 기쁨과 싸움은 어울릴 수 없기 때문이다. 근래 또 술 담배는 물론 카페출입까지 하며 예수 믿는 자들이 많은 모양인데, 토한 것을 다시 먹는 이들 이야말로 신앙의 기쁨에 굶주린 자들이 아닐까? 하나님과 사귀는 기쁨, 그것은 인격적인 기쁨, 도덕적인 기쁨으로, 이런 것들과는 천양지차로 다른 것이다.

(1952년 2월)

인격의 가치

사람의 생명과 인격의 가치는 절대적인 것이다. 그러므로 예수는 "사람이 천하를 얻고도 목숨을 잃으면 무슨 소용이냐"고 하였으며, "사람에게 노하는 자마다 심판을 받고, 미련한 놈이라 하는 자는 지옥 불에 던지울 것이다"라고 하였다(마태 16:26, 5:22).

따라서 사랑이 절대의 진리이며, 나아가 원수 사랑이 기독교 도덕의 최고 표현인 것도 이 인격의 절대성에 기인하는 것이다. 이것이 또한 하나님 자신도 인류를 멸망시키지 못하고 당신의아들 예수의 십자가로 구원의 길을 여신 까닭이다. 그러므로 모든 전쟁은 죄악이며, 우리가 유럽 역사에서 보는 종교전쟁은, 기독교국의 그것은 더욱 있을 수 없는 일이다. 칼빈이 이단의 명목으로 세르베투스를 죽인 것은 오늘날 전 기독교 세계가 죄악으로 인정하게 되었다.

이 점 기독교를 가장 증오할 뿐만 아니라 실로 증오 자체를 교리로 하는 공산주의자들을 위하여도, 기독 신자는 그들의 인격을 동정,

기도하는 데까지 나아가지 않으면 안 된다. 일선에 나가는 젊은 기독신자여, 나는 그대의 피가 증오의 피로 뿌려지지 말고 사랑의 피로서 뿌려지기를 간절히 비노라. 불은 물로 꺼야 하며, 죄악은 희생의 피로써만 멸할 수 있기 때문에.

오늘날 양심과 이성에 호소하고 공공연히 언론에 의거해야 할 진리의 논의를 떠나, 조선 기독교가 교파 싸움, 신학 싸움 등으로 인격의 중상, 모략, 매장, 혹은 권력에 의한 교회 및 신자의 쟁탈 등을 일삼음은 실로 사람의 심중을 보시는 하나님 앞에 인격의 존엄에 대한 살인죄로서, 기독교의 전도를 위해서라 함은 만부당한 일이다.

그리고 이 인격의 존엄성은 종교에 국한해서만 강조될 것도 아니다. 정치에 있어서도 한가지다. 인격의 존엄성과 도덕을 부정하는 유물주의 위에 서는 공산주의자들은 별문제라고 해도, 기독교의 이 인격의 절대성 위에 서는 서구 및 미국의 민주주의에 입각하는 우리 정치가들은 자신이 인격적으로 행동함은 물론 타인의 인격을 존중하여, 정치 이념 및 정책 혹은 정당의 차이 때문에 타인의 인격을 중상, 매장하거나 심지어는 생명을 빼앗음으로 자기 이상의 실현을 기함 같은 중세적인 만행은 절대 금해야할 것이다.

종교에 있어 신과 진리의 이름으로도 남의 인격과 생명을 해치지 못한다면, 정치에 있어서는 더욱 그렇다. 근일 국내 정치에서 비인격적인 유령 혹은 동물의 이름으로 서로의 인격을 중상하는 행동이 성행하는 데 대해, 나는 실로 이에 하나님의 진노를 두려워하는 바이다.

(1952년 4월)

부활신앙의 사실

부활신앙은 결코 부활절 촛불예배가 아니다. 그것은 예수의 생명인 부활생명으로 사는 일이다. 그러므로 그것은 불의와 싸우고 정의와 도덕을 행하는 삶 전체이다. 원수를 제 몸같이 사랑할 수 있는 생명이다. 죽어도 죽지 않는 삶이다.

그리고 그것은 기독교 최초의 순교자 스데반에게나, 로마 시대 황제 숭배와 모든 이교적인 부도덕에 굴복하지 않고 원형극장에서 사자의 밥이 되고 네로의 궁전의 촛불 대신이 되었던 초대 신자에게만 있었던 것은 아니다. 만일 이가 지금은 없다면 예수의 부활도 기독교도 초대 기독교사도 다 거짓말이다.

본지 독자 가운데 전남 벽지 교전지(交戰地)에서 이 부활생명으로 사는 지우(誌友)가 있다. 그의 소식에, "험악한 소식을 접하고선 학교는 방학하고, 선생들도 산지사방으로 흩어지고, 모모한 교계의 거두들이 자가용차로 피난을 가는데, 나만은 진짜 바보 노릇을 했습니다. 만 5일간 우리 내외가 쉬지 않고 내리는 비를 맞아 가며 피난민을 도와 있는 것 모조리 털어 바쳐, 피난을 가려 해도 푼돈조차 없었습니다. 드디어 인민군의 모습을 대하고, 정치보위대의 솜씨를 보았습니다. 아, 참으로 주님께서 불허하시니 자원해도 안 죽여요. 가슴에 총을 대 놓고도 쏘지 않는 게 이상해요. 그날이 바로 여수 내무서에서 무수한 곤욕을 겪고 드디어 순교하신 아버지의 승천일이었다는 것도 이상해요. 살기는 살았고, 또다시 전장에서 일은 하나, 동란 중 장자 중학 3년생이 행방불명이어요. 운운."

또 최근 소식에는 "⋯⋯천만 의외에도 교장으로 임명되어 전 가족이 이곳으로 왔으나, 오자마자 원수이면서 원수 아닌 저 불쌍한 공비 내습 때문에 전 주소에서 20여차 약탈당한 여분을 곱게 제공하게 되니, 그야말로 공산(共産)이 아니라 공산(空産)이요, 적신(赤神)이 아니라 적신(赤身)의 혜택을 톡톡히 입은 셈이지요. 머리 둘 곳도 없으시고 두 벌 옷도 갖지 못하셨던 우리 주님의 자취를 억지로라도 따를 수 있게 된 것 또한 감사하지 않을 수 없습니다. 나는 이곳을 기지로 정한다는 일념뿐, '죽일 테면 죽여 봐라' 하는 취지와는 전혀 다른 것을 느끼면서 그날그날 승리하고 나아갑니다."

이것이 부활생명으로 사는 것이 아니고 무어냐. 부활생명은 지금도 확실히 있다. 미국 선교 본부의 월급으로만 산다는, 그 구호선이 자기 목숨을 구하여 주기만을 바라는 불신을 버리기만 하면 지금 당장 있을 수 있다. 이번 사변은 실로 이렇게 우리의 부활생명을 증명하는 절호의 기회라고 생각된다.

(1952년 4월)

교회 문답

교회 문제로 고민 중이라는, 처음 본지에 접한 분의 몇 가지 질문이 있었다. 여기 공개로 답해 본다.

문: 소위 무교회 신자의 지도자는? 또 그 주소는?

답: 무교회 신앙의 근본 태도는 만인사제주의로서, 신앙을 사람이나 집회와 관련시키기 전에 직접 하나님과의 관계로 생각합니다. 그리고 복음을 듣기 전에 전체 인생에 대한 진실하고 성실한 태도가 요구되기 때문에, 나로서는 소개할 수 없습니다.

문: 선생이 말씀하시는 소위 교회적인 신도는 구원을 받을 수 있습니까, 없습니까?

답: 있는지 없는지, 구원은 궁극적으로 알 수 없으나, 다만 한 가지, 그가 교회신자건 무교회 신자건 그들에게 기독교의 구원과 복음이 주는 해결, 영원의 생명 등의 체험만 있다면 구원에서 떨어질 리 없겠지요.

문: 과거 우리나라 교회는 구원 받을까요?

답: 구약 시대에는 구원이 민족적으로 혹은 의식적으로 혹은 교단적으로 생각되었으나, 예수의 복음, 종교는 완전히 구원을 하나님과 예수 그리스도와 개인의 순 인격적인 신앙 관계에 돌렸습니다. 그러므로 구원 문제와 비인격적인 소위 제도적인 집단으로서의 교회와는 직접 관계는 없다고 생각합니다. 즉 교회 가입이나 여기에의 기명(記名)은 구원과는 관계가 없습니다.

문: 재건교회 운동이 진실한 신앙 노선이라 봅니까?

답: 실례이나 전혀 이를 모르며 또 알려고도 하지 않습니다. 나는 오로지 내 신앙에 전력할 뿐, 우리 교계에 우후죽순같이 나오고 있는 새 얼굴과 새 소리를 일일이 접대할 여유도 흥미도 없습니다. 전도서 기자가 해 아래 새것이 없다고 한 말의 진리성을 생각합니다. 특히

우리 사회에서.

문: 차 속이나 길에서 지옥 간다고 전도하는 재건파의 말세관과 신신학파의 사업적인 정치 신앙에 대해 어떻게 생각하십니까?

답: 요점을 잘 알 수 없는데, 이 점 교계 전체의 문제로 한마디 하면, 나는 두 경향을 다 비도덕적인 불건전한 것으로 봅니다. 전자는 미신적인 광신이며, 후자는 소위 정통 신앙의 고루에 대하여 생명 없는 머리 신앙입니다. 참 신앙은 내적으로 풍부한 신앙체험과 외적으로는 참 의미의 진실한 높은 도덕으로, 사랑으로 나타나야 하며, 또 이로써 전도도 될 것이라고 생각합니다.

문: 선생의 책을 통하여 보이는 진리에 대한 성의는 은혜로운데, 교회와 교직에 대한 공격은 상투적이며 공격을 위한 공격은 아닐까요? 그러나 지금 하는 이상의 말들을 사용하여 공격하여도 이 부패한 교회 내부는 정신을 차리지 못하겠지요.

답: 나의 공격도 결국 귀하가 인정한 그 부패에 대한 것으로, 상투적인 싸움꾼의 심사는 아닙니다. 나의 말을 사실을 알지 못하면서 상투로 하는 말로 아냐, 정말은 내부에 있는 여러분의 그야말로 아주 막힌 것이 아닐까요? 하여간 예수님은 가라지와 알곡은 세상 끝까지 함께 갈 것이라고 했으니, 우리는 각자 자신에 대해 주의하여야 하겠습니다.

문: 이 나라를 구할 지도 이념, 실천 방법, 선생의 사랑하는 성구는?

답: 정치 말씀이 났는데, 이념이나 실천 방법이 없어서가 아니고 피난지에서까지 정치 싸움만 벌이는 그들에게 무슨 기대가 있겠습니

까? 결국 한국 사람의 인간성의 문제 같습니다. 우선 신앙을 살려야 하겠습니다. 그리고 신앙 문제의 해결이란 각자에 있어 내적인 체험에 의해 주관적으로 파악되어야 하며, 더욱이 문자가 아니고 생명으로 체험되어야 하기 때문에, 타인의 애성구(愛聖句)란 쓸 데 없습니다. 그리고 끝으로 귀하가 일본의 신약과 구약의 내용에 대해 풍부, 통쾌 운운하였는데, 신앙이란 진리의 문제, 생사의 문제이기 때문에 기호나 성격상의 문제로 신앙 저작을 따지는 것은 망발이라고 생각합니다. 그 잡지의 주필 후지이(藤井武)씨는 선생 되는 우치무라(內村)도 무서워 한, 신앙을 위해서는 물불을 가리지 않았던 분으로 압니다. 쓸데없는 소리까지 해서 죄송합니다.

(1952년 6월)

신앙 자유냐, 신앙 통제냐

어느 신교 신자로부터 교회 문제의 논의 끝에, "신교는 신앙 자유는 찾았으나 신앙 통제는 아직 찾지 못한 것 아니냐?" 하는 구교에 대한 추파 비슷한 말에 접했다. 신교도의 한 사람으로서, 더욱이 무교회 신자로서 한마디 하지 않을 수 없다.

역사적 사실로 본다면, 루터가 믿음으로 신앙 자유를 찾았을 때 통제에 대한, 즉 가톨릭의 통제와 교권에 대한 프로테스트, 즉 항쟁이 있었던 것이다. 사실 통제가 그리운 자는 이에 물샐틈 없는, 이로써 신앙과 생활을 일사불란하게 규제하는 가톨릭에 다시 돌아가, "신앙만으로는 살 수 없더이다" 하고 교황의 발에 키스로써 용서를 비는 것이 마땅할 것이다.

그러나 이는 진리와 역사의 역행이다. 오늘날 종교는 차치하고 정치 형태에 있어서까지 자유를 중요한 내용으로 하는 민주주의가 최고의 형태인 것은 논의의 여지가 없다. 애초에 루터가 가톨릭적인 통제를 부정한 것은 깊이 신앙의 본질에 기인한 것이었다. 루터에게 신앙이란, 사람이 예수의 속죄를 통하여 죄에서 해방되어 신생한 인격으로 도덕과 양심의 문제가 해결되어, 명실 공히 완전히 하나님의 자녀로서 그의 사랑 안에서 신뢰로써 사는 것이었다. 즉 신앙생활이란 하나님을 중심으로 하는 가정생활인 것이었다. 가정에 무슨 통제가 필요하냐? 가정생활은 다만 자식에 대한 부모의 사랑과 자식들의 부모에 대한 신뢰와 순종으로 만사 오케이로, 평화와 기쁨과 질서 가운데서 진행되는 것이다. 혹은 사랑과 신뢰로써 일체의 관계를 이룬 부부 생활인 것이다.

중세 크리스천이 십자군에 출정함에 아내에게 정조대(貞操帶)를 채웠다고 하는데, 이렇게 되어서는 벌써 부부가 아니고 가정이 아닌 것이다. 이 점 감히 나는 신앙 통제란 정조대밖에 못 된다고 생각하는 바이다. 즉 정조대의 사용은 남편의 사랑이 이미 식었기 때문에, 혹은 아내의 정조에 금이 갔기 때문이 아닐까?

따라서 신앙 통제의 이유도 같다고 생각한다. 즉 신자에게 속죄와 신생의 체험이 없고, 따라서 도덕과 양심 문제의 해결이 없고, 전적으로 하나님의 사랑과 그를 믿는 신뢰에서 살지 못하는 데서 이것이 발생하는 것이다. 이리하여 신앙 통제와 교권 제도란, 정조대를 사용하는 부부 생활이 이미 진정한 부부와 가정이 아닌 것같이, 진정한 신앙도 에클레시아도 아닌 것이다.

도리어 하나님과 신자 사이를 가로지르는 교직 제도와, 정치에서까지 기피하는 통제로써 신앙을 규제하는 제도교회란 참 신앙과 에클레시아를 세우기는커녕 저지하고 파괴하는 것이다. 실로 오늘날 우리 교계의 싸움과 소란과 중상, 모략, 허위, 불신, 부실, 부도덕은 통제 신앙이 낳아 놓은 거짓 신앙의 자연적인 귀결인 것이다. 이리하여 프로테스탄트의 귀결은 가톨릭적 통제에 대해 일인일교(一人一敎)주의, 일인일파(一人一派)주의, 즉 만인사제주의를 철저히 하여 신앙과 참 사랑으로 가정적인, 제도 아닌 친교, 조직 아닌 영혼의 자유스러운 교제에 의한 신앙생활이 되어야 한다. 이것이 또한 나의 무교회 신앙인 것이다.

지난여름 월링겐의 국제선교회의가 교회의 부흥책으로, 모든 의식화와 교리화를 배격하면서 참 신자의 단결을 주장한 모양인데, 나는 제도교회 자체 또는 이에 의한 통제 신앙 자체로써는 참 신앙을 이룰 수도 없고, 더욱 형식화를 방지할 수도 없을 것을 단언하는 바이다.

(1952년 8월)

정치지상(政治至上) 배격

일국의 국가 생활 혹은 개인 생활에 있어서 정치란 결코 최상의 자리를 점하거나 또는 이의 참여가 최상의 명예가 되는 것도 아니다. 과거 일본처럼 정치에 도덕성이 결여된 나라에서도 고등학교장 정도의 자리에 있다가 대신(大臣)이 되는 것은 국민의 모욕거리였다.

사실상 정치란, 교육기관의 예를 든다면 서무적인 일에 불과하다. 정치 위에 국민의 인생관의 근저가 되는 심원한 철학이 있어야 하고, 정치의 동력이 되는 고상한 사상과 이상이 있어야 하고, 양심과 도덕을 지배하는 순수한 생명 있는 종교가 있어야 한다. 그뿐이 아니다. 엄밀한 과학이 있어야 하고, 성실한 기술과 정직한 사업 등이 있어야 한다. 이런 것이 없이 정치는 결코 정상적으로 움직이지 못한다. 그리고 정치가 결코 이런 것을 창조하여 낼 수도 없는 것이다.

이 점 절대 오해하고 본말을 전도하여서는 안 된다. 오늘날 우리의 정치적인 실패와 혼란은 근본적으로는 이와 같은 인생에 있어서의 보편적인 진리와 사실에 깊이 관계되고 있는 것이다. 결코 그 원인이 단순한 데 혹은 옅은 데 있는 것이 아니다. 그러므로 실제 정치란 우리의 전날의 건실한 역사적 배경이 없고 또 이에 대한 반성적인 진실한 노력이 없어서 그렇지 절대 어려운 것이 아니다. 정치 식견과 소질이 있는 자가 돼지같이 욕심만 부리지 말고 국가와 민족을 위해 공정하게 일하면 된다.

그런데 우리에게는 어디서 왔는지, 아니 조선왕조 오백 년의 계속인 정치지상(政治至上)이란 고약하고 더러운 병이 있어서 모든 인물이 자기의 정당한 위치에서 벗어나 이 정치란 데 구더기같이 모여드니, 실로 학자로부터 거리의 어깨까지, 기독교의 목사로부터 수도하는 불승까지.

이러니 빈약한 정치의 배경은 더욱 무너지고, 혼란과 정실과 수뢰와 온갖 불의가 속출한다. 한편 또 이 정치지상이란 망상은 자기 정견이나 혹은 자기 정당의 이익과 집권을 위해서는 수단을 가리지 않는다는 백치의 철학을 낳아 온갖 모략과 중상과 허위가 날뛰고, 심지어는 정적(政敵)이라 하여 타인의 생명도 빼앗는 유혈의 참극을 연출한다. 그들은 일제시대 감히 일본인도 그렇게 못한 민족의 우수한 인물들을 제 손으로 모두 잡아먹은 악귀가 되고 말았다. 지금 우리는 사람의 세상 아닌 그야말로 백귀야행(百鬼夜行)하는 지옥에서 살고 있는 셈이다.

그러므로 우리는 여기서 단테의 지옥 순례에서 스승 베르길리우스가 그에게 명한, "이들은 다만 보고만 지나라"고 한 말을 엄수하여, 우리의 노력은 다만 새로운 정치 배경의 창조에, 국민정신의 진실성 회복에 집중되어야 한다.

(1952년 8월)

신학과 신앙

　신학은 하나님에 대한 지식적인 태도 내지는 설명이다. 신앙은 하나님에 대한 신뢰와 순종이다. 지적인 태도가 아니고 인격적인 태도, 도덕적인 관계이다. 나는 지적인 태도 내지 설명으로써는 하나님을 알 수 없다고 주장한다. 오로지 믿음에 충실해야 한다고 생각한다.

　세상에 부모나 부부 혹은 우인 관계를 연구하는 자는 없다. 친구를 믿지 못하여 뒷조사를 하고 부모의 마음을 연구하는 자가 있다면, 그는 실로 우정을 이해치 못하는 자이며 벌써 반역, 불효의 자식일 뿐이다. 이 점 유명한 불트만은, 엄밀한 의미에서 구약에는 신학이 없으며 예수 자신에게도 소위 신관념(神觀念)이란 없다고 했다. 지식적인 태도란 대체로 하나님의 외적 창조물에 대한 자연과학적인 태도로서 인격에 대한 태도는 아니다. 그러므로 하나님에 대한 고도로 인격적인 구약 종교와, 더욱 이 하나님과 사람 사이를 순 영적인 신뢰 관계, 사랑의 관계로 전환시킨 예수의 복음이 비신학적이며, 따라서 지적 노력으로 이를 이해할 수 없는 것은 당연한 일이다. 보통 윤리 도덕 문제에 있어서도 한가지다. 도덕을 알지 못하고 윤리 관념이 없어서 부도덕을 행하고 죄악을 범하는 것은 아니다. 사실은 알고도 행치 못하는데 인생의 단순한 지식의 문제 아닌 도덕 문제의 심각성 내지 고민이 있는 것이다. 그러므로 신학적으로 두뇌로써 하나님을 알고 내세를 알았다는 것은, 정말 이를 안 것도 아니고 또 이는 쓸모도 없는 것이다.

　자식은 부모를 믿고 아내는 남편에게 순종하여 일체의 관계에 들어가 비로소 그 깊은 마음을 서로 알게 되는 것과 같이, 내가 하나님께 신뢰와 순종을 바쳐 그의 깊은 마음을 알게 되어야 정말 이를 안 것이다. 신구약을 조직적으로 체계를 세워 설명하지 않으면 알 수 없다고 하는 것은, 아직도 성서도 신앙도 모르는 소리다. 하나님에 대한 신뢰를 통하여 성서 그대로를 하나의 사랑의 편지로 읽을 수 있어야 한다. 그리고 신앙만이 이를 가능하게 한다.

이것이, 예수가 그의 제자를 예루살렘 신학박사나 교사들 가운데서 택하지 않고, 베드로나 요한 같은 갈릴리 바다 어부들 가운데서 택한 이유이다. 그는 그의 가르침이 지혜 있는 자들에게 숨기워지고 어린아이 같은 자들에게 나타남을 아버지의 뜻으로 감사하였다(마태 11:25). 사도 바울이 택함을 받은 것은 결코 기독교 신학을 대성케 하기 위함은 아니었다. 도리어 구원은 인간의 지혜와 학문과 변론에 있지 않고, 오직 십자가에 대한 신앙에만 있는 것을 증명하기 위함이었다(고전 1:20 이하).

수년 전 일본에 왔던 유명한 신학자 브룬너 박사는 일본 사람들의 신학열을 걱정한 나머지, 일본의 유수한 신학자들이 모인 어느 신학 집회에서 아래와 같이 말하였다고 한다. "사실은 나는 본래 논쟁을 좋아합니다. 때문에 나는 이런 문제에 대하여 지금까지 무수히 논쟁해 왔고 지금도 자랑으로 압니다. 그러나 그만큼 나는 이런 논쟁이 참 신앙생활에는 아무 소용이 없는 것을 절실히 알고 있습니다" 라고. 정말 신학을 이렇게 졸업한 데 브룬너 박사의 위대가 있다고 생각한다.

(1952년 10월)

예배 기술의 진보

최근 나는 15년래 처음 우연한 기회에 교회 견학을 하였다. 중학시절에는 서울서 정동교회 혹은 중앙교회 등에 설교 들으러 출입한 일이 있다. 그러나 그 후 내가 김교신 선생을 만나 비로소 기독교가 어떠한 종교이며 신앙이 무엇임을 무교회 신앙으로 깨닫게 되었을 때, 교회는 나에게 필요 없는 것이 되었다. 신앙이란 교회 출입도 아니고, 세례나 성찬도 아니고, 소위 예배의식도 아니고, 도리어 이런 모든 의식적인 것과 형식적인 것을 끊고, 벗어 버리고, 혹은 떠나서, 오직 하나님과 예수 그리스도와 물샐틈없는 깊은 인격적인 도덕적 신뢰 관계에 들어가 속죄와 신생의 사실을 체험하는 일이었다. 그러므로 그것은 위의 무슨 형식인 의식 따위를 통하여 접할 수 있는 것이 아니고, 이 사람 저 사람의 설교 정도나 혹은 신학강의나 기독교 사상 강좌 정도로 이해할 수 있는 것이 아니었다. 여기, 무교회주의가 일체의 외면적인 조직, 제도, 제전(祭典)은 물론 교황이니 목사니 하는 인적(人的) 권위까지 부정하고, 하나님 앞에 극도로 예민한 양심과 예언자적인 엄격한 도덕 위에 서서 신앙을 깊이 체험한 개인의 인격을 통하여 생명으로 체험된, 산, 펄펄 뛰는 진리로서 배우려고 하는 까닭이 있는 것이다. 여기 또한 자연적으로 무교회 신앙이 순 개인적인 독립 전도의 방향을 취하게 되는 까닭이 있다. 그리고 극도로 인격적인 신뢰와 사랑을 내용으로 하는 신앙을 배우는데 있어서 한 선생을 모시고 깊은 신뢰 가운데서 이를 배우는 것은 신앙의 본질상 사리에 맞는 일이며, 또한 이를 배우는 데 제일 첩경이고 이상적이라고 할 수 있다. 이 점 나는 일본에서 무교회 집회를 통하여 이 진실한 아름다운 태도를 사실로서 목도하고, 부족하나마 나자신 또한 그런 태도로써 신앙을 배우도록 노력하였다. 따라서 나는 복수의 선생을 갖지 못하였다. 한 분 쓰카모토(塚本) 선생 성서연구회에서 배웠다. 동경에서 특히 조선 학생들 사이에 인기가 높았던 가가와(賀川豊彦)씨의 강연도 일부러 한 번도 듣지 않았다. 유명한 삼중고(三重苦)의 성녀, 헬렌 켈러의 강연도 별로 듣고 싶지 않았고 들을 필요도 느끼지 않았다.

과연 속담에 우물을 파도 하나를 파고 10년을 파라는 말 같이, 현재 조선에서 신앙이 자라지 못하는 원인을 나는 주로 신앙을 배우려는 자의 그 진실 되지 못한 그릇된 태도에 있다고 생각한다. 매주 매 밤 풍문과 평판을 따라 이 선생 저 선생을 따라 다니고, 이 교파 저 교파, 이 신학 저 신학, 이 집회 저 집회를 부끄러운 줄도 모르고 기웃거리고 다니는 이런 경박, 무례, 부실한 태도로써는 도저히 신앙에는 들어가지 못한다. 하나님의 진리에 대한 이런 일관되지 못한 태도란 실로 금전에 대한 양갈보 이상이다. 결코 결코 신앙은 길가에서 약을 사듯이 입수할 수는 없는 것이다. 이상 머리말이 길어졌는데, 교회에 나갔던 감상으로 돌아가겠다. 무엇보다도 표면에 나타난 것도 그렇고 직감된 것이, 10년 전보다 예배가 전체 형식 정도를 넘어서 기술적으로 진보된 것이었다. 즉 시작할 때 끝날 때 피아노에 맞추어 묵도하는 것이라든지, 기타 헌금 시 등 찬양대에 의한 효과가 100퍼센트 고려되고 있었다. 그러나 이런 예배 분위기 속에서 모든 사람이 똑똑한 제정신을 의식하고 있는 듯 싶지 않았다. 김교신 선생 말씀에 냉수를 쳐가며 예수 믿어야 된다는 말이 있지만, 이야말로 내게는 안데르센의 동화 꿈나라에 들어간 느낌이었다. 교인은 물론 교단 위에 있는 목사 이하 사회자, 기도자 모두 산 사람같이 보이지 않고, 오금도 못 쓰는 목석각상(木石刻像) 같아만 보였다. 따라서 그 은은한 성서 낭독도, 유수 같은 기도도, 장중한 설교도 어쩐지 나에게는 꼭 연극 같이만 보였다. 서양에서는 신교도 촛불을 켜고 예배한다고 하는데, 조선에서는 이렇게 예배술이 진보하다가는 촛불 정도가 아니라 곧 향불이 안 나오리라고 누가 단언할 수 있겠는가. 사실 나는 얼마 전 야성지(野聲誌)를 통해 모씨가 '내가 만일 교역을 한다면'이라는 제하에, 예배당부터 가톨릭 교당을 본받아 대폭 개량할 것이라고 한 것을 읽고 몸서리친 일이 있다. 그러나 이런 예배술로는 종교 분위기나 예배 기분은 제공할 수 있어도, 사람의 성격을 180도 전환시켜 인격의 기골(奇骨)을 넣는 도덕적인 신생은 제공할 수 없을 것이다. 이리하여 그것은 오직 교회당 내의 기분 종교로 화하여 예배와 실생활 사이에 '지킬박사와 하이드씨' 이상의 위선적인 이중인격을 만들어 놓는다. 이것이, 교회당 내에서는 오금을 못 쓰고 부흥방으로 겨우 연명 하는 그들이 교회당 문을 나서면 도덕적 폐인으로 바보같이 행동하게 되는 이유인 것이다. 그러므로 무교회주의는 한사코 이런 교회주의를 개혁하려고 한다. 아니, 깨뜨리려고 한다. 그리고 끝으로 나는 이런 예배술을 만들어 내는 것은 기독교인이 아니고, 미신 종교와 우상 종교의 악마가 아닌가 생각한다. 예수가 예루살렘에 입성해서 우선 성전을 확청했던 것을 생각한다.

(1952년 10월)

작은 기원

연말 연초를 통하여 나에게 크고 쓴 통회와 작고 뜨거운 기원이 있었다. 그것은 지난해 나의 일에 진실하지 못했던 나태와 불충실한 태도로서, 평소 나로서는 유일한 나의 일로 생각한 잡지에 대하여도 모든 정력을 투입하지 못하고, 따라서 나 자신 월간 간행의 약속도 지키지 못하면서 독자에게만 지면 등을 통하여 혹은 질책 혹은 진실을 요구해 온 데 대한 것이었다.

지금 조용히 돌이켜 생각하니, 실로 등에 찬 물을 얻어맞는 느낌이며 땅 속에라도 숨어 버리고 싶은 심정이다. 더욱이 근래나 자신은, 신앙은 신학의 이해나 사상적인 노력이 아니고 실생활을 통해 체험되고 도덕적인 신생과 열매로써 나타나야 될 것을 강조했음에야. 그러나 내 신앙 자체가 일편의 언설(言說)의 신앙에 지나지 못하고, 나의 실생활과 거리가 먼, 생명 없는, 능력 없는, 체험 없는 바리새주의에 불과한 것이 아니었던가.

인하여 금년은, 아니 금후는 나의 전 생활을 잡지의 월간 간행과 나의 조그만 가정 집회로써, 오직 나에게 허락되는 한도 안에서 성서 공부로 성서진리를 분명히 하는 데만 나의 모든 힘을 집중하려는 바이다.

지금까지 경제 곤란 운운하였지만, 돌이켜 생각하면 나 자신이 나의 일에 대해 밥을 끓고 죽을 각오로써 내 심신을 희생하고, 정말 하나님과 진리와 민족을 사랑하여 손해와 모욕을 당하고 박해와 십자가를 지지 못한 이상, 하나님 앞에 불평을 말할 자격도 없다. 나는 실로 사람은 자기의 일로써 밥을 먹을 수 있다고 하신 나의 선생의 교훈과, 먼저 그 나라와 의를 구하라고 하신 하나님의 말씀을 나의 불신과 나태, 안일로써 모독하였다. 이제 나는 육신의 밥을 잊을 정도로 나의 일에 충실해야 하며, 아사(餓死)로써 하나님의 영광을 드러낼 각오를 해야 할 것이다.

이제 1953년 나의 40세의 고개를 넘은 새해를 맞아 여기 육신의 노(盧)를 완전히 십자가에 못 박습니다. 이후로 나는 오직 바울 선생과 함께 그리스도 안에서 나의 작은 일을 위하여 살려고 합니다. 아무도 나를 건드리지 말기를 바라며, 또 육신의 노를 상대하지말기를 바라는 바입니다.

(1952년 12월)

신앙의 성장

신앙은 생명이다. 그것이 크든 작든 간에 하여간 예수의 속죄로써 시작되는 새로운 생명인 것은 부정할 수 없다. 그러므로 신앙은 자라야 한다. 신앙에 정체는 있을 수 없다. 자라지 못하는 신앙은 죽은 신앙이다.

그러면 신앙은 무엇으로 자라는가? 보통 생각하면 교회에 나가 목사님의 설교를 듣는다든가, 혹은 성당에 나가 미사를 올린다든가, 그렇지 않으면 신학 연구를 한다든가 성서 연구를 한다든가 하는 것으로 신앙이 자라는 것같이, 또는 자랄 수 있다고 생각할 수 있을 것이다.

그렇지 않으면 사람의 열심이나 노력으로 신앙을 키울 수 있다고, 또 열심이나 노력 자체가 신앙 자체라고 생각하는 수도 있을 것이다. 그러나 결코 그렇지 않다. 신앙은 신앙에 의해서만 자란다. 이는 조선 사람이 조선 사람을 낳고, 중국 사람이 중국 사람을 낳는 것과 같은 일종의 신앙 생리의 법칙이다. 그러므로 바울 선생은 '신앙에서 신앙으로'라고 했다(롬 1:17). 그것은 즉 신앙은 신앙에서 출발하여 신앙을 통해 신앙으로 완성되는 것을 의미하는 것이다. 출발도 신앙이요, 과정도 신앙이요, 완성도 신앙임을 말한 것이다.

신앙이란 한마디로 하나님에 대한 신뢰, 순종이다. 그러므로 우리의 모든 타산과 호불호(好 不好)와 욕심을 떠나 손해와 실패와 고통을 감수하고 하나님 앞에 순종하는 것이 신앙이다. 예수가 부자는 천국에 들어가기가 어렵다고 한 것은 그가 금욕주의자로서 부(富)자체를 죄로 본 것이 아니었다. 그것이 이 순종을 곤란하게 하는 것을 말한 것이다. 이 점은 명예나 권력도 다 같다. 예수가 백부장의 신앙을 절찬한 것은 그가 권력을 가진 자로 그런 놀라운 신앙을 가진 데 있다 (마태 8:5 이하). 신앙의 아버지 아브라함은 "고향 우르를 떠나라" 하니 떠났고, "타향 이집트에 가라" 하니 가고, "가나안으로 돌아가라" 하니 돌아가고, "외아들을 바치라" 하니 바쳤다. 이 아브라함의 절대 순종은 그의 신앙적인 생활 가운데서 점점 자라고 최후에는 자식을 바치는 데까지 이르렀다.

하나님은 결코 믿음을 강요하는 폭군은 아니다. 우리의 작은 순종에 대하여 그는 자기의 마음을 여시고 진리와 모든 기이한 영의 은사도 더불어 주신다. 이리하여 우리의 신앙 내용을 풍성하게 하여 더욱 순종에서 순종으로 나아가게 하신다. 실패와 손실 가운데서 하나님의 풍요를 발견하고, 고난 가운데서 그의 사랑을 배우고, 육체의 병 가운데서 영원한 생명에 접하고, 도덕적인 절망에서 신생을 발견한다. "내가 약할 때 강하다"(고후 12:10)고 한 바울의 역설적인 진리도, 실패와 모욕의 절정인 십자가의 죽음으로 인류를 구원하는 예수의 생애의 역설도 다 하나님에 대한 절대의 순종의 절정에서 받은 진리요 은혜였다.

그러므로 신앙은 교규(敎規)나 의식에 맞추고 교리나 신학을 배워 자라는 것은 아니다. 더욱이 하나님을 앞지르는 인간적인 열심이나 노력, 선행 따위로 자라지 못한다. 순종으로 말미암는 하나님의 축복과 이의 체험으로만 자랄 수 있다. 그러므로 또한 성장 없는 신앙은 순종 않는 신앙인 것이다.

(1952년 12월)

결혼과 신앙

(이기백[李基白]군 결혼식에서)

나는 무교회 기독자입니다. 모든 형식과 의식과 교회를 떠나서 신앙생활을 하려고 하는 사람입니다. 나에게 혹 형식이 있다면, 그것은 다만 거짓 없는 진실한 마음의 자연스러운 발로일 뿐입니다. 나는 오늘 이군의 결혼식에 참여하여 심중 이것이 천편일률식의 소위 식(式)이 되지 말기를 기원하였습니다. 결혼식은 결혼식이 아닙니다. 이는 사실상 과거의 두 분이 죽고 다시 한 몸으로 결합되는 엄숙한 시간입니다. 이런 의미에서 나의 지인(知人) 가운데는 결혼식을 다시 거행한 분도 있습니다.

그러나 오늘의 식에 대해 나는 만족합니다. 식 중 나는 심중이 뜨거워짐을 금치 못했습니다. 시간이 다소 늦어진 것은 신부가 친정에서 화장을 거절한 때문이라고 하는데, 결국 식이 행해진 것은 이 두 분의 진실과 여러 선배들의 진정과, 더욱이 아까도 말씀이 계신 대로 시간을 지키지 못하는 결혼은 해소할 것이며, 참가를 거절할 것으로 생각하셨다는 이 군의 부친 되시는 이찬갑(李贊甲)선생의, 사실 곁에서 보기에도 민망할 정도였던 깊은 걱정과 뜨거운 기도에 대한 하나님의 축복으로 생각하는 바입니다.

그런데 실례일는지 알 수 없으나 오늘 이 결혼에 참석한 나 개인의 심중을 솔직히 고백한다면, 나 자신 결혼을 다시 한 번 해보고 싶은 생각이 난 것입니다. 이는 결코 망발이 아닙니다. 나의 진실한 생각입니다. 이는 지금까지의 나의 결혼 생활의 실패를 여러분 앞에 자인하는 비통한 고백입니다. 그렇습니다, 결혼이란 대단히 어려운 것입니다. 그것은 결코 아까 이 군 대학 동창들의 축사 같은 그런 로맨틱한 것은 아닙니다.

나는 오늘날 우리 민족의—더욱이 상층부의—치명적인 도덕적 부패는, 이 결혼의 존엄, 가정의 신성, 부부 생활의 정절을 유린하고 모독하고 망각한 데 있다고 믿는 바입니다. 세계 문제, 인류 문제 역시 같습니다. 쉬운 관찰로 성생활의 부정(不貞)과 방종이야말로 사람과 짐승이 갈리는 곳이 아닙니까? 이에 실패하고 무슨 교육, 무슨 정치, 무슨 학문, 무슨 종교, 기타 무엇이 있을 수 있습니까?

과연 인생에 대해 진리를 말하는 성서에 의하면 인류의 타락과 실패는 실로 아담과 이브의 결혼과 가정의 실패에 있었던 것입니다. 그리고 이가 실로 인간의 원죄가 된 것입니다. 그러므로 인류도덕의 회복은 남녀 관계의 순결과 지대한 관계가 있는 것입니다. 여기서 우리는 영국 퓨리턴의 신앙에 엄격한 가정 도덕이 있고, 무교회 신앙에 후지이(藤井)씨의 절대 순결한 결혼관이 있는 까닭을 이해할 수 있는 것입니다.

또한 결혼은 만인의 신성한 임무로서, 모든 사람이 이에 참여하여 인간 최초의 불신과 싸워야 하는 것입니다. 결코 결혼은 그 자체의 곤란성과 타락성으로 인하여 금욕주의자들의 부정(否定)을 받아서는 안 됩니다. 곤란성과 타락성은 결코 자체의 죄악성에 있는 것이 아니고 그 고귀성에 있는 것입니다. 이리하여 또한 결혼과 가정은 인간의 타락 이래 언제든지 제일 먼저 악마의 공격처가 되는 것입니다.

그러므로 가정은 안식처가 아니고 신앙의 싸움터이며, 부실한 우인(友人)들에게 개방될 것이 아니고 진리로 무장되어야 합니다. 결혼생활은 결코 사람의 본능적인 사랑이나 플라토닉 사랑으로, 혹은 사람의 진실성 정도로 성공할 수 있는 것이 절대 아닙니다. 때문에 두 분은 이제 두 분의 인간적인 사랑과 진실을 하나님과 그리스도의 사랑과 진실로 아주 바꾸지 않으면 안 됩니다. 이 의미에서, 결혼생활을 성사시키는 것도 결국은 하나님과 그리스도에 대한 진실한 신앙입니다. 신앙만이 인간의 원초적인 불신과 죄적(罪的) 사랑 아닌 하나님의 절대적인 아가페의 사랑과 참된 진실을 우리에게 발동시키는 것입니다.

그러면 끝으로, 두 분이 한 몸을 이룬 그 결합으로, 그리고 신앙을 통한 그리스도의 사랑과 진실로써 무엇을 하자는 것입니까? 그것은 남자의 사명과 천직을 이루는데 전적으로 뜻이 있다고 생각합니다. 더욱이 현실적으로 황폐한 이 땅에서, 그리고 정신적으로 아무런 유산 없는 이 민족 가운데서, 소위 학문하는 사람으로 여기에 대한 확고한 결심이 없다면, 이 결혼은 실로 팥죽 한 그릇에 가독권(家督權)을 팔아먹은 에서의 어리석음일 것입니다.

이 군의 이 결혼의 성공 여부는 차후 2, 30년 후 군의 역사학이 우리 사회에, 아니 세계에 크게 공헌하는 것으로 증명될 것임을 명심하기 바랍니다. 더욱이 부인께서는 이 군이 늦잠을 자도 깨우고, 결코 세상 못난 여자들과 같이 이 군의 월급봉투에 불만을 표시하는 일이 없기를 빕니다. 도리어 남편의 사명을 위해서는 한길에 나가 떡 장사라도 하는 참 의미의 동양적인 현숙한 내조자 되기를 비는 바입니다.

나는 축복보다 경고로써 나의 축사를 끝맺겠습니다. 폐일언하고, 신앙에 서지 않으면 이 결혼도 실패할 것입니다.

(1952년 12월 제35호)

(*이기백: 전 역사학자, 이대 석좌교수-편집자)

기독교, 즉 속죄교

현재 기독교는 수백의 교파로 나뉘어 있다. 이렇게 보면 기독교 신앙의 중심을 이해, 파악하기란 대단히 곤란할 듯하다. 이 점에서 또한 우리는 늘 신앙의 중심에 철저하도록 힘쓰지 않으면 안 된다. 그러나 수백의 교파라고 하지만 사실에 있어서는 그것은 대체로 외적인 문제, 즉 예를 들면 세례란 필요하냐 필요치 않으냐, 혹은 상징이냐 그 자체에 공덕이 있느냐, 유아에게도 필요하냐 필요 없느냐, 혹은 아주 물속에 잠겨야 하느냐 아니면 머리에 물을 떨어뜨리는 정도로 무관하냐 등으로 파가 갈라진다.

그러나 이런 정도의 쓸데없는 문제를 제외하고 크게 내적인, 정신적인 면에서 보통 기독교에 대한 생각, 경향, 태도 등을 구분하여 본다면—그리고 사실 이것이 또한 기독교 신앙의 본질적인 중요한 내용인 것도 사실인데—대체로 세 가지 경향을 들 수 있을 것이다. 그리고 이것은 또한 과거 기독교사에 있어서도 그랬고, 현실에 있어서도 그대로 사실로 볼 수 있다.

즉 예수의 십자가의 속죄신앙을 중심으로 하고, 좌로 기독교를 윤리 도덕적으로 이해하여 산상수훈 같은 예수의 높은 교훈 내지는 그의 위대한 인격에 치중하는 경향과, 우로 치우쳐 예수의 부활에 중심을 두는 내세적인 신앙, 이 셋이 보통 큰 경향이 아닌가 생각된다. 여기 나 자신은 예수의 속죄신앙을 기독교의 중심으로 생각함은 물론 극력 이를 주장하는 바이며, 또한 이를 분명히 하는데 나의 생애를 바치려는 바이다.

그런데 전자 윤리적인 신앙이란 대체로 현세적인 사업교로 타락하여 기독교를 정치의 뒤나 닦고 돌아가는 천박한 종교로 만들어버린다. 그렇지 않으면 이것이 한편 높은 의미의 인도주의로 인류의 평등 박애 등을 부르짖고 또한 이를 실천하려는 이상주의적인 면으로 나아가더라도, 결국 인류 자체의 죄악 문제에 부딪혀 운신을 못하게 되고 마는 것이다.

예수의 산상수훈의 찬미자요 이의 실천자인 레오 톨스토이가 러시아의 사회는 차치하고 자기의 가정 문제조차 해결하지 못하고 80 고령으로 출가하여 객사한 비참한 사실을, 인도주의자들의 극구찬양에도 불구하고 나는 인도주의 자체의 패배, 자살로 보는 바이다. 그렇지 않으면 적어도 이를 톨스토이의 인도주의의 패배와 금욕적인 극단의 동양적 염세주의로의 개종으로밖에 볼 수 없는 바이다. 또한 우리는 여기서 그의 인도주의적인 사회주의와 관련하여, 그의 사후 순 유물론적인 공산주의가 혁명으로써 러시아를 지배하여 오늘에 이른 역사적 사실을 상기할 것이다.

그러면 후자 내세신앙은 어떠한가? 나는 이 역시 불건전한 것으로 보는 바이다. 좋은 의미에서 내세신앙은 내세의 희망으로써 현실의 모든 고난과 유혹과 죄를 극복하고 살 것을 우리에게 요구하지만, 사실에 있어서는 안팎의 현실의 온갖 고난과 유혹과 죄악이란 도저히 내세의 희망이나 이의 신앙 정도로 그렇게 쉽사리 물리칠 수 있는 것이 아니다. 그러므로 이 내세신앙이 불교와 같이 완전히 현실을 도피하여 입산수도에 전력하면 몰라도, 본래 성격상 그렇지 못한 기독교에 있어서는 도리어 이것이 사람으로 하여금 인생의 떳떳한 모든 임무와 책임과 노력을 저버리고 도덕적으로 불건전한 상태에 떨어지게 하는 면이 없지 않다.

그리고 이 내세 신자들이 소위 그들의 기쁨이라고 말하는 열광적인 혹은 신비적인 상태도 사실은 내적 생명의 충실이 아니고, 도리어 이의 분열과 고민을 인위적으로 억제하려는 수단에 불과하며, 따라서 여기 많은 불건전한 병적 신앙 현상 내지는 정신병자가 발생하는 것도 사실이다.

이상 윤리적인 면과 내세적인 면, 이 둘이 물론 종교와 인생에 있어서 또 기독교 신앙에 있어서, 진리로서 사실상 중요한 내용을 이루는 것은 부인할 수 없다. 그러나 기독교는 이 이상 속죄교이며 이것이 기독교 신앙의 유일 중심적인 진리임은 우리의 신앙 체험의 사실로써 부정될 수 없는 것이다. 이 속죄야말로 기독교 인생관의 중심인 사람의 죄의 문제를 완전히 해결하여 전자의 윤리 도덕적인 실천 생활에 길을 열 뿐만 아니라, 또한 죽음의 근원인 죄악의 제거로 말미암아 사람에게 신생의 체험과 함께 부활생명을 제공하여, 참 의미에서 내세와 부활을 믿고 현실에서부터 부활생명으로 우리를 살게 하는 것이다. 따라서 이 속죄신앙에서 오는 내적 생명이야말로 신자에게 있어 진정 현실을 이기고 모든 유혹을 물리치는 힘이며, 또한 천국대망의 근원이 되는 것이다. 그러므로 이 속죄 위에 서지 못하는 기독교는 결코 인생의 현세 및 내세 문제 양면 다 진정한 의미에서 해결할 수 없는 것으로서, 속죄야말로 기독교의 중심, 아니 전부인 것이다. 그러므로 기독교 즉 속죄교인 것이다.

(1953년 3월)

김교신 선생과 신뢰

4월은 김교신 선생의 달이다. 해가 지나가니 요사이 더욱 선생에 대하여 간절한 바 있다. 둔한 내가 조금씩이라도 선생을 이해하여가기 때문인가.

선생 이야기가 나오면 대개 무서운 분이었다고들 말한다. 나 자신도 집회에 지각하고 정면으로 책언을 받은 일도 있다. 동경 마루노우치(九之内) 쓰카모토 선생 집회에서 몇 번 선생을 대한 일이 있다. 폐회 후 반갑기도 하고 말씀이라도 들을 생각으로 따라나서면 선생은 곧, 오늘은 좋은 말씀을 많이 들었으니 돌아가 공부하라고 하시고는 혼자 가버리시곤 하셨다. 그때마다 내 심중에 무서운 선생이라는 감이 없지 않았다.

그러나 생애 대체로 선생을 가까이 할 기회를 많이 갖지 못한 나에게는 무서운 선생이라는 생각보다는 신뢰의 선생이라는 인상이 더욱 깊다. 동경에서 서울에 올 때면 때로 선생 댁을 방문했는데, 늘 저녁을 주셔서 수차 선생과 식탁에 앉게 되어 선생의 그 무거우신 사랑을 느꼈다. 그때마다 나는 식사 기도를 끝낸 선생이 늘 손수건을 꺼내어 얼굴에 대시는 것과, 평소 말씀이 무거우셨던 선생의 기도의 최후가 감사와 눈물로 엉켰던 것을 봤던 것이다. 그리고 그럴 때면 나는 무서운 선생보다 하나님 앞에 서신 신뢰의 선생에 접했던 것이다.

한번은 일제 시 태평양전쟁 중 소위 성서조선사건 전에 함석헌 선생이 일본 동경 경시청 지시로 조선에서 검거되신 때였다. 그때 김 선생께서 경시청에 직접 알아보시기 위해 동경에 오신 일이 있었다. 수일 체류하신 후 귀국하시는 전날 밤 나는 선생의 숙소였던 동경 오기쿠보이토(伊藤祐之) 선생 댁 조용한 2층으로 선생을 찾았다. 오신 일도 별로 효과가 없고, 따라서 모든 형세가 어려운 듯한 것을 나 자신도 짐작할 수 있었다. 사실 부산에 내리시면 선생 신변 역시 위태하실는지 알 수 없다고 선생 자신이 말씀하셨다.

그때 나는 서슴지 않고, 그러면 가이샤라 빌립보에서의 베드로같이 수일 더 머무시고 좀 더 부산과 서울에 연락하여 형편을 아신 다음에 출발하시도록 말씀하였다. 그때 선생은 "될 대로 되겠지. 맡길 수밖에 있나" 하시며, 두 손을 올려 뒷머리에 대시고 얼굴을 들어 위를 쳐다보시며 그 장대하신 몸을 그대로 다다미위에 조용히 누이셨다. 이때의 선생의 전체 표정이 나의 눈에서 오늘까지 사라지지 않는다. 그것은 바로 어린애와 같이 하나님 아버지께 모든 것을 의탁하고 신뢰하는 태도, 그것이었던 것이다.

많은 사람들이 선생의 유학자적 강직과 근엄을 말한다. 그리고 그 강철 같은 의지를 말한다. 사실 선생은 모자 하나 똑바로 쓰지 않으면 마음을 놓지 못하는 분이셨다. 그러나 선생 역시, 선생의 그 절륜의 의지력과 추호의 허위도 불허하는 진실로써 도덕을 추구 실천한 나머지, 사도 바울같이 심중의 악을 발견하고 나사렛 예수의 사죄의 복음에 기어코 굴복하시었다. 이리하여 선생은 또한 신뢰의 사람이 되었던 것이다.

그리고 선생의 인격의 위대한 특색은 눈물이 많은 것이었다. 그러나 나는 선생의 눈물을 순전한 우국(憂國)의 눈물, 혹은 정의에 대한 의분의 눈물, 진실에 대한 애끓는 눈물로만 보고 싶지는 않다. 그것은 참 깊은 인격의 밑바닥에서, 하나님의 궁휼과 사랑 앞에 선생의 그 인간적인 굳은 심지(心志)가 산산이 부서진 후 실로 기독자로서의 선생의 상한 누그러진 심령에서 흘러나오는 뜨거운 눈물이었다고 생각한다.

그러므로 공사(公私)간 선생의 혹심한 경책(警責)과 아이러니의 배후에는 깊은 뜨거운 사랑이 언제나 감돌고 있었다. 그저 단순한 불만이나 증오는 아니었다. 언젠가 동기 집회에서 선생은 바울 서한을 강해하시다가, 전날 학교에서 집안 세도를 믿고 안하무인격인 어느 학생이 너무도 괘씸해서 온통 피투성이가 되도록 죽어라 하고 때렸다고 하셨는데, 그때 역시 이야기를 하시는 선생 눈에는 눈물이 글썽거리고 있었다.

150호를 넘은 선생의 신앙지 '성서조선'은 대체로 생애 박물교사였던 선생이 안으로 쇠를 잠근 박물 교실에서 집필, 편집하셨다고 한다. 여기서 우리는 선생의 불굴의 의지를 생각할 수 있다. 그러나 나는 그보다도 거기서 하나님 앞에 엎드린 기도와 신뢰와 눈물의 선생을 생각한다.

개인의 명예와 이익을 위하여 열심 있는 자는 많다. 자기 당의 승리를 위하여 싸우는 투사도 많다. 국가와 민족을 위한 의분에 불타는 자도 물론 없지 않다. 그러나 선생과 같이 눈물로써 하나님을 의지하고 또 우리들을 책한 신뢰의 사람, 하나님의 사람이 없다. 사람으로서는 절망밖에 없는 작금의 우리의 현실에서 나는 더욱 신뢰의 선생, 눈물의 선생을 그리워한다.

(1953년 3월)

평화와 기독신자의 각오

작금의 신문에 의하면 아직도 평화는 미지수다. 그러나 하여간 이번 평화 문제가 이만큼 구체적으로 진전된데 대하여 나의 마음은 세 번 크게 격(激)하였다. 처음 나는 울었다. 한미회담 중 나는 걱정에 잠겼다. 그리고 대통령과 로물로 특사의 양해 성립에 나는 한없이 기뻤다. 아니, 만세를 부르고 싶었던 것이다.

물론 이번 평화 문제도 정치적으로 생각하면 공산주의자들의 진실성 없는 거짓 책략에 의했을 가능성도 있고, 또한 민주 진영의 굴욕적인 불리한 양보일 수도 있다. 더욱이 한국에 대하여는 사형선고와 같은 것일 수도 있다.

그러나 나는 그러면서도 평화 문제는, 적어도 궁극적인 의미에서 우주의 주재자이시고 역사의 지배자이시며 그리고 전 인류의 참 아버지 되시는 여호와 하나님과 인류 사이에, 사람과 사람사이에 평화를 세우기 위해 십자가에 달리신 평화의 왕 예수그리스도의 깊은 뜻에서 움직이는 것을 믿지 않을 수 없다.

1년 이상 평화가 지속되지 못한 인류의 역사라고 한다. 그러므로 인류의 영적 구원이 하나님의 의와 사랑으로 이루어진 것같이 인류의 평화도 또한 하나님의 평화에 의해 인류사상 역사적인 사실로서 성취되는 날을 예언자 이사야와 함께 나는 믿는 바이다. 그러므로 나는 빅토르 위고와 함께, 톨스토이와 간디옹과 함께, 우치무라 간조(內村鑑三)와 프랭클린과 함께 여하한 평화라도 이를 사랑하고 기뻐하지 않을 수 없다.

과연 나는 우리가 하나님의 사랑과 의를 진심으로 믿고, 이 하나님의 평화에 대한 절대의 신념으로 선다면, 하나님의 빛나는 축복과 위대한 기적을 당장 지금이라도 볼 수 있을 것을 믿는 바이다. 그리고 누구나 결코 나의 이 신앙을 비과학적인, 비현실적인 치인(痴人)의 꿈으로 생각해서는 안 된다. 적어도 나는 이 신앙의 원리로써, 어떤 시대 어떤 전쟁이나 간에 병력의 강약으로써만 이의 승패가 결정되는 것이 아니고, 어떤 민족이나 국가나 간에 병력에 의해서만 존립하는 것도 아니고, 도리어 결정적으로는 그 국가와 민족의 도덕성 여하에 의한다고 하는, 인류사의 역사철학적인 원리와 역사적인 사실을 구체적으로 보기 때문이다.

그러므로 우리는 만일 우리에게 평화가 허락된다면 절대 이를 안일로써 받아서는 안 된다. 무력전(武力戰) 이상 도덕전(道德戰)으로 이를 받지 않으면 안 된다. 여기 평화의 도래를 앞에 놓고 있는 기독교인의 책임의 중차대(重且大)한 바가 있다. 그러므로 국법을 피하여 숨어 돌아가는 기독 청년이여, 정치와 음(淫)하여 노상에서 헤매는 기독교회여, 우리는 심중 깊이 회개하고 인생의 모든 싸움의 근본이고 힘인 신앙과 도덕, 양심과 정의의 싸움을 싸우지 않으면 안 된다. 우리 자신이 먼저 믿음으로 절대 도덕과 정의에 서서 이 민족의 도덕적 부패와 타락에 대해 소금과 빛으로서의 방부제의 역할을 다하지 않으면 안 된다. 하나님이 무력 통일의 일보 전에서 우리의 발을 멈추게 하신다면, 그것은 오로지 우리 민족의 도덕적 자각과 준비로써 이를 하시기 위함인 것을 알아야 한다.

(1953년 5월)

폐허의 서울에서

피난 생활 3년 만에 나는 처음 서울에 섰다. 마포 종점에서 서대문, 종로, 남대문, 용산까지 돌았다. 아, 염병 앓고 난 사람 같은 서울! 이것이 나의 사랑하는 딸 예루살렘, 서울에 대한 직감이었다. 아현 마루턱에 선 나의 심중은 눈물로써 뜨거워짐을 걷잡을 수 없었다. 그러나 눈물도 다 쓸데없다.

염병 치르고 난 사람이 제일 조심하여야 되는 것은 병후의 조섭(調攝)인 것이다. 한 술의 음식도 절대 주의해야 한다. 앓던 생각을 못 하고 돌린 생각만 해서는 절대로 안 된다. 우리는 모름지기 3년 전 엄동 피난 당시를 회상할 일이다. 그때 짐을 싸고 집을 떠나 한강을 넘던 그 심정이 과연 어떠하였던가. 적어도 그때의 우리의 마음은, '재물도 집도 다 쓸 데 없습니다. 아, 이제 그저 목숨만 살려 주신다면 정신을 차리겠습니다' 하는 것이 아니었느냐?

그러므로 피난 생활은 매를 드신 하나님 앞에 의식 무의식간 '잘못하였습니다' 하고 달라붙는 진정한 회개의 생활이었던 것이다. 그것은 우리의 자의(自意)로써 한 것은 못 되며, 하나님의 크신 사랑으로 우리 신앙생활의 장애가 되고 불신의 원인이 된 모든 욕심과 사람의 계획과 사업을 파탄당하고 자의(自意) 자력을 떠나서 산 생활이었다. 아니, 피난 생활이야말로 진정 아버지께서 직접 우리를 살려 준 생활이 아니었던가.

전날 서울을 떠날 때 그저 죽을 것만 같이 생각하지 않은 사람이 누가 있었는가. 그때 누가 다시 이렇게 서울에 설 것을 예상하였던가.

확실히 피난살이 3년 생활이야말로 하늘의 만나로 산 이스라엘 사람들의 40년 광야의 생활이었다. 우리의 한강 도하(渡河)와 환도(還都), 이는 이스라엘 역사의 최대의 사건 '홍해의 구출'이 아닌가. 나는 확실히 그렇다고 생각한다.

그런데 이제 우리가 하나님의 이 구원과 사랑을 저버리고, 평화가 왔다고 하여 염병 앓고 난 사람이 식욕이 한없이 북받치는 것같이, 토한 것을 다시 먹는 개처럼, 욕심을 부리고, 불평을 말하고, 자기계획을 세우고, 자기 발로 걷기 시작한다면 과연 어떻게 될 것인가? 정말 우리에게 이런 생활의 출발이 없는가? 이런 불신, 이런 망은(忘恩)이 없는가? 나는 서울의 거리에 서서, 마치 단테 지옥편의 하부 지옥 디이테의 성을 둘러싼 스티제의 연못에서 떠오르는 독기(毒氣)와도 같은, 하나님께 대한 이런 불신의 독기가 떠오르기 시작하는 것을 인정하지 않을 수 없었다. 이집트의 고역(苦役)과 압박에서 탈출하여 홍해의 몰살에서 구출되고 광야의 사지(死地)를 거쳐 목적지 가나안에 도착한 선민 이스라엘 민족이, 그 후 자기들 주위의 무수한 우상 숭배와 그 죄악의 무신문명과 그 음탕한 육적 본능 생활의 심한 유혹을 끝내 물리치고 여호와 하나님에 대한 그들의 신앙과 정조를 지킬 수 있었던 것은, 오로지 아모스 이하 모든 예언자들에 의하여 전날 그들의 사지사경(死地死境)에서의 여호와의 구출을 회상하고 북받치는 감사로써 신뢰와 신앙에 돌아간 데 있는 것이다. 이리하여 이집트의 고역(苦役), 홍해의 탈출, 광야의 시련이야말로 이스라엘 역사의 척추가 되고, 이스라엘 민족 신앙의 횃불이 되고, 그들의 이상, 천직에의 강력한 추진력이 된 것이다. 역사가 토인비는 고난이야말로 인류사(史)

진보의 가장 근본적인 힘이라고 했다. 고난에서 자각 없는 역사는, 슈펭글러가 말하는, 그야말로 앞날이 결정된 사양사(斜陽史)일 뿐인 것이다.

(1953년 9월)

종교의 혼동

전날 장로의 요직에 있었고, 더욱이 현재는 어느 신학교에서 신학 연구 중인 모씨와의 신앙담 중에 씨의 말이, "근자에 노자학(老子學) 공부 중 지금까지 가졌던 신앙에 대해 실로 놀라운 혁명적인 새로운 신앙이 일어나고 있다"고. 계속하여 "근일 또 우치무라 간조(內村鑑三)의 저작집을 입수하여 읽는 중인데, 선생의 신앙 역시 노자의 생각에 불과 하더라"고 하는 말에 접해 나로서는 대경실색하지 않을 수 없었다.

결국 나는 이분이 지금까지 장로의 요직에는 계셨지만 신앙의 참 맛은, 즉 죄의 인간이 하나님의 심판에 직면해서 아주 죽고 예수의 구속으로 다시 나는 진정한 기독교의 회심과 구원은 경험치 못한 것이 아닌가 하고 생각할 수밖에 없었다. 이것 없이 무슨 기독교를 말하고 연구하는 것인가 하고 의아를 금할 수 없었다. 노자는 철학으로 배울 일이다. 더욱이 중국 철학으로 배울 일이다. 기독교는 이를 복음신앙으로서 믿음으로 믿지 않으면 안 된다. 그러므로 영국의 어느 시인은 "우리가 만일 공자나 노자를 대한다면 인사하는 것으로 족할 것이나, 예수를 대한다면 그 앞에 엎드려야 될 것이다"라고 했다. 그러므로 노자 철학에 의한 기독교의 이해, 그것은 결국 사상적 철학적 기독교가 될 수밖에 없다. 나는 그것은 실로 노자의 본뜻도 아니고, 예수에 대한 충성도 아닌 것으로 생각한다. 이 점에서 나는 소위 세계의 3대 종교인 유교, 불교, 기독교의 정수(精髓)로써 조선인이 창설하였다는 천도교는, 좀 심한 말일지 몰라도, 유(儒)·불(佛)·기(基) 세 종교에 대한 모독이라고 단정하는 바이다. 불교는 불교대로 믿고, 기독교는 기독교대로 믿을 일이다. 이를 통째로 소화하지 못하고, 중심을 파악하지 못하고, 진수를 체험하지 못하기 때문에 그 자체로써는 만족하지 못하고 이를 혼동하고 야합시켜, 심지어는 천박한 힘없는 싱크레티즘, 혼합 종교를 만들어내게 되는 것이다. 이는 실로 종교에 대한 믿음의 태도가 아니다. 한낱 이를 이용하는 정도밖에 못 되는 것이다. 이는 실로 인간 죄성의 발로일 뿐이다.

사실 우리에게 있어서 기독교는 오늘날까지 한갓 정치 운동의 도구밖에 못 되었고, 요사이 또 성히 운위되는 동양 사상에 의한 기독교의 이해 운운이란 기독교를 의식 무의식 간에 다만 하나의 인생관, 즉 처세의 방편으로 혹은 자기 철학으로, 즉 정신적으로 이용하려는 것밖에 못 되는 것이다. 한마디로 이는 불신인 것이다.

그러므로 불교, 유교 등을 자기 것으로 비교적 빨리 소화시킨 이웃 일본의 메이지 초기의 기독교 전수는 동양 사상은 물론 과거의 모든 민족 종교 내지는 국가 관념 등의 전적인 부정으로써 시작되었던 것이다. 우치무라 간조의 소위 '불경사건' 같은 것이 단적으로 이를 보여 준다.

그러므로 우리의 신앙 체험, 기독교 이해는 우선 순수하지 않으면 안 된다. 즉 그것은 깊이 도덕적이고 양심적이어야 한다. 기독교는 결코 일편의 사상, 철학, 인생관은 절대 아닌 것이다. 그것은 산 예수와의 인격적인 관계, 그리고 이로 인한 죄에서의 해방, 신생, 구원인 것이다. 우리는 전날 스스로 복음교회를 창설하고 이의 감독이 되었던 최태용(崔泰瑢)씨의, 니체, 도스도예프스키 등을 동원한 사상적 신학적 기독교가 실패한 것을 상기할 것이다.

근래에 또 우리는 무교회 신앙의 초월, 지양(止揚) 운운을 듣는다. 그러나 안 될 말이다. 대체 그새 우리에게 몇 푼어치의 체험과 소화가 있었다고 이를 벌써 뛰어넘겠다는 것인가? 물론 기독교가 인생관이나 정치사상이나 처세훈 정도라면 편리할 대로 헌신짝같이 버리든지 또 매일 갈아대도 무관할 것이다.

그러나 종교 신앙은 내적으로, 정신적으로, 아니 도덕적으로 영혼의 깊은 밑바닥에서 체험, 소화되지 않으면 안 된다. 이 점 하나의 종교의 민족적인 이해란 진정한 이에의 귀의(歸依)와 경전소화, 신앙체험 등, 적어도 수백 년이 걸려야 이루어지는 것이다. 여기서 비로소 그것이 개인은 물론 민족의 진정한 살이 되고 피가 되어, 이의 정신과 도덕과 양심과 그리고 성격과 생활 자체까지 아주 다시 살려내는 것이다. 변화시키는 것이다.

우리는 오늘날 기독교를 소화함에 있어서 결코 이를 과거 불교나 유교 정도로 약삭빠르게, 천박하게 생각해서는 안 될 것이다. 소위 동양학이나 동양 종교와의 철학적 사상적인 비교 정도로써는, 즉 인간의 선성(善性)에 근거한 도덕적 수양이나, 인간의 이성이나 의지를 존중하는 오도(悟道)나 고행(苦行)을 인생 문제 해결의 근저(根底)로 생각하는 정도로써는, 인생 문제 해결에 있어 인간의 하나님에 대한 반역에 의한 죄성을, 그것도 원죄적인 의미의 죄성을, 인생관의 본질로 삼는 기독교는 절대 소화할 수 없을 것이다. 이 점 우리는 구원 문제에 대해서는 이가 철저히 Entweder-Oder(양자택일)의 문제인 것을 잊지 말아야 한다.

(1953년 11월)

하나님의 의(義)

영국의 유명한 문예비평가 매튜 아놀드는 인간 문제의 4분의 3이 정의의 문제라고 하였다. 그러나 기독교는 실로 인간 문제의 전부를 정의로 본다. 철학자 칸트가 양심의 지상명령(至上命令)을 말할 때, 그것은 인간에 대한 하나님의 이 절대적인 정의의 요청을 말하는 것이다. 그러므로 구약에 있어서 이스라엘 사람들의 전 노력은 하나님 앞에 율법을 완전히 지키는 것이었다. 그러나 그들은 그 심각한 도덕 실천의 노력 중 사람의 마음속에서, 하나님의 이 절대적인 도덕적 요청을 정면으로 거부하여 사실상 이를 행할 수 없게 하는 죄악을 발견하였다. 이것이 창세기 기자가 초두에 인류의 타락을 게재하는 소이이다.

  기독교 역사상 바울에 이어 도덕 실천의 심각한 고민을 통과한 루터는 인간의 의, 인간의 도덕, 아니 인간 전체의 죄악성과 허위성을 철저히 적발, 폭로하였다. 그는 사람들이 하나님 앞에서 행하는 모든 의의 행위는 위선이고 무가치한 것이라고 선언한다. 철학자가 말하는 수양과 습관도, 국가나 교회가 명하는 민법, 교회법, 의식, 제도, 근행(勤行), 금욕 등도 그것이 인간 이성의 지지를 받고 있지만 다 거짓이라고 말한다. 그는 그것들을 가리켜 노예적, 거래적(去來的), 허구적, 위선적, 외적, 시간적, 인간적 의라고 규정하고, 또한 그것은 징벌에 대한 공포에서, 혹은 보수, 상찬, 부(富), 명예, 권력, 우정, 건강, 평안 등을 위하여 행하여지는 것이라고 규정한다. 그는 이를 사람의 흉내를 내는 원숭이의 무언극 혹은 위장자(僞裝者)가 무대에서 하는 무언극 같은 것이라고 말한다. 이것이 과연 동양 도덕이 한낱 정실과 언설의 도덕인 이유이며, 이 증거를 철저히 우리는 오늘 동방예의지국이라는 한국에서 보는 바이다.

  그러므로 이 죄악적인, 허위적인 인간의 의에 대하여 하나님의 의를 선포하고 이를 믿는 자에게 수여하는 것이 기독교이며, 중세의 율법적인 가톨릭 신앙에 대하여 이 하나님의 의로써 종교개혁과 더불어 프로테스탄트, 신교신앙이 출발된 것이다. 따라서 사람은 도덕을 행함으로써 의롭게 되는 것이 아니고, 하나님의 의를 받아 의롭게 된 후에야 비로소 정의와 도덕을 실천할 수 있게 되는 것이다. 이는 병자는 스스로 걸을 수는 없으며, 먼저 건강이 회복된 다음에 비로소 걸을 수 있게 되는 것과 같다.

사람은 자기의 의와 자기의 노력에 절망하고, 예수 그리스도를 믿는 복음적인 신앙으로써 이 하나님의 의를 받게 되는 것이다. 이리하여 신앙만의 신앙으로써 이 하나님의 의를 발동시킨 종교개혁으로 인류는 양심의 자유를 회복하여, 중세의 교권과 수도원과 봉건제도를 박차고 개인의 자각과 인격의 존엄 위에서 근대 문명을 열게 된 것이다.

(1953년 11월)

없기보다 나은 교회

교회의 무력과 부패와 타락을 언급하면 목사 혹은 교회에 열심 있다는 이의 대답은 거의 다 일률적으로, "교회도 사람이 모인 곳이니 할 수 없다". 혹은 "그런 교회라도 없기보다는 낫지 않은가" 하는 대답이다. 이를 들을 때마다 나는 사실 열린 입이 닫혀지지 않을 지경이다. 그래서 결국 용기를 내어 "그렇다면 차라리 없기보다 못하지 않은가" 하면, 그들은 또 아주 정색하고 "그리스도의 몸 된 교회, 성령이 임하고 계시가 임하고 세상을 구원하는 교회에 대해 그런 모독의 말이 어디 있어?" 하며 나무란다. 나는 이를 듣고 '없기보다 나은 교회'와 '그리스도의 몸 된 교회, 성령과 계시가 임하고 세상을 구하는 교회'가 무슨 관계가 있는가 하고 생각하게 된다.

아, 과연 예수가 없기보다 나은 정도의 교회를 만들려고 하였던가?

그리스도의 몸 된 교회가 그런 것일까? 성령이 임하고, 계시가 임한 교회가 그럴 수 있을까? 이런 교회가 과연 세상을 구할 수 있을까? 목사는 반성하고 신자는 스스로 속지 말 것이다. 예수는 가장 열심 있고 경건한 종교 계급인 바리새교인에 대해 "회 칠한 무덤, 독사의 종류, 소경 된 인도자여, 너 희들은 신자 하나를 얻기 위해 바다와 육지를 헤매고 다니지만, 얻으면 너희보다 배나 지옥 자식이 되게 하는 도다"라고 했다. 교회당 문이 지옥문이 아니라고 누가 단언할 수 있느냐? 목사면, 장로면 다 성직자냐? 천만에, 하나님의 아들의 고백을 한 베드로에 대해 그 자리에서 "악마야, 물러가라"고 한 예수다.

도대체 올 봄 들어서만 해도 감리교 연회(年會)에서 폭발된 기독교 회의 추태와 죄악은 무엇이냐? 동대문교회의 난투극은 무엇이냐? 이래도 과연 성령 계시가 임한 교회이고, 세상을 구하는 교회이냐? 아니, 확실히 목사야말로 악마이고, 교회야말로 지옥이 아니냐. 그리고 그들의 교회와 그들의 신자만을 지옥으로 끌고 가는 정도라면 그래도 또 참고 용서할 수 있다. 금일 군정 이래 전 민족을 망치고 국가를 망치는 자들이야말로 '없기보다 나은 기독교회'가 길러 낸, 소위 요소요소에서 죄를 감행하는 신자들이 아니냐. 이번 총선거로 국민의 심판을 받은 모 정당의 간부들은 거개가 기독교의 목사들이 아니냐.

제군, 나의 이 말을 너무 심하다고 하지 말라. 물론 내가 기독교인더러 천사같이 되란 것은 아니다. 다만 하나님의 자녀라는 신자가 사람 이하로 돌기 때문이다. 하나님의 아들은 고사하고 먼저 사람다운 사람, 성령이나 계시보다도 상식적인 사람이 되어야 한다. 민족을 구하기 전에 먼저 자신을 구해야 하고, 세상을 구하기 전에 먼저 교회를 바로 세워야 한다. 회개란 방향 전환이고, 성령이란 하나님의 능력이고, 신앙이란 하나님을 두려워하는 일이고, 속죄란 죄에서의 자유이다.

그러므로 신자는 세인(世人) 이상 양심과 도덕으로 정의를 행하고, 사랑을 퍼뜨리고, 명예와 욕심을 물리치고, 하나님의 자녀로 평화와 기쁨과 생명 속에서 살 수 있다. 신자는 없어도 좋을 교회인으로 살 것이 아니고, 세상을 이긴 예수와 더불어 하나님의 자녀로 살아야 한다. (요한 16:33, 로마 8:16).

(1954년 4월)

바울 서한과 그 이해

여러분이 가령 구구법대로 3 9 27 하여 구약 39권에 대하여 신약 27권의 목록을 펼쳐 본다면, 처음에 예수의 전기인 네 복음서가 있고, 다음 사도들의 행적을 기록한 기독교 초창기의 역사서인 사도행전과, 다음 기독교 신앙의 창시자인 예수에 대한 설명으로 로마서 이하 유다서까지 21개의 사도들의 편지가 있고, 끝으로 이 예수로 말미암아 장차 이루어질 인류와 우주의 종말과 완성을 계시하는 묵시록이 있습니다.

그런데 이 21개의 편지 가운데 히브리서까지 열넷이 보통 바울의 편지로 알려지고 있는데, 근대의 학문적인 연구는, 히브리서는 직접 바울의 것이 아니고 다만 바울 신앙의 계통에 속하는 것이라고 합니다. 디모데 전후서도 문제는 있으나 그것은 결정적인 것은 아닙니다. 그러면 신약 27권 중 13권 즉 반수가 완전히 바울의 것이고, 그 외 바울 계통에 속하는 것으로는 히브리서 이외 처음 네 복음서 가운데 누가복음이 바울의 제자 누가의 것으로 일명 바울의 복음서로 불리고 있으며, 사도행전 역시 누가의 작으로 기사 자체에 있어서도 근 3분의 2가 바울의 행적에 관한 것입니다. 따라서 이 16개의 바울 계통 이외의 11책이 결국 요한, 베드로, 마태, 마가, 야고보, 유다 등 몇 사람에 의하여 기록된 것인데, 평균적으로 본다면 바울이 혼자 13 책을 쓴 데 대하여 다른 사도들은 두 책을 다 못 쓴 것이 됩니다.

여기서 우리는 성서에 있어서 바울 서한의 비중 또는 기독교 신앙에 있어서의 바울 신앙의 중요성을 알 수 있게 되는 것입니다. 그러므로 기독교사에서 보면 로마 박해 시대 "우리는 구약성서와 경건한 바울 서한 이외 아무것도 소유하고 있지 않다"는, 관권(官權)의 심문에 대한 기독자들의 대답이 나오고 있으며, 많은 초대 교부들 또한 바울 문서를 권위를 갖고 인용하고 있고, 특히 사도 시대에 벌써 바울 문서가 기독교 신앙에 있어서 중요한 역할을 하고 있었던 것은 베드로 후서 3장 15, 16절 양절로도 가히 추측할 수 있는 것입니다.

연대 상으로도 다른 책들이 기원 후 70년대 이후에 속하는데 비해 바울의 것은 벌써 50년대로부터 수년 내에 그의 기본적인 소위 4대 서한인 고린도 전후서, 로마서, 갈라디아서가 배출되고 있습니다. 특히 로마서는 기독교 역사상 종교개혁자들에게 기독교 요의(要義), 강령, 신학대강(神學大綱)으로 불리게 되었을 뿐만 아니라 직접 개혁의 내용으로서 그 도화선이 되었던 것입니다. 이 점은 앞으로도 변함이 없을 것입니다.

한편 기독교 역사상 바울의 이 지위에 대해 성서의 기독교는 소위 바울의, 그것도 다분히 유대적인 바울의 기독교라 하여, 마르키온 이래 예수에 대한 비 바울적인 무수한 신앙이 나왔으나, 결국 기독교 신앙의 본류를 이루지 못하고 거품과 같이 사라지고 말았습니다. 오늘날 조선에서도 이런 현상을 볼 수 있는데, 종전 후 가까운 일본에서도 유명한 불교적인 철학자 다나베(田邊元)박사의 기독교 신앙 고백이 "금후의 기독교는 바울에서 예수에게로"라는 주장을 하게 되어 문제를 일으켰던 것입니다.

그리고 종교개혁 이후 소위 학문 정신의 진전으로 말미암아 더욱 바울 문서는 기독교의 중심적인 교리이며 신학이라 하여 이의 연구, 토론, 논의가 실로 한없이 전개되었습니다. 아니, 현대에 있어서도 더욱 그렇습니다. 그러나 이 기독교 신앙 이해에 대한 한없는 지적 노력과 신학적인 구명에 대해 바울 서한의 성격을 명백히 함으로써 이에 경고를 발한 것이, 지금은 작고한 베를린대학 교수 다이스만 박사였습니다. 박사는 그의 명저 '바울' 가운데서, 바울 서한은 결코 기독교 교리서, 신학서로 저작된 소위 저서, 혹은 논문이 아니고, 그것은 당시 그때 그때의 필요에 응하여 한 장의 영수증이나 차용증서의 발행 정도로 쓰여진, 저작 아닌 편지라고 결론을 내렸습니다. 즉 그것은 신학적으로, 지식적으로 구명하여 알 수 있는 성질의 저작이 아니고, 신앙으로 읽어서만 알 수 있는 바울의 인물, 신앙, 영적 생명의 적나라한 발현이라는 것입니다.

과연 이렇게 볼 때, 그의 편지는 그의 위대한 인물, 그의 뜨거운 마음, 그의 숨김없는 신앙, 그의 발랄한 영적 생명의 약동인 것입니다. 그러므로 이를 기독교 문학상 아우구스티누스의 '고백' 이상이라고 보는 자도 있습니다. 과연 신앙 상 바울의 위대한 감화력이란 실로 그의 이 강렬한 개성 표출에 있는 것을 부정할 수 없습니다. 따라서 그의 4대 서한을 평하여, 로마서는 신학자로서의 그를, 고린도전서는 교육자로서의 그를, 고린도후서는 인간으로서의 그를, 갈라디아서는 투사로서의 그를 표시하는 것이라고 말하는 사람도 있습니다.

우치무라(內村)는 그를 역사상 제 일급의 위인이라고 하였습니다. 이는 그가 기독교 신앙으로 역사상에 끼친 영향으로써 이렇게 말하였습니다. 실로 초대 요한의 신앙도 그의 신앙을 통과하지 않으면 나올 수 없었습니다. 아우구스티누스의 그 위대 심각한 인간 극복, 승리도 그를 통하여 이루어졌습니다. 개혁자 마르틴 루터는 완전히 바울의 화신이었습니다. 우치무라 역시 바울에 압도당한 바울적인 인물이었습니다.

과연 그 자신을 보면, 그는 종교적으로 히브리인 중의 히브리인이었습니다. 사상적으로는 당시 아테네 이상이었다고 하는 철학의 도시 소아시아 다르소 출신이었습니다. 정치적으로도 그는 선조 전래의 당당한 로마 시민권의 소유자였습니다. 복음의 인류적인 체험, 기독교의 세계화를 위하여 그의 이 천부적 자질과 학식과 특권이 동원된 것이 사실입니다. 다이스만 박사는 바울 연구를 위한 그의 소아시아의 광대한 전도 지역의 탐사 결과, 바울은 실로 탐험가로서도 역사상 제일급의 인물이라고 하였습니다.

그는 35세에 기독교에 회심하여 다마스커스, 시리아, 길리기아 등지에서 10여 년 동안의 준비격인 전도를 끝마치고, 기원 47년부터 57년경까지 10여 년 동안 시리아, 소아시아, 서구, 희랍 반도에 이르는 수만리 광대한 지역에 무수한 곤란과 박해 가운데 3회에 걸쳐 육로 해로로 세계 전도를 감행하였습니다. 이 기간에 그의 편지 데살로니가서, 고린도서, 갈라디아서, 로마서 등이 쓰여졌습니다. 다음 59년경 죄수로서 그는 당대 세계의 수도 로마에 이르러 2년여 옥중에서 전도하였으며, 여기서 소위 옥중서한 에베소서, 골로새서, 빌립보서, 빌레몬서가 쓰여졌습니다.

전하는 바에 의하면, 그 후 그는 수년간 그의 전날의 전도지 소아시아 각지를 방문한 후 세계의 서쪽 끝인 서반아와 그레데섬 등에서 수년 전도하고 다시 로마에 와서 재차 수감되어, 회심 후 30여 년 되는 65, 6세에 옥사, 순교하였을 것이라고 합니다. 따라서 디모데 전후서, 디도서 등이 이 최후에 쓰여졌을 것이라 합니다.

이리하여 혹자는 위인 바울은 인간적인 그의 위대 때문에 다만 하나님을 상대로, 하나님의 아들 예수를 상대로 인간적으로는 고독 가운데 살았다고까지 말합니다. 과연 그럴 법한 말입니다. 그는 건강체도 아니고 생애 지병으로 고생하였던 모양입니다. 고래로 안질, 간질, 나병 등으로 추측되고 있습니다. 그래서 그는 빌립보서 2장에서는 죽고 싶다고까지 술회하고 있으며, 그러나 다만 너희의 믿음을 위하여 산다고 하였습니다. 그는 사실 자기가 만물의 찌꺼기같이 되었다고 하였습니다. 그는 자기를 죄인의 괴수라고 하였으며, 나에게 자랑할 것이 있다면 그것은 오직 나의 약한 것뿐이라고 하였습니다. 과연 복음의 인류적인, 세계적인 기초를 놓은 그의 생애의 전도 사업은 결코 그의 종교심이나 학식이나 그의 인간적인 의지나 열심, 능력으로, 더욱이 세상 위인의 명예욕이나 책략이나 허세로 된 것은 절대 아니었습니다.

그것은 하나님께서 그의 모든 인간적인 요소를, 그것이 위대하면 위대할수록 더욱 박탈하고 때리고 죽여서, 오직 자기의 그릇으로 만들어 쓰신 데 있었던 것입니다. 그러므로 그는 자기를 그리스도의 노예라고 하였으며, 이제 자기가 사는 것이 아니라 자기 속에 부활한 그리스도가 사는 것이라고 하였으며, 그의 사도직을 말하여 그는 사람에게서 받은 것도 아니요, 사람을 통하여 받은 것도 아니요, 그의 모태에서부터 그를 택정한 부활한 그리스도와 그를 부활시킨 하나님으로부터 받은 것이라고 하였습니다. 사실 그는 기독교의 박해자로서, 부활한 영의 예수에게 잡혀 영의 바울로 회개, 신생한 것이었습니다. 그의 복음이 또한 영적 복음인 까닭입니다.

그러므로 우리는 머리로, 사상으로, 신학으로 바울을 이해할 수 없으며, 더욱이 그의 신앙을 이해할 수는 없는 것입니다. 다만 우리 자신도 그와 같이 하나님과 영의 예수에 접하여 회개로 구속되고 신생하여서만 그를 이해할 수 있는 것입니다. 이로써 우리는 바울의 이해뿐 아니라 실로 기독교 신앙 자체에 들어가게 되는 것입니다. 이 의미에서 바울 이해, 곧 기독교 이해인 것입니다. 이가 또한 그의 로마서가 기독교 역사상 언제나 기독교 개혁서가 되는 결정적인 이유인 것입니다.

(1954년 10월)

동양사상과 기독교

40년 동안 오대산에서 동양학을 전심 연구한 어느 불승(佛僧)의 서울 모 대학 동계 동양 사상 강좌에 나갔던 한 우인의 말에 의하면, 동양 사상에 의한 인생 문제 해결의 극치는 신선 되는 경지인데, 그 방법은 어디까지나 이를 목표로 하는 사람의 열심과 노력에 의하는 것이라고 했다고 한다. 그리고 강사는, 사람이 성불, 즉 신(神) 되는 경지란 결코 무슨 요술 같은 황당한 것은 아니라는 주의까지 있었다고 한다. 그리고 동양 사상에 대한 우리 민족의 기여는, 일본인이 학구적인 데 비해 직관적으로 동양 사상의 궁극점에 참입(參入)하는 것이라고 했다고 한다. 그리고 강사는 이 점 기독교는 비실재적인 신의 존재를 멀리 가상하고, 인간적인 열심과 노력도 부정하고 그야말로 황당한 미신적인 신앙으로써 실없는 날을 보내는 것이라고 했다 한다.

그렇다, 과연 강사의 말대로 동양 사상에는 엄밀한 의미에서 객관적인 인격적인 절대적인 신은 없는 것이다. 사람이 신이 된다는 궁극점은 결국 다신교적인 생각이다. 기독교에 있어서는 신과 인간사이의 거리란 절대 불가침의 것이며, 따라서 구원 문제에 있어서, 동양 사상이 수양, 금욕, 열심 등 인간적인 노력에 치중하는데 대해 기독교가 절대신앙주의에 서는 것은, 구원이 이 절대 실재자이신 하나님의 역사로써, 즉 신의 섭리, 계획, 은혜로써 이루어지는 때문인 것이다.

그리고 동양 사상이 인간의 신적 성장을 믿는 근거란 인간의 정신력의 절대를 믿는 데 있는 것이다. 그러나 이와 반대로 기독교의 구원이 완전히 신의 일방적인 조처로 되는 것은 영육을 통한 인간의 타락, 그 죄악과 무력 때문인 것이다. 기독교가 동양 사상의 궁극 목표인 인간적인 노력의 근저를 이루는 정신의 타락, 죄악을 주장하는 것은 대체 어디에 근거하는 것인가?

그것은 한마디로 절대자이신, 거룩 자체이신 인격적인 하나님 앞에서 실로 죽음에 직면하는 인간의 도덕적 체험, 즉 그 죄성의 발견에 있는 것이다. 그러면 한 걸음 더 나아가, 동양 사상과 기독교의 이 인간성, 인간 정신에 대한 대조적인 결론, 즉 그 인간관의 차이는 또한 어디에 근원하는 것인가?

이는 우리가 유교에서 보는 대로, 동양 도덕이 대인 관계의 상대적인 중용의 도인데 비해, 기독교의 근저인 율법적 노력은 추호의 불의와 거짓을 용납지 않는 거룩한 신 앞에서의 절대적인 도덕추구에 의하는데 있는 것이다. 그러므로 동양 종교는 인간 정신을 절대화하는 다신교적 노력주의에 떨어지고, 기독교는 인간의 도덕적인 절망에서 신의 구원을 믿는 신망주의에 서게 된 것이다. 아니, 인간의 이 절망, 죽음에 대해 창조신의 사랑과 구원의 손이 펼쳐지게 된 것이다.

따라서 나는 동양 사상이야말로 인간의 본질에 대한 불철저한 낙관으로 교만과 실없는 황당, 신비에 떨어진 것이라고 보는 바이며, 동양인의, 특히 감정적인 우리 조선인의 결점이라고 할 수 있는 학문 정신, 비판 정신의 결점 역시 깊이는 이 점에 근원하고 있는 것이라고 보는 바이다. 동양에는 역사적으로 엄밀한 의미의 과학이 결여되고 있는 것도 이 때문이다. 그리고 동양 사상의 이러한 근본적인 결함에서 비롯된 최대의 문제는, 인간의 우상적인 신화(神化) 때문에 창조신의 신앙에 이르지 못하는 것이라고 생각된다. 그리고 여기 동양 사상의 궁극적인 문제점이 있는 것이다.

(1954년 12월)

부활과 절망

4월은 부활의 계절입니다. 희망과 생명의 계절입니다. 그러나 솔직히 말하여 금년 4월은 나에게 절망과 공포의 계절이었습니다. 예수의 부활도 나를 위로할 수 없는 무서운 죽음의 공포 속에 휘몰렸습니다. 정신을 차려 보니 나는 40이 넘은 나의 생애가 사실상 삶보다도 죽음에 접근하고 있는 사실을 인정하지 않을 수 없었습니다.

겟세마네기도 장면을 보면 과연 죽음은 예수에게 있어서도 두려운 사실이었던 것 같습니다. 그런데 나에게 있어서 이 죽음의 공포는 단순히 죽음이 싫다는 정도가 아니었습니다. 피할 수 있었으면 하는 소원 정도가 아니었습니다. 또한 생리적인 고통에 대한 공포 정도도 아니었습니다. 그것은 바로 도덕적인, 정신적인, 영적인 것이었습니다. 즉 그것은 나의 죄악과 불의에 대한 털끝만한 잘못도 용납하지 않으시는, 거룩 그것인 하나님의 심판으로서의 지옥적인 영적 고민, 절망이었습니다.

나는 또한 나의 죄악과 이에 대한 하나님의 심판과 내적 고민을 통하여, 전 인류가 한 사람의 예외 없이 죽음의 문을 향하여 달리고 있다는 사실을 생각할 때, 성서가 말하는 인류의 죄악을, 타락과 불의를 쉽사리 용인하지 않을 수 없었습니다.

철기대(鐵騎隊)의 장(長)인 크롬웰도 임종의 자리에서 하나님의 심판에 대한 공포로 한때 절망 속에 빠졌었다고 합니다. 생애 긴 세월을 신앙으로 인한 박해로 옥중에서 살았던 선량한 번연은 임종이 아니라 실로 생애를 통하여 늘 이 공포 속에 빠지곤 하였다고 합니다. 나는 실로 금년에도 남산 광장에 모여 촛불을 들고 천지가 뒤집히듯 부활 성가를 고창하고 부활 설교에 귀를 기울이는 수만의 선남선녀, 목사, 신학자들이 한없이 부러웠습니다. 나는 나의 죄악과 죽음을 생각하고 공포와 치욕 가운데서 감히 얼굴을 들어 하늘을 우러러볼 수 없었습니다. 아, 그러나 그들은 사실 부활생명에서 사는 자들입니까? 예수의 부활을 거짓 믿는 자들은 아닙니까? 거짓 부활신앙으로써 그들의 죄악과 죽음을 카무플라주하는 자들은 아닙니까?

그러나 나는 나의 이 영육의 절망 가운데서 비로소 처음 예수의 육체의 부활을 간절히 바라게 되고 또한 그대로 믿을 수 있게 되었습니다. 과연 그의 부활은 정신의 부활, 영혼의 부활만은 아니었습니다. 확실히 그의 무덤은 비어 있었으며, 도마는 그의 부활체에서 못 자국을 만질 수 있었던 것입니다(마태 28:6, 요한 20:27). 문제는 여기에 있습니다. 즉 그는 확실히 죽지 않을, 죽음을 모르는 의와 생명 자체인데도 불구하고 죽었다는 사실입니다. 그러므로 그의 십자가의 죽음은 실로 우리의 죄를 대신하고 대속한 죽음이었습니다.

그러므로 진정 죄악의 절망과 죽음 가운데서 나는 그의 부활과 또한 나 자신의 부활을 믿을 수 있게 되었던 것입니다. 그리고 이것이 또한 진정 죄와 죽음에 절망하는 모든 사람의 구원이라고 믿습니다.

(1955년 4월)

나의 신앙 코스

복음서 중 예수의 말씀 가운데 특히 심상히 넘겨 버릴 수 없는 한 마디 간단한 말씀이 있다. 그것은 "귀 있는 자는 들으라"고 하신 말씀이다. 이는 물론 사람들에게 육신의 귀가 없어 하신 말씀은 아니다. 이는 그들이 예수의 말씀과 일과 사업을 그릇되게, 천박하게 이해하고 믿고 따를 것을 경계하여 하신 말씀이다. 믿고 순종하기보다는 제멋대로 이를 이용할 것을 경계하여 하신 말씀이다.

민중 속에 그의 명성이 높아 가고, 많은 무리가 육신의 병을 고치기 위하여 그를 둘러싸고, 심지어 그를 왕으로 삼으려는 무리까지 나오게 되었을 때, 그는 그의 말씀을 모두 사람들이 직접 알아들을 수 없도록 더욱 비유로써 가르치게 되었던 것이다. 즉 이는 우리가 보통 생각하는 것과 같이 쉽게 이해시키기 위해서가 아니고, 반대로 사람들이 제멋대로 쉽게 알아듣고 그릇 이해하지 못하게 하기 위해서였다 (마태 13:13-16). 그가 그의 기적을 퍼뜨리지 말도록 엄히 경계한 것도 같은 이유에서였다. 후일 그는 가이샤라 빌립보에서 조용히 그의 사업의 깊은 뜻을 소수의 그의 제자들에게 피력하고, 이제 나는 예루살렘에 올라가 죽을 것이나 그러나 또한 3일 만에 부활할 것이라고 말하였을 때, 수제자 베드로는 이를 제지, 만류하다가 "악마야, 물러가라"는 그의 심한 질책을 받았다.

예수가 "좁은 문으로 들어가라"고 말씀하신 것은 세상에 대해서보다도 그를 따르는 신앙자에 대해서 하시는 말씀인 것이다. 그러므로 나같이 신앙과 진리에 대한 판단력과 이해, 체험이 부족한 자는 소위 세상 기독교와 정반대로 걸어가는 것이 신앙 이해와 신앙생활에 큰 틀림은 없을 것으로 알고, 그렇게 나의 신앙 코스를 잡고 걸어간다.

그들이 교회에 진력할 때 나는 홀로 가정에서 직장에서 혹은 밀실에서, 그들이 표적을 구할 때 나는 믿음만을, 그들이 감정적인 광신일 때 나는 성서의 연구로, 그들이 세상을 쳐다볼 때 나는 내세만 천국만, 그들이 사업에 열중할 때 나는 복음만, 그들이 사람을 추종할 때 나는 하나님만을, 그들이 명예와 권력에 아부할 때 나는 예수 그리스도만, 그들이 육체의 치병에 열중할 때 나는 영혼의 치유, 죄악의 치유에만, 그들이 현실에 급급할 때 나는 영원의 생명에, 그들이 돈에 연연할 때 나는 가난 사랑에, 그들이 기독교신학과 사상에 열중할 때 나는 신앙생활에, 순종에, 그들이 책략을 구할 때 나는 정의의 길로, 그들이 율법적일 때 나는 양심적으로, 그들이 거짓을 용납할 때 나는 순 도덕적으로. 그들이 세상에 굴복할 때 나는 싸워야 하며, 그들이 세상에 입신양명할 때 나는 십자가에 죽어야 한다.

신앙생활을 알 수 없다는 분은 감히 이렇게 코스를 잡아 보기를 권하는 바이다.

(1955년 4월)

치병 곧 기독교 신앙은 아니다

요사이 한국 기독교의 심한 타락상의 하나는, 기도와 안수로써 병을 못 고치는 자나 고침을 받지 못하는 자는 신앙 없는 자로 규정하는 것이다. 이리하여 소위 기독교 부흥사들과 안수사들이 사방에서 병자를 살상하여 매일 신문지상에 화제를 제공하고, 형사문제를 일으키고, 모욕거리가 되고 있다. 따라서 이에 대한 나의 태도를 분명히 하려는 바이다.

나는 오늘날 한국 교회의 치병은 엄밀한 의미에서 기독교 신앙에서 말하는 성령의 역사가 아니라고 규정한다. 현재 한국 인구의 대부분은 서양 의학보다 한방 의학으로, 그리고 한방 의학보다는 푸닥거리와 치성과 굿으로 병을 대하는 것이 사실이며, 따라서 고래로 모든 저속한 민간신앙이 이 치병에 치중하고 있는 것은 누구나 다 아는 사실이다. 이외에 또한 안마나 정좌(靜坐), 기합(氣合), 영매(靈媒) 등 기타 무슨 비전적인 방법에 의해 병 고치는 자들이 있는 것도 사실이다. 과거 일제 시대 한국인으로 일본인들의 천리교나 장생가(長生家)같은 데 입교한 것도 대체로 이런 치병 등을 목적으로 했던 것이다. 이 점 모든 저속한 신흥 종교란 다 전적으로 이 치병 따위를 내용으로 하고 있는 것도 사실이다.

오늘날 우리에게 있어 박장로파, 나장로파 등 기독교 신흥 종파들도 이와 다를 것이 없다. 이리하여 대체로 이런 종류의 치병이란 또한 의학이 약물에 의하는데 대해 사람의 정신 작용, 즉 병자의 심리 상태와 깊은 관계를 갖는다. 사실 일생을 한방의로 보낸 나의 부친이

때로 외양간의 방위(方位) 등을 진찰에 동원하는 것을 나 자신 목도하였다. 이리하여 나는 신앙과 치병을 혼동하지 않는다. 따라서 나는 오늘날 기독교 신앙의 이름으로 행해지는 기도와 안수 등에 의한 치병도 신앙과 관계시키지 않는다.

도리어 나는 치병을 기독교로 알고 나팔을 불고 금품을 편취하며, 때로는 부녀자들의 육체를 농락, 유린하는 따위의 기도사 부흥사들을 인간에서도 가장 저급한, 더러운 자들로 보는 바이다. 저들은 예수도 이를 행하였다고 말한다. 그러나 예수가 언제 나팔을 불고 직업적으로 이를 행하였으며, 또 치병을 전도의 수단으로 하였단 말이냐. 그는 사특한 세대가 표적을 구한다고 탄식하며 되도록 이를 피하지 않았느냐(마태 16:4). 그는 사탄이 요구한, 성전 꼭대기에서 뛰어내리는 기적을 거부했다(동 4:5-7).

그리고 저들이 예수와 같이 신적 대능(大能)으로 정말 기적을 행하는 것이라면, 왜 저들의 기적에 난이(難易)가 있고 또 치병에만 국한되느냐 말이다. 저들은 문둥이도 깨끗이 하고, 죽은 자를 살리고, 5천 명을 먹여야 할 것 아니냐? 과연 저들의 것은 기적이 아니다. 도대체 저들의 심지(心志)가 왜 그렇게 더러우냐? 그런 것이 하나님과 무슨 관계가 있느냐? 실로 저들의 치병 신앙은 한국의 신앙을 비도덕적인 미신으로 한층 타락시킬 뿐이다. 또 더욱 우리의 의학 발전에도 크게 장해가 되고 있다.

따라서 소위 기적 신앙이란 사람의 욕심이다. 예수의 기적으로도 유대 민족의 불신을 돌이키지 못했으며, 그들의 메시아관을 더욱 타락시켰을 뿐이다. 진정한 기독교 신앙의 치료는 실로 인간 양심의 치유, 도덕적인 구원, 죄에서의 해방으로, 사람에게 죽어도 죽지 않는 영원한 생명을 제공하여 기쁨으로 병고와 죽음을 이기게 하는 것이다. 이것이 진정한 신앙인 것이다. 기독교의 구원인 것이다.

(1955년 11월)

회당(會堂) 기독교에 대해

요사이 남한 방방곡곡 동네마다 교회당이 늘어가고 있는 현상을 나 자신으로서는 기뻐하여야 할지 울어야 할지 알 수 없는 일이다. 세상에는 또 "요사이 대한민국에서 늘어가는 것은 교회당과 다방뿐"이라는 심한 말까지 돌고 있는 형편이다.

여하간 이 회당이 한국 신자들의 자발적인 열성보다는 대체로 외국 돈에 의존하는 것은 사실이다. 한편 또 굿 행사 같은 부흥회로써 신자들의 주머니를 끄르는 관계로, 신자들 편에는 비명도 많은 모양이다. 또 이 교당 건축이란 교파적인 불미한 경쟁심에서 무리하게 빚으로 추진되는 것도 사실이다. 따라서 막상 교회당이 세워지고 보면 신자가 당에 넘쳐야 된다는 욕심의 발동으로, 또 빚도 갚아야 하므로 부흥회요, 기적이요, 구호 물자요 하여 신자를 끌어 모으기에 열중하게 되는 것도 사실이다. 이리하여 회당 기독교의 신앙이란 점점 저속하게 되어 오늘날 우리의 기독교란 사실 말 아닌 상태에 빠지고 있다.

이 점 결코 일반 신자뿐이 아니고 소위 교역자나, 지도자나, 선생도 다 같은 형편이다. 그들은 성경 연구나 또는 자기 신앙에 충실하기보다는 줄창 교도니 봉사니 사업이니 하여 자연 설교라, 하나님의 일이라 하지만, 한 말을 또 하고 늘 판에 박힌 일을 하고 있으니 길가의 약장수와 같은 천박한 존재가 되지 않을 수 없다.

이리하여 신앙은 더욱 생명 없는 형식이 되고 의식이 되어 갈 뿐이다. 그리고 전체 이런 천박한 신앙 분위기 가운데서 또한 신학이라, 기독교 사상이라, 멘첸·매카이라, 바르트·브룬너라 떠들어댔자 이를 깊은 의미에서 이해할 수 없는 것도 사실이다. 설령 이해한댔자 신학이란 신앙 자체가 아니고 신앙 설명에 불과한 것으로, 신앙이 펄펄 뛰는 민어회를 직접 먹는 것이라면 이는 남이 먹던 이야기에 불과한 것 혹은 요리법 연구로, 아무런 힘이 없는 것이다.

이리하여 신학이란 또한 채 되지도 못한 우리의 신앙을 화석으로 교리화 할 뿐인 것이다. 결론적으로 영적인 신앙을, 그것도 외국 것을, 더욱이 외적인 전통의 모방 내지는 신학 등 머리로 하는데서, 어린애가 어른의 옷을 입은 듯한 부자연한 상태로 기형적으로 되어 가는 것이다.

나의 무교회 신앙이란, 이런 외적인 교회당이나 조직·전통·의식·형식, 혹은 지식적인 교리·신학·사상 등을 떠나, 한국인의 양심과 진실로써 직접 성서 자체에 부딪침으로써 외국 것 아닌 우리 것으로 그 근본정신을 체험, 파악하자는 것이다. 그리고 외적인 것도 필요하다면 여기서 비로소 모방 아닌 생명으로 자연스럽게 발현될 것이라고 생각한다.

(1956년 2월)

의식(儀式) 전폐

오늘날 한국의 신교 신앙에 대해 우리가 우려하지 않을 수 없는 한 가지 두드러진 현상은, 그것이 해방 10년 동안 계속해서 형식화, 의식화의 길을 밟고 있다는 사실이다. 크게는 남한 각지 산중에 불교 내지는 가톨릭적인 소위 신교의 수도원이 속출하여 대성황을 이루고 있는데, 이는 단적으로 신교의 예배 자체가 대단히 의식화한 결과에서 온 것이 아닌가 하고 생각된다.

예를 들면 목사가 가운을 입고 찬양대가 제복을 착용한 것이라든지, 헌금을 음악 속에서 하는 것이라든지, 남녀 양편에서 교리 혹은 시편을 교독하는 것이라든지, 프로테스탄트의 생명이라고 하는 설교가 대체로 2, 30분으로 짧아지고, 외형과 의식, 그리고 음악, 기도 등으로 예배 기분이 주가 된 듯하다.

그런데 더욱 놀라운 것은, 요사이 구미(歐美)에서는 신교도 예배에 촛불을 많이 사용한다고 하여 한국에서도 머지않아 이를 사용할 기미가 보인다고 하며, 또 심하게는 향불을 겸하면 더욱 좋겠다고 하는 자들까지 있다는 것이다. 아니, 전남 광주에서는 벌써 수 년 동안 목사가 가운을 입고 촛불을 사용하여 대호평을 받고 있는 교회가 있다고 들린다.

그러나 한마디로 말해 신앙의 의식화는 진리의 고갈, 생명의 쇠잔에서 일어나는 현상으로, 결국 이는 우상 숭배와 통하는 것으로서, 영과 진리의 기독교 신앙에는 절대 있을 수 없는 것이다. 때문에 예수는 스스로 안식일 규례를 파하고, 예루살렘 신전과 게리짐 산의 그것도 본질상 다름이 없다고 하여 이의 파괴를 주장하였다. 따라서 예수의 승천 후, 열두 제자 및 야고보 등에 의한 예루살렘 교회의 유대교적인 제도화 내지는 의식화와 싸운 바울 신앙은 철저히 신앙만의 신앙으로서, 모든 의식은 필요 없으며 다만 신앙의 생명적인, 자연적인 외적 발로는 오로지 건전한 상식적인 윤리 도덕임을 분명히 하였을 뿐이다. 그의 서한에 나오는 교회는 오늘날의 그것과 같은 형식화한 대교회가 아니라 주로 가정 중심의 코이노니아(κοινωνία), 즉 산 영의 교제와 진리로서의 말씀의 집회였던 것이다.

그러면 오늘날 교회사상 이 바울의 신앙주의로써 생명 없는 제도, 의식, 우상화한 가톨릭 신앙을 물리치고 일어난 신교 신앙의 의식화는 그 근원이 어디에 있는 것이냐? 나 자신은 루터가 개혁사업에 있어서 교회 제도, 세례, 성찬 등 최소한의 몇 개의 의식을 용인하고 이를 남겨 놓은 데 의식화의 바절루스 즉 독소가 있는 것으로 보는 바이다. 가톨릭이 신앙과 의식, 제도를 반반으로 보았다면 신교는 이를 7대 3 정도로 보았다고나 할까.

나의 무교회주의는 의식을 털끝만큼도 용인하지 않고 신앙만을 그야말로 전부로 믿자는 것이다. 이 점 교회주의자들은 우리의 집회도 교회라, 혹은 과자만 먹어도 성찬이라 하지만, 도대체 의식을 용인치 않는 우리에게는 그것은 어디까지나 교회가 아니고 집회이며, 성찬이 아니고 친교(코이노니아)의 과자일 뿐인 것이다.

목사들은 큼직하고 좋은 집만 보면 심중 교회로 삼았으면 한다고 한다. 그러나 이는 욕심이다. 나는 의식 전폐로써만 신앙의 형식화를 방지할 수 있고, 나아가 신앙을 생명적으로, 도덕적으로 우리 생활상에 그대로 살려낼 수 있다고 보는 바이다.

(1956년 4월)

부활신앙의 필요

　복음서 연구에 의거해 학자들이 추정한 연대에 의하면, 예수는 기원 28년 현 태양력 3, 4월에 해당하는 유대력 니산달 15일 금요일 오전 9시경에 당시 로마제국의 최고 극형인 십자가형에 처해져 약 6시간 후인 3시경에 운명, 저녁때에 아리마대 요셉의 묘실에 입장(入葬)되었고, 하루가 지난 17일 일요일 이른 아침 부활했다고 한다. 그리고 예수의 이 부활이야말로 기독교 신앙의 가장 중요한 내용, 아니 실로 초석이 되고 있는 것이다.

　미국의 유명한 백화점 왕 고 워너메이커 옹이 한번은, 필라델피아에 있는 그의 주일학교에 참석했던 어느 동양인 유교 신자가, 공자나 예수나 다 같은 도덕적인 인류의 사표(師表)로서 자기는 이 공자를 믿을 뿐이라고 말했을 때 정색하고, 그러나 공자는 결국 죽었으나 예수는 무덤에서 다시 살아나신 것이 다른 점이라고 말했다는 유명한 이야기가 있다.

　기독교는 단순한 도덕교가 아니다. 그 이상 부활교이다. 그리고 기독교의 이 부활신앙은 사람은 다만 죽어서 천당에 간다는 내세에 대한 막연한 소망 정도의 소위 교리는 절대 아닌 것이다. 그것은 현실에서부터 이 부활한 예수를 믿음으로써 신자가 그와 깊은 생명 관계에 들어가는 체험적인 것이다. 현재 우리의 부활신앙은 신자 각자의 이산 체험에 의하는 것이다.

그런데 이 부활신앙에 대한 세인의 비평은, 사후 문제가 긴급한 현실 문제에 대해 무슨 필요가 있느냐 하는 것이다. 그러나 우리가 부활신앙을 믿는 무엇보다도 긴급한 필요는, 오늘날 우리의 이 자타 부도덕한 현실에서 모든 본능적인 비열한 충동과 실로 악마적이라고 할 수 있는 정신적인 불의와 죄악에 대항하여 절대적으로 양심과 정의에 입각하는 진실한 생활이란, 오로지 우리의 부활신앙을 가능하게 하는 예수로부터 오는 새로운 생명, 즉 부활생명으로써만 가능하기 때문이다.

근래 불교 신자인 시인 유치환씨는 내세신앙을 부정하는 글을 공표했다. 이 점 기독교 역시 하나님의 절대적인 도덕적 요청 앞에서는 죄의 인간에게 오직 죽음의 절망이 있을 뿐임을 말한다. 그러나 예수의 부활은 죄 없는 그의 거룩한 영적 생명에 의한 것이며, 그의 죽음은 또한 이 거룩한 생명으로 하는 인류의 속죄를 위한 것이었다. 여기 예수의 부활이 우리의 죽음의 문제를 해결하고 우리에게 또한 도덕적인 능력을 부여하는 까닭이 있는 것이다. 칸트는 인류 내심의 지상적(至上的)인 도덕적 요청에 대한 현세 인간의 죄행(罪行)이야말로 내세와 신(神)의 존재를, 그리고 내세에서의 구속주 예수에 의한 인간 영육의 완성을 보증하는 것이라고 했다. 이것이 바로 그의 유명한 '실천이성비판'의 결론이다.

(1956년 4월)

음탕의 영

오늘의 한국은 해방 민족, 자유 대한이라고들 하지만, 바로 예수가 말한 일곱 귀신에 사로잡힌 존재가 되었다. 그중에서도 그들을 압도, 질식시키고 있는 것은 실로 음탕의 영인 것이다.

이 점 실업가와 정치가로부터 대학교수, 문사, 학생, 민중, 남녀의 구별이 없다. 대학교수들이 부인을 내쫓고, 여류 문사들이 가정을 파괴하고, 기독교인 장관들이 축첩을 하고, 학생들이 음탕을 미화한다. 요사이 영화 '자유부인(自由夫人)'에 범람하고 있는 시민들을 보라! 영화 감상 때문이냐? 지난날 그들의 우상 박인수의 공판정에 새벽부터 쇄도하던 그들을 생각해 보라. 이는 과연 정의의 심판을 위한 시위였던가, 아니 천만, 저들은 유곽으로 가는 행음자(行淫者)들이었다. '자유부인'이 한국 문학이냐? 그러나 과거 일본에서 제일가는 교양작가라는 야마모토(山本有三)의 작품이 독일 가서 에로 엽기담으로 웃음거리가 되었었다. 이는 도시 문학이 아니다. 작가는 물론 국민 전체의 음란이 발동일 뿐이었다.

그리고 이 점, 우리 기독교도 예외가 아니다. 일전에도 충남 모처에서 모산(某山) 모파(某派) 기도사들이 안수를 한다고 처녀의 몸을 만지다가 동민들로부터 피습을 당한 사실이 있다. 요사이 서울 시내에는 지방에서 색마의 날인을 받고 쫓겨난 목사들이 공공연히 부흥사로서 활약하고 있다. 기독교 대학인 연대와 이대의 남녀교수들이 역시 음란의 소굴인 모 교단으로 전출한 사건의 배후에도 이 음란의 영이 움직이고 있었던 것이다. 우리의 유명 기독교 여자대학은 음탕과 결혼 준비 교육으로 소문이 파다하다. 같은 남자대학 역시 여름마다 다수 기독교 청년 남녀가 모여 춤을 춘다고 한다. 이것이 기독교의 사랑이고, 신자의 코이노니아냐?

금일 월남한 일반 신자는 물론, 기독교 교육자, 목사 할 것 없이 다 재혼을 하였다. 이것이 교황의 축첩과 음탕을 배격한 루터의 후손들이냐? 그들은 불편하여 재혼한다고 했다 한다. 그래, 편, 불편을 위한 결혼이더냐? 아, 음탕의 영에 사로잡힌 니콜라이 종류들이여! 전남 모처에는 사랑 운운하며 입 맞추는 교파까지 있다고 한다. 언어도단이다. 도대체 이들은 기독교의 사랑 아가페(ἀγάπη)-도덕적인, 의무적인, 희생적인 사랑-를 체험치 못함은 물론, 이를 육적 사랑 에로스(ἔρως)와 인간적인 사랑 필리아(φιλία)의 구별조차 못 하고 있는 불신 무지의 무리들이다.

예수가 하나님을 아버지라 하고 율법과 도덕을 사랑으로 통합하였을 때, 이는 사랑이야말로 하나님의 전 성격이고, 인간 도덕과 윤리의 중추임을 표시하는 것이다. 따라서 이 거룩한 사랑을 음탕으로 바꾼 국가와 민족에 대하여 심판은 필지(必至)이다. 소돔 고모라의 멸망은 전설이냐? 그러면 폼페이의 폐허와 하와이의 멸망도 전설이냐? 의약이 있다 하느냐? 그러나 오늘날 미국에서도 매독, 임질균에 의한 민족의 퇴화, 멸망이 문제되고 있다. 나는 일대 유곽화하고 백백교(白白敎)화한 영육 모두 벌거벗은 이 더러운 백성 위로 북방 하늘을 뒤덮고 날아오는 하나님의 유황불 아닌 유황불을 당장 눈앞에 보는 바이다. 아, 그 불이여, 두려운 그 불이여!

(1956년 6월)

양심의 종교

기독교는 마음을 다하고, 정신을 다하고, 생각을 다하여 네 주 되는 하나님을 사랑하라고 한다. 그리고 하나님은 정의와 사랑과 심판의 하나님이시라고 한다. 하나님은 시내 산상 우뢰와 번개 가운데서, 모세를 통하여 율법을 주시었다. 간음하지 말라, 도적질 하지 말라, 이웃을 모함하지 말라, 이웃을 탐내지 말라 등등. 기독교는 한마디로 도덕적인 종교이다.

그러나 예수는 다시 여자를 보고 음욕을 품는 자는 간음한 자라, 형제를 미워하는 자는 살인한 자라, 원수를 사랑하라 하였다. 예수는 도덕적인 구약 종교를 한층 더 깊이 사람의 마음속으로 끌고 들어갔다. 그래서 이를 절대적인 양심의 종교로 만들었다. 세상종교가 사람에게 소위 행복과 성공과 물질 등을 약속한다면, 하나님은 영이시니 영과 진리로써 이를 예배하라고 한 기독교는 과연 종교가 아닌 것이다. 따라서 세상 종교의 공통된 특질인 의식과 형식과 계율(誠律) 등 온갖 외형적인 것은 예수의 종교에 있어서는 완전히 배격, 지양(止揚)되었다. 이는 양심과 양립되지 않기 때문이다. 역사상 중세 가톨릭의 외형적인 교리와 신학과 금욕, 선행 등으로 깊은 암흑 속에 빠졌던 인류의 신앙과 양심을 다시 깨우친 종교개혁은 실로 루터 한 사람의 예민한 양심으로써 이루어진 것이었다.

그런데, 그런데 여기 이상한 것이 있다. 철저히, 아니 오직 양심위에 서야 할 한국의 프로테스탄트 각파, 더욱 그 중심이라고 하는 남산파, 조신파(朝神派), 고신파(高新派), 그리고 감리교의 분열된 양파가 각각 교세 확장을 위한 신도, 교사, 특히 교회당 쟁탈 때문에 하는, 세상에서도 볼 수 없는 이 추잡한 싸움은 도대체 예수의 종교와 프로테스탄트의 양심과 어떻게 관계되는 것이냐? 평신도의 한사람으로, 아니 한국인의 한 사람으로 과연 이해할 수 없는 바이다. 그리고 이번 정부통령 선거에서만 해도 목사들이 신도의 양심적인 투표권 행사를 방해하는 처사에 나선 것은 어떻게 된 일이냐? 더욱이 그 운동에서 국내외를 막론하고 많은 사람의 이름을 도용하였다고까지 한다. 그리고 또한 도용된 자들 역시 한 마디 말이 없으니.

나는 이러한 모든 처사가 양심적인, 더욱이 신앙양심적인 처사가 아니라고 생각한다. 나는 이러한 처사에 대한 공적 해명을 각각 박형용 박사와 김재준 선생과 박윤선 씨에게 듣고 싶다. 또한 조선신학교가 정치적인 공적 지위에 있는 함 부통령을 학장 자리에 모신 것도 우리는 양심적인 처사로 볼 수 없는 바이다. "하늘을 잊고 영원히 땅에 붙어살려는 거짓 기독자들이여!"라고 한 단테의 말을 생각한다.

(1956년 6월)

신앙 정사(正邪)에 대한 비판

요사이 유명해진 모 교단에서, 그의 설립자를 묵시록 11장에 나오는 두 감람나무의 하나, 즉 두 증인 중 하나라고 주장한다고 한다. 이는 설립자에 대한 신도들의 존경 정도가 아니라, 설립자본인이 그렇게 주장하는 모양이다.

물론 현재 서울에서 자기를 재림한 예수라고 주장하는 모 교파의 설립자도 있는 모양이니, 정교분리로 신앙의 자유가 법률로써 보장된 오늘날, 두 감람나무의 하나라고 주장한다고 놀랄 것은 없다. 감람나무가 아니라 내가 하나님이라고 주장하는 자가 나올는지도 모르고, 또 나오더라도 할 수 없는 일인지도 모른다.

그러나 우리는 먼저 신앙이 정치에서 분리되어 절대 자유의 입장에 놓이게 된 이유를 알아야 한다. 깊은 의미에서 그것은, 신앙이 절대 양심의 문제, 절대 선, 절대 정의, 그리고 현실보다는 내세의 문제, 아니 신(神)과의 문제이기 때문이다. 따라서 이 거룩한 신앙, 종교의 자유를 모독하여 혹세무민을 일삼는 거짓 종교가 있다면 이는 언어도단이며, 도저히 용납될 수 없는 일이다.

다만 실제 문제로서, 혹세무민의 거짓 종교와 진정한 종교를 어떻게 판별하느냐 하는 것이 문제이다. 그러나 이는 예수도 말씀한바, 나무는 그 열매로써 판단될 수밖에 없다. 즉, 도덕적인 성격에 의하여 판별되어야 한다. 이는 위에서 지저한 대로 종교가 양심, 신, 정의, 내세, 신과의 관계인 점에서 필연적인 것이다. 양심과 신이 불의나 욕심과 결부될 수는 없기 때문이다.

따라서 깊은 도덕적인 식견이 아니고는 신앙의 진위를 판별하기가 곤란하다. 이것이 또한 도덕적으로 저급한 사회에 미신적인 타락 종교가 성행하는 이유인 것이다. 그리고 이때 종교는 영적인 것으로, 도덕 이상인 것이라고 주장하는 자가 있지만, 그 영이 참 영이면 사람을 죄악에서 해방하여 도덕적인 건전한 인격으로 소생시켜야 한다.

이를 못 하면 그것은 미신적인 악령인 증거인 것이다.

　이런 관점에서, 나는 묵시록 11장 두 증인의 도덕적인 자태로 위 모 씨와 모 교단의 불건전하고 비도덕적인 작태를 지적하지 않을 수 없다. 본문의 두 증인은 신앙의 정조를 고수하여 세속에 물들지 않은 기독자들로서, 아합의 불의와 싸운 엘리야같이, 애굽의 세속주의와 싸운 모세같이 세상의 불의와 싸워, 결국 그리스도의 뒤를 좇아 십자가에 죽은, 세상에서는 용납되지 못한 자들이다. 그들의 입에는 정의의 말씀이, 그들의 심중에는 참 신앙생명이 있었다. 그들의 존재는 세상의 빛이었다. 그러므로 세상은 저들을 용납하지 못하였다.

　그런데 모씨에게는 오물의 파리 떼같이 웬 추종자가 그렇게 많으냐? 선남선녀들로부터 세상의 권력가인 국회의원들의 선전, 비호까지. 과연 저에게 진리와 정의가 있다면 이 불의의 현실에서 그럴 수 없다. 이는 다만 저의 믿음의 속화, 타락을 말하는 것이다. 사람의 욕심과 본능을 만족시키기 때문이다. 병을 고친다고? 그것은 무당도, 판수도, 의사도 하는 것 아니냐? 아니, 참 믿음이 있다면 병도 은혜로 받을 수 없느냐? 병은 저주할 것이 아니라 거기에서 신앙적인 의미를 찾아야 한다. 병 가운데서도 기뻐하는 신앙과 이를 저주하고 불평하는 신앙, 그래 어느 것이 참 신앙이냐? 도대체 기독교가 치병교(治病敎)이더냐? 그래 요새는 모씨의 세수한 물까지 동난다고 하니, 과연 이는 국민을 야만으로 만드는 혹세무민의 미신이다.

(1957년 1월)

죽고 사는 진리

(4월 17일 김교신 선생 기념 모임에서)

선생을 추모하는 이런 모임은 1년에 한 번 정도는 가져도 좋다고 생각합니다. 우리가 이 시간에 집이나 직장이나 다른 어디에 있다고 하여 굉장한 일을 하고 있는 것은 아닐 것으로 생각합니다. 더욱이 이 대한민국, 우리의 생활에서, 또한 이를, 재래의 형식적인, 무의미한 제사와의 관련에서, 또는 신앙적인 면에서 이가 무슨 우상숭배 비슷한 것으로 생각되어 피하려는 경향도 있는 모양이나, 이 점 김교신 선생의 지상에서의 생활과 걸음이란 우상이 되기에는 너무도 상식적이고 건전한 길을 걸었습니다.

선생이 자연과학 전공이시기 때문인지는 몰라도, 선생의 신앙은 신비도 신학도 의식도 아닌, 오직 양심과 정의와 도덕 위에 깊게 굳게 뿌리박은, 아무나 사람이면 다 걸을 수 있고 또 걸어야 할 인생의 대도(大道)로서의 신앙이었습니다. 청년 시절 동경에서 일본의 세계적인 영문학자였던 사이토(齋藤秀三郞)에게 사사했던 일이 있는 선생에게서 나는 영국적인 건전성과 상식을 봅니다. 선생에게 과연 카알라일의 예언 정신, 불의에 대한 반항과 분노, "전 세계에 20억대의 제분기(製糞機-*똥 만들어내는 기계라는 의미로, 귀중한 인생을 허비하는 인간에 대한 풍자-편집자)가 매일 바쁘게 돌고 있으니" 하는 식의 인생에 대한 풍자와 아이러니와 비판이 있었습니다. 이러한 점에서 나는 선생이 우상이 될 염려는 없다고 보는 바입니다. 또한 선생은 결코 무섭다고 묻혀 있어야 할 존재도 아닙니다. 나는 한마디로 선생은 우리에게 역사적인 인물, 존재라고 보는 바입니다.

그런데 사실은 우리에게 선생은 너무나 무시되고 모욕, 매장을 당하고 있는 것이 아닌가 생각되는 점이 없지 않습니다. 대단히 외람된 말이나, 그것은 가족을 통하여서도 그렇고, 친지, 제자, 일반인 모두 그런 것이 아닌가 생각됩니다. 물론 이는 어떤 면으로 보면 선생이 위대하고 선생의 복음 체험이 너무도 깊어서 사람들이 이해하지 못한다, 따라가지 못한다고 볼 수도 있을 것입니다. 그러나 선생의 위대는 선생의 위대로 돌리더라도 우리가 따라가지 못하는 것은, 나 자신의 생각으로는, 못 따라가는 것이 아니고 따라가지 않으려고 하는 것이 사실인 듯한데 어떻습니까?

마치 가롯 유다가 예수의 심중을 알면서도 자기의 욕망과 욕심 때문에 예수를 팔아먹고 죽여 버린 것과 같이, 우리도 역시 선생의 신앙도, 선생의 생활도, 선생의 교훈도 뻔히 알면서, 자기의 무력이 아니라 욕심 때문에 이를 무시하는 것이 아닌가 하는 것입니다. 진리와 신앙의 세계에서는 욕심이야말로 최대의 무력, 장애인 것입니다. 그러나 가롯 유다가 예수를 파는 것까지는 자유였으나 그 다음 순간부터는 벌써 자유를 상실하고 죽음 속에 빠진 것과 같이, 우리 역시 선생을 무시하는 것은 자유이되 선생이 살고 말씀한 바가 과연 진리일진대 두려운 바가 있습니다.

나는 선생이 걸은 정의의 길과 선생이 믿고 증거한 복음의 진리는, 받으면 받고 말면 말고 할 그런 아무래도 좋은 진리는 결코 아니었다고 생각하는 바입니다. 그것은 실로 선생 자신은 물론 개인과 민족이 죽고 사는 진리였다고 생각하고 싶습니다. 따라서 선생의 길은 생애

좁은 길, 십자가의 길이었습니다. 그의 진리와 신앙은 과연 루터의 신앙을 그 본연의 자태에 끌어올린 우치무라(內村)에 의하여 목표와 중심과 골격이 세워졌고, 그는 또한 이의 내용을 밝히기 위하여 과학자적인 치밀과 거인적인 노력으로써 성서 연구에 종사하였으며, 더욱이 그의 진리와 신앙체험은 그의 생명을 이루어 복음진리의 증거와, 애국적인 민족교육과 정의의 실천, 예언자적인 모든 불의와의 절교, 투쟁으로 힘차게 나타났던 것입니다.

그의 진리는 지금 강치안씨의 말씀대로, 목이 컬컬할 때 한 잔 마시라고 우리에게 제공된 것은 절대 아닌 것입니다. 또한 그의 비수 같은 풍자와 아이러니는 우리로 하여금 쾌재를 부르게 하기 위한 것은 절대 아닙니다. 그것은 일본인의 사상 탄압 밑에서 그의 완숙된 진리가 비판과 투쟁의 통로를 거기에서 찾았던 것입니다. 또는 교회주의의 구곡(舊穀)에 대한 폭탄으로서 한 것이었습니다. 따라서 소위 태평양전쟁과 더불어 그의 비판 역시 예리할 대로 예리하게 되어 결국 저들 일본의 멸망을 직감, 예언하는 데까지, 그리고 싸움은 투옥의 수난에까지 심각하게 전개되었던 것입니다.

그의 싸움은 결코 국수적인 민족 투쟁은 아니었습니다. 복음진리의 발로, 신앙양심의 자연적인 발현이었습니다. 따라서 선생의 진리는 절대적인 진리였습니다. 선생의 이 절대적인 진리는 이제 민족 자체, 우리 자신에 대하여 심판의 비수를 돌리고 있다고 나는 감히 믿는 바입니다. 선생의 진리는 일본 제국주의의 패망 이상 아무래도 우리 자신의 더욱 무서운 피를 흘린 다음에야 우리에게 진정 납득, 수납될 진리인가 봅니다.

한 민족이 자기의 종교를 갖고, 자기 사명을 자각하고, 자기 역사를 창조, 이로써 인류 문화에 공헌하는 역사적인 민족으로 서게 되는 일이란 쉬운 일이 아닐 것입니다. 선생을 역사적 인물이라고 할 때, 나는 선생이야말로 우리 민족에 대하여 이 점에서 결정적인 토대를 놓았다고 보는 바입니다. 일본 경찰이 그를 수백 년 후의 민족 설계를 하고 있는 죄악질이라고 한 것은, 그들이 바로 선생의 이 점을 간파한 말인 것입니다. 아까 함석헌 선생 말씀에 선생을 미완성품이라 하시고, 이는 또한 우리의 완성을 위한 것이라 하였습니다. 그러나 나는 역시 선생은 자기를 완성하고 가신 것으로 보고 싶습니다. 나 자신 실로 오늘 아침까지도 선생이 좀 더 계셨더라면, 선생의 사업은 결국 준비에 불과하였는데 등 불신, 외람된 생각을 하고 있었습니다. 그러나 이는 나의 욕심이었습니다. 선생을 둥쳐먹자는, 십자가에 달자는 생각이었습니다. 선생의 지상에 있어서의 생활과 노력이 과연 그의 육체적인 모든 정력을 완전히 소모하는 생활이었던 것은 아무도 부정 못할 것입니다.

따라서 그가 또한 육체 이상 그의 정신과 믿음과 생활과 모든 것을 하나님과 그리스도 앞에 바쳐, 바울의 말대로 인생의 경주장을 단숨에 직주(直走), 빛나게 골인한 것으로 보고 싶습니다. 모세가 요단을 건너지 못하고 비스가 산상에서 죽은 것은, 그의 모든 정력이 앞으로 가나안 입국 후의 민족의 도덕적인, 신앙적인 준비를 위하여 광야 40년간에 완전히 소모된 때문이었습니다. 8·15 민족해방 직전의 선생의 승천이 또한 이 때문이었다고 나는 보는 바입니다. 선생은 험난한 외세 밑에서도 역시 싸울 싸움을 다 싸우고 갔습니다. 그러나 해방의 영광을 받은 우리, 더욱 그 속에서의 우리의 이 불신과 무력과 나태야말로 큰 불행인 것입니다. 과연 선생에 대해 면목이 없습니다.

끝으로 세상에는 선생의 인간적인 무슨 결점과 과오를 들추어, 선생 본래의 면목에 접하지 못하고 있는 분들이 있는 것을 봅니다. 그들은 아마 선생이 천사였더라면 하는 모양이나, 나 자신은 설사 선생에게 인간적인 모순이나 결점이 있었다고 하더라도, 아니 그 때문에 하나님께 강력하게 잡혀서 그가 진리의 길, 신앙의 길을 쾌주한 데에 선생의 선생된 소이가 있다고 보는 바입니다. 하나님은 무사주의(無事主義)의 에서보다, 그 성질이 교활, 강인, 집요하였던 야곱을 택하여 그의 선민 이스라엘 백성의 선두에 세웠던 것입니다. 나는 선생의 그 야곱적인 성격을 더욱 찬양하고 싶습니다. 더욱이 오늘날 이 유약, 무기력한 민족 가운데서 말입니다.

지금 이찬갑 선생의 말씀대로, 과연 선생이야말로 우리들의 민족적인 진리의 샘통을 터뜨린 것이라고 믿고 싶습니다. 과연 우리에게도 샘이 있었습니다. 나는 좀 더 우리가 선생의 신앙 유산에 대하여 경도(傾倒)할 필요가 있다고 생각합니다. 나 자신 좀 흥분하였습니다만, 이는 나 자신의 신앙 자아비판이오니, 오해 없기를 비는 바입니다. 제 말씀은 이만 그칩니다.

(1957년 4월)

신앙 싸움

오늘날 사람들의 생활이란 이웃도 사회도 국가도 윤리도 양심도 믿음도 정의도 사랑도 의무도 사명도 천직도 없고, 다만 혈안이 되어 물질을 추구하고, 명예와 지위, 권력을 좇고, 불의와 죄를 떡 먹듯 하는 것이 그대로 현실이 되었다.

이런 때에 우리는 왕왕 양심의 칼이 되고 정의의 폭탄이 되어 대번에 이를 분쇄, 격파하지 못하는 이상, 신앙을 말하고 양심을 말하고 정의와 도덕을 운운함이란 소극적인 태도로서 아무 소용없는 것이니, 오히려 세상과 타협하고 이에 굴복하여 적당히 재미있게 인생을 사는 것만 같지 못하다고 느끼는 때가 많다.

그러나 절대 아니다. 이야말로 무서운 사탄의 유혹, 불신이다. 무릇 싸움에는 두 가지가 있는 법이니, 공수(攻守) 즉 공격과 수비 두 가지다. 그리고 공격을 높게 보는 것이 보통이나, 역사상의 사실로 보면 그렇지도 않다. 근세 일본인의 전법은 대체로 공격에 속하였고, 영국인의 그것은 수비 쪽이었다. 전쟁의 실패 자체만 보아도 공세편의 실패를 볼 수 있는데, 인류사에 결정적인 영향을 끼친 전투로 고대 희랍을 공격한 페르시아 제국의 대패, 또는 근세에 와서는 모스크바 공략에 실패한 나폴레옹 등을 들 수 있다. 가까이는 노일전쟁을 들 수 있다.

이는 공격보다는 수비에 더 큰 힘이 숨어 있는 것을 말하는 것이다. 한편 수비하는 편은 피동적인 점에서 언제나 전투의 정당한 이유를 갖게 되는 것도 사실이다. 이 점 우리는 또한 공수간 전쟁 자체가 오늘날 인류에 있어서 부정을 받고 있는 것을 생각할 것이다. 이는 문제를 순 도덕적으로 해결하려는 인류의 자각이라 할 것이다.

우리의 신앙 싸움은 결코 공격전이 아니다. 그래서는 안 된다. 철저히 수비의 싸움이다. 이것이 또한 예수의 싸움이 철저히 무저항주의의 싸움인 까닭이다. 신앙 싸움에 있어서는 죄악과 불의의 파멸은 오직 하나님의 심판에 의탁하고, 하나님의 전능과 복음적인 평화로써 여하한 경우와 어려움과 죄악의 세력 가운데서도 신앙과 정의와 양심의 명령에 절대 순종하는 것이 아니면 안 된다.

유명한 히브리서 11장 신앙영웅 열전(列傳) 역시 전체가 인종(忍從)과 희생으로써 한 소극적인 싸움인 것이 사실이다. 초대 로마의 신자들도 오로지 믿음으로 카타콤에 의한 수비의 싸움을 벌여 대 로마를 정복했다. 우리도 하나님에 대한, 그리스도에 대한 믿음, 진실, 충성을 고수함으로써 우리의 이 죄악의 현실과 유혹을 이겨내야 한다.

여기서 한 가지 주의해야 할 것은, 우리는 이 싸움에 있어서 백 번 넘어져도 백 번 다시 일어날 것이라는 점이다. 우리가 고의로 하나님을 무시하고 그리스도를 저버리지 않는 이상, 우리의 약함과 실패와 죄악은 일흔 번의 일곱 번이라도, 그렇다, 무한히 하나님은 용서해 주실 것이다. 아니, 그리스도는 "내가 세상을 이겼으니 평안하라"고 하셨다. 믿음으로 이 상승장군 그리스도의 뒤를 따르는 것이야말로 우리의 신앙 싸움인 것이다.

우리는 결코 우리 지혜로써, 광야에서 그리스도가 물리친 악마의 길을 자취(自取)해서는 안 된다. 그리고 우리는 이 믿음의 싸움이야말로 정치적인, 영토적인 싸움 이상, 인류와 우주의 완성, 하나님 나라의 도래를 위한, 워털루나 베르덩이나 203고지의 싸움 이상의 결정적인 싸움인 것을 알아야 한다.

(1958년 6월호)

현대문명과 기독교 신앙

사도 바울은 부활의 그리스도에 접하여 비로소 내심의 절망적인 선악의 이율배반을 극복할 수 있었다. 마르틴 루터는 하나님의 의(義)로써 그의 양심의 고민을 해소시켰다. 단테는 신앙의 길로써 도덕의 산을 정복하였다. 우치무라(內村)는 예수의 재림에 의한 인류와 우주의 완성을 믿고 죽었다.

그런데 현대인은 과학 문명에 의한 인류의 행복을 말한다. 스푸트니크, 익스플로러 등 인공위성에 의한 우주의 정복을 말한다. 원자에 의한 새로운 인공 지구를 말한다. 인조인간, 인조 생명을 말한다. 과연 그들은 수폭과 미사일에 의해 사람의 사상과 인생관도 마음대로 변화시키고 지배할 수 있다고 믿고 있는 듯하다. 이야말로 오늘날 그들의 신(神)이 되고 있는 것이 아니냐.

이리하여 현대인의 페스탈로찌인 존 듀이는 실증적인 과학기술문명을 최고의 문명이라고 말한다. 현대인의 아리스토텔레스 러셀은 과학지상주의자이다. 현대인의 헤로도토스 토인비는 역사의 유전(流轉)을 말한다. 현대인의 키에르케고르 사르트르는 본능을 실존이라고 한다. 현대인의 아우구스티누스 니버는 사회적인 속죄를 말한다. 현대인의 루터인 바르트는 신앙을 신학으로 풀고 있다. 과연 전자와 후자는 천지의 차다.

그러나 오늘날 현대인의 이 교만한 과학주의와 본능 성취의 행복철학과 천박한 역사관, 실망과 자포자기, 죽은 신앙을 나는 결국 현대인의 그 물질주의, 혹은 상대론, 환경주의 위에 서는 인생관, 행복관에서 나오는 필연적인, 비인격적인, 기계론적인, 반신적(反神的)인 것으로 보는 바이다. 사람의 본질, 본원(本源), 그 고귀와 존엄과 신성성(神聖性)과 그 궁극적인 목표는 실로 그의 양심과 도덕과 영혼 문제에 있는 것이며, 이의 해결에 또한 그의 지상(至上)목표가 있는 것이다.

그리고 그에게 있어 이것이 절대적인 본질이며 지상 목표가 되는 것은 절대자 하나님의 지상명령(至上命令)이기 때문인 것이다. 따라서 이는 또한 궁극적으로 신에 의해서만 성취, 만족, 완성될 수 있는 것이다. 이 양심과 영혼과 신을 부정, 거역한 현대인은 땅에 떨어지고만 것이다. 짐승, 아니 악마로 화한 것이다. 과학 문명과 이성을, 원자와 수폭을, 신으로 믿게 된 것이다. 믿음 없이 기독교를 신학으로 풀고 있는 것도 이를 보여 주는 것이다.

그러나 인류는 과학 문명으로써 행복이 온다고 믿어서는 안 된다. 원폭, 수폭도 실로 인류의 이 무신론적인 물질주의, 과학주의에 대한 심판의 도구로서 하나님 자신이 인류의 손에 쥐어준 것인 줄 알아야 한다. 수폭이야말로 바로 이 비도덕적인 인류의 무신문명(無神文明)에 대한 시한폭탄인 것이다.

원폭의 발명자 고 아인슈타인 박사는 말년 자신의 이 발명을 크게 고민하고 있었다고 한다. 이는 그의 인도 정신의 발로만은 아닐 것이다. 나는 그가 의식 무의식간에 수폭에 의한, 하나님의 인류에 대한 이 심판을 직감한 것이 아닌가 생각한다. 교만과 공포 속에 있는 인류는 곧 도덕 문명으로 전환해야 한다.

(1958년 8월호)

신앙의 성장을 위하여

기독자에게 있어서 우리의 현재의 은혜도 은혜지만 무엇보다도 더욱 감미한 것은, 그리스도의 구속을 통하여 우리가 양심의 고뇌와 절망에서 벗어나 믿음으로 하나님 앞에 나간-예언자 호세아의 표현으로 한다면-하나님의 첫사랑을 맛보던 그때이다. 청춘남녀의 뜨거운 사랑도 무색할 정도의 실로 위대한 기쁨이었다.

우주 만물이 새로 나고 고목(古木)에 꽃이 피는 기쁨이었다. 창조주 하나님을 아버지로, 그리스도를 구주(救主), 맏형으로 모시게 된 것이다. 세상에서 살되 하늘나라의 감미(甘味) 가운데, 육신에 살되 영원한 생명으로, 죄 가운데서 하나님의 의(義)로, 증오 가운데서 십자가의 사랑으로, 질투 가운데서 그리스도의 겸손으로 살게 된 것이다. 하나님의 전능은 모세의 불기둥같이 우리를 호위하고, 성령은 우리의 내심의 모든 유혹을 물리쳤다. 우리의 생활은 과연 믿음에서 믿음으로 사는 신앙생활이었다.

그런데 호사다마(好事多魔)라, 여기 신앙생활에도 시험과 유혹이 있는 것이다. 하나님이 하시는 시험은 우리의 훈련, 단련을 위한 것이다. 그러나 사탄으로부터 오는 것은 유혹으로서, 하나님과 우리 사이를 이간 붙이기 위한 것이다. 또 한 가지는 옛 사람, 즉 우리 자신의 육, 욕심에서 오는 것이다. 그런데 우리는 이도 저도 다 오직 하나님에 대한 믿음, 진실, 충성으로, 그리고 위에서 오는 능력과 지혜로써 물리치고 우리의 믿음은 더욱 진보, 개가를 부르게 된 것이다.

난처한 것은, 뿔이 돋친 무서운 얼굴을 하고 정면으로 오던 사탄이 전술을 바꾸어 이제 천사의 고운 얼굴로 오게 되는 것이다. 나폴레옹을 물리친 넬슨의 의지가 유부녀의 유혹에 쉽사리 넘어갔다고 하지만, 이때 기독자의 믿음도 봄 날씨에 강물이 풀리듯 쉽사리 불신으로 녹아 버리는 것이다. 상투적으로 사탄은 천사의 모습을 통하여, "이러이러하게 하는 것이 하나님의 뜻이요 진리를 위하는 것"이라는 식으로 온다. 이때에 우리는 또한 이를 소위 하나님을 위하여, 좋은 일을 위하여 라는 다소의 양보나 타협이라고 생각하게 되는데, 그러나 이로써 사탄에게 덜미를 잡히고 마는 것이다. 이것은 사람 편을 위주로 생각하여 보면, 하나님으로부터 받은 은혜와 사랑, 능력에 대하여 더욱더욱 신뢰와 순종만이 있어야할 것인데도 불구하고 도리어 이것을 자기 명예, 성공, 욕심을 위해 써 보려는 데서 이 불신에 떨어지게 되는 것이다.

20세에 이상주의자 아닌 사람이 없고, 30이 넘어 돈 맛에 쏠리지 않는 사람이 없고, 40이 지나 명예욕이 발동되지 않는 사람이 없고,

60이 지나 종교인 안 되는 사람이 없다고 하는 말이 있지만, 이유야 어떻게 붙이든 결국 이는 하나님의 은혜를 제 힘으로 착각, 제 욕심을 위하여 사용한 것이다. 개인은 물론 개신교가 들어온 지 백 년을 바라보는 우리가 민족적으로 아직도 신앙 토대를 세우지 못하고 있는 것은, 요사이 박 장로 신앙에서도 보지만, 우리 신앙의 이 현실적인, 인간적인 공리성(功利性)때문인 것이다. 이래서 결국 그야말로 백년 가도 시지프스의 돌 굴리기다.

그러므로 우리는 신앙 출발의 위대에 대하여 그 진보와 종국은 더욱 위대할 것을 믿어 이를 사소한 현실의 이익과 바꾸는 일이 없어야 하며, 또한 우리의 이 처참한 현실 역시 사람의 양심 문제의 해결인 종교 신앙의 확립에서만 비로소 해결될 것을 굳게 믿고 나가야 한다.

(1959년 1월호)

인생의 불행과 기독교 신앙

나 자신 50도 못 된 인생이지만, 요사이 통절하게 느끼는 것은 역시 문제의 인생이라는 것이다. 쇼펜하우어의 염세철학과 인생의 부조리와 모순을 역설하는 실존철학에 다소의 동정을 보내게 된다. 나 같은 비사교적인 사람도 좁은 신앙의 교제를 통해서, 자타가 다 구체적인 문제로 고민 중에 있는 것을 본다. 개개인의 순 내적인, 정신적인 문제나 다분히 추상성을 띠는 인류 문제, 세계 문제 같은 것은 제외

하고도 보다 구체적인 문제로 다 고민하고 있다. 사업, 직업, 천직, 가정생활, 가족, 결혼, 건강, 신앙 등등의 문제이다.

사업은 성공했으나 가정이 엉망이 되었다는 갑, 지위는 얻었으나 부부간에 금이 갔다는 을, 돈은 벌었으나 한층 공허감을 느낀다는 병, 최선의 결혼에 의외의 불만이 튀어나오는가 하면, 믿음의 결혼에 이혼 파탄이 일고, 자신만만하던 건강에 질환이 오고, 교수로 승진은 했으나 신앙을 잃고, 도적의 난, 사기의 난 등 부지기수이다. 요새도 이런 일이 있었다. 당당한 의사의 자격에 이혼 후 재혼으로 행복한 가정을 이룬 과거의 믿음의 친구가, 이제는 술이 아니면 살 수 없다고 하며 나에게 와서까지 주정으로 행패를 부리고 술이 깨자 대성통곡하였다. 나는 인생의 무상과 엄숙을 아울러 절감, 통감하였다

이리하여 나는 인생이란 우리의 이상이나 희망, 목적대로 그렇게 쉽사리 척척 이루어지는 것이 아니라는 것을 뼈저리게 느끼게 되었다. 또 연이어 앞날의 불행을 통 모르고 사는 우리 인생이다. 과연 기껏해야 모르는 것이 행복인가? 실로 무력한 인생이다. 이래서 결국 사람들은 신앙조차 무력한 쓸데없는 것이라고 이를 차 버린다. 그러나 사실은 바로 여기에 잘못이 있는 것이다.

기독교 신앙이란, 우리 개개의 인생의 무슨 이상, 희망, 요구 등을 하나하나 이루어 주는 무당 판수의 푸닥거리나 굿 같은 그런 것은 절대 아닌 것이다. 기독교 신앙은 그 자체가 유일 절대적인 이상이요, 희망이요, 목적인 것이다. 그것은 무엇을 위해서 있는 것이 결코 아니고, 도리어 우리의 인생 전부가 이를, 즉 신앙을 위해 있어야 하는 그런 것이다. 다시 말하면, 인생의 행(幸) 불행(不幸), 성(成) 불성(不成)이

이의 유무로써 결정되는 그런 절대적인 것이다. 딴 길을 허락하지 않는 키에르케고르의 이른바 '이것이냐 저것이냐(Entweder-Oder)', 즉 양자택일의 길인 것이다. 아우구스티누스가 '고백' 첫머리에서 한 유명한 말, "우리의 마음은 당신 안에 휴식하기 전까지는 평안할 수 없습니다"는 실로 이 기독교 신앙의 절대성을 말한 것이다. 따라서 기독교 신앙에서 이런 인생의 불행을 볼 때, 그것은 결국 물질적인, 외적인, 천박한 거짓 행복으로부터 사람을 해방시켜, 진정한 행복과 신앙의 세계에 인도하기 위한 하나님의 선의의 조처인 것이다. 우리가 믿음에서 인생의 모든 사실을 그대로 하나님의 최선으로 받을 수 있는 것이 단적으로 이를 증명하는 것이다. 그러나 이는 또 사람 편에서 보면 우리의 불신, 교만, 죄악에 대한 하나님의 질책인 것도 알아야 한다.

(1959년 3월)

안식일 엄수와 무교회 신앙

어디서 왔는지 우리 사이에는 무교회 신앙 곧 무집회주의로 알려지고 있는 듯한 면이 있다. 이는 무교회 신자로 자처하는 사람들 가운데서도 그렇고, 교회 신자 편에서는 더욱 그렇게 생각하는 모양이다. 이는 무교회라는 이름에서 온 것이 아닌가 생각된다.

그러나 무교회주의의 창시자로 알려지는 일본의 우치무라(內村)가

소년 시절부터 청교도적인 엄격으로 생애 안식일을 엄수한 것은 주지의 사실이다. 대개 학생 시대에는 우인들과의 집회, 청년시절에는 가정 집회, 장년 시절에는 빌딩에서의 공개 집회, 그리고 말년은 자신의 강당에서 이를 엄수하였다. 그리고 명칭은 대개 성서연구회로 하였던 모양이다. 그런데 한번은 어느 독일인 목사가 그의 집회에 참석하여, 당신의 집회가 교회의 예배와 다를 것이 무엇이냐고 물었을 때 그는, 나의 집회는 성서연구회로서 소위 예배는 아니며, 나의 예배는 나의 생활 전체라고 대답하였다고 한다.

그렇다, 이것이 무교회 신앙, 그리고 무교회 집회의 자태인 것이다. 그가 이렇게 교회의 예배를 성서 연구로 돌린 것은, 오늘날 교회가 신자의 교회 가입이나 예배 내지 의식의 참가 등을 믿음 내지 구원과 동일시함으로써, 신앙생명은 물론 도덕적으로도 현실과 생활에 대해 아무 힘없는, 이와 분리되어 버린 거짓 신앙에 떨어진데 대한 개혁으로 한 것이었다.

루터의 개혁이 최소한도 제도로서 남겨 놓은 교회 제도와 의식 등이 오늘날 신교의 생명을 고갈시키는 치명상이 되고 있는 것도 사실이다. 이리하여 우치무라가 예배를 성서 연구로 대신한 것은 기독교의 제도나 의식적인 면을 완전히 지양하고, 다만 성서의 말씀과 생명과 진리로써 우리의 믿음과 생활을 성화, 예배화 하려는, 루터의 개혁 신앙의 철저한 재개혁, 나아가 완성을 목표로 한 것이었다. 이 점에서 무교회의 주장은 분명히 제도적인 서양 기독교의 동양 정신주의에 의한 개혁인 것이다.

따라서 무교회 신앙은 절대 무집회주의는 아닌 것이다. 도리어 성서에 의한 안식일 엄수야말로 저의 신앙생명인 것이다. 과연 교회 제도에 포로 되었던 안식일을 성서의 생명과 진리로써 우리의 전 생활을 성화할 수 있는 축복의 날로 전환시킨 것이다. 그리고 초대교회의 안식일 엄수 역시 구약의 제사, 의식, 성전 제도의 모방이 아니고, 민중적인 성서 중심의 시나고그의 집회와 관련된 것이었다(행전 16:13).

무교회의 성서집회 역시 교회의 의식, 제도화의 지양(止揚)과 함께 기독교 신앙의 이상인 만인사제주의의 확립을 위한 것이다. 따라서 무교회자는 저가 비록 단독으로라도 성서를 중심으로 실로 사제의 자격으로 성일(聖日)을 엄수해야 한다. 회당이 필요한 것도 아니고, 수가 많아야 될 것도 없고, 꼭 선생이 있어야만 될 것도 아니다. 시간도 일요일 오전 한두 시간으로 족하다. 이미 있는 집회에 참가해도 될 것이고, 가정에서 부부 혹은 가족 중심으로 또는 우인 혹은 친지들이 한자리에 모일 수도 있을 것이다.

찬송과 감사로 성서를 윤독하고 감상을 말하고, 혹은 성서의 뜻을 푸는 책을 읽어도 좋을 것이다. 아니, 김교신 선생 전집을 윤독하는 것도 좋을 것이다. 하여간 나는 성일 엄수 없는 무교회 신앙을 생각할 수 없다. 더욱 요사이 나의 주위에서 성일 없는 소위 무교회적이라는 '자유 신앙'이 속속 파멸 상태에 빠져가고 있는 것을 보고 더욱 이를 깊이 느끼는 바이다.

(1959년 5월)

루터의 종교개혁과 근대문명

(종교개혁 442주년 기념 강연원고. '사상계(思想界)' 지에 발표된 것)

청교시인 로웰의 시에 이런 귀절이 있다.

용감한 루터가 '노우' 하고 대답하니 그 '노우'가 전 유럽을 진동시켰다(The brave Luther answered No ! and that No ! rocked whole Europe).

우리는 인류사에서 민족의 기원, 국가의 창건, 사상의 발현, 문명의 창조, 정치의 혁명 등 많은 위대한 사건에 접한다. 그러나 나는 적어도 16세기 루터의 종교개혁 이상의 대사건은 생각할 수 없다. 16세기 이후 우리는 또한 인류사에서 민족주의, 근대과학, 의회정치, 프랑스혁명, 산업혁명, 자본주의, 독일 관념철학, 근대 문학, 미국 독립혁명 등 많은 위대한 사건을 들 수 있다. 그러나 이러한 근세사의 모든 사건과 제도와 문물들의 특징은, 그것이 깊은 의미에서 루터의 종교개혁과 관계를 갖는 것이다. 많은 사가(史家)들이 역사상 근세사는 그 진통의 산문(產門)이 루터의 종교개혁으로 열리게 되었다고 하여, 구체적으로 근세사의 출발을 1517년 10월 31일 로마 교황청의 면죄부 판매에 대한 루터의 95개조 논제의 제출로, 혹은 1521년 4월 18일 보름스 국회에서의 그의 변론으로 잡는 것은 결코 기독교적 입장에 서는 역사가들의 한낱 아전인수는 아닌 것이다.

영국의 유명한 법학자 제임스 매킨토쉬는 근대의 의회정체는 "사람은 행위가 아니라 신앙으로 의롭게 된다는 루터의 믿음 위에서는 것이다"라고 하였다. 냉철한 실증적인 역사가 랑케조차 종교개혁을 논하여, 이는 만인의 육체를 지배하던 세속적인 지상권(至上權)과 만인의 영혼을 지배하던 종교적인 지상권과 만인의 마음을 지배하던 스콜라 신학적인 중세 기독교의 이상을 완전히 타파하고, 아직도 종국에 이르지 않은 새로운 정치적인 혁신을 가져 온 일대 세력이라고 하였다.

그러면 루터의 종교개혁이 이렇듯 근세사에 대하여 깊은 관계를 갖는 것은 대체 무슨 이유이냐? 그것은 종교개혁으로 말미암아 비로소 유럽인의 양심 문제, 도덕 문제가 근세 초두에 해결을 보게 되었기 때문인 것이다. 철학자 헤겔은 그의 유명한 '역사철학' 가운데서 인류의 정신 연령을 구분하여, 희랍 세계를 소년, 로마시대를 청년, 그리고 근대 유럽을 사람으로서 완전한 자의식을 갖게 된 장년 시대라고 하였다. 이는 결국 루터의 종교개혁에 의한 유럽인의 양심의 각성, 도덕적인 자각, 개성과 인격 관념의 확립을 말한 것이다.

그리고 개인의 인격과 가치가 도덕적으로 결정되는 것과 같이 인류의 역사 역시 결코 유물론자들의 때의 필연이나, 동양적인 운명의 장난으로 결정 내지 진전되는 것은 아니다. 그것은 궁극적으로 사람 자체에 의하여 창조된다. 카알라일이 역사를 영웅의, 특히 그의 성실의 산물이라 하고, 또는 쉴러가 세계 역사를 세계 심판이라고 하였을 때, 이는 역사란 철저히 사람의 의식적인 행위의 산물임을 말한 것이다. 그리고 사람의 인격과 의식의 중추를 이루는 도덕과 양심은 칸트가 이른 바 지상적(至上的)인 것으로 이는 신적인 기원을 갖는 것이다.

그러나 또한 사람의 심중에는 이 지상적인 양심과 도덕의 요청에 대하여 반발, 거역하는 죄악적인 면이 있는 것도 사실이다. 이는 종교면에 국한된 체험만이 아니며, 인생을 진실히 살려고 하는 사람이면 누구나 부딪치게 되는 이율배반적인 심각한 고민이다. 이 점, 사람은 결코 본능적인 존재나 동물적인 생활로 만족 못하는 것이며, 한편 저는 또한 양심과 도덕의 요청에 대하여 자주자(自主者)도 못 되는 것이다.

따라서 양심 문제, 도덕 문제는 소위 동양 유교적인, 사람의 도덕적인 노력 내지 수양 정도로써는 도저히 해결할 수 없는 것이다. 그것은 사람이 직접 도덕과 양심의 부여자이고 요청자인 신에게까지 나아가지 않고서는 궁극적인 해결을 보지 못한다. 이점에서 서양 중세 천년의 암흑은 결국 중세인의 양심의 암흑을 말하는 것이며, 중세를 지배한 가톨릭 신앙의 부패와 타락, 암흑을 의미하는 것이다. 따라서 근세사의 새로운 시대와 문명이, 마르틴 루터가 개인적으로 벌인 에르푸르트 수도원에서의 양심의 자유와 평화를 위한 결사적인 고투, 그리고 로마 가톨릭 교회에 대한 심한 싸움으로써 시작된 이유를 우리는 알 수 있을 것이다.

우리는 여기서 루터가 공격, 부정한 중세 가톨릭 교회와 그 신앙의 부패, 타락을 일별할 필요가 있다. 그것은 물론 중세 천여 년 동안 쌓이고 쌓인 부패였던 것이나, 이것이 16세기에 이르러 절정에 달하였던 것도 사실이다. 원래 예수의 종교는 순 영적인 산 진리의 종교였다. 그는 예루살렘 성전을 헐라고까지 극언하였는데, 예수의 종교는 종교에 있어서 모든 외적인, 인간적인 의식과 제도와 조직을 부정하고, 모든 사람이 오직 그의 십자가의 죽음에 의한 속죄를 믿고 양심의 고민과 죄에서 해방되어 영적으로 도덕적으로 신생하는 것이었다. 그래서 하나님 외에 아무것도 두려울 것이 없는, 절대의 평화와 양심 이외 아무 것에도 매이지 않는 절대 독립적인 인격과, 그리고 죽어도 죽지 않는 영원한 생명으로 하나님과 자녀의 관계에 들어가는 것이었다.

이 신앙양심은 위로 하나님과 그리스도에 대한 영적인 교제와, 아래로 현실 생활에서는 오직 건전한 양심 생활, 도덕 생활로 발현되는 것이었다. 초대 기독교가, 기원 후 313년 콘스탄티누스 대제의 기독교 공인으로 극히 짧은 기간에 로마제국을 정복한 것도 오직 이 발랄한 신앙생명과 복음진리와, 그리고 박해와 죽음에도 굴하지 않는 내세의 생명으로서였다. 기번은 '로마제국 쇠망사'에서, 기독교가 로마를 정복한 여러 원인 중 특히 부도덕한 이교 세계에서의 기독자들의 도덕적인 순결과 우애를 들고 있다. 이때의 교회는 또한 인간적인 단체나 집단, 조직이 아니고, 오직 신자들의 가정을 중심으로 한 믿음과 복음진리에 의한 자유스러운 영적인 교제였던 것이다.

그런데 기독교가 로마제국의 공인 후 차츰 국교화 함에 따라 일대 조직체로서 발전하기 시작하였다. 그리고 로마제국의 붕괴와 함께 소위 영적 왕국으로 화하여, 위로는 교황이 그리스도의 대리로서 성속(聖俗)과 연옥 3계의 지배를 상징하는 3중관을 쓰고, 집사, 사제, 주교, 대주교 등 무수한 직제를 거느리고, 우리의 차천자(車天子) 모양으로 로마의 바티칸 궁전에 군림하는 일대 교권 제도로 변모되었다. 여기서 복음은 사람의 인격의 신생에 대하여 아무 힘없는 교리와 신학과 율법, 교규, 전통으로 화하고, 신앙생활은 도덕과는 아무 관계없는 의식과 제전 등에의 참예(參禮), 금욕 생활, 마리아 예배, 성인 숭배, 화상예배, 그리고 교황의 고린내 나는 발에 입 맞추는 따위의 미신과 우상 숭배와 외적 경건으로 화하였다. 진리와 박해와 순교로써 추진되던 전도는 이교(異敎) 정복, 이단 정벌, 종교재판, 파문 등 화형과 살육과 고문과 협박으로 변하였다.

어느 틈에 교권은 불가침이요, 교황은 무류(無謬)로 통하게 되었다. 그리고 이는 15세기에 와서 학자들에 의하여 위작(僞作)임이 드러난 소위 이시돌, 위문서(僞文書)에 의한 것이었다. 교회와 교황은 이 절대권을 통하여 더욱 타락과 장사의 길을 걷게 되었다. 성직은 공공연히 매매되고 교황과 승려들은 하염없는 사치와 음탕에 떨어졌다. 14세기의 기록에 의하면 대주교의 자리는 차치하고, 그 법의(法衣)가 5천 굴덴 즉 250만 불에 매매되었으며, 그래도 이것은 훌륭히 수지맞는 직업이었다고 한다. 성직자의 독신은 말뿐으로 교황들은 수많은 첩을 두었고, 이에서 난 자식들을 차마 자식이라고는 부르지 못하고 조카라고 부르며 이들에게 고위의 성직을 준 관계로, 역사상 친족 등용(Nepotism)이라고 불리운다.

더욱 놀라운 것은 그리스도의 대리인 교황에 의한 사면의 제도가 9세기에 성립되어, 이것이 1393년 이래 면죄부라는 유가증권의 형식으로 죄를 사하는 거룩한 상품으로 바티칸의 수입을 올리고 교황의 배를 불리게 된 일이다. 심지어 사생아 여조카의 결혼 준비로 이를 발매한 교황조차 있었다. 중세의 어리석은 부부들, 아니 전 인민들은 이를 사 들고 마음대로 죄악의 생활을 계속하였다. 그리스도도 그의 십자가의 속죄도 아무 필요가 없게 되었다. 이렇게 보면 이 면죄부가 후일 종교개혁의 직접 발단이 된 것도 과연 우연이 아니었다.

끝으로 역사상 악교황으로 이름이 높은, 루터 시대의 알렉산더 6세에 대하여 한마디 하면, 그는 교황청 창설 이래 공전(空前)의 뇌물로 교황직에 올랐고, 여자에 대한 탐욕으로 생애를 일관, 많은 첩을 통하여 수많은 사생아를 낳았고, 그 가운데서 그는 아들 체자레 보르지아를 사랑하였다. 그런데 이 보르지아가 또한 아비 이상의 악인으로, 부자가 공모하여 수많은 사람을 죽이고, 혹은 투옥시키고, 재산을 빼앗고 하였다. 보르지아는 형을 독살하여 티베르 강에 버린 것이 발각되었는데, 이는 동생의 부인에 대한, 혹은 누이동생에 대한 삼각관계 때문이었다고 알려지고 있다. 결국 동생도 보르지아에게 독살되었다. 그리고 최후로 알렉산더 6세의 사망은 역사상 교황이 보르지아와 공모한 사제를 독살하려던 독을 잘못 마시고 죽은 것으로 되어 있다.

그런데 참으로 놀랍기는, 이 악마 같은 교황의 거동은 실로 천사 같이 아름다웠다고 하며, 미술을 즐기어 라파엘, 미켈란젤로 등을 사랑하여 일반 역사상에서는 그가 르네상스의 위대한 공로자로 찬양을 받고 있는 것이다. 이리하여 르네상스의 선구자인 단테도 '신곡'에서 그의 재세시의 교황 9명 중 여섯을 지옥에 집어넣고, 둘은 연옥에, 그리고 한 명을 천국에 두고 있다. 이탈리아 속담에 로마는 지옥 위에 서 있다는 말이 있는데, 과연 전 중세가 이렇게 완전히 지옥화, 암흑세계화 하였던 것이다.

그리고 이 교회 타락에서의 피난처로 불리우는 수도원 역시 똑같은 꼴이었다. 16세기 독일에서만 해도 수도사들이 원내에서 벌금을 선납하고 공공연히 동거 생활을 할 정도였다. 이리하여 중세 가톨릭이란 완전히 사람의 영혼과 양심과 생활을 암흑과 죄악에 얽어매는 일대 복마전(伏魔殿)이었다. 이 점 오늘날의 바티칸도 역시 크레믈린과 일맥 상통하는 점이 있는 것도 사실이다. 여기서 우리는 다시 한 번 개혁자 루터의 그 심한 양심의 고투는 결국 중세의 이 칠흑 한밤중의 암흑과 부도덕을 헤치고 들기 위한 고투였던 것을 분명히 알 수 있는 것이다.

그런데 논자 가운데는 중세 가톨릭의 이 심한 부패에 대하여, 그것은 루터의 싸움이 아니더라도 저절로 붕괴되었을 것이라고 개혁 운동을 과소평가하는 자들이 있다. 그러나 이는 루터의 사업의 중심점을 파악하지 못한 천박한 관찰이다. 그렇다, 루터가 아니더라도 가톨릭은 자멸되었을는지 모른다. 그러나 우리는 동시에 가톨릭이 오늘날까지 그 시체를 끌고 존속하고 있다는 것도 알아야 한다.

루터의 사명과 위대는 신을 잃은 중세, 아니 완전히 임종에 처한 중세와 중세인의 믿음과 양심과 도덕과 혼을 다시 불러 일으켜, 저들로 하여금 새로운 근세사를 걷게 한 데 있다. 즉 근세사에 양심과 혼을 제공한 것이야말로 저의 사업인 것이다. 그리고 이것이 그 자신의 양심과 영혼의 고투와 승리를 통하여 이루어진 것은 물론이다. 이 점이야말로 루터가 그의 선구자 위클리프, 후스, 사보나롤라, 혹은 그의 후진 쯔빙글리, 칼빈 등과 본질상 다른 점이다.

이들은 다 가톨릭에 대한 싸움을 대체로 평면적인 단순한 정의 혹은 진리의 주장으로써 하였다. 즉 혹자가 루터의 자기 추구는 콜럼버스의 아메리카 탐험 이상이었다고 지적하였듯이, 저들에게는 루터의 그 입체적인 심각한 양심의 고투와 신앙 체험이 부족하였다. 이것이 저들이 개혁자의 영예를 루터에게 넘긴 중대한 이유인 것이다. 또한 이것이 오늘날 바르트, 브룬너 등 신학자들의 소위 위기신학운동이 현대의 종교개혁이 되지 못하는 중대한 원인인 것이기도 하다.

또 논자 가운데는 루터의 종교개혁을 르네상스의 여파 내지는 당시 독일 제후들의 정치적인 민족 운동에 편승한 것이라고 보는 자들이 있다. 그러나 이 역시 천박한 관찰이다. 전자가 종교개혁의 기운을 조성하고 후자가 이를 도운 것은 사실이다. 그러나 개혁은 고문서로 된 것이 아니라 성서로 되었으며, 학예의 부흥이 아니라 양심의 재발견으로 된 것이다. 문(文)이 아니라 종교 신앙으로 되었다.

이 점은 당시 인문주의자들의 생활을 보면 대번에 알 수 있다. 전기한 알렉산더 6세와 라파엘, 미켈란젤로 등의 관계로도 추측되는 바, 이탈리아에서 인문주의자들은 대체로 악독한 교황들의 총애와 대자본가 메디치가의 식객으로 살았다. 혹은 궁정 사교인으로서 날을 보냈다. 저들은 대부분 무절조한, 도덕을 부정하는 방종자들이었다. 로렌쪼 발라는 쾌락을 찬미한 나머지 간통까지 긍정하였다. 이탈리아 인문주의자들의 심중과 생활을 표시한다는 로렌쪼 데 메디치의 청춘 애가(哀歌)는 "덧없는 아름다운 청춘이여! 아, 그대들이여, 내일을 모르노니 찰나를 향락하라"는 것이었다.

이리하여 광인(狂人) 니체가 르네상스형으로서 찬미한, "아무 것에도 구속되지 않고 제멋대로 움직이고, 그리고 천재적인 인간으로 죄를 무서워하지 않고 대범히 범할 수 있을 만큼 독신적(瀆神的)이고, 명예와 권력에 열중하여 하염없는 향락에 몸을 내맡기는 생활"이야말로 인문주의자들의 생활이었다. 이탈리아 인문주의자들의 이 무절조와 방종은 열정적인 남구라파의 자연적인 특징만은 결코 아니었다. 우리는 이를 인문주의의 총수 로테르담의 에라스무스에게서도 그대로 발견할 수 있다. 그는 개혁 운동의 초기에는 교황청에 대해서도 대단히 공격적이고 루터와도 교우를 가졌다. 그러나 루터의 운동이 격화되자 교황의 파문이 두려워 교황청에 충성을 표시하고 개혁운동에서 발을 뺐다. 그는 루터의 적으로서 생애를 끝마쳤다.

따라서 종교개혁은 결코 르네상스의 여파가 아니라, 남구라파의 발산적이고 감정적인 르네상스 운동이 북구라파에 가서 고전적인 학적 탐구로 전환되고, 이가 다시 드디어 북구적인 그 심각한 의지적인 성격과 결부, 고문서가 아닌 성서에 의한 신앙 운동이 되어 중세인의 암흑과 부도덕을 구축하는 양심 운동-종교개혁에까지 나아갔을 때, 비로소 근세사의 정신이 되고 힘이 된 것이다. 극언하여, 남구의 그 내일을 모르는 치정한(癡情漢)들이나 서재 속의 샌님들로서는 도저히 새로운 사회는 창조될 수 없었던 것이다. 그리고 이는 또한 근세사에서의 이탈리아의 후진성과도 깊은 관계가 있는 것이다.

이제 제후들의 정치 운동과 종교개혁의 관계를 본다. 후자가 전자에 편승한 것이 아니라, 제후들이야말로 루터에게서 정치방향과 정신을 부여받은 것으로 보아야 한다. 단적으로 말하여 루터가 보름스 국회에서 교황과 가톨릭의 교권을 완전히 부정했을 때, 비로소 독일 국내에서 자유 귀족의 반란, 농민의 반란 등 무수한 정치적인, 사회적인 폭동이 연이어 일어났던 것으로도 이를 알 수 있다. 하여간 이의 선악과는 관계없이, 그들의 자유의 주장과 반항의 용기는 분명히 천

년 이상 철통같이 자기들을 억압했던 로마 교권에 대한 루터의 대담한 반항에서 얻은 것이었다. 카알라일은 프랑스혁명조차도 루터에 기인하는 것이라고 하였다.

루터의 종교개혁 3대 논문 중 하나인 '독일 기독교 귀족에게 보내는 글'을 읽어 보면, 그가 얼마나 격렬한 말로써 독일의 경제를 착취, 피폐케 하고 독일 민족의 고혈을 빨아먹는 교황청은 말할 것도 없고, 신성로마 황제, 그리고 상업자본가 후거가(家) 등을 철저히 공격했으며, 교황의 기반으로부터의 독일의 독립을 주장하고 있는지를 알게 될 것이다. 이 격문은 실로 교황의 간담을 서늘케 하고, 독일인의 피를 끓게 하고, 그들의 애국심을 한없이 고조시켰다고 한다.

추기경이라는 날강도가 기독교 국가에 무슨 필요가 있어 존재하느냐? 그들이 사복(私腹)을 채우는 바람에 이탈리아는 전체 사막이 되었다. 이탈리아의 고혈을 다 빨아먹은 그들은 이제 우리 독일인에게 손을 뻗치었다. 해마다 독일서 로마로 흘러들어가는 돈은 30만 굴덴 이상이다. 우리는 이제 왕후와 인민들이 왜 가난하게 되는지 그 이유를 생각할 것이 없다. 그보다도 먹을 것이 얼마나 남아 있는가를 생각해야 한다. 제후여, 귀족들이여, 제군은 언제까지 토지와 인민을 이들 이리의 약탈에 밥으로 맡겨 둘 것이냐?

전체가 이런 말로 차 있다. 사실 당시의 독일은 교황의 젖소라고까지 불리었다. 이러한 중세 착취의 체계에 대항하여 로마로부터의 해방과 독일인에 의한 독일을 부르짖어, 독일연방국민운동에 지표와 정신적인 추진력을 제공한 것이야말로 루터였다. 그리고 당시 상하를 막론하고 독일 전 국민이, 자기들의 영적 지도자로만 알았던 루터의 이 깊은 정치적인 통찰과 대담무쌍한 발언에 접하여 실로 경탄을 금치 못하였다고 한다. 양심만이 모든 불의를 간파하고 이를 격파하는 힘인 것이다.

그러나 한편 그는 국내의 폭동과 무질서와 반란, 살상에 대해서는 심한 저주와 욕으로써 비난하였다. 농민들 또한 루터의 반동을 욕하였다. 그리고 역사가 가운데도 루터의 정치적인, 사회적인 프로그램의 이 소극성을 불만스럽게 생각하는 자들이 있는 것도 사실이다. 그러나 이 소극성이야말로 루터의 루터 되는 점인 것이다. 즉 그는 모든 인생 문제의 해결에 있어서 양심 문제, 신앙 문제를 절대적인 것으로, 즉 아무것도 이와 동열에 설 수 없는 것으로 철저히 체험하였다. 바울은 "신앙은 모든 사람을 구원하는 하나님의 능력"이라고 하였는데, 루터 역시 신앙이야말로 인생 문제 해결에 있어서 오직 유일한 거점이라는 신앙의 역학적인 이해에까지 들어간 것이었다. 바울 이래 실로 유일한 신앙 체험이었다. 아우구스티누스의 체험도 이에까지는 이르지 못했다. 이것이 루터의 종교개혁이 근세사의 모든 혁신과 변화의 원리가 되고 거점이 된 이유인 것이다.

종교개혁의 이 깊은 내용을 누구보다도 일반적으로 깊이 이해한 사람이 프랑스의 유명한 문명사가 기조이다. 그는 '유럽 문명사'에서 종교개혁을 말하여, 이는 인간 정신의 일대 비약이며, 정신적인 자유에 대한 절대적인 이해와 체험이라고 하였다. 종교개혁은 이것 이외에 다른 것은 아무것도 요구하지 않았다고까지 그는 말하고 있다. 기조 자신도 지적했지만, 과연 여기서 칸트, 헤겔, 피히테 등에 의한 근세 독일 관념철학의 그 찬란한 꽃은 피어 난 것이다. 또는 헤르더, 괴테, 실러 등에 의한 독일 사상계의 황금시대가 출현한 것이다. 독일은 이탈리아와는 다른 의미에서 국가적 통일이 늦어졌으나, 그 대신 그들은 사상과 철학의 일대 왕국을 근세사에 제공했던 것이다.

원래 독일인의 정신 가운데는 자유에 반하는 충성심의 일면이 있어서 그들의 자유가 영, 불의 그것보다 약한 것은 사실이다. 니체 같은 사상가가 단적으로 이를 보여 주고 있으며, 1-2차 대전이 또한 그들에 의하여 저질러졌다. 이 점 그들은 어딘가 슬라브 민족과 통하는 일면이 있는 것도 사실이다. 따라서 루터에 의한 정신의 자유에 대한 절대적인 파악이 없었다면, 그들의 근세사는 전체 반문명적인 방향을 잡지 않았을까 하고 생각되기도 한다. 포이에르바하, 마르크스 등의 유물철학 또한 그들의 것이며, 이것이 오늘날 슬라브 민족에 의해 실천되고 있는 것을 생각할 것이다.

이리하여 우리는 피히테, 하이네 등이 독일인의 사상과 철학의 우월을 말함에 있어서, 이가 루터의 종교개혁에 연원하고 있음을 지적하고 그에게 깊은 감사를 드리고 있는 것을 볼 수 있다. 그리고 이 높은 정신의 자유에 대한 유럽의 인식이 차후 민족주의와 함께 대두되는 신권적(神權的)인 군주제의 전제성을 감쇠시킨 것도 사실이다. 이 점 사르트르-사르보넬은 종교개혁은 유럽에서 왕과 국민과 국가를 완전히 분리시켰다고 말하였다. 이는 깊은 관찰이다. 여기서 정치상의 새 유럽은 탄생되는 것이다. 즉 왕 없는 민주제에까지.

이렇게 루터의 개혁이 독일에서 사상과 철학을 발효시키고 있을 때, 한편에서는 실제적인 영국 민족을 통하여 진정한 의미의 근세의 정치 체제인 공화정의 토대를 준비하고 있었다. 카알라일의 입증을 빌릴 것도 없이, 그것은 철기대장 크롬웰의 공화 혁명이다. 이는 구교적인 전제군주 찰스 1세의 목을 자르는 대담무쌍하고 극적인 사건으로 진전된다. 그런데 놀랍게도 이는 신교 신앙의 영국적인 정수, 청교도의 혁명이었다. 그들의 엄밀한 신앙의 계보는 루터에 직결되기보다는 칼빈주의 위에 서는 것이다. 그리고 칼빈주의의 특색은, 루터에 있어 신앙의 원리적인 체험 때문에 소극적이었던 이의 외적 발현을 하나님의 영광을 위한 기독자들의 적극적인, 능동적인 활동으로써 역사의 표면에 힘 있게 내어 민 것이었다. 이리하여 신교 신앙의 정치적인 발현이야말로 크롬웰의 공화 혁명인 것이다.

　이것의 묘상(苗床)은 벌써 칼빈 자신에 의하여 제네바에서 실시되고 있었다. 크롬웰의 엄격한 신정정치는 칼빈의 제네바와 같이 성공은 보지 못하고 결국 왕정의 부활로써 표면상으로는 실패하고 말았으나, 이것이 근대 정치의 초석이 된 것은 부정할 수 없다. 여기서 또한 동양도 철저히, 정치도 단순한 제도가 아니라 정신인 것을, 특히 종교에 깊이 근거하는 산 정신 위에 서야 하는 것을 알아야한다. 논자 가운데는 크롬웰의 실패를 정치에 대한 종교 내지 도덕의 강요 때문이었다고 비난하는 자가 있지만, 나는 그보다도 영국인의 무이상(無理想), 아니 그들의 죄악성을 더욱 지적하고 싶다.

　크롬웰의 비서였던 존 밀턴이 공화정의 실패와 함께 실명의 비운 가운데서 인류의 타락과 구원을 주제로 '실낙원'과 '복낙원'을 쓴 것은, 붓으로 하는 그의 공화 정신의 계속적인 싸움이요 주장이었다.

한편 그의 시편은, 칸트의 철학이 신교 신앙의 철학화인데 대하여 이의 시화(詩化)로 불리우지만, 하여간 우리는 영국 청교도들의 공화 혁명을 통하여 근대 정치와 루터의 신교 신앙의 깊은 관련을 이해할 수 있는 것이다.

미국의 민주 정치가 크롬웰의 공화정의 부활이요 발전이라고 하는 것은 또한 그대로 사실이다. 이는 미국사 자체가 유럽에서의 신앙 박해로 이의 자유를 찾아 대서양을 건넌 청교도들의 개척으로 출발하기 때문이다. 과연 어느 예언자적인 역사가가 신교의 정치 이상(理想)의 실천을 위하여 종교개혁 운동과 함께 신은 벌써 콜럼버스의 미주 발견을 추진하였다고 한 것은 섭리사관에서 하는 깊은 관찰이 아닐 수 없다. 그리고 미국의 독립, 나아가 그 헌법의 특색을 이루는 인권에 대한 만인 평등의 관념이 프랑스혁명의 유도체가 된 것도 역사적인 사실이다.

사가(史家) 가운데는 이때에 이 인권 관념은 제네바의 묘상(苗床)을 떠나 미 대륙을 거쳐 다시 유럽으로 돌아왔다고 하는 사람이 있는데, 과연 우리는 여기서 미국사의 인류적인 사명을 생각하는 바이다. 그런데 미국의 이 평등 관념은 사실은 제네바의 묘상을 거쳐 올라가면, 종교개혁의 헌장으로 불리우는 루터의 '기독자의 자유'의 기구(起句)요 선언의 전반인 "기독자는 만인 위에 서는 절대 자주자로서 아무 사람에게도 예속되지 않는다"고 한 신앙적인 인격의 독립에 근거하는 것이다.

그러나 프랑스의 평등 관념은 인격적인 깊은 자각보다는 사회적인 계몽사상의 영향 위에 서는 것이다. 이것이 프랑스혁명의 무궤도한 잔인을 낳았으며, 전체 프랑스의 자유 내지 정치가 영·미의 그것보다 건전성이 적은 이유이다. 그리고 프랑스적 성격의 더욱 깊은 근거는 그들이 칼빈 등의 신교 개혁을 거부한 그 신앙의 가톨릭성에 있는 것이다. 그리고 나는 이가 오늘날 프랑스의 알제리정책에까지 단적으로 표시된 것으로 보는 바이다. 한편 나는 여기서 신교 국가 영국의 인도 독립정책을 상기하는 바이다. 우리는 또 링컨의 노예해방 정신과 공산 혁명의 실태를 비교해 볼 일이다.

이상 신교신앙과 근대 정치의 관련에 이어 우리는 다시 근세경제의 특색과 신교 사상의 관계를 보지 않으면 안 된다. 근세 구미의 경제 체제가 자본주의 경제임은 말할 것도 없다. 그러면 자본주의와 신교 사상의 관계는 어떠한가? 이 문제는 막스 베버의 연구 '프로테스탄티즘의 윤리와 자본주의정신'으로써 그 관련이 이미 학계에서 대체로 분명하게 된 것은 주지의 사실이다. 베버는 종교개혁 이전의 단순한 이윤 추구 이외 아무런 윤리성이 없는 자본주의에 대하여, 근래 구미의 자본주의는 특히 하나님의 영광을 위한 기독자들의 현실적인 활동과 생활을 강조한 칼빈주의에 의하여 윤리적인 정신을 내포하게 된 것을 강조하였다. 따라서 그는 종교개혁 이전의 자본주의를 아무 윤리성이 없는 천민적인 자본주의라고 부른다.

근대 구미 자본주의가 크게는 노동의 신성성, 애린정신(愛隣精神)에 의한 경제의 윤리성, 직업의 사명성 등을 강조했고, 작게는 천민적인 자본주의의 이기심, 탐욕, 사기성, 퇴폐성, 인색, 자기 천시 등의 모든 비인격적인 면을 신앙양심으로써 극복하고, 경제 활동에 성실, 정직, 신용, 근검, 공공(公共), 자존(自尊) 등 윤리적인 정신을 부여한 칼빈주의의 심대한 영향을 받은 것은 부정될 수 없다.

구미 자본주의 본래의 이 인격성이야말로, 자본주의에 대항해 유물철학 위에 서는 마르크스 경제학의 비평과 예언이 전적으로 적중을 보지 못하게 된 깊은 이유인 것이다. 즉 이 윤리성이 도입된 자본주의는 결코 공산주의 같은 순전히 기계적인 체제는 아니기 때문이다. 나는 여기서 아담 스미스의 경제학이 도덕 철학으로 불리는 까닭과, 그리고 미국 자본주의 정신의 아버지로 불리는 프랭클린의 그 고결한 인격을 상기하는 바이다.

또한 우리는 여기서 다시 한 번 근대 경제 활동의 일대 분야인 식민지 경영에서 비인격적인 중세 가톨릭적 관념이 신교 신앙에 참패한 뚜렷한 역사적 사실을 볼 수 있는 것이다. 즉, 근세 초기에 지리학상의 많은 발견과 함께 시작된 남북 아메리카, 동양, 아프리카 등의 식민지가, 초기에는 전체 스페인, 포르투칼 등 구교의 선봉을 선 국가의 손에 들어갔던 것이 사실이다.

그런데 그들의 식민지 경영은 철저히 베버가 지적한 천민적 자본주의의 기구인 사기와 파괴, 약탈 등으로 진행되었다. 스페인 지배의 확대는 전체 콩키스타도레스(남미, 멕시코, 페루를 정복한 16세기 스페인의 정복자-편집자), 즉 정복자로 불리는 잔인무도한 모험가들에 의하여 오직 황금을 위한 하염없는 탐욕과, 군주에 대한 봉건적인 충성과, 가톨릭 상투의 신앙의 강요 등으로, 무수한 인명 살해와 흑인 노예의 매매, 이들에 대한 금광 채굴의 강제노동 등 극심한 죄악으로써 진척되었다. 실로 근세사상 일대 오점인 흑인노예의 매매는 1460년 포르투칼인들에 의하여 처음 시작된 것이다. 여기서도 우리는 그릇된 종교와 오늘날의 유물적인 공산주의 현실 정책의 공통성을 발견하고 몸서리치는 바이다. 이는 절대 우연한 일치가 아닌 것이다.

따라서 이 양국의 이런 죄악적인 비인도적인 지배는 얼마 못가 신교 국가인 영국과 네덜란드에 그 바통을 넘기지 않으면 안 되게 되었다. 물론 영국이나 네덜란드의 식민지 경영도 죄악이 없는 것은 아니다. 베버조차 오늘날 자본주의의 천민성을 말하고 있으며, 사르트르-사르보넬은 이를 칼빈주의의 사생아라고까지 혹평하고 있다. 그러나 하여간 그것이 미미하나마 합리화와 인도적인 면에서 다소의 진보를 보인 것은, 링컨의 노예 해방과 오늘날의 영국의 식민지 해방 등으로 증명된다고 볼 수 있다. 우리는 오늘날 식민지 경영에 있어서의 구교 국가 프랑스의 정책이 전기 스페인의 재판이 되지 말기를 간절히 비는 바이다. 그리고 여기서 현재 영국 노동당의 인물들과 정책이 대체로 신교적인 정신에 입각하고 있는 것을 특히 지적하고 싶다.

다음, 근대 자유경제 체제의 근저 역시 근본적으로는 벌써 개혁자 루터에 의하여 그 토대가 놓인 것을 여기서 다시 한 번 간단히 지적하여 두고자 한다. 이는 그의 비생산적인 수도원 생활의 부정과, 신분과 직업에 의한 중세 봉건적인 인간 가치관의 타파와, 모든 직업의 소명성, 신성성의 주장 및 결혼과 가정의 성화(聖化), 그리고 특히 '기독자의 자유'의 기구(起句)이며 명제의 후반부인 "기독자는 만인에게 봉사하는 종으로서 모든 사람에게 예속된다"고 한, 사회적인 봉사 생활의 원칙 등에 근거하는 것이다. 영어나 독어에서 'calling', 'Berufung'이 각각 '소명'과 '직업'의 양 의미를 갖는 것을 생각할 것이다. 더욱이 오캄의 신(新) 신학에 의하여, 루터는 사회를 동등한 세계급, 즉 방위, 교사, 부양 계급으로 나누고, 만일 교사계급에 속하는 교황이 교회 법규에 의하여 사람을 파문한다면 부양 계급에 속하는 인민들은 신의 율법을 짓밟는 교황에 대해서는 밥을 거절할 것이라고까지 극언하였다.

끝으로, 예정된 지면도 벌써 훨씬 초과하였으므로 루터에 의한 새로운 근대 사회생활의 질서와 교육 제도 등에 대한 것은 생략하고, 여기 현대인의 신경을 총집중시키고 있는 과학 문명과 종교개혁의 관계에 대해 일언하고 본고를 끝내기로 하겠다. 다만 교육상 특히 근대 초등교육의 내용과 의무교육제도, 종교와 교육의 분리 등 모두 직접 루터 자신의 공헌임을 말하여 둔다. 이리하여 이것이 근대 사회 육성의 큰 동력이 된 것은 물론이다.

근대 과학과 종교개혁의 관계를 결론적으로 일언하면, 루터의 개혁에 의해 모든 외적 권위에 대한 철저한 부정과 이에서의 해방이 근대인의 머릿속에 비판 정신을 조성하고, 가톨릭 신앙의 중심을 이룬 제반 종교 의식과 깊이 결부되고 있는 모든 비합리적인 미신성과 우상성과 마술성의 타파가 근대인의 정신과 생활에 합리성을 부여하고, 가톨릭의 생활 이상인 현세 부정적인 금욕 생활의 타파가 근대인의 현실 생활에 대한 의욕을 북돋움으로써 역시 종교개혁이 근대 과학의 추진력이 된 것이다.

근대 과학의 특색은 과거 고대 희랍이나 로마 또는 사라센 내지 중세의 그것과는 달라서, 과학 정신의 민중적인 보편화와 이의 생활화에 있다. 이것은 유럽 세계에 대한 종교개혁 정신의 광대한 민중적인 침투에 기인하는 것이다. 그리고 과학의 생활화야말로 과학이 앞으로 걸어갈 유일한 정도(正道)인 것이다. 이 점 오늘날 공산주의의 과학관은 유물적인 과학 문명의 절대화로서, 인류의 정신생활은 물론 현실 생활에까지 타락과 위협과 파멸을 가져올 우려가 있다. 이것은 과거 프랑스의 계몽 시대에서도 볼 수 있는 사례이며, 현대사에서 또한 독일의 전쟁 범죄가 대체로 그들의 과학 문명의 우월과 결부되고 있었던 것이다. 그리고 오늘날 일부 미국을 앞서고 있는 소련의 과학이 이의 절대화에서 이루어지고 있는 것도 사실이다.

이에 대하여 미국의 과학 연구는 원자력 연구 내지 이의 사용에 대한 학자들의 도덕적 비판으로 지장을 받고 있는 것이 사실이다. 고 아인슈타인 박사는 말년 자신의 원폭의 발명을 크게 고민하고 있었다고 한다. 그러나 나는 이런 미국인의 태도를 높이 평가하고 싶다. 결국 과학상의 모든 비밀이 공개될 것은 시간문제인 것이다. 따라서 과학 문명에 대한 궁극적인 문제는 인류의 도덕적인 진보에 있는 것이다. 과학의 절대화가 아니라, 선의 와 인도(人道)로써 이를 사용할 수 있는 인류의 도덕성에 있다. 그리고 우주 문명이래야 과거 해양문명이나 공중 문명의 연장이지, 이로써 인류 문제가 완전히 해결될 수 있는 것은 절대 아닌 것이다.

일찍이 소크라테스가 희랍의 프리미티브한 자연철학에 대해 사람은 별보다는 자신을 알아야 한다고 한 경고는 그대로 오늘날의 우주 문명에 대한 경고가 되어야 한다. 과학 문명으로 인류는 결코 교만해져서는 안 된다. 하여간 오늘날 원자과학으로 인하여 인류의 생활은 전적으로 행복이냐 불행이냐 하는 큰 기로에 서게 되었으며, 앞으로 이를 좌우하는 것 또한 오직 이 우주 시대에 상응하는 인류의 도덕적인 자각뿐인 것이다. 그리고 이 점에서 나는, 유물론 위에 서는 소련 과학의 필연적인 절대화의 경향에 대하여, 미국의 현대 과학 문명에 대한 도덕적인 비평적 태도를 인류의 장래를 위하여 다행하게 생각하는 바이다. 이 점 미국은 더욱 도덕의 챔피언으로서 굳게 서야 한다. 과학의 우상화야말로 역사의 다음 페이지에서 인류에게 화를 미칠 것이다.

나는 현대 과학과 종교개혁을 생각함에 있어, 미·소 양대 과학진영의 막후 주역인, 루터의 개혁으로 형성된 독일인의 머리와, 4천 년의 유일신 신앙으로 순화, 정화된 유대인들의 두뇌를 생각하는 바이다. 또한 신관(神觀)의 확립 없는 범신적인 동양 문명에 사람의 도덕적인 자각과 인격의 확립은 물론 과학 문명 역시 도저히 기대할 수 없는 것을 지적하고 싶다. 이 점 헤겔은 동양인을 평하여, 저들은 자신을 오로지 군주의 가마를 메기 위해 탄생한 것으로 밖에 생각 못하고 있다고 혹평하였다. 일찍이 동양의 선각자 우치무라(內村鑑三)는 동양에는 thinking(사고)은 있으나 엄밀한 의미의 thought(사상)가 없다고 하였다.

이상 나는 추상적이나마 루터의 종교개혁이 근대 문명에 대하여 이의 깊은 원리로써 끼친 영향을 생각해 보았다. 여기서 우리는 루터의 종교개혁이 서양의 역사상 유일한 개혁으로 불리우는 이유를 알게 될 것이다. 그리고 이는 또한 서양 세계를 영국, 독일, 미국, 스위스, 네덜란드, 덴마크, 노르웨이, 스웨덴, 캐나다, 호주 등 신교 국가와, 이탈리아, 오스트리아, 프랑스, 벨기에, 스페인, 포르투칼, 멕시코, 남미 제국 등 구교 국가로 이분하게 된다. 이렇게 볼 때, 이 두 국가군의 문명의 성격과 현대에서의 지위를 대번에 알 수 있을 것이다. 우리는 여기서 종교가 문명의 성격과 질을 결정하는 확증을 보는 것이다. 그리고 오늘날 이 신교 국가군과 신교 문명이야말로 역사의 주역으로 이의 중심, 심장부를 이루고 있는 것도 부정될 수 없는 엄연한 사실이다.

동양 문명과 소련 사상은 루터의 종교개혁과는 이질적인 것으로 여기서 논할 바가 못 된다. 다만 한 가지 분명히 할 것은, 소련의공산주의 혁명 역시, 가톨릭교회가 동서로 분열된 후 서방 로마교회에 대하여 동방 교회로서 성장한 희랍 정교회 국가인 제정 러시아의 심한 부패와 타락 가운데서 폭발되었던 것이 사실이다. 이것이 크레믈린과 바티칸이 일맥상통하는 이유이다. 사르트르-사르보넬의 논리로 하면, 공산주의야말로 희랍정교회 신앙의 사생아라고 볼 수 있는 것이다.

(1960년 1월)

3·1 운동 비판

3·1운동 비판이라고 들으면 놀랄 사람이 있을 것이다. 아니, 모독이라고 할 것이다. 아니, 그렇기 때문에 나는 사실 이를 감히 비판할 필요를 느끼는 바이다. 우리에게 오늘날 3·1운동은 위대한 민족적인 유산으로, 아니 실로 이가 우상으로 되어 버린 감이 있다. 사무엘 존

슨의 말에 "애국은 강도들의 최후의 은신처"란 말이 있지만, 오늘날 어용학자들은 이를 세계사적인 인류적인 위대한 사건으로 청년들에게 가르치고 있다. 이성적인 학도들까지 또 그렇게 믿는 모양이다.

그러나 나는 도저히 이를 용인치 못하는 자이다. 만일 3·1운동이 민족의 독립을 위한, 그것도 진정 진리에 입각한 자각적인 민족적 거사였다면, 수십 년을 못가 이 위대한 민족이 더욱 그렇게 목숨을 걸고 쟁취하려고 한 민족의 영광스러운 독립을 맞고도 오늘날 말할 수 없는 부패, 무력, 부도덕에 처하여 이런 더럽고 비참한 현실을 이룰 수 있겠는가 하는 것이다. 나는 이 점을 국민 앞에, 더욱이 어용학자와 국수주의자들의 양심에 묻고 싶은 바이다. 수십 년 동안에 그렇게 위대하고 훌륭하였던 국민의 성격이 갑자기 변질된다고 하는 것은 생물 진화의 법칙으로도 도저히 있을 수 없는 일이기 때문이다.

무릇 역사적 법칙에서 본다면 역사적인 인류적인 사건이란 크게 두 가지로 구분되는 법이다. 진리에 의한 진정한 역사적인 사건과, 그리고 역사에서 말하는 소위 봉기(蜂起)로 구별되는 것이다. 이 후자를 문명사에서는 소위 질서를 파괴하는 반문명적인 것으로 본다. 그러면 진정한 역사적 사건과 봉기의 차이란 결국 어디에 그 차이점, 근거를 두는 것인가? 한마디로, 전자는 그것이 민족 혹은 국민 혹은 민중의 정신적인, 도덕적인 반성과 자각에서 되는 것이라야 한다. 그리고 후자 봉기란 이 자각을 결한 한낱 일시적인 충동이나 불평이나 악에 받친 자포자기에서 올 때를 말하는 것이다. 이 점 우리가 유대 역사에서 보는 바, 이집트의 바로 왕조에서의 모세의 민족 구출 운동이 처음 폭력적인 방법에서 좌절되고, 미디안 광야에서 그 자신의 정신 도덕, 아니 종교 신앙의 성장을 거쳐 재기(再起), 그것이 결국 시내산 아래에서의 실로 인류사 최대의 유산인 종교 도덕률인 십계명의 발포(發布)로써 끝난 것을 볼 수 있다.

또한 우리가 잘 아는 가까운 예로, 간디의 인도 독립운동이 스와라지, 즉 진리의 운동이었던 것은 말할 것도 없고, 이가 또한 오늘날 인도의 다복(多福)을 가져온 것이다. 혹은 독일인의 위대가 루터의 종교개혁 정신과 깊이 관계되고, 또는 영, 미의 자유 개척 정신이 퓨리턴 정신, 즉 청교신앙(清敎信仰)에서 발원된 것을 들 수 있다. 적십자의 소국 스위스의 위대는 실로 칼빈 신앙 위에, 그리고 페스탈로찌의 교육 운동 위에 서는 것이다.

이렇게 볼 때 우리의 3·1운동이란 순전한 정치적인 봉기 정도로서, 여기 깊은 정신적인 도덕적인 반성과 자각이 결여된 것을 나는 지적하지 않을 수 없다. 이제 우리는 3·1운동을 성취한 민족의 이 정치적인 독립을 통하여 이의 깊은 반성과 자각에, 그리고 현실을 지배할 수 있는 도덕과 정신의 신생(新生)에 나아가야 한다.

(1960년 3월)

복음의 이상(理想) 때문에

요사이 나에게, 제2해방, 제2공화국이 동터 오는데도 너는 여전히 불안, 비관, 불평, 분노냐고 비난하는 친구들이 있다. 과연 국민들과 더불어 기뻐하지 못하고 춤추지 못하는 자신을 저주하고만 싶다. 그러나 이것이 나의 감출 수 없는 심중이매 속일 수도 없고, 사실 딱할 뿐이다.

그러나 나는 사람들이 나의 이 심중을 교만이나 독선으로 생각하지 말기를 빈다. 물론 이번 의거가 자각으로 되었든 또는 악에 받친 폭발이건 간에, 이것이 우리에게 정치적인 자유와 해방과 구출을 가져온 것이 사실이매, 다만 앞으로 우리는 이를 선용하여 국민이 대오일철(大悟一徹) 새로운 각오와 노력에 매진할 것을 기원할 뿐이다.

요사이 신문지상을 통해 밝혀지고 있는, 해방 후 10년간 이 민족이 공사 간에 저지른 무수한 죄악상 역시 언제까지나 감춰질 수 있는 것도 아니니, 모든 것이 내외로 하루 속히 백일하에 드러나 민족 성격에 대한 일대 반성의 산 재료 되기를 비는 바이다. 민족의 이 고질 이 죄악은 앞으로 자유정치 밑에서 더욱 격심하게 계속될 것이다. 그렇지 않아도 우리는 벌써 매일 신문지상을 통하여 이에 접하고 실로 우리의 눈을 의심하는 바이다. 이때에 다만 뜻 있는 국민들의, 특히 정치가와 지도자들의 깊은 회개와 자각과 선의와 선도를 빌 뿐이다.

그러나 국민이 아무리 춤추고 떠들어도 우리가 동조하지 못하는 것은 민족의 이 죄악상에 대한 소극적인 비관 때문만이 아니고, 적극적으로 기독교 복음의 높은 진리성과 이상 때문인 것임을 분명히 말해 두는 바이다.

예언자 이사야가 민족에 대하여 받은 이상은 이러하였다. "많은 국민들이 이르기를, 오라, 우리가 여호와의 산에 오르며 야곱의 하나님의 전에 이르자, 그가 그의 길로 우리에게 가르치실 것이니 우리가 그 길로 행하자 하도다. 그러므로 무리가 칼을 쳐서 보습을 만들고 창을 쳐서 낫을 만들 것이라"(2:53-4). 예레미야가 본 이스라엘 집에 대한 하나님의 약속은 이러하였다. "내가 나의 법을 그들의 속에 두며 그 마음에 기록하여 나는 그들의 하나님이 되고 그들은 내 백성이 될 것이다"(31:33). 산상수훈 중 예수의 말씀의 일절은 "너희는 너희 원수를 사랑하고 너희를 핍박하는 자를 위하여 기도하라"(마태 5:44). 바울 선생은 하나님의 성령에 의하여 신자가 맺는 열매를 "사랑과 기쁨과 평화와 인내와 자비와 선의와 진실과 관용과 절제"라고 했다(갈라디아 5:22-23). 사도 요한이 본 우주 완성의 계시는 이러하였다. "내가 새 하늘과 새 땅을 보니 처음 하늘과 처음 땅은 없어졌고…… 하나님의 장막이 사람들과 함께 있으니 저희는 하나님의 백성이 되고 하나님은 친히 저희와 함께 계셔서 모든 눈물을 저들의 눈에서 씻기시매 다시는 눈물과 애통과 괴로움이 있지 아니하니 이는 처음 것이 다 지나 갔음이러라"(계시록 21:1 이하).

우리는 이 현실 죄악의 천변만화(千變萬化) 가운데서 오직 이 복음의 이상과 구원과 실천 속에서 살고 싸울 뿐이다. 이것이 우리에게 현실에 대해, 특히 정치적인 현실에 대해 근본적으로 흥미가 별로 없는 이유이다. 그렇다, 진리 없는, 진리로 하지 않는 모든 우리의 움직임에 대해 나는 사실 이를 저주하고 싶을 뿐이다.

(1960년 3월)

무엇이 무서웠느냐?

이번 3·15 정부통령 선거에서 집권당인 자유당이 3인조, 9인조 등 기타 여러 가지 악랄한 계책과 방법을 써서 대승리를 거둔 것은 사실이다. 그러나 이는 물론 다 불법, 불의, 죄악으로서 도저히 용인될 수 없는 것은 말할 것도 없다. 나는 사실 일개 불실한 기독자지만 하나님의 심판이 두려워 견딜 수 없는 바이다.

그러나 나는 사실상 여기 대하여 자유당이나 경찰은 말할 것도 없지만, 또한 국민 자체의 불법과 죄악을 더욱 책하고 싶은 바이다. 그것은 우리와 같이 아직도 동양적인 전제사상(專制思想)과 봉건제도와 관료주의를 지양 못한 사회에서 집권자들이 이렇게 그들 자신의 정권욕에 눈이 뒤집힐 수 있는 것을 예측 못한 바도 아니기 때문이다. 그러나 도대체 국민은 무엇이 무서워서, 그리고 무슨 이익을 위하여 민주주의의 생명선인 비밀투표의 권리까지 포기하고 자유당이나 경찰이 강요하는 3인조, 9인조에 가담하여 양심에 없는 불법한 투표권 행사를 했는가 말이다.

깡패나 순경이 무서워서 따라갔다고 하는 것은 어린애도 아닌 성인으로서는 사리에 맞지도 않는다. 조선 시대면 몰라도, 3인조에 응하지 않는다고 해서 소위 법치국가에서 사람을 죽일 수는 없는 일이고 죄 될 수도 없는 것도 물론이다. 양심대로 응하지 않으면 그만일 것이다. 물론 무슨 가해(加害)나 고난을 예상 못하는 바가 아니나, 사람인 이상 더욱 공공한 불의에 대해서 자기주장이 있어야 할 것이고 이를 위해 또한 다소의 수난이 없을 수 없는 것이다. 결국 자각의 문제이다. 우리가 언제까지 남이 똥이라도 먹으라면 그저 먹는 식으로만 살 것인가?

이 점 결코 일반 민중뿐만이 아니다. 소위 자각적이어야 할 지식층에서도 한가지였다. 전체 자기 표시가 없지 않았느냐. 양심과 도덕과 죄악에 관여하는 기독교는 더욱 비루하였다. 무기보다 강하다는 펜을 쥔 문학자나 사상가들 역시 공적인 비판이 없지 않았느냐. 이 점 나는 비꼬는 것이 아니라, 조연현(趙演鉉), 박종화(朴鍾和), 그리고 김말봉(金末峰)씨의 이번 그 망신도 무릅쓴 용기(?)를 높이 평가하고 싶다. 이불 속에서 활개 친 자들이 결코 이를 비웃을 자격이 없다. 반대의 견해가 있었다면 그것은 공공연히 표명되었어야 할 것이다. 따라서 엄밀히는 이번 불법 선거에 국민의 책임이 전혀 없다 할 수 없으며, 이 국민에 이 정치라고 하여도 할 말이 없는 것이다. 아, 이 가인과 에서의 족속!

결국 결론적으로 말하여, 집권자들의 불법, 불의가 그들의 탐욕에 기인한 것이라면, 민중의 비양심적인 불법에의 추종 역시 결국 소극적인 자기 안일을 구하는 공포심에 기인한 것이다. 그리고 끝으로 나는 사람에게 공포심이란 결국 의식 무의식 간에 저의 비양심적인 생활 태도에 전적으로 기인하는 심리 상태임을 지적하는 바이다.

(1960년 4월)

언론과 선거 유감

신문주간, 세계 언론인들 내한(來韓), 여기 또 3·15선거 등으로 언론자유의 문제가 자자하다. 그러나 나는 우리에게 사실 엄밀한 의미의 언론이 있는가 깊이 반성해 본다. 언론의 자유란 결코 하고 싶은 말을 한다는 것이 아니다. 그것은 정당한 말, 바른 말, 비판적인 말, 건설적인 말, 유덕한 말, 참다운 말을 할 수 있어야 하는 것이다. 따라서 이는 쉬운 일이 아니다. 더욱 깊은 의미에서 말은 마음의 표현이고, 사상의 발로이고, 양심의 주장인 점에서 본다면, 언론자유의 밑에는 역사적으로 사상의 자유와 인격의 자각이 배경이 되고 있는 것이다. 아니, 서양사에서 이는 밀접하게 죽음 앞에서 종교 신앙을 고백한 순교자들의 양심의 자유와 깊이 관계되고 있다.

따라서 오늘날도 역시 양심의 자유 없는 곳에 진정한 언론의 자유가 있을 수 없다. 하나님보다도 지배자의 얼굴을 무서워하고, 진리와 양심보다도 밥과 안일을 추구하고, 자신의 인격을 아첨과 아부의 도구로밖에 쓸 줄 모르는 민족과 국민에게 언론 자유는 실질적으로 있을 수 없는 것이다. 부산 피난 시절 맥아더 장군의 해임으로 순식간에 세계의 언론인이 이에 모여들었을 때, 그들은 이구동성으로 장본인 한국인의 무표정, 무언론을 이해할 수 없다고 한 말이 있었다.

오늘날도 한가지다. 우리의 언론이란 결국 조석으로 신문을 믿는 것이나, 다방에서 이를 듣고 속삭이고 지절대는 것밖에 못 된다. 이는 도저히 언론이 될 수 없다. 우리의 언론 자유는 국민 각자의, 국가 각 계층의 내외로 하는 우리의 생활 전반에 대한 떳떳한 공적인 양심의 발표요, 주장이요, 싸움이어야 한다. 국민 각자가 가진 이상과 사상과 신념을 우리의 공동적인 생활 속에 이룩하려는 애국적인 인도적인 뜨거운 열정의 발로라야 한다.

지금도 영국인들은 곧잘 공산주의에 대해, 웰컴, 그러나 우리는 결코 영국적인 생활양식을 버리지 않을 것이라고 중얼거린다고 한다. 소련이 동독을 점령했을 때 처음에는 기독교에 대한 신앙탄압이 있었으나, 국민의 대다수를 차지하는 기독자들이 추호도 신앙을 숨기지 않고 이를 정면으로 드러내고 신앙생활을 양심적으로, 절대적으로 끌고 나갈 때 결국 이를 포기하고 말았다고 한다.

우리에게도 평소 좀 더 식자층의, 즉 학자, 사상가, 종교가, 문학자들의 현실에 대한 소극, 안일, 타협을 지양한 정의와 양심과 민족애에 입각한 국가와 민족 그리고 현실과 정치에 대한 진정한 언론과 비판이 있었던들, 오늘날 이러한 전 국가 민족을 들어서 하는 부정과 불의, 혼란은 어느 정도 방지되었을 것이 아닌가 하고 생각되는 바이다. 길게 쓸 것 없다. 언론 문제 역시 전체 우리의 사상 문제, 양심 문제에 귀결되는 것이라고 할 수밖에 없다.

이번 3·15선거를 통하여 우리는 결국 정치가고 민중이고 우리 민족의 수준을 분명히 볼 수 있었던 것이 아닌가 한다. 정치인들도 민중을 말하게 되었지만, 역시 평소 우리가 생각한 대로 정치 이상 민족의 정신적인 도덕적인 자각을 목표로 하는 노력이 무엇보다도 앞서야 될 것을 절감하는 바이다. 이는 또한 본지의 목표와 방향역시 그릇되지 않음을 보여 주는 것으로 믿는 바이다.

그리고 우리는 사람을 생리적인 존재 이상 정신적인 존재로, 아니

이도 넘어서 도덕적인 존재로, 아니 또다시 이도 넘어서 영원적인 영적 존재로 믿는 점에서, 궁극적인 인생 문제의 해결은 오로지 산 종교 신앙의 확립에 있다고 믿는 바이다.

이가 또한 본지가 신구약성서 자체를 학문과 신앙 양면에서 진지하게 다루려고 하는 이유인 것이다. 독자들의 깊은 양찰을 비는 바이다. 이 점 우리는 오늘날 우리의 기독교 현실과 신앙에 대하여도 도저히 만족 못하는 바이며, 민족의 도덕과 현실을 진정 살려낼 수 있는 참다운 민족의 정신적인 유산으로서의 산 종교 신앙의 확립을 위하여 노력하려는 바이다.

(1960년 4월 '진리와 독립'지)

제도(制度)냐 사람이냐

이 문제에 대하여 나는 여기 슈바이처 박사의 '문화 철학' 중 일절을 소개하려고 한다.

현대인에게 아주 고질이 되어 버린 관념은, 그들이 사회생활의 제도를 개량하고 개선하는 데 성공만 한다면 문화 모든 면에 필요한 진보는 저절로 이루어진다고 믿는 생각이다. 어떤 사람들은 반 민주주의적인 계획을 세우고, 또 어떤 사람들은 민주주의적인 원리가 효력을 십분 발휘하지 못한데 결함의 원인이 있다고 생각하기도 한다. 그렇지 않으면 사회주의적 내지 공산주의적인 사회 조직으로 구원받는 다고 보는 사람들도 있다. 그들은 다 제도만 새롭게 되면 새로운 정신이 생겨난다고 생각하고 있다.

이와 같은 무서운 미망에 빠진 것은 분별없는 사람들뿐만이 아니고 오늘날 가장 진실한 사람들까지 대체로 이 모양이다. 현대의 유물 사상은 정신과 현실의 관계를 아주 뒤바꿔 놓고 말았다. 정신적으로 가치 있는 것은 물질의 결과로 생겨난다고 유물 사상은 말한다. 그들은 사람은 전쟁으로 새롭게 된다고 하며 이에 기대를 갖기까지 했다.

그러나 사실은 반대이다. 정신적인 가치가 오직 그 목적에 적합한 현실을 만드는 것이다. 일체의 제도나 조직은 다만 상대적인 의미밖에 없다. 이 점 오늘날 모든 문화 민족들은 사회제도나 정치 제도를 크게 달리하고 있음에도 불구하고 다 같이 문화를 상실하고 말았다. 우리는 과거와 현재의 경험을 통하여 정신이 첫째고 제도는 뒷전이라고 하는 것을 확신하지 않을 수 없다. 우리의 제도는 언제나 거기 비문화적인 정신이 충동하여 무력하게 되는 것이다. 따라서 우리가 맞잡지 않으면 안 될 중요한 문제는, 전혀 물질적인 경제적 영역에 속하는 문제일지라도 사람의 심지(心志)를 빼고서는 이를 종국적으로 해결할 수 없다고 하는 것이다. 아무리 목적에 알맞게 조직을 고쳐도 최후적인 해결에 갈 수는 없다. 우리 자신이 새로운 사람이 되고 새로운 심지를 가진 사회의 구성원이 되기 전에는 세상을 진정 혁신할 길을 생각할 수 없다…….

우리가 여기 이와 같이 슈바이처 박사의 생각을 소개하는 것은, 오늘날 국민들이 내각책임제 개헌으로써, 다시 말하면 한낱 정치제도와 법률 개폐(改廢)로써 당장 여기 새 국가, 새 민족, 새 사회가 출현하는 듯이 나팔을 불고 있는 피상, 천박에 대하여 경고를 보내기 위해서이다. 도대체 10년 전 민족의 해방과 국가의 새 출발에 제하여 누가 그 후의 이 부패와 타락과 불의와 압제를, 그리고 더욱 이 단말마적인 파국을 예상하였느냐?

다 찬란 휘황한 희망에 찼던 것이 아니냐? 그러나 이번에도 역시 우리는 국민들이 만일 데모에 의한 정치 제도의 개변에만 눈이 뒤집힐 뿐 참다운 정신적인 도덕적인 자각과 용단과 생활이 없다면 보다 더 큰 유혈과 파국이 더욱 빨리 올 것을 각오해야 된다고 경고하는 바이다.

(1960년 5월 '진리와 독립'지)

환호냐, 치욕이냐

소위 4·19 학생의거 후 전 국민은 아주 환호의 도가니에 빠졌다. 그렇게 인색하던 국민이 수억대의 의연금을 내게 되고, 언론기관은 연일 학생들을 위하여 위안 대회를 열고, 햇빛을 못 보던 정치가들까지 웅성거리게 되고, 심지어 전날의 원수를 갚는다고 사람을 생화장한 사건까지 일어났다.

아, 그러나 나는 이 민족의 심지(心志)가 이렇게 더러웠던가 하고 실로 내 눈을 의심하지 않을 수 없다. 아니, 더욱 우리가 그래 이런 죄악과 불의 밑에서 찍소리 한번 못 하고 10여 년을 살아 왔으니, 과연 우리가 사람이었던가 의심하지 않을 수 없다. 황차 너나없이 그 속에서 그들같이 살고 먹고 입지 못하였음을 한탄하고 불평하였음에랴. 이렇게 말하면 내가 국민을 모독하는 것인가? 그러나 공공연한 불의와 죄악 밑에서는 싸우지 않았음이 곧 추종인 것이다.

좀 더 구체적으로 말하여, 나는 이 유혈과 파국을 초래한 자유당을 중심한 오늘날 이 민족적인 죄악이 이대로 우리 민족 성격, 국민의 고질이 아닌가 하고 두려움을 금치 못하는 바이다. 그러면 내각책임제도가 이 민족의 고질을 시정할 것인가? 그러나 이는 사람을 모독하는 소리다. 사람은 절대 제도의 노예가 아닌 것이다. 언제나 선악 양편으로 이의 지배자인 것이다. 여기 내가 민족의 앞날을 우려하는 원인이 있다.

그러면 또 우리 학생들의 이 위대한 정신을 보라고 하느냐? 그러나 노우, 천만에, 아니, 나는 이번 집권자의 몰락은 결코 학생들의 의식적인, 계획적인, 그리고 정의와 진리에 대한 신념과 확신에 의한 진정한 혁명으로는 보지 않는 바이다. 사실상 학생들에게 이런 높은 의식은 일체 없었다. 19일 데모대가 경무대를 향한 것만 해도 사전 계획적인 것은 아니었다.

따라서 이번 파국을 나는 적극적으로 의식적인 운동의 전취(戰取)로 볼 수는 없다. 이는 결국 자유당의 죄악이 스스로 차고 넘쳐서 가을 낙엽같이 떨어져 내린 것이라 함이 마땅하다. 이래서 이번 사태에서도 나는 전적으로 치욕을 느낀다. 요사이 신문을 통하여 누구나 자유당의 망국 전야의 죄상에 놀란다. 그렇다, 우리가 이 상태에서 그래도 진정 망국에 떨어지지 않고 다시 이 정도로나마 햇빛을 보게 됨을 나는 다시 한 번 우리의 도덕적인 자각과 각성을 촉구하는 신(神)의 기적적인 연명, 은혜의 작은 심판으로 믿는 바이다. 그릇된 관찰이냐?

(1960년 5월 '진리와 독립'지)

도덕과 기독교 신앙

사람은 두 개의 본질적인 면을 소유하고 있다. 본능 면과 도덕면이다. 공자의, 의식(衣食)이 족해야 예절을 안다는 진리대로 하면 사람이란 의식주의 충족, 즉 본능면의 충족에서 필연적으로 도덕면으로 상승하게 마련이지만, 이 점 사실은 꼭 그렇지도 않다. 본능 면이란 이의 만족, 풍만에서 다시 탐욕, 방종, 무절제 등 죄악으로 흐르게 마련이다.

그러나 도덕면이란 쓰면 쓸수록 증대 된다는 단테의 술회와 같이, 정의고 사랑이고 겸손이고 그 자체 무한히 상승 확대되는 성질의 것으로서, 엄밀한 의미에서 나쁜 정의나 지나친 사랑이란 있을 수 없는 것이다. 이리하여 결국 전자의 본능 세계란 사람에게 가치의 세계가 못 되는 것이며, 도덕 세계만이 사람에게 가치를 부여 하는 것이다.

이리하여 도덕의 요청은 또한 사람에게 절대적인 것이다. 자기 심중의 죄악을 보고 바울은 '아, 괴로운 사람이다' 하였고, 단테는 도덕의 산 밑에서 목을 놓아 울었으며, 루터는 수도원에서 피골이 상접토록 죄와 싸웠다. 이 점 도덕의 상대론자나 유물론자 또는 종교상의 도덕 폐기론자들은 다 도덕의 이 절대 엄혹성에 못 견디어 결국 전기(前記) 본능 세계로 도피한 자들인 것이다. 구체적으로 우리는 근세 극단의 유물론이 칸트의 도덕지상주의 내지 헤겔의 절대정신주의에서 반대로 도피한 현상인 것을 보는 것이다.

한편 도덕의 엄혹성, 절대성에서 도피한 유물철학은 본능의 만족을 위하여 공산주의적인 정치 체제를 출현시켰다. 그러나 이점 기독교는 사람에게 도덕의 실천력을 부여, 사람으로 하여금 도덕 문제, 양심 문제를 근본적으로 해결케 하는 것이야말로 근본이요 중심인 것이다. 따라서 기독교만큼 도덕적인 종교는 없다. 이의 산상수훈에서 보는 대로 행위율에서 심의율(心意律)로, 결과에서 동기로, 사람 상대가 아니라 신(神) 상대로. 예수는 음욕 자체를 간음, 미움 자체를 살인, 탐욕 자체를 도둑질이라고 하였다. 기독교가 이렇게 도덕을 순화시킨 것은 우선 이를 근본 자태에 올려놓고 다음 이를 일도양단적으로 해결하기 위함인 것이다.

기독교는 도덕을 신적(神的)인 것으로 본다. 칸트가 도덕을 지상적(至上的)이라고 한 것도 이 때문이다. 이의 절대 엄혹성 또한 이 때문인 것이다. 산상수훈은 실로 이를 보여 주는 것이다. 그리고 기독교는 예수에 의해 사람을 이 도덕의 요청자인 산 하나님께 이끌어감으로써 복음으로 이를 성취케 하는 것이다.

(1960년 7월 '진리와 독립'지)

진정한 교육자를

엄밀한 의미에서 정치란 의식주의 문제, 즉 사람의 본능 면에 대한 것이다. 도덕은 짐승과 사람의 구별을 짓는 것, 그리고 종교는 사람을 도덕 이상 영성(靈性), 신성(神性)으로 이끌어 올리는 것이다. 따라서 종교의 이니셔티브는 사람 자신이 될 수 없고 신(神) 자신에 의하는 것이다. 기독교에서 종교를 계시(啓示) 또는 신의 구원으로 믿는 까닭이다.

그러므로 우리는 인생에서 사람으로서 할 수 있는 최고의 일이란 사람의 도덕에 관여하는 교육이라고 생각하는 바이다. 따라서 4천년 민족 수명에 아직도 진정한 도덕적 자각은 물론 세계사적인 인류적인 정신유산, 문화유산 하나 창조하지 못한 우리 민족과 사회를 위하여 우리는 무엇보다도 여기 진정한 교육의 혁신, 부흥과 더불어 진정한 교육자의 출현을, 실로 페스탈로찌나 그룬트비히 같은 위대한 교육자의 출현을 요구함이 간절하다.

그러나 우리는 국민과 정치를 이렇게 정신적으로 도덕적으로 끌어 올려야 할 교육자들이 작금 민족의 새 출발에 즈음하여 교육 본래의 사명과 목적을 무시하고 자신을 소위 일개 노동자로, 학원을 노동판으로, 청소년을 상품이나 제품으로 생각하는 식의 일종의 노동 운동으로서, 표면 이유야 어떻든 정치적인 밥투정을 시작한데 대하여 과연 실망하지 않을 수 없다.

물론 교육자도 윗집이 있으니 먹어야 살 것이다. 그러나 오늘날까지 그래 교육자가 일반 국민보다 더욱 굶고 살았단 말이냐? 이 점은 도리어 반대이다. 그리고 진정한 교육자라면 저들은 이를 실로 부끄럽게 생각해야 한다. 더욱 저들은 과거 완전히 자유당의 정신적인 전위 노릇을 한 것이 아니냐. 이번 학생 사건의 처음 발단만 해도 실로 교내에서 저들에 대한 학생들의 반항으로 일어났던 것을 상기하라.

그럼에도 불구하고 이 중대한 시기에 반성은 고사하고 밥투정을 하는 그들, 단체권과 쟁의권이 없었음에 그 책임을 돌리는 무자각한 그들, 과연 저들은 진정 한 교육자의 자격이란 추호도 없는 자들이다. 이렇게 정신이 아니고 배로 하는 교육이니 결국 깡패 교육 밖에 못 되었으며, 이제 또 무슨 혁신을 부르짖고 나서지만 도대체 인격 없는, 양심 없는 그런 혁신은 개에게나 주라. 오늘날 자유의 나라 미국에서도 대다수의 교사가 쟁의권을 포기하고 있다. 그리고 이는 결코 그들이 배부른 탓이 아니다. 아니 도리어 미국 교육자들의 이 정신이야말로 오늘날의 미국을 형성하고 있는 위대한 교육 정신임을 우리는 알아야 한다.

(1960년 8월 '진리와 독립'지)

제2의 이슬람 문명

좀 이상한 제목이나, 이로써 요새 우주인, 동베를린 사건, 원폭 실험 등으로 인류에게 충격을 주고 있는 소련 문명의 본질 내지 전망에 대하여 한마디 하려고 하는 바이다.

  소련 문명을 일반적으로 서양 문명 운운 하지만, 이는 엄밀히는 로마제국 붕괴 후 서양 세계의 서방 로마 게르만 문명에 대립한 동방 비잔틴 문명에 속하는 것이다. 그리고 서방에 대항해서 또 하나 동방 이슬람 문명이 시대적으로, 지역적으로 여기 겹치게 되었다. 종교적으로는 서방이 로마 가톨릭, 동방이 희랍 정교회(正敎會), 그리고 마호메트의 이슬람교로 진전된다. 슬라브 민족이 서방과 관계된 것은 근세 피요트르 대제 이후로, 전체적으로는 이 동방과 관련되었었다. 따라서 역사상 슬라브 민족은 비잔틴 문명의 후계자로 불리운다.

  다음 우리는 여기서 이의 본질 구명(究明)을 위해 동로마제국과 비잔틴문명의 특징을 몇 가지 들어 이의 특질을 보기로 한다. 첫째, 그것은 알렉산더의 계몽적인 헬레니즘 위에 선다. 수많은 인종으로 자체 개성적이기 곤란했다. 유스티니아누스의 법전 간행에도 불구하고 동로마가 훌륭한 법치국가였는지는 의문시된다. 아니, 이야말로 서양 사상 철저한 군주 전제, 관료 제도의 중앙집권 체제였다. 서방이 중세를 통한 교황과 황제의 각축전 끝에 정교(政敎)분리를 이룬 데 대해, 여기서는 처음부터 황제에 의한 정교 합일 즉 황제교황주의가 성립되었다. 그들의 성상(聖像) 파괴 운동이란 결국 종교에 대한 정치의 간섭이었다. 봉건제도도 여기서는 자유 체제로 못가고 통제하에 놓여, 결국 서방적인 국민 국가의 발전을 보지 못했다. 철학은 훈화적(訓話的), 예술은 겉모양의 장대(壯大), 균형미 등 현혹적이었다.

  다음 중세에 있어서 서방 이상으로 동방과 결정적인 관계를 가진 이슬람 문명을 일별하면, 그것은 전적으로 경전과 칼에 의한 정복 문명이었다. 마호메트교란 기독교에서 신성(神性)을 구축해 버린 것이라고도 할 수 있다. 따라서 그 자체 일부다처주의 등에서 보는 대로 도덕적으로 저급한 것이다. 그들은 과학 문명에 크게 공헌했다. 그런데 그것은 이성적인 추구 이상, 보물과 불사(不死)에 대한 환상적인 노력, 연금술의 결과였다. 희랍 철학에 대한 이들의 소화는 주로 원시 유물 철학 내지 아리스토텔레스의 형이하(形而下)의 것이었다.

여기서 서방 문명의 특색인 정교 분리, 자유, 개인의 자각, 인격관념 등을 구체적으로 볼 겨를이 없지만, 하여간 오늘날 소련문명이 그 전체주의, 유물주의, 무신주의, 과학주의 등, 그리고 이에 대한 열광적인, 연금술적인 노력, 절대주의 등 얼마나 이 동방문명과 본질을 같이하고 있는가를 볼 수 있는 것이다. 스탈린의 정치 행태를 생각한다.

소련 문명이 끝끝내 서방적인 자유와 인격 관념을 무시하고 기계적인 조직과 통제에만 의존하는 한 제2의 이슬람의 말로를 걷게 될 것이며, 따라서 서방 문명에 대한 채찍의 역할밖에 못할 것이다. 끝으로 나는 근세 스페인의 쇠잔 역시 이슬람 문명과 깊이 관련된 것을 지적하는 바이다.

(1961년 9월)

행복은 어디에

현대인은 대체 행복을 어디서 구하고 있는 것이냐? 소위 정치와 문화, 문명에서 찾는 것이 사실일 것이다. 문명이라고 하지만 특히 과학 문명에서. 좁혀 보면 현대인이 구하는 행복이란 결국 물질적인 것으로서, 따라서 그들은 행복을 인간 밖에서 찾고 있는 셈이다.

우주 문명 우주 과학 하지만, 이야말로 현대 문명이, 그리고 인류의 행복 추구가 인간 자체와 거리가 무한히 멀어지고 있는 사실을 아이러니컬하게 보여 주는 것이 아니냐.

그러나 나는 행복은 사람 안에서, 사람 자체에서 찾지 않으면 안 된다고 생각하는 바이다. 즉 외계가 아니라, 물질이 아니라, 종교 신앙으로 영혼에서, 도덕 생활에서, 양심에서 찾지 않으면 안 된다고 주장하는 바이다. 따라서 물질적인 현대인이 무관심한 것으로 종교 신앙 이상 가는 것은 없다. 유물적인 공산주의가 종교를 아편으로 규정한 것을 생각하라. 그리고 우리가 여기서 더욱 통탄하지 않을 수 없는 것은, 현대인은 또한 종교마저 정치화하고 사업화하고 의식화(儀式化) 한다. 오늘날 미국 돈을 싸고도는 한국 기독교의 추태, 파벌적인 종파의 대립, 주도권의 쟁탈, 그리고 신교(新敎) 자체의 의식화 등을 보라. 이들이야말로 영(靈)의 종교를 정치화 하고 물질화 하는 실로 악마의 하수인들이다.

그러나 통틀어 사람이 개나 돼지가 아닌 이상 정치나 문화나 물질 정도로써는 절대 만족 못하는 것이다. 오늘날 미국의 정신병자의 창궐과, 북구(北歐) 복지국가에서의 자살자의 속출과, 절대적인 물질주의의 나라 소련, 중공 등의 사람의 기계화, 노예화에서 오는 공포를 생각하라. 물질문명의 극대화인 수소탄에 의한 자멸의 위기에 처한 인류는 이제 곧 정치적인 노력과 물질주의에서 정신문명, 도덕 추구, 양심의 각성으로 전환하지 않으면 안 된다.

고대인들이 우주의 생성 등을 논한 원시적인 자연철학에 대하여, 소크라테스는 천체보다 너 자신을 알아야 한다 하고 도덕철학의 길을 열었다. 이 점 근세 초기 천박한 과학적인 계몽주의에 대하여 칸트의 관념철학이 같은 길을 제시하였다. 아니, 인류의 실존을 추구한 키에르케고르는 인류를 죽음의 병자로 진단하였다. 파스칼은 저의 모든 외적 노력, 즉 저들이 열중하는 정치고 전쟁이고 스포츠고 예술이고 식산(殖産)이고 사냥이고 향락이고, 일체가 이 자신의 파별적인 운명에서 눈을 돌리려는 노력이라고 하였다. 감옥이 감옥되는 까닭은 그들을 여기 넣어 자기를 쳐다보게 하는 것이라고 하였다.

그렇다, 기독교야말로 모든 종교, 철학, 사상과는 아주 달리 사람의 본질, 양심과 도덕의 배후에 이를 거역하는 죄악의 실존과, 그리고 이를 제거하여 사람을 도덕적으로 신생시키는 예수 그리스도의 십자가의 속죄와 복음을 전적 내용으로 하는 것이다. 그리고 나는 이 죄악에서 해방되어 양심의 권위를 회복하고 불사(不死)의 생명에 옮겨, 원수를 사랑하는 사랑과 하나님의 절대적인 정의에서 사는 사람의 도덕적인 상태야말로 인간의 유일 절대적인 행복이며, 이가 또한 인류 문제 해결의 궁극적인 길이라고 믿는 바이다.

(1961년 10월)

배교(背敎) 신앙

　신교(信敎) 자유 시대에 이런 제목으로 여기서 남의 신앙을 비판하자는 것은 물론 아니다. 다만 우리의 공적인 기독교 신앙의 이해와 파악을 위하여 한마디 하려는 바이다.

　종교는 자유라고 할 때, 그것은 사람의 깊은 심령상의, 도덕상의 문제이기 때문에 강요가 있을 수 없음을 말하는 것이지 제멋대로 이를 믿어도 좋다는 것은 절대 아니다. 도리어 종교란 사람의 심령과 인격의 본질에 관계되는 만큼 이에 대한 그릇된 이해나 천박한 체험, 부실한 태도란 도저히 있을 수 없는 것이다. 그런데 사실상 우리 사회만큼 이에 대한 잡음과, 또 이를 버리고 이에서 이탈하는 배교 신자, 타락 신자가 많은 사회도 세계에 드물 것이 아닐까 한다.

　그러나 이야말로 베드로가 말한 토한 것을 다시 먹는 일이며, 예수가 이른 바 진리를 거역하는 일이며 하나님의 성령을 모독하는 일로서, 실로 부끄러운 일, 아니 무서운 일인 것이다. 더욱이 기독교 신앙이야말로 영혼의 깊은 곳으로부터의 인류와 우주의 창조주요 주재자인 절대자 하나님과의 관계이며, 우리의 양심과 죄악의 문제, 내세 영원과 부활의 문제로, 인류와 우주의 완성에 관계되는 문제로, 이는 깊이 하나님의 아들 예수 그리스도와 관계되는 것이다. 그리고 기독교가 불교적인 혹은 철학적인 단순한 인간 추구가 아니고 이 하나님과 그리스도와의 인격적인 관계인 점에서, 이 관계야말로 과연 절대적인 것이다.

　그러므로 예수는 자기보다 부모나 자식이나 목숨을 더 사랑하는 자는 자기와 관계없다고 하였으며, 바울은 자기를 그리스도의 노예라고 하였다. 기독자―크리스쳔(Χριστιανος)의 어의(語義)는 그리스도의 소유란 말이다. 그런데도 불구하고 우리의 이 배교 신앙, 타락 신앙은 도대체 무엇을 의미하는 것이냐? 이야말로 우리가 신앙을 제멋대로 자기 배와 욕심과 관계시킨 때문이 아니냐. 또 하나님에 대한, 그리스도에 대한, 인생에 대한, 우리의 진실성과 깊이의 부족 때문이 아니냐. 그렇지 않다면 우리의 정신력, 신앙노력의 부족을 말하는 것이 아니냐. 깊이 반성하고 생각하는 바가 있어 야 하겠다.

최근 본지의 진실한 독자로부터 전통적인 교의(敎義)에 의심이 생기며, 좀 더 단순하게 믿고 싶다는 의견이 있었다. 자세한 내용은 알 수 없으나, 이가 만일 2천 년 기독교 특유의 신앙 내지 교의나 근본을 순수 청신하게 소화하고 체험하지 못하는 나머지 단순한 것을 찾는 것이라면 문제는 중대하다고 아니할 수 없다. 이 점 나 자신은 기독교 신앙의 본질에 대한 이해와 체험이란 대소고하(大小高下)와 시간 공간을 초월하여 보편적인 것으로서, 우리의 신앙이 바울, 루터 등과 공통, 직결되는데 까지 나아가야 되는 것으로 믿는 바이다.

근래 함석헌 선생이 우리 사이에서 현대인에 대한 신앙의 개방을 위하여 이에 새로운 설명을 가하고 있지만, 그리고 이것은 주로 동양 사상 내지 동양 종교의 입장에서 하는 듯한데, 실례이나 나 자신은 이야말로 완전히 기독교 신앙의 중심, 체험을 결(缺)한 것으로 보는 바이다. 이 점 오만한 현대인이야말로 도덕적인 자각과 양심의 각성을 통하여 다시 기독교에 나와야 한다. 이를 위하여서도 우리는 더욱 기독교에 물을 타서는 안 된다. 신앙에 관한 한, 새것이란 천박이요 타락이다. 우리의 노력은 오직 이의 산 체험과 심화(深化)에 기울어져야 한다.

(1962년 1월)

우선 종교를!

요새 인간 개조란 말이 성히 쓰인다. 특히 이가 정치와 결부되고 있다. 그러면 정치가 인간을 개조할 수 있단 말인가? 로마 격언에 황제도 문법을 못 고친다는 말이 있는데, 하물며 정치가 인간을 개조할 수는 없는 것이다. 그런데 요새 가만히 보면 정치가고 경제인이고 학자고 종교가고, 온 국민이 정치만 잘 되면, 경제개발 5개년 계획만 잘 되면, 이 민족 4천 년의 모든 문제와 죄악이 간단히 봄날의 눈처럼 풀릴 것으로 생각하고 있는 듯하다.

그러나 나 자신은 이 이상의 안이한 생각은 있을 수 없다고 생각하는 바이다. 위정자나 국민의 이런 안이한 생각으로는 도저히 이 민족적 난관을 극복할 수 없을 것이다. 그러면 도대체 해방 후 오늘까지 왜 정치가 이 꼴이냐? 진부한 소리 같지만, 이는 결국 어느 몇 사람의 책임이나 잘잘못 이상 우리 국민 전체의 정신상태, 도덕 상태, 양심 상태와 깊이 관계되고 있는 것이다. 가령 종교의 문제로 이를 생각하여 보라. 오늘날 누구나 기독교의 부패와 타락을 곧잘 욕한다. 그리고 이는 다 사실이며, 기독교편에서도 할 말이 없는 것도 사실이다. 그러나 나에게 말하라면, 그래, 우리에게 있어서 현재의 기독교만 썩었고, 과거 우리 역사에서 유교는 훌륭하였고 불교는 굉장하였던가? 아니다, 결코 아니다. 과거의 불교도 유교도 우리에게 있어서는 다 제대로 피지 못하고 지지러지기만 했던 것이다. 이웃 일본의 그것과 비교해도 이해, 소화, 독창, 발전, 국가와 민족에 끼친 영향 등 모든 면에서 떨어진 것이었다. 더구나 그것이 우리를 통해서 그들에게 간 것인데도, 그리고 우리의 원효와 퇴계가 그들의 불교와 또 현대 국가의 발전에 지대한 영향을 끼쳤는데도, 우리의 불교나 유교는 순수하게 소화되지 못한 것이 사실이다. 이것은 깊이는 국민 성격의 문제라고 봐야 할 것이다. 이런 부족한 정신이 오늘날 또한 기독교를 망치고 있는 것이라고 생각된다. 이렇게 역사와 민족의 성격이란 시공(時空)을 통해서 깊이 연관성을 띠고 있는 것이다.

우리의 중대한 문제는, 위에서 지적한 사람의 정신, 도덕, 양심 상태와 결정적으로 관계되는 것이 바로 이 종교 신앙인 데 있는 것이다. 따라서 4천 년 우리의 이 천박한 생각과 구린내 나는 양심은 실로 이 종교의 실패, 천박에 기인한 역사적인 고질이라고 할 수 있다. 오늘날 유럽 문명이라고 말하지만, 그것은 결국 영, 독, 불 각 민족의 기독교 신앙의 개화(開花)로서, 여기 또한 정치 제도로서의 민주주의 하나만 해도 이를 단순한 제도로서는 도저히 제대로 받아들일 수 없는 깊은 원인이 있는 것이다.

따라서 나는 오늘날 우리에게 있어서 무엇보다도 절실히 요구되는 것은 우리의 양심을 지배할 수 있는 산 종교 신앙이라고 주장하는 바이다. 인간 개조도 오직 이로써 만 가능한 것이다. 그리고 종교야말로 정치 이상 몇 사람의 기도나 신앙만으로써는 어떻게 할 수 없는 것이다. 사람이 양심의 존재인 이상 개개인, 국민 전체가 이에 참가, 종교 신앙으로 신(神) 앞에 나가지 않으면 안 된다. 신 없는 자의 양심은 저가 여하한 인간이건 도저히 믿을 것이 못 된다. 종당에는 자기 자신도 이에 속기 마련인 것이다.

(1962년 1월)

무교회 신앙

무교회 신앙이란 한마디로 산 하나님과 그리스도를 적나라하게 일개 한국 사람으로서 거짓 없이 마음과 힘과 진실, 열심을 다하여 직접 믿고 의지하고 순종하고 살자는 신앙이다.

사람과 하나님 사이에, 그리스도 사이에 아무러한 인간도, 교직도, 제도·의식도, 무슨 방법이나 비결도 개재시키지 않고 오로지 영(靈)과 더불어, 양심과 더불어 건전하게, 진실되이 우주와 만물의 창조주요, 인류와 역사의 지배자요, 우리 한 사람 한 사람의 마음 깊은 곳을 감찰, 통촉하시고 은혜로써 사랑을 부으시는 아버지 되시는 하나님과, 그리고 우리를 죄에서 해방하여 이 하나님의 자녀로, 영원한 생명으로 인도하시는, 속죄와 부활과 구원의 주 되시는 살아 계신 그리스도와 더불어 살려는 신앙인 것이다.

따라서 무교회 신앙은 위로 하나님과 그리스도와의 영적인 교제와 그리고 아래로 사람 사이의 도덕적인 생활, 진실만을 고수하려고 한다. 이 이하로 절대 떨어져서는 안 된다. 이를 위하여 무교회 신앙은 오직 기독교 신앙에 있어서 제 1의적인, 근본적인, 하나님과 그리스도에 대한 신앙에만 전력하려고 한다.

  이 점 교회 신자 가운데는, 오직 유일의 공교회(公敎會)를 주장하는 가톨릭이 아닌 이상 오늘날 교회와 의식을 본질적 절대적인 것으로 생각하겠느냐, 이 역시 다만 믿음을 위한 것일 뿐이라고 곧잘 말하는 사람들이 있다. 그러나 우리에게 있어서는 토론보다 증거가 중요한 것으로서, 오늘날 이 변질된 교회주의 때문에 사실상 신앙이 무시, 압살을 당하고, 진리가 구박을 받고, 양심이 마비되고, 하나님과 그리스도가 천대 모욕을 당하고 있는 것이 사실이 아니냐. 아니, 이 정도가 아니다. 우리는 기독교를, 처음부터 신앙 체험과 진리의 소화가 아니고 외적 피상적인 천박한 교회 기명(記名)이나 출입으로, 의식·형식으로, 교리와 신학, 기독교 사상, 사업 등으로 받았기 때문에, 오늘날까지 기독교가 산 믿음, 진리, 사랑, 양심, 도덕, 인격, 민족 성격, 사회생활 등과는 아무 관계없는 한낱 형식이 되고 만 것이다. 이리하여 끝내 사람의 양심과 민족을 죽이는 고질이 된 것이 아니냐.

  도대체 복음서에는 교회란 말이 한두 마디 밖에는 없다. 예수는 예루살렘 성전조차 저주했던 것이다. 바울의 교회는 단순한 신앙자들의 가정모임이었다. 구약 시대에 벌써 아모스나 이사야에 의하여 의식은 부정되었었다. 기독교는 루터의 '신앙만'으로 되었던 것이다. 오늘날 서양 기독교는 교회주의로써 이상 더 운신을 못 하게 되었다는 것이 유명한 신학자 브룬너의 솔직한 고백이다.

그런데 우리는 기독교 전수(傳受) 백 년에, 이제껏 교회주의와 제도를 신앙생활이라 하고, 이로써 신앙이 다 된 줄 알고 있으니 과연 딱한 노릇이다. 근래 더욱 심해지는 우리 교회의 추태야말로 우리의 거짓 신앙에 대한 하나님의 질책, 심판이 아니냐. 무교회는 여기서 일단 제도교회와 의식을 떠나, 오직 성서 한 권으로 오로지 신앙진리에 의해 믿음의 재출발을 하려는 바이다. 이렇게 함으로써 루터의 '신앙만'의 신앙의 민족적인 체험을 꾀하려는 바이다.

(1962년 3월)

기독교와 우상 신앙

기독교는 믿음과 신뢰와 사랑과 순종을 전부로 한다. 신앙 플러스 무엇이 있을 수 없다. 신앙으로 전부이지, 신앙 외에 무엇이 필요치 않다. 이는 기독교 신앙이란 하나님의 전지전능한 생명과 선(善)자체이신 우리 아버지 되시는 사랑과 은혜의 하나님께 대한 것이기 때문이다.

이에 반하여 우상 신앙은 무엇보다도 사람에게 일을, 물질을, 행위를 요구한다. 이는 그 우상 자신이 산 하나님과 같이 모든 좋은 것을 사람에게 줄 수 없기 때문이며, 따라서 사람 자신이 이를 위하여 애쓰고 노력할 것을 요구하는 것이다. 아니, 이는 신뢰와 믿음만으로 하나님 앞에 가는 길을 차단하여, 사람으로 하여금 하나님만 쳐다보려는 믿음에서 눈을 팔아 자기 선행을, 사업을, 물질을 쳐다보게 하는 것이다.

그렇다, 우상 신앙은 우리를 생명과 사랑과 은혜와 선 자체이신 하나님에게서 이간시켜 죄악과 죽음과 파멸의 인간과 세상에 얽매는 것이다. 이렇게 그것은 우리들을 불신과 반역에, 그리고 인간적인 자기만족과 교만에 떨어뜨려, 우리를 죽음과 파멸로 이끌어간다.

그러면 믿음에는 절대 일이 없느냐, 사업은 없느냐? 이 점 예수는 하나님이 보낸 자기를 믿는 것이야말로 하나님이 우리에게 요구하는 일이라고 하였다(요한 6:29). 그렇다, 예수를 하나님이 세우시사 우리의 지혜와 의로움과 거룩함이 되셨다고 믿는 것이야말로 신앙의 일인 것이다(고전 1:30). 그러므로 베드로와 같이 예수를 산 하나님의 아들, 그리스도 구세주로 믿는 것이 기독교의 일이다(마태 16:6).

바울 선생의 말씀대로, 모든 사람이 죄를 범하여 하나님의 영광을 받을 수 없었기 때문에, 아무 공로 없이 하나님의 은혜로써 예수 그리스도의 구속으로 의롭게 됨을 믿는 것이 기독자의 유일한 일이다(로마 3:23-24). 그렇다, 루터와 같이, 행위가 아니고 예수를 믿는 믿음만으로 하나님 앞에 구원 받는다고 믿는 것이 신교신앙의 전부이다(로마 3:28).

그렇다, 그리스도를 통하여 주어지는 하나님의 의를 믿는 것이야말로 기독교의 일인 것이다. 구체적으로 말하면, 우리의 의의 출처인 하나님과 이의 통로인 그리스도를 믿고 의지하고 쳐다보고 사는 것이 기독 신자이다. 바울은 또한 하나님의 의는 그리스도의 복음 가운데 나타나 믿음에서 믿음으로 나아간다고 하였다. 이는 믿음에서 시작,

믿음을 통과, 믿음으로 완성됨을 말하는 것이다.

이 점은 구약의 본질도 한가지다. 예언자 미가는, "내가 무엇을 갖고 하나님 앞에 나아가며 높으신 하나님께 경배할까. 내가 번제물로 일 년 된 송아지를 갖고 그 앞에 나아갈까. 하나님께서 천천의 수양이나 만만의 강물 같은 기름을 기뻐하실까. 내 허물을 위하여 내 맏아들을, 내 영혼의 죄를 위하여 내 몸의 열매를 드릴까. 사람아, 주께서 선한 것이 무엇임을 네게 보이셨나니, 오직 공의를 따르고 인자(仁慈)를 사랑하며 겸손히 네 하나님과 함께 사는 것이 아니냐" 하였다 (미가 6:6-8). 이가 진정 기독자의 믿음으로 하는 사업인 것이다.

(1962년 4월)

토인비의 기독교관에 대하여

이는 1956년 토인비가 일본 방문 때 동경대학과 기독교대학에서 행한 '정신적 과제로서의 이데올로기 전쟁'이란 강연에 대한 나의 간단한 의견이다. 토인비는 이 강연에서 근세 산업혁명이 역사에서 노예 제도를 철폐시킨 것과 같이, 오늘날 원자 혁명이 인류사에서, 특히 양대 진영 사이에서 전쟁을 철폐시킬 수 있을지 알 수 없다고 말하고, 그러나 그것은 앞으로 더욱 치열한 이데올로기의 전쟁으로, 즉 전도전(傳道戰)으로 전 인류를 상대로 계속될 것이라고 하였다.

그리고 다시 그는 여기서 양진영의 이데올로기를 분석하고 있다.

그는 양진영의 정치 경제적인 체제는 양편 다 통제와 자유 어느 한 편만을 절대적으로 고수할 수는 없는 분량상의 상대적인 문제로서, 이 이상 양진영의 절대적인 차이는 정신적인 이데올로기의 문제라고 했다. 그리고 그는 이를 공산 진영의 집단적인 인간 권력에 대한 숭배에 대하여, 서구(西歐)측의 개인 인격의 가치와 존엄, 신성에 대한 주장이라고 했다. 그리고 양진영이 다 인간 자체의 높은 가치를 인정하는 점은 같다고 했다. 그는 또 이 서구인의 인간에 대한 가치의 관념은 기독교 신앙에 근거한 것을 인정하고, 그러나 여기서 중대한 문제는, 오늘날 서구인은 대체로 기독교신앙을 포기해 버린 관계로 이데올로기에 대한 열정에 있어서 공산주의자들보다 약하게 되었다고 했다. 그리고 이는 그들이 신앙자체를 버리고 이를 다만 선조로부터의 하나의 유산으로 지니고 있기 때문이라고 했다.

따라서 여기서 그는, 서구인의 이데올로기의 강화를 위해서도 다시 서구가 기독교로 돌아가야 될 것인데, 그러나 종교란 어떤 이용 가치로써 받아들일 수는 없는 것이므로, 즉 순수하게 받아들이지 않으면 안 되는 것이므로, 이 점은 결국 17세기 이래 지적으로 많은 발달을 본 서구인들에게 적합하도록 기독교의 내용에서 희랍적인 신조와 예수의 신성 등을 제거해야 한다고 했다. 이리하여 결국 그가 남긴 기독교의 내용이란, 신의 창조와 이 창조물에 대한 그의 사랑과 구원을 위한 희생을 믿는 것이었다.

이상에서 우리는 박사가 기독교의 필요를 느끼고 있는 것도 알 수 있고, 더욱이 공산주의와의 이데올로기의 전도전에 있어서 서구를 위하여 걱정하고 있는 것도 잘 알 수 있다. 그러나 역시 박사는 지식인으로서, 현대인으로서 기독교를 하나의 사상으로 다루고 있는 것을 부정할 수 없다. 절실한 그 자신의 내심의 양심문제, 즉 죄의 문제, 도덕 문제로서 다루지 않고 있다.

 종교를 이렇게 절실한 양심 문제로서 받지 못하는 것이야말로 종교를 이용하는 것임을 박사는 알아야 한다. 그리고 서구인들이 그들의 조상인 루터, 웨슬리 등의 신앙을 그대로 받지 않아도 그들과 같은 인격의 존엄만은 가질 수 있을 것으로 박사는 믿는가? 이 점에 바로 예수의 신성의 문제가 관계되고 있는 것이다. 과연 현대인이 지적 교만으로 종교를 부정하고 도덕적인 파산에 빠진데 박사가 걱정하는 현대의 위기가 있는 것이다. 박사는 역사가이다. 종교에 대해서는 루터나 칼빈의 말을 경청할 필요는 없겠는가? 이들의 성서적인 종교개혁의 순수 신앙을 통해 유럽의 근대사가 창조된 것도 역사가인 박사 자신이 부정 할 수 없는 역사적 사실이 아닌가. 박사의 유물론적인 공산주의관도 너무 안이하다고 생각된다.

(1962년 5월)

초대신앙과 성서

 오늘날 소위 기독자의 신앙생활의 내용을 교회 출석, 의식 참여, 기도, 성서, 헌금 등으로 본다면, 이중 어느 것이 제일 중요한 것일까? 나 자신은 성서가 제일 중요하다고 보고 싶다.

교부(敎父) 오리게네스는, 신자는 기도로써 하나님과 말씀하는 것만큼 성서로써 하나님의 뜻을 경청해야 한다고 했다. 교리사가(敎理史家) 하르나크는 초대교회의 신앙 토대와 기독교의 로마 정복도 초대 신자들의 성서에 대한 열성에 의한 것이었다고 했다. 우리는 기독교가 초대에 벌써 이교와 희랍 사상, 로마의 권력 등과, 그리고 자체 내의 이단과 대결함에 있어서 2세기 말부터 곧 성서의 집결을 보게 되고, 많은 호교가(護敎家)들과 교부(敎父)들이 오직 이 성서 한 권으로 이들과 싸운 것에 주목해야 한다. 특히 하르나크는 단적으로 이를 그들 자신이 성서 자체에 의하여 회심했기 때문이라고 했다.

오리게네스는, 기독교의 반대자 케린투스가 성서의 악문(惡文)과 더불어 이것이 우자(愚者)와 야만인 상대임을 공격한 데 대하여, 성서의 검박한 옷은 작은 자들까지 보살피는 성령의 애고(愛顧)로서, 이 옷 밑에 무수한 보물이 싸여 있다고 했다. 이리하여 신자에게 이를 가르치고, 이를 읽게 하고, 내외의 적으로부터 이를 옹호하는 일은 호교가와 교부들의 중대한 일이 되었다. 이레니우스는 사람이 크리스천으로 인생을 걷기 위해서는 가능한 한 혼자 성서를 읽으라고 했으며, 이에 대해 터툴리아누스는 부부가 함께 읽기를 권했으며, 크리소스톰은 아동 교육도 이것이 중심이 되어야 한다고 했다. 더욱 그는 성서의 신자에 대한 관계를 연장의 목수에 대한 관계라고 말하고, 신자는 시편 제1편 냇가에 심은 나무같이 주야로 성서의 생명에서 양분을 섭취해야 한다고 했다. 그는 생애 안디옥에서 성서 강의를 끊지 않았으며, 더러운 유행가는 암송하면서도 시편 한 편 암송하지 못하는 신자들을 개탄했다. 제롬은 부인들에게까지 원전에 의한 성서 암송의 유익을 권하였다.

이 성서에 의한 초대의 청신한 신앙은 가톨릭교회의 직업적인 종교가들에 의해 의식의 참가와 교리의 암송 등으로 전락하여 중세의 암흑을 초래했던 것이다. 그러나 종교개혁자들에 의해성서가 재발견되어, 기독교는 초대신앙으로 돌아가고 성서 또한 민중에게 주어지게 되었다. 과연 종교개혁은 루터가 에르푸르트 수도원에서 쇠사슬에 매인 성서를 발견, 이를 탐독한 데서 발단되었던 것이다. 영국의 성서 번역자 틴들은, "쟁기를 든 영국의 소년들로 하여금 교황 이상 성서에 정통하게 하겠다"고 했다.

그런데 오늘날의 이 성서 중심의 개혁 신앙의 상태는 어떠한가? 과연 크리소스톰의 개탄대로, 매일 신문 이상으로 성서를 열심히 읽는 신자가 없게 된 것이 아니냐. 이리하여 그들은 교황 아닌 목사와 신학자에게 이의 해석권을 넘기고 신앙마저 잃어버린 것이 아니냐?

(1962년 5월)

김교신 선생과 성서

(1963. 4월 김교신 선생 기념강연)

나는 김교신 선생이야말로 우리 역사에 있어서 유니크한, 특이한 존재라고 보는 바입니다. 선생은 오늘날 우리의 이 비자각적인사태, 비도덕적인 현실하고는 아무 관계가 없는 것입니다. 선생은 앞으로 우리의 역사가 도덕적으로, 그것도 깊은 종교적인 자각위에서 진정 새롭게 도덕적으로 전개될 때 비로소 우리와 관계될 것으로 믿는 바입니다.

이 점 우리에게는 아직도 유럽 역사에서 보는 소위 근세적인 자각이란 없는 것입니다. 그리고 이는 크게는 오늘날 동양 전체의 통폐이기도 합니다. 동양의 선각자 일본의 우치무라(內村)는 동양에는 사고(thinking)는 있어도 사상(thought)은 없다고 하였습니다. 과연 우리에게 여기 사람은 있어도 人道(humanity)는 없습니다. 종교는 있어도 도덕(moral)이 없습니다. 모방적인 정치 제도는 있어도 책임 있는 산 정치인이 없습니다. 유럽 역사에서 이 개인의 자각과 인격은 르네상스, 아니 그 이상 종교개혁을 통하여 이루어졌으며, 여기서 또한 근세 그들의 모든 제도, 문물, 문명이 배출된 것입니다. 그리고 이 서양 문명의 다만 모방적인 제도와 문물뿐, 개인 인격의 자각과 형성이 없는데 동양, 아니 우리의 중대한 문제점이 있는 것입니다.

이와 같은 우리의 사태에서 김 선생은 1945년 민족의 해방을 수개월 앞에 두고 45세를 일기로 요절하였습니다만 근 20년 동안을 선생의 천성적인 애국의 정열을 기울여 청년 교육과 신앙 잡지 '성서조선' 간행으로 성서 연구에 생애를 바치신 것입니다.

여기서 간단히 선생의 생애를 소개하면, 선생은 1901년 함남 함흥에서 출생, 1921년부터 7년간 일본 동경에서 무교회 기독교의 창시자인 우치무라 선생에게 사사(師事), 성서를 배우시고, 1927년 함석헌(咸錫憲), 송두용(宋斗用), 정상훈(鄭相勳), 유석동(柳錫東), 양인성(楊仁性)씨 등 동지 6人이 '성서조선'지를 간행, 1942년 일제 때 소위 '성서조선사

건'으로 투옥되시기까지 158호에 이르도록 대체로 이를 선생의 책임
으로 발간하셨습니다. 이와 병행하여 주일 성서연구회와 동기 성서집
회가 계속되었습니다. 한편 1927년 당시 일본 동경고등사범학교 이과
(理科)를 마치시고 귀국, 함흥 영생여고를 필두로 서울 양정(養正), 경
기(京畿), 개성 송도(松都) 등에서 1942년까지 근 15년 동안을 청년 교
육에 종사하였습니다. 이렇게 선생의 생애는 결국 교육과 종교에 의
한 진정한 민족의 인간 형성, 도덕적인 자각을 위하여 바치셨던 것입
니다.

그리고 선생의 교육이야말로 또한 유니크한 것이었습니다. 그것은
지금도 우리의 기억에 새로운 일본치하 정치적인 민족 운동과 관계된
김구(金九)씨의 살인입국(殺人立國)이나, 이승만(李承晚)씨의 외교입국
이나, 김성수(金性洙)씨의 경제입국, 안창호(安昌鎬)씨의 수양(修養)입국
은 물론 아니고, 교육이라고 하지만 남강(南岡) 역시 교육을 결국 정
치와 민족 운동의 방편으로 삼았으며, 여기 또한 해방 후 민족의 현
실을 먹자판으로 만든 중대한 원인이 있는 것으로서, 실패한 것으로
보는 바입니다. 이 점 김 선생의 교육은 일본 관헌들이 선생을 가리
켜 민족의 3백 년 후를 준비하는 최악질이라고 말한 대로, 진정한 의
미의 자각적인 인간 형성, 도덕적인 민족의 혼을 위한 교육이었습니
다. 저는 일전 경기에서 선생에게 배운 구본술(具本術) 박사를 통해,
선생이 중국지리 시간에 눈물로써 제갈량의 출사표(出師表)를 외우시
고 이를 학생들에게 암송시켰다는 이야기를 들었습니다.

선생의 교육에 대하여 길게 논할 시간이 없습니다. 그런데 여기 선
생의 교육의 깊은 내용을 무엇보다도 잘 전달하는 문장이 1938년도

성서조선지 111호에 게재되어 있습니다. 이는 그해 양정고보 선생 담임반 졸업생들의 '사은기념품 증정문'입니다. 더욱이 이는 일본글의 명문(名文)으로 되어 있어, 당시 일본의 민족 동화의 통치정책의 일면을 표시하고 있습니다. 이를 여기 군데군데 간단히 번역해 보겠습니다.

·····'신의(信義)! 타인으로부터 신임을 받는 사람이 되라!'고 선생이 외치신 것은 실로 우리들이 제1학년 하계휴가를 맞는 날이었다. 선생은 자기의 소싯적 어머님께 대하여 신의를 지키지 못한 일이 있었음을 후회하시며 교장(敎場)에서 손수건을 적시셨다. 우리는 이를 목도하였다. 아, 그날 이래 우리가 심중 깊이 놓치지 않는 노력이란 신의의 사람 되려는 것임이여····

'Boys, be ambitious!' 라고 일상 가르치신 교훈. 원대한 야망 없는 곳에 멸망이 있을 뿐. 필히 대국(大局)에 눈을 뜨라고! '아, 청년들이여, 그대들의 야심을 원대하게!' 라고 우리들은 심중에 부르짖으며 세상을 걸어갈 것뿐.

우애(友愛)는 영원한 것이라고 입학 날부터 바로 수일 전까지 선생은 부르짖으시지 않았는가. 벗은 제 2의 나다. 좋은 벗을 발견하라! 친구를 찾아내라. 우선 너 자신이 상대의 충실한 벗이 되라! 이야말로 좋은 벗을 얻는 유일의 방도라고. 우리들은 영구히 이 교훈을 지키며, 좋은 벗을 얻으려고 노력하며, 또한 과거 5년간의 우애를 증진할 지어다····.

의(義)! 이 한 글자 어찌 그리 우리들의 폐부를 찌름이 강한고.

선생은 지난날 정몽주의 초상 앞에 서서 울었다고 말씀하시지 않았는가. 왜 선생은 우셨는가. 그렇다, 정 선생이 선죽교에서 흘린 혈흔(血痕)은 의의 권화(權化)였기 때문이었을 것이다. 아, 우리 스승의 의를 사랑하였음이여! ……스승이여, 필히 안심하시라. 우리들은 이 교훈을 지킬 것임이니이다.

우주의 광대무변함을 가르치시고 인간계의 제 현상을 비교하시며 쓴웃음을 보이신 스승이여! 스승의 이 교훈으로 우리들은 동포는 물론 원수도 사랑해야 할 것을 깨달았음이여. 이로써 우리들의 인생관은 180도의 전환을 보았도다…….

나는 이 문장을 당시 일본 동경에서 읽었습니다. 일본 어느 대학교수가 이를 읽고 위대한 교육이라고 찬탄한 것을 지금도 기억하고 있습니다. 그런데 우리에게 있어서는 오늘날까지 선생은 여전히 묵살되고 있는 것입니다. 아니, 위대한 교육이면 위대한 결과가 있어야 할 것이 아니냐 하고 무시와 모욕을 당하고 있는 것입니다. 그러나 선생의 이 교육도 우리에게 아무 힘이 되지못하였다면 이야말로 우리의 철저한 무지와 부도덕, 죄악을 표시하는 것으로서, 민족의 장래를 위하여 중대한 일이 아닐 수 없습니다. 여기서 이제 우리는 다시 선생이 교육 이상 더욱 민족의 신앙, 종교를 위하여 진력하신 것을 생각해야 합니다.

사람의 죄악의 문제, 영혼의 문제, 구원의 문제는 교육이나 단순한 도덕적인 노력으로써는 도저히 해결될 수 없는 것입니다. 그것은 진정한 종교 신앙으로써만 가능한 것입니다. 선생 자신 청년 시대까지 깊은 유교의 신념 가운데서 살아왔던 것입니다. 그러나 우치무라의 순수한 산 성서신앙으로 비로소 기독교의 구원을 체험했던 것입니다. 따라서 우리는 선생이 더욱 민족의 구원을 단순한 교육에 두었다고 생각할 수는 없는 것입니다.

이 점 '성서조선' 주필로서의 일이야말로 진정 선생의 사명적인 일이었습니다. 선생에게 교육은 다만 자신이 내심 본질적인 것으로 생각한 신앙에 대해 세례 요한의 역할로써 한 일이었습니다. 사실상 종교라고 하지만 그것은 역시 사람에 대한 일이기 때문에 신앙에 대한 도덕적인 준비로서 우선 이를 하였던 것입니다. 그러므로 1940년 양정 10년을 마감으로 선생은 성서 연구에 전념하시기 위해 일단 교육을 포기하였던 것입니다. 그러나 당시 소위 일제 태평양 전쟁하의 절박한 정세가 선생으로 하여금 다시 한때 교단에 서게 하기도 했습니다.

따라서 선생이야말로 교육 이상 한국의 신앙사, 기독교사에 있어서 더욱 유니크한, 존재가 되신 것입니다. 그리고 선생의 신앙의 특이성은, 선생이 기독교를 기성 교회와 같이 제도나 교회조직, 전통, 교리, 신학, 기독교 사상, 사업 등으로 받지 않고, 오직 성서 자체의 연구, 진리 자체의 구명(究明)으로 민족의 종교와 신앙을 확립하려고 노력한 점인 것입니다. 선생은 자신의 성서연구회 입회를 3년간의 출석을 다짐하고야 허락하였습니다.

선생은 당시 우리들에게 길선주(吉善宙), 김익두(金益斗) 목사류의 감정적인 부흥 중심의 신앙 태도는 건실한 학구적인 면으로 방향을 돌려야 한다고 역설하였으며, 이제는 기독교를 믿어도 냉수를 쳐가며 믿어야한다고 강하게 주장하였습니다. 이는 과연 선생이 벌써 오늘의 이 박 장로, 나 장로 하는 신앙 현실을 내다보시고 말씀하신 것이 아닙니까? 나는 선생이 돌아가신 후 선생의 서재를 정리하던 중, 칼빈, 마이어, 고데, 벵겔, 국제비평주해(ICC) 등 일반적인 성서주해는 물론, 빌렐베크의 주해, 홀덴벨크의 히브리어 문전, 바우어의 희랍어 사전 등 고급 학술 서적 등을 발견하고, 민족의 신앙을 위한 선구적인 선생의 성서 연구의 태세에 접했던 것입니다.

이 점 우리는 '성서조선' 75호 권두문에서 '성서조선'의 발간목표와 민족 신앙에 대한 선생의 위대한 포부에 접하는 것입니다. 선생은 여기서, '성서와 조선, 성서를 조선에, 조선을 성서 위에(Bible and Korea; Bible to Korea; Korea on the Bible)'고 하셨습니다.

우리는 교회사를 통하여 기독교 신앙 자체의 개혁은 물론 이의 각 민족적인 소화 역시 언제나 성서 자체에 대한 노력과 연구로써 이루어진 사실을 상기하는 바입니다. 근세 종교개혁 전후의 교회사의 사실만 보아도 보헤미아의 후스, 이탈리아의 사보나롤라 등으로부터 루터, 칼빈, 쯔빙글리 등 직접 개혁자들을 거쳐, 다시 프랑스의 쟝세니스트, 네덜란드의 아르미우스 파, 영국의 웨슬리운동 등에 이르기까지 모두 진지하고 방대한 성서 연구로써 민족적인 종교개혁과 신앙 확립을 가져왔던 것입니다.

우리가 보통 신학자로 알고 있는 칼빈만 해도 신구약 전체를 통하여 실로 방대한 연구를 한 것으로, 일례로서 그중 욥기만 해도 159회, 이사야가 343회, 사도행전이 149회에 걸쳐 연구되고 있습니다. 이에 비하면 그의 순 신학적인 저작이란 극히 적은 분량인 것입니다. 이 점 또한 김 선생의 신앙의 은사인 일본의 우치무라가 동양인으로서 생애 성서 연구를 통해 기독교의 본질, 특히 교회에 대한 본질로서 주장한 무교회 신앙이 오늘날 세계적으로 종교개혁적인 문제를 제기하고 있는 사실을 들 수 있습니다.

우리는 여기서, 기독교 전수(傳受) 근 백 년에 아직도 이야기체의 성경 공과서에 의한 성경 공부나, 그렇지 않으면 만담이나 수양담식의 설교를 일삼고 있는 한국 교회의 성서에 대한 태도로써는, 앞으로 또다시 백 년이 경과하여도 도저히 기독교 신앙을 진정 우리 것으로 이해, 소화, 파악할 수 없을 것을 단언하는 바입니다. 그리고 이는 또한 교계에서 성히 유행되고 있는 소위 신학적인 노력이나 기독교사상 등 연구로써는 더욱 불가능한 것입니다. 한마디로 신학이나 교리, 기독교 사상이란 좋게 말하여 신앙의 학적 전개 또는 지적인 설명이며, 나쁘게 말하여 이는 신앙의 찌꺼나 화석으로서 결코 신앙 자체는 아닌 것입니다.

사실상 유럽 사회에서 오늘날 위기신학 등 운운하지만, 이는 단적으로 종교개혁 시대의 깊은 성서신앙의 조직화, 상품화에 불과한 것입니다. 도대체 신앙의 이해, 체험이란 결코 머리로써 되는 것이 아닙니다. 그것은 성서 자체에 대한 각자의 도덕적인, 전인적(全人的)인 노력으로써만 가능한 것입니다. 누구의 간접적인 신학적 설명으로 깨우쳐질 성질의 것이 결코 아닙니다. 신자 각자가 성서진리를 사실로 체험함으로써 바울, 베드로, 요한, 마태 등과 직접 통하게 될 때 비로소 이루어지는 것입니다. 그러므로 여기에 성서 자체에 대한 직접적인 우리 자신의 노력이 무엇보다도 필요하게 됩니다. 이것이 또한 현대에 있어서 바르트, 브룬너 등의 위기신학 운동이 현대인의 도덕과 사회 만반 사상(事象)에 대한 혁신으로서의 종교개혁에까지 진전되지 못하는 이유인 것입니다. 아니, 그것은 우리가 불트만 등의 경향에서 보는 대로 더욱 신앙을 철학으로, 정신주의로 끌고 가는 것입니다. 그리고 이 현상은 한국의 짧은 기독교사에서도 볼 수 있습니다. 이 기독교의 자주적인 이해 파악을 위한 노력에 있어서 한낱 구미 신학의 추종으로 눈코 뜰 새 없는 교회 신학자들은 문제 삼을 가치가 없는 것입니다.

이에 대하여 우리는 최태용(崔泰瑢)씨와 함석헌씨를 들면 족할 것입니다. 두 분 모두 이 점에서 소위 정통 교회와 관계없이 순수한 성서적인 노력으로 출발했던 것입니다. 그러나 최태용씨의 초기의 순 성서신앙이 교회주의에의 전환과 함께 니체, 도스토예프스키 등 사상에 의한 소위 한국적인 신학 운동으로 변함으로써 끝내 도덕폐기론에 기울어져 전적으로 실패하고 만 것은 주지의 사실입니다. 외람된 말이나 나 자신은 처음부터, 우선 한국적인 신앙의 형성 없이 신학을 생각하는 것은 본말의 전도로서 있을 수 없는 일이라고 반대했던 것입니다. 함석헌씨 역시 순 성서로써 출발한 것은 사실이나, 그 후 씨의 주로 동양 제 종교에 의한 기독교의 새로운 해석의 기도(企圖)가 결국 신앙의 싱크레티즘, 즉 혼합주의의 경향을 거쳐 오늘날에 와서는 십자가도 부활도 없는 하나의 인간적인 사상, 합리주의에 떨어지고 말았습니다.

나는 이 문제에 대하여, 한국에서 동양학으로 유명한 유영모(柳永模)선생을 생각하지 않을 수 없습니다. 선생은 특히 해방 전부터 함석헌 씨와 신앙 관계가 깊으셨던 것으로 배찰(拜察)합니다. 그런데 이 점 나 자신의 기억으로는 김교신 선생 역시 유 선생을 극진히 존경하셨던 것은 사실이나, 선생의 신앙에 대해서는 어디까지나 이를 인생철학으로, 처세훈으로 받으셨을 뿐, 기독교로서 이를 용인하신 것은 절대 아니었던 것으로 아는 바입니다. 그리고 김선생은 최태용씨의 소위 교회주의와 신학 주장에 대하여도 '성서조선 지상을 통하여 심한 논쟁을 벌였던 것입니다.

이상으로 나는 김교신 선생이야말로 누구보다도, 우리가 2천년 기독교사의 결론으로 볼 수 있는 민족적인 신앙 소화, 이해, 파악, 다시 말하면 오늘날 우리가 한국의 교회주의에서 보는 단순한 형식적인 모방이나 제도적인 이식(移植)이 아닌, 기독교 신앙의 산 생명으로서의 민족적인 체험과 확립을 위해 경전 자체, 즉 성서 자체에 대한 본질적인 학구적 노력을 하고 가신 분으로 믿고, 선생께 깊은 공적인 감사를 금할 수 없는 바입니다. 선생이 45세의 젊음으로 가셨으매 이점 민족 신앙을 위하여 애석하기 한이 없습니다.

그러나 한 민족이 사람의 생명이고 본질이 되는 하나의 종교를 자기 것으로 만드는 일이란, 아무리 위대한 인물이라고 하더라도 결코 이를 한 두 사람에게 기대할 수는 없으며, 또 짧은 시간에 이루어질 성질의 것도 아닙니다. 더욱이 과거 불교도, 유교도, 제대로 소화하지 못한, 따라서 민족의 높은 도덕 생활의 추진력으로서의 진정한 종교를 아직도 갖지 못한 우리에게 있어서는 더욱 그렇습니다. 이점 김 선생의 한국인으로서의 특히 그 위대한 심성(心性)을 통해 민족의 이 본질적인 일이 우리에게 구체적으로 분명한 방향으로 제시되고 또 굳게 그 토대가 놓여진 것을 깊이 감사하는 바이며, 앞으로 이 방향에서 우리의 응분의 노력이 꾸준히 계속되어야 될 줄로 믿는 바입니다.

끝으로 종교의 민족적인 소화 확립을 위한 이 사업에 있어서 종교 진리 자체를 위한 전인적인 노력과 함께 수레의 양 바퀴같이 절대적으로 요청되는 또 하나의 성격이 있으니, 이는 곧 애국의 열정, 지성(至誠)인 것입니다. 이가 깊이 종교진리와 결부되어 비로소 결실을 보게 되는 것입니다. 우리는 모세, 이사야, 예레미야, 바울, 루터, 녹스, 틴들, 우치무라 등에서 다 이를 보는 것입니다.

이 점에서도 김 선생은 역시 유니크한 천성적인 품격을 지닌 분이었습니다. 선생은, 자신은 물말이보다는 눈물말이가 더 잘 소화된다고 하신 대로 눈물의 사람이었습니다. 그것은 또한 선생에 있어서 예레미야와 더불어 애국의 눈물이었습니다. 선생은 생애 정포은(鄭圃隱)의 초상과 함께 한국 대형지도를 벽에 걸고 이를 쳐다보셨습니다. 박물학자이신 선생은 하나님의 선물로서의 국토에 대하여도 깊은 감사를 갖고 계셨습니다. 위 '성서와 한국'은 선생이 가장 사랑하는 것으로, 이의 깊은 결합이야말로 선생의 야심이었습니다.

내가 선생의 가정 집회에 처음 나갔을 때, 당시 30대의 선생이 모시 두루마기와 짚신으로 대문을 열고 맞아 주시던 그 모습을 지금도 나는 잊을 수 없습니다. 하루하루의 식탁의 간단한 기도에서도 민족 위에 하나님의 축복을 비시는 선생의 목소리는 언제나 떨리셨으며, 끝나면 언제나 손수건으로 얼굴을 가리시곤 하였습니다. 일제하 1942년 성서조선지가 폐간과 함께 전국적으로 압수되고, 선생은 물론 여러 동지들과 수많은 독자들까지 검속된 소위 '성서조선사건'은, 사실은 종간호(終刊號)가 된 158호에 실린 선생의 '조와(弔蛙)'라는 글에서 직접 발단되었습니다.

그것은, 연중 새벽 기도터로 삼으셨던 개성 송악산 기슭의 조그만 못에서 혹한이 걷히고 얼음이 풀린 어느 봄 날, 선생이 많은 개구리의 시체를 발견하고 이를 모아 매장하고 나서, 다시 못 속에서 아직도 두어 마리 살아남아서 기어 다니는 것을 보시고, '아, 전멸은 면했구나!' 하고 외치셨다는 단문인데, 이는 물론 태평양전쟁 말기 일제하의 민족의 무서운 시련을 그린 것이었습니다. 선생은 검사의 취조에서도 끝끝내 '황국신민서사(皇國臣民誓詞)'는 '망국신민서사'가 될 것이고, 만주사변은 어린애가 호랑이를 탄 격밖에 못 되며, 일본천황은 분명히 신의 창조물에 불과하다고 답변하셨다고 합니다. 이는 선생에 있어서 신앙고백, 진리에 대한 충성과 함께 민족의 양심의 표명이었습니다. 그리고 기독교의 진리는 이 민족의 양심과 결합하여 비로소 민족의 산 신앙으로서, 생명으로서, 힘으로서 뿌리를 박게 되는 것입니다.

(1962년 5월)

예수의 세계전도 명령

근일 신문을 보면, 우리 사이에서 모든 범죄가 더욱 악마적으로 되어 가는 데 놀라지 않을 수 없다. 학생이 학교 우물에 독을 푼다든지, 아동 유괴, 교통사고에 의해 짐짓 생명을 끊는 등. 이는 물론 표면적으로는 우리의 현실의 어려움과 혼란에서 오는 것으로 동정의 여지가 없는 것은 아니다. 그러나 근본적으로 이는 결국 사람 자체의 죄악성, 영혼의 병적 상태에 기인하는 것으로, 이에 대한 지나친 동정은 금물인 것이다.

사실상 사람에게 있어서 이 점은, 즉 그의 죄성(罪性)은, 범죄를 실행했건 안 했건 백지장의 차이인 것이다. 이 점 각자가 자기의 심중을 들여다 볼 일이다. 여기서 나는 예수의 세계 전도의 명령을 상기하는 바이다. 다소의 차이는 있어도 네 복음서 전체가 이로써 끝나고 있다 (마태 28:19, 마가 16:15, 누가 24:47, 요한 21:15). 기독교의 전도란 결국 예수의 복음에 의한 사람의 죄의 문제의 해결, 영혼의 구원이다. 그리고 예수의 이 전도 명령은 실로 그의 유언으로서, 이는 소위 오늘날 교회 조직이나 특정 전도인이나 직업적 종교가에 대한 것이 아니고, 그를 믿는 모든 기독자에 대한 것이다.

이는 예수의 종교가 재래 모든 종교에 있어서의 신전 조직이나 의식과 제도에 대한 형식을 타파, 지양하고, 영과 진리로써 신앙을 확립한 데 근거하는 것이다(요한 4:23-24). 그리고 그의 이 전도명령이 그 자신의 죽음에 의한 인류의 속죄의 완성과 부활을 통한 영적 상태에서 행해진 것을 주목해야 한다. 그러므로 영과 진리의 종교라고 할 때, 이는 결국 그 자신에 의한 사람의 영혼의 구원과 이를 통한 그와 신자와의 영적인 결합을 말하는 것이며, 여기서 이 구원의 사실에 접한 모든 기독자에게 또한 그의 유언으로서 이 전도 명령이 주어진 것이다.

그러므로 기독교 신앙에서 구원과 전도는 뗄 수 없는 것으로서, 예수는 이를 그의 모든 제자들에게 명한 것이다. 그리고 세계전도라 하지만, 모든 사람이 리빙스턴이나 허드슨 테일러가 될 필요는 없다. 모든 기독자가 있는 그 자리에서 이를 행할 때 복음은 자체의 힘으로 세계화되는 것이다. 그리고 전도는 자기 영혼의 구원에서 발동되는, 동포, 이웃, 타인의 영혼에 대한 자발적인 사랑의 발로인 것이다. 따라서 전도는 구원의 바로메타-계량기이며, 신앙 진보의 척도인 것이다. 그리고 그것은 또한 모든 기독자의 일이며, 어떤 특정한 방식이 있을 수 없다. 어머니의 사랑에 있어서는 의식 무의식 저의 생활 전체가 자녀의 교육을 위한 것인 것과 같이, 우리의 생활 전체가 동포, 이웃, 타인의 영혼에 대한 동정과 배려, 사랑에서 행해지면 그만이다. 그리고 오늘날 우리 동포의 영혼이야말로, 죄악이야말로, 절실히 이를 요구하고 있는 것이 사실이 아니냐? 그렇다. 사람의 영혼의 병과 죄를 구하는 것은 이 복음 이외에 아무것도 없다. 루터의 신앙절대주의와 만인사제주의(萬人司祭主義)를 생각한다.

(1963년 5월)

교회냐, 그리스도냐

신자를 크리스천이라고 한다. 이는 그리스도의 소유란 말이다. 로마서 벽두에서 사도 바울은 자기를 그리스도의 노예라고 부르고 있다(1:1). 이 역시 철저히 소유, 예속의 뜻을 갖는 것이며, 그는 계속 로마의 신자들을 예수 그리스도의 소유로 세상에서 부름 받은 하나님의 사랑하는 자들이라고 했다(1:6). 그렇다, 신자란 단적으로 하나님에 대한 믿음과 그의 의로 다시 난 자이며(1:17), 하나님으로 말미암아 영으로 다시 나서 죽어도 죽지 않는 영원한 생명을 소유한 자이며(요한 3:16), 아니 실로 하나님의 자녀로서 천국 백성 된 자인 것이다(빌립보 3:20).

그러므로 여하한 환난도, 고뇌도, 박해도, 기근도, 헐벗음도, 위엄도, 칼도 저를 그리스도의 사랑에서 끊을 수 없다. 그렇다, 여하한 악마의 세력도, 여하한 삶과 죽음도, 미래의 지옥도 하나님의 사랑에서 저들을 끊을 수 없음은 물론, 이 모든 일에 있어서 이기고 남음이 있는 것이다(로마 8:35 이하).

그런데 이렇게 절대적인 의미에서 하나님의 소유, 그리스도의 노예인 신자가 오늘날 소위 교회의 노예로서, 바울 선생이 말한바 세상 벨리알과 짝하며(고후 6:15), 베드로가 말한바 개가 토한 것을 다시 먹는 식의 온갖 죄악 가운데 누우며(벧후 2:22), 아니 실로 그들은 성령이 아니라 양심 이하로, 천국이 아니라 지옥에 사는 존재가 되었다. 빛이 아니라 암흑이요, 소금기가 빠져 길가에 버린 존재가 되어 세인의 빈축과 모욕의 대상이 되었다. 이리하여 이들은 예수로 하여금 죄의 구속자가 아니라 악의 발동자로 만들며, 하나님의 영광은 고사하고 그의 얼굴에 똥칠하는 자들로 추락하였다. 생각건대 이는 결국 응당 하나님의 교회요 그리스도의 교회여야 할 오늘날 기독교회 자체가 자기의 배를 신(神)으로 삼는 직업 종교가의 소유가 되고, 돈이면 사족을 못 쓰는 장로들과 하나님도 마음대로 주무른다는 오만 불손한 교직자에게 넘어갔기 때문인 것이다. 여러 증거가 필요 없다. 오늘날 한국의 대부분의 교회가, 그것도 각파에 있어서 이모저모로 중심적인 교회들이 대체로 세상적인 법적 투쟁에 있고, 또 소송으로서 그 소유권이 결정되는 상황임을 상기하라. 그렇다, 현대 교회란 결국 하나님의 소유가 아니라 종교가들의, 아니 교파와 파벌과 당파, 집단의 소속일 뿐이다. 그러므로 오늘날 기독교의 부패, 타락과 그 무력은 결국 교회관의 본질적인 과오에 있는 것이다. 즉 우리가 알다시피 교회, 에클레시아(ἐκκλησία)란 그 본뜻대로 하나님께 부름받은 자들, 즉 저의 소유된 자들의 집단인데도 불구하고, 오늘의 교회는 이를 완전히 전도시켜 소위 인간적인 집단으로서의 교회가 가톨릭적인 절대권을 갖고, 그 가운과 촛불과 2, 30분의 진리 아닌 만담과 의식과 면죄부 같은 헌금으로 신자를 제조 남발하기 때문인 것이다. 이 점 나의 무교회주의란 오늘날 이 퇴화된 신교 교회와 관계없이 오직 하나님의 말씀, 성서 한 권으로 진정한 하나님의 소유되어, 예루살렘도 게리짐산도 아닌 영과 진리로써 예배하는 신앙생활, 명실 공히 진정한 에클레시아의 지향에 있다. 특히 하나님과 그리스도는 오늘날 우리의 이 부패 타락한 신앙 현실에서 이런 영의 예배자와 영의 에클레시아, 진리의 교회를 기대함이 간절할 것이라고 생각하기 때문이다(요한 4: 19 이하).

(1963년 6월)

기독교인의 사회참여에 대하여

근래에 신자 모씨가 찾아와서, 이 어려운 현실에서 날마다 방에 앉아 성경이나 주무를 것이 아니라, 종로 거리에라도 나가 군사 정권의 종식을 위한 전단이라도 뿌리고 시위라도 하라는 것이었다. 그러나 나는 기독교는 전단이나 시위로 나라를 바로잡는 천박한 종교는 절대 아니라고 하여 그를 쫓아 버렸다.

요사이 사회적으로 지식인들 간에 소위 기독교의 사회 참여에 대하여 많은 논의가 있다. 그러나 나 자신은 무엇보다도 이들 식자들을 밉게 생각하는 바이다. 저들은 평소 기독교를, 아니 종교를 미신시하거나 무시하는 자들이다. 또 저들은 한국 사회에서 과거 한때 기독교의 물을 먹었으나, 대체로 오늘날 이를 버린 배교자(背敎者)들인 것이다. 이제 그들이 정치적인 난국 운운하며 기독교의 세력에 착안, 이의 사회 참여를 부르짖게 된 것이다.

그러나 나 자신 여기 대해 결론부터 말한다면, 기독교는 결코 정치적인 방도로써 나라를 구하는 그런 천박 안이한 종교는 아닌 것이다. 전날 나치 시대 히틀러 정부가 기독교에 협력을 구했을 때 독일 신교 연맹은, 기독교는 복음으로써 국가와 민족에 봉사하는 것이지 국가사회주의에의 협조로써 이를 하는 것은 절대 아니라고 한마디로 이를 거절했던 것이다. 그렇다, 기독교는 사람의 영혼을 구하고 양심과 도덕을 바로잡음으로써 사회와 국가, 민족을 구하는 복음적인 종교인 것이다.

그런데 사실상 오늘날 한국의 기독교란, 부끄러운 말이지만 자발적인 사회 참여는커녕 기독교 복음의 본질조차 파악하지 못하고 국민의 영혼과 도덕에 아무런 영향도 미치지 못하는 무력한 존재로서 사회의 지탄을 받고 있는 것도 사실이다.

그러면 오늘날 이 한국 기독교의 무력의 원인은 도대체 어디서 온 것이냐? 결국 나는 이를 과거 기독교가 너무나 정치적인, 현실적인, 길을 걸어 왔기 때문으로 보는 바이다. 즉 한국 기독교는 일제 때 3·1운동 등 살인적인 정치 투쟁과 교육, 의료사업과 심지어는 농촌진흥, 국산장려운동 등에 이르기까지 선봉에 서서 정치적인 애국과 사회 참여에 전력을 기울임으로써 국민의 영혼과 양심, 도덕 문제를 해결하는 복음적인 구원에서 멀어졌음은 물론, 또한 복음 자체의 깊은 소화, 체험, 내용, 능력을 상실하고 오늘의 무력을 초래한 것이다.

사실 지난날 이승만씨나 김구, 여운형 같은 인사가 다 기독교인으로 자처했으며, 기독교 역시 이들을 큰 자랑으로 생각했던 것을 상기하라. 그러나 기독교는 실컷 저들에게 이용당하고 정치적인 독립이라고 이루어진 오늘날 한낱 길가의 잡초 같은 존재로 떨어진 것이다. 아니, 종교를 팔아 이룬 그 후 독립의 길이 또한 오늘날 과연 어찌되었느냐? 해방 후 20년, 국민의 무자각, 혼란, 죄악을 생각하고 나는 실로 몸서리치는 바이다. 그렇다, 외교입국(外交立國)이나 살인입국이나 교육입국이 아니라 실로 종교입국이었어야 할 것이었다.

그러므로 나는 오늘날 우리의 이 불우 기구한, 더러운, 추잡스러운 사회 현실, 정치 현실이란 몇 명 정치인들의 죄악이나, 또는 정치체제가 갖추어지지 않은데 있는 것으로는 결코 보지 않는다. 그렇게 보아 버리기에는 나의 부족한 양심이 이를 허락하지 않음과 함께 또한 우리 4천 년 역사가, 아니 해방 후 내 눈으로 보아 온 우리 20년 현실이 너무나도 심각한 문제를 내포하고 있다. 이는 결국 근본적으로는 종교를 정치와 바꿔 먹는, 이 에서의 족속, 우리 국민에게는, 특히 그 식자들에게는, 우이독경의 진부한 소리로만 들리겠지만, 우리국민 전체의 더러운 도덕 상태, 그 구린내 나는 양심을 드러내는 것 외에 아무것도 아닌 것이다.

그리고 사람의 제1의적인 본질 문제인 도덕 문제, 양심 문제는 사람이 자기로써 또는 정치나 경제가 능히 해결할 수 있는 문제가 절대 아닌 것이다. 그것은 오직 사람의 양심과 도덕의 부여자이시고 또 이로써 사람을 지배하시는 하나님에 대한 산 종교 신앙으로써만 가능한 것이다. 그리고 개인의 가치가 궁극적으로 저의 도덕, 양심 상태로써 결정되는 것과 똑같이, 정치나 사회, 경제 역시 궁극적으로 그 국가와 국민의 도덕, 양심 상태로써 결정되는 것이다. 결코 이의 반대는 아닌 것이다.

그러므로 오늘날 한국 국민의, 밥만 잘 먹으면 모든 것을 잘 하겠다고 하는 소리는 의식 무의식 간에 사람 자체를 모르는 철부지의 소리인 것이다. 그렇다면 오늘날 한국 사회에서 경제인이나 배우나 교수나 일선 정치가가 제일 배부른 대신 제일 양심적일 것이 아니냐. 그러나 사실은 반대로 저들이야말로 국가와 민족을 망치는 존재가 되고 있다. 심한 말이냐? 그러나 오늘날 교육계의 현실과, 과거 유능한 교수들의 정치에의 타락과 요새 정계의 추잡상을 보라.

그런데 오늘날 한국의 식자는 이렇게 사람의 본질과 영혼과 양심에 관계되는 종교를 왜 현실과 정치의 시궁창으로 끌어내리려고만 하는 것이냐? 이는 결국 종교를 이용하려는 심사에 불과하다. 종교는 이용할 것이 아니고 각자가 믿어야 하는 것이다. 현실이 어려우면 어려울수록 도리어 우리에게는 개인이고 전체고 종교를 살려내려는 노력이 필요하다. 실로 이 판국에서 종교마저 썩어서는 안 된다. 우리는 아무리 밥에 허기진 4천 년 노예 민족이라고 하더라도, 이 더러운 국민과 민중과 어리석은 다수에 아첨하여 결코 종교를, 영혼을 정치에다가, 밥에다가 팔아먹어서는 안 된다. 카알라일은 일찍이 투표 궤짝에서 아무것도 좋은 것이 나올 수 없다고 하였다.

오늘날 식자들은 이스라엘 예언자들의 현실적인 싸움을 말하고 또 근세 종교개혁과 유럽 문명의 창조를 말한다. 그러나 예언자들의 종교는 국가를 멸망시키는 외세의 침습까지도 오직 자국민의 부도덕과 불신, 죄악에 돌려 이를 신의 심판으로 규정했던 것이다. 그들은 자기 나라를 치는 앗시리아와 바빌로니아의 군국주의도 이를 신의 징계의 채찍으로 받았다. 16세기 루터의 개혁은 신앙만의 신앙에 의한 유럽인의 양심의 각성, 심령의 전환-컨버전, 종교의 개혁이었던 것은 누구나 부인할 수 없을 것이다. 그리고 이 바탕위에서 적어도 차후 유럽 문명의 최선의 부분이 꽃핀 것이다.

이 점 우리는 루터가 종교개혁을 사회, 정치 개혁과 혼동한 농민폭동을 저주한 사실을 상기할 것이다. 그러므로 나는, 우리에게 이 말썽 많은 군사정권도 신의 역사 섭리에서 군사 자체의 임무가 그런 것과 같이, 자국민으로써 우리의 부도덕과 무자각을 치는 신의 징벌로 보는 바이다. 외세를 막는 군대가 자국민을 손에 넣은 것은 이 이외의 뜻이 있을 수 없다. 그러므로 군사 정권이여, 이 부패 타락한 철없는 더러운 국가와 민족을, 앞으로 4년이 아니라 10년이고 20년이고 더욱 심하게 치고 조지라. 이 4천 년 동안 먹고 마시고 노는 것밖에 모르는 더러운 민족을! 그러나 한 가지로 그대들도 이 무서운 살아계신 신의 심판의 손아귀에 쥐어 있는 코로 숨쉬는 존재, 더욱 더러운 한국인인 것을 알아야 한다.

오늘날 기독교는 결코 정치의 시궁창에 떨어져 분열의 비극을 자취해서는 안 된다. 하루 속히 민족의 도덕을 위한 전투태세를 갖춰야 한다. 그리고 식자들은 우선 여기 정치의 이념이 될 수 있는 학문과 사상, 철학을 살려내야 한다.

(1963년 7월)

정신의 천박

천고마비의 가을! 그러나 사람의 정신이 수척하고야 하늘만 높고 말만 살쪄 무엇하리오. 더욱더 밝고 높고 푸르른 가을 하늘아래 백곡이 성숙의 금파(金波)로 뒤덮인 나의 국토 자연을 바라보며, 나는 요새 우리의 정신의 수척, 천박을 탄식하지 않을 수 없다. 이리하여 오랫동안 중단했던 고전 독서회를 다시 열기로 했다. 주일 성서집회 후 8, 9명이 우선 아우구스티누스의 '고백'에서 시작하여 밀턴의 '실낙원', 괴테의 '파우스트', 단테의 '신곡', 그리고 나아가서 키에르케고르, 파스칼, 칸트, 또 나아가서는 호메로스의 '일리아드', '오딧세이아', 플라톤의 소품(小品) 등에까지 손을 뻗치기로 했다.

우선 '고백' 첫머리에서 아우구스티누스의 유명한, "당신은 우리를 당신을 향해서 지었기 때문에, 우리의 마음은 당신 안에 쉬기까지는 평화가 없습니다"라고 한 말에 접해, 오랜 애인이나 대한 듯 반갑고 또 감개무량한 것이 있었다. 아우구스티누스의 이 고백의 배후에는 실로 그의 청년 시절 절도를 잃은 육적인 방종에서부터 시작하여, 물질적인 마니교의 미망(迷妄)과 극단으로 회의적인 신 아카데미파의 철학을 거쳐, 끝으로 신비적인 신 플라톤파의 철학을 극복하고 기독교의 회심을 통하여 하나님 품안에 그의 피곤한 영혼이 안식을 발견하기까지는 실로 근 20년의 정신적인 방황과 절망, 고투가 있었던 것이다.

특히 장기간에 걸친 이 고투 가운데서도 그가 끝까지 이성적인 판단과 도덕적인 감각과 진리에 대한 열애를 잃지 않은 것이야말로, 그로 하여금 산 하나님과의 대면을 통해 결정적으로 문제의 해결을 보게 한 것이었다. 즉 그는 비록 인생에 대한 회의와 타락과 절망 가운데서 헤매었지만, 끝까지 한 가닥 인생의 진실을 잃지 않았던 것이다.

돌이켜 나는 여기서 우리의 현실을 바라본다. 아, 너무도 천박한 현실이다. 그것은 바로 단테가 지옥에 들어갈 자격조차 없는 자들이라고 하여 지옥 밖에 방치한, 선악 간에 진실 없는, 다만 인생을 향락하려는 무리들로 차 있다. 쉬운 예로 현대인의 입에 오르내리는, 그리고 곧장 그들의 생활을 표시하는 말들을 상기해 보라. 영화, 라디오, 텔레비전, 스포츠, 바둑, 배우, 가수, 탤런트, 신문, 잡지, 정치, 쌀값, 사랑, 돈, 맥주, 술, 노래, 댄스, 담배 같은 것이 아니냐. 그리고 또 그들이 제일 싫어하는 말은 도덕, 양심, 영혼, 종교, 신(神), 진리, 희생, 진실, 성실 같은 것들이다.

그들은 문예 작품이나 심지어 종교 경전까지도 영화로써 즐긴다. 너무도 천박한 인생이다. 아니, 여기에는 벌써 인생은 없다. 육적인 간, 본능적 인간, 그렇다, 동물로 떨어진 인간이 있을 뿐이다. 그러므로 여기서는 종교도 돈벌이로 떨어지고, 교육과 학문도 장사가 되고, 정치도 집권을 위한 난투일 뿐이다.

그러나 기독교는 말한다. "먼저 하나님 나라와 그의 의를 구하라"고(마태 6:33), 또 "풀은 마르고 꽃은 시들되, 영원히 서는 것은 오직 하나님의 말씀 진리뿐이다"라고(이사야 40:8).

(1963년 9월)

너무나 정치적!

광인(狂人) 철학자 니체의 말에 '너무도 인간적'이라는 유명한 말이 있다. 나는 요새 우리의 현실이야말로 '너무나 정치적'임을 슬퍼하는 바이다. 그렇다, 요새뿐이 아니다. 해방 후 20년이 고스란히 그랬다. 미군 군정 시대나 이승만 정권 시대나, 민주당 시대, 군사 정권시대가 다 이 점에서는 똑 같았다. 거슬러 올라가면 일제 36년도, 조선시대도 그랬다. 일제 때 동경서 우리 유학생이 모여 앉으면 대체로 이야기는 총독정치가 물러가기 전까지는 공부도 다 쓸데없다는 것이었다.

지난번 케네디가 죽었을 때 미국서 보내 온 친구 소식에, 이상할 정도로 아무런 동요 없이 국민이 전체 자기 일에 충실하는 것을 보고, 이야말로 미국이 미국 된 강점(强點)인 것을 알았다고 있었다. 수년 전 나 자신 해방 후의 일본을 여행하고 느낀 소감 역시 조용한 순종의 민족이구나 하는 것이었다. 2차 대전 중 영국서는 사전출판 등 정신적인 일도 중단되지 않고 계속되었던 것이다.

그렇다, 오늘날 미국의 역사와 현실은 결코 우리가 생각하는 의미의 소위 정치의 소산은 아닌 것이다. 건국 자체가 청교도의 신앙과 양심과 근면으로 이루어진 것은 아무도 부정 못하는 역사적 사실이다. 슈바이처도, 오늘날 유럽 사회는 천 년을 바라보는 유럽 여러 대학의 소산이라고 했다. 그렇다, 대학을 통해 꽃을 피운 희랍 철학의 소화인 르네상스와, 기독교의 소화인 종교개혁이 이의 깊은 근원이 되고 있는 것도 부정할 수 없는 사실이다.

이런 사실과 관점에서 볼 때, 나는 우리의 이 고스란히 20년 동안의, 아니 우리 역사 전체의, 특히 근세사의 정치적인 불우(不遇)와 혼란은, 결국 우리가 너무도 정치적인 데 도리어 원인이 있는 것으로 본다. 그렇다, 국가나 정치는 행정 수완만으로는 움직일 수 없는 것으로, 이의 이념이 되는 사상, 철학이 있어야 하며, 근대 사회와 모든 산업 또한 고도의 과학 지식과 기술 등 전문 학문을 필수 조건으로 하고 있으므로, 국민의 양심과 정신이 썩어가지고는 도저히 이것이 바른 방향으로 또 제대로 움직일 수 없는 점에서, 사람의 도덕과 심성(心性)과 관계되는 산 종교 또한 절대로 필요한 것이다.

특히 근래 우리의 정치적인 격돌상(激突相)은 정권 자체의 교체에 그 목표가 있는 것이 아닌가 보여진다. 때문에 더욱 심각성을 띠는 듯하다. 그러나 나 자신은 투표 이외의 방법으로 되는 비정상적인 교체는 한두 번으로 족하다고 생각한다. 쿠데타는 두 번 다시 있어서는 안 된다. 4년을 못 참겠나? 그러면 36년은 어떻게 참았느냐? 이 점 나는 5·16은 물론, 정신 혁명 아닌 4·19조차도 반갑지 않게 생각하는 바이다.

진정 정치에 관심 있는 자는 차후 이상적인 정권 교체를 위해 국민을 정신적으로 계몽할 것이다. 지금 와서 부정 선거 운운하는 자들은 선거 당시에 이를 보이코트했어야 할 것이었다. 나는, 실례이나, 우리 국민에게 지금 당장 이상적인 선거나 이상(理想)정치를 할 자격이 있다고는 보지 않는다. 그러므로 정치 운동이 아니라 정신적인 계몽 운동이 필요하다고 생각한다. 일제 말기 나는 동경서 몇 번이고 이중교(二重橋)에 폭탄을 던지려고 하다가 결국 신앙양심 때문에 이를 못 했다. 더욱이 지금 내 나라에 대해 이런 사태를 허락할 수는 없다.

(1964년 5월)

사랑과 도덕

기독교는 사랑의 종교이다. 예수의 위대는 하나님을 사랑으로 나타낸 점이다. 그리고 그 자신이 이를 위하여 생명을 바친 점이다. 그런데 여기 대해 자칫하면 오해가 있을 수 있다. 특히 우리 기독교에서 나는 이를 보는 듯하다. 기독교가 오늘날 사회의 핀잔을 받는 것도 이 때문으로 생각된다. 즉 '하나님은 사랑이니 모든 것을 용서하겠지. 사람은 약하니 할 수 없어' 하며, 신자가 세상사람 이상 더욱 부도덕과 악을 행하는 일이다. 여전히 남을 미워하고 욕심을 못 버리고 인색하고…

이리하여 의식적이든 무의식적이든 그들이 하나님을 믿는 것은 결국 자기 욕심을 만족시키고 자기의 부도덕을 은폐하기 위하여, 즉 우상으로서 이를 믿는 것이다. 그러니 오늘날 신자가 사회의 핀잔과 지탄을 안 받을 수 없게 되었다.

그러나 도리어 기독교는 사랑의 종교이므로 철저히 도덕적인 종교이다. 부모는 자식을 절대적으로 사랑하기 때문에, 비록 자신이 도둑일지라도 자식에게만은 철저히 선인 될 것을 기대하고 요구하는 것이다. 결혼에 고도로 순결이 요구되고, 가정에 성실이 요구되고, 우애에 진실이 요구되는 것도, 이것이 전적으로 사랑의 관계이기 때문이다. 기독교는 하나님을 사랑이라고 한다. 그렇다, 그러므로 하나님은 우리에게 불의와 부도덕을 허락하실 못하신다. 기독교가 하나님을 절대 사랑이고 절대 의라고 할 때에도, 그는 절대 사랑이기 때문에 절대 의임을 말하는 것이다.

신자도 사람이니 할 수 없다고 하지만, 그러나 하나님의 사랑은 자기의 아들 그리스도를 십자가에 달아 우리에게 그 자신의 사람과 의를 부어 주신 것이다. 이를 무조건 아멘으로 받는 것이야말로 기독교 신앙이다. 그러므로 기독교에서 사랑은 결코 하나의 덕목이 아니다. 그것은 우리를 도덕적으로 살려내는 하나님의 생명인 것이다. 그렇다,

남을 사랑하는 자는 그에게 악을 행할 수 없다. 우리는 고린도 전서 13장 바울의 사랑의 찬가의 깊은 뜻을, 그리고 그의 신앙의 위대를 알 수 있게 된다.

그는, "내가 비록 천사의 말을 할지라도 사랑이 없으면 울리는 꽹과리에 불과하다고 했다. 예언의 능력이 있고, 모든 지식에 통달하고, 깊은 계시의 비밀을 알고, 산을 옮기는 믿음이 있어도 사랑이 없으면 제로, 무(無)라고 했다. 재산을 다 희사하고, 아니 몸을 불사를 수 있어도 아무 소용이 없다"고 했다. 그렇다, 그는 여기서 도덕의 원천으로서의 사랑만이 영원성을 띠는 것이라고 했다. 그는 "사랑은 범사에 참고, 친절하고, 시기하지 않고, 교만, 자만하지 않고, 무례하지 않고, 진리를 기뻐하고, 만사에 하나님의 최선을 믿고 낙망하지 않는다"고 했다. 기독교의 사랑은 도덕을 내포, 완성하는 사랑이다.

(1964년 7월)

십자가

사도 바울의 기독교는 철저히 십자가교였다. 그는 "나에게는 우리들의 주 예수 그리스도의 십자가 외에는 아무것도 자랑할 것이 없다"고 하였다(갈라디아 6:14). 그의 전도는 오직 이 십자가의 제시였다. 같은 갈라디아서 에서 그는, 갈라디아 사람들 앞에 분명히 십자가에 달린 그리스도를 제시한 것을 말하고 있다(동 3:1). 여기 제시란 말은 요즘의 플래카드란 말이다. 모패트 주해에서 던컨은 이 대목을 주해하는 가운데, 예수의 십자가는 인류 역사상 최대의 플래카드라고 했다.

그렇다, 이 십자가야말로 전 인류에게 제시된 최대의 플래카드였다. 그러면 이 최대의 플래카드의 제시자는 대체 누구냐? 그것은 예수 그리스도 자신일 수는 없다. 전도자 바울일 수는 더구나 없다. 그렇다, 그것은 하나님 자신이었다. 그가 역사상 최대의 플래카드로서 예수의 십자가를 전 인류에게 제시한 것이었다. 전 인류의 절대적인 필요물로서. 그러므로 바울의 십자가의 전도는 엄밀히는 하나님의 이 십자가의 제시를 사람들에게 가리키는 것에 불과하였다.

역사의 전환점에는 언제나 십자가가 선다고 한다. 이때의 전환점은 위기에서의 구출인 동시에 새로운 진보의 계기를 말하는 것이다. 그러면 십자가란 무엇이냐? 이는 "자기를 버리고 제 십자가를 지고 나를 따르라"고 한 예수 자신의 말씀으로 분명해진다(마태 16:24). 그것은 곧 자기 부정이다. 여기 '버린다'는 원어는 베드로가 후일 예수를 부인했다는 것과 같은 글자이다. 그러나 여기서 우리는 우선 십자가란 예수 자신의 자기 부인은 물론, 한걸음 나아가서 그것은 실로 하나님 자신이 자기의 아들을 죽이는 자기 부정이었던 것을 알아야 한다. 이는 하나님이 자기 아들을 십자가에 달아 전 인류 앞에 플래카드로 삼은 것이다.

그러면 하나님의 자기 부정은 무엇이냐? 그것은 곧 하나님의 사랑이다. 요한은 이를 "하나님이 세상을 이처럼 사랑하사 독생자를 주셨으니 누구든지 저를 믿으면 죽지 않고 영생을 얻으리라"고 하였다. 예수의 십자가에 의한 인류사의 전환점, 그것은 곧 인류의 불신과 죄악과 죽음 가운데 하나님의 사랑을 도입함으로써 인류의 역사에 신생(新生)을 가져온 것이었다. 하나님은 생명의 본체요, 영존자(永存者)요, 완전자시다. 하나님의 자기 부정의 사랑은 인류에게 자신의 이 최고의 본질인 영생을 주신 것이었다.

　기독자의 신생이란 하나님의 이 영적 도덕적인 생명의 부여에 의한 것이다. 그리고 하나님의 자기 부정인 십자가에 순종한 예수그리스도는 또한 우리에게도 이 십자가, 즉 자기 부정을 명하였다. 우리는 이를 거역하거나 두려워해서는 안 된다. 기독자란 하나님과 그리스도의 자기 부정으로 인하여 영원한 생명과 하나님의 사랑과 그의 의(義)를 소유하게 된 것이니까. 그러므로 우리의 십자가란 결국 우리가 소유한 이 하나님과 그리스도의 생명과 사랑과 의의 세상에의 희생적인 방산(放散)이고 나눔이고 전달인 것이다.

(1964년 9월)

사람을, 한 사람을

　근세 실존철학자요 무교회주의의 선구자인 키에르케고르는 약관의 나이에 당시대의 큰 인물인 헤겔과 마르크스를 향해, 사람을 도매금으로 넘기지 말라고 심하게 도전했던 것이다. 사실 그의 선생 소크라테스는 그 옛날 아테네의 거리에서 시민 한 사람 한사람을 붙잡고, 사람이면 먼저 '너 자신을 알라'고 가르쳤다. 더욱이 그의 교주 예수 그리스도는 아흔 아홉 마리의 양도 버려두고 길 잃은 한 마리를 찾아 헤매었다. 그가, 형제에게 성내고 욕하는 자는 지옥 불에 던지울 것이라고 했을 때(마태 5:22), 그것은 하나님의 창조에 의한 인간 가치의 절대성의 인식이었다.

그런데 근래 외국인들의 한국 평을 보면, 대체로 한국 사람들은 모든 기대를 국민의 자각보다도 정치에 걸고 있다고 한다. 또는 한국 사람들은 정치에 대한 관심 이상의 동정심을 민족 상호간에 쏟지 않는다고 한다. 이는 결국 단적으로 말하여, 우리의 관심과 노력이 사람 자체보다도 정치에 집중되고, 민족의 상애(相愛)와 협조보다도 시기와 파쟁과 이기심에 열중하고 있는 것을 드러낸 것에서 온 평언(評言)으로 보인다.

사람들은 툭하면 이 정치에 이 살림이라고 한탄 또 개탄한다. 그리고 고작 정치적인 의분을 터뜨리는 것이 우리 생활의 만성적인 고질이 되었다. 그러나 노할 사람이 있을지 몰라도 나는 이 민족에, 이 민중에, 이 국민에 이 정치라고 감히 말한다. 사람이란 목석이나 짐승과 달리 자유의지의 존재로서, 이를 키우고 가꾸지 않는 한 실로 악마로 전락하는 것이 저의 본질인 것이다. 정치가가 인간개조를 말하고 지도자가 국민을 씨알이라고 추켜올릴 때, 이야말로 인간에 대한 무지요, 국민에 대한 아첨밖에 될 수 없다. 우리 정치가 자신들은, 그래, 자기를 인격적으로 개조라도 했단 말인가? 어림없는 소리다. 그리고 또 고무신짝에 제 권리를 팔아먹는 국민이 무슨 씨알이란 말이냐.

이웃 일본에서 수년 전 야나이하라(矢內原) 선생이 동경대학 총장을 퇴임했을 때, 그의 현실 참여를 기대했던 신문기자들의 질문에 대하여, 그는 일본 국민을 한 사람이라도 훌륭한 사람으로 만드는 일에 전력하겠다고 말하고, 결국 학생문제연구소를 일으켜 청년들의 정신 지도와 인생 상담에 종사했다고 한다. 나는 이야말로 진정한 의미의 애국적인 행위라고 생각한다. 일제하에서의 김성수나 남강(南岡)의 교육은 엄밀한 의미에서 하나의 정치 선동이고 정치공작이었지, 진정한 민족 성격과 정신의 개조 및 확립을 위한 것은 아니었던 것은 물론, 더욱 인간 자체의 인격 형성을 위한 것은 아니었다. 그들의 교육은 다 인간 교육이 아니고, 국민을 정치의 이용물로 삼는 식의 소위 정치적인 교육이었다.

그런데 근세 우리의 이 천박한 민족 경영 가운데서 나는 하나의 예외를 김교신 선생에게서 본다. 단적인 예로 일본 경찰이 선생의 교육과 신앙을 가리켜, 민족의 3백 년 후를 목표하는, 민족주의나 공산주의 이상 가는 가장 악질적인 것이라고 박해한 것으로 이를 알 수 있다. 일인들이 최악질이라고 생각한 것이야말로 실로 선생이 3백 년을 걸고 계획한, 종교에 의한 민족의 개조였던 것이다. 선생은 한때 1인 상대의 성서 강의를 북한산록 선생 서재에서 수년간 계속한 일도 있었다. 오늘날 기독교까지 제2의 3·1운동을 노리며 정치적인 현실 참여를 외칠 때, 나는 민족의 백년대계를 위하여 생애 1인 상대의 교육에 열중하신 선생께 한없는 위대와 경모(敬慕)를 느끼는 바이다.

(1964년 9월)

교육에 대하여

(2月 풀무학원 졸업식에서)

오늘은 여러분이 3년간 형설의 공을 쌓고 이제 사회로 나가는 기쁜 날입니다. 그러나 나의 솔직한 심중을 말한다면 기쁨만은 아닙니다. 여러분이 매일 학교에서 선생님을 통해 학문을 배우고 친구들과 더불어 공동생활을 영위하다가 이제 각각 흩어져 홀로 가정으로 돌아가고 혹은 사회에 나갈 때, 사실 모든 일에서 여러분이 정당한 판단과 확고한 신념과 바른 행동 내지 생활을 해나갈 수 있겠는가 하는 걱정이 없지 않습니다. 더욱이 오늘날 온갖 부패와 타락과 곤궁과 곤란, 무질서, 부실, 천박, 무지, 불결 등으로 뒤범벅이 된 우리의 현실과 사회에서 여러분에 대한 기대가 크면 클수록 더욱 그렇습니다.

이 점에서 평소 내가 생각하는 교육의 본질에 대해 한마디 하겠습니다. 교육이란 무엇인가? 나는 교육이란 인생의 모든 사실에 대해 확고한 신념으로 처할 수 있는 확신을 제공하는 것이라고 믿습니다. 물론 여기에 미친 사람의 터무니없는 확신도 포함되는 것은 절대 아닙니다. 이것이, 교육이 철저히 학문을 통한 진리탐구인 까닭입니다. 그러므로 히브리어에서 진리-에메트(אמת)는 확고부동을 의미합니다.

인생에서 진리는 크게 두 가지로 대별됩니다. 즉 인간의 외부인 우주·자연계에 대한 진리와, 인간 내부인 심령의 왕국에 대한 것으로, 다시 말하면 과학적 진리와 철학, 종교의 진리입니다. 뉴튼의 만유인력의 발견은 전자에 속하는 것이고, 칸트의 양심의 지상률(至上律)은 후자에 속하는 것이라고 하겠습니다. 그러므로 여러분은 앞으로 전자에 대한 자신의 지식으로 사회와 국가, 민족의 발전과 복리를 위해 골신분비(骨身粉碑)하는 바가 있어야 하며, 또 후자에 대한 확신으로 자신의 심지(心志)의 고결을 유지함은 물론, 나아가서 사회의 부패와 타락과 거슬러 싸워야 하며, 또한 더 근본적으로는 민족의 도덕적인 개조와 혁신을 위해 노력해야 할 줄로 압니다.

이렇게 말하면 여러분은, 이것은 3년 내지 6년의 교육 성과로는 도저히 될 수 없는 일이라고 실망할지 모릅니다. 그러나 나는 여기서 다시 위에서 말한, 인생에 대해 진리에 의한 확신과 부동(不動)을 제공하는 교육의 본질과 정신에 대해, 교육의 실천 방도의 본질을 분명히 해야 하겠습니다. 교육이란 결코 교사의 지식이나 경험의 외적인 주입이 아닙니다. 이 점 희랍 철인들은 교육을 산파술로 불렀습니다. 즉, 주입(注入)이 아니고 내부로부터의 계발, 도출을 의미한 것입니다.

그리고 이는 또 모든 사람이 다 진리 체득의 가능성과 도덕적 자각과 실천 의욕을 자기 자신의 내부에 선천적으로 지니고 있다는 사실에 근거한 것입니다. 이 점에서 여러분은 인생과 우리의 현실의 어려움을 말하기 전에, 내일부터 곧 각자 이 진정한 교육의 의미인 자기 계발에 들어가기를 빕니다. 그래서 앞으로 각자가 내외로 인생의 의미와 사명을 깊이 깨달아 이가 여러분의 금후의 실천생활을 이끌어 나갈 수 있기를 간절히 비는 바입니다.

그러면 이제 끝으로, 우리의 이 진리와 도덕 인식의 자발적인 내적 가능성의 근거를 밝혀야 합니다. 나는 이를 한마디로, 하나님의 인류, 우주 창조의 목적과 관계되는 것이라고 보는 바입니다. 히브리어에서 하나님은 야훼로, 즉 자존(自存), 영존자(永存者)로, 실재자(實在

者)로 표시됩니다. 그리고 사람에 있어 진리와 도덕적 실존은 이 하나님의 영원한 생명과 그의 전지(全知), 전의(全義), 전애(全愛)의 그 실재성(實在性)에 근원하는 것입니다. 이것이 또한 인류 역사상 우리가 유일신 신앙과 과학문명 내지 도덕 문명 사이의 깊은 관련성을 보는 소이입니다. 따라서 나는 오늘 졸업장 대신 여러분이 받은 신구약성서에 의한 앞으로의 여러분의 신앙생활에 대한 하나님의 인도와 축복을 간절히 빌지 않을 수 없습니다. 여기서 또 위 여러분의 실천 생활의 강력한 의욕과 힘이 발동될 것입니다.

(1965년 3월)

기독교와 전쟁과 평화

기독교는 절대 비전(非戰), 절대 평화의 종교이다. 예수는 분명히 칼 쓰는 자는 칼로 망한다고 하였으며, 원수를 위하여 축복을 빌라고 하였다. 특히 전자는 종교가들이 보낸 검을 가진 무리에게 체포될 때 이를 제지하며 항거하는 제자들에게 한 말씀이다. 그는 또한 다음 순간 십자가 위에서 자기의 적들에 대해 하나님 앞에 축복을 빌었다.

예수의 종교의 위대는 실로 이와 같이 악에 대한, 사랑과 무저항에 의한 승리와 정복에 있는 것이다. 기독교가 십자가의 종교인 까닭이다. 그의 사후 스데반도 자기를 죽이는 자들의 축복을 빌고 죽었으며, 제자들 역시 평화적인 복음 전파를 이유로 박해 가운데서 저항

없이 자기의 목숨을 바쳤다. 제자들뿐만 아니라 초대 예루살렘의 작은 신도의 집단은 70년 로마의 장군 티투스에 의해 예루살렘이 포위되었을 때, 유대인의 옥쇄로써 고대 전쟁사 중 가장치열, 처참하였다는 공방전에서도 죽음 이상의 치욕을 참고 오직 예수의 교훈을 따라 광야에 피신하였다. 이후 초대 기독자들 역시 네로로 시작, 근 3백 년에 걸친 로마 역대 제왕들의 그 극심했던 신앙 박해 가운데서 칼에 죽고, 투기장에서 맹수의 밥이 되고, 몸은 궁전의 촛불이 되면서도, 오직 평화와 사랑과 무저항의 싸움으로 로마제국을 끝내 굴복시켰던 것이다.

그런데 오늘날 20세기의 문명 시대에, 더욱이 원자전의 위협 가운데서 인류 양식(良識)의 만류도 저버리고, 그것도 더욱 청교도의 자손인 기독교 국가 미국이 월남에서 전쟁 행위에 들어간 것은 실로 유감이 아닐 수 없다. 설사 그것이 공산주의자들의 공공연한 무력에 의한 자유의 침해와, 수단을 가리지 않는 그들의 살인행위에 대한 방어요 응징이라고 하더라도, 이는 기독교 국가로서 미국이 취할 최선의 방도도, 또 공산주의를 진정 극복하는 최종적인 길도 아닌 것으로 생각하는 바이다.

나는 미국의 영광은 역시 예수의 절대 평화와 사랑과 진리에의 길을 대담하게 믿음을 갖고 걷는 데 있다고 생각한다. 그리고 작고한 케네디의 목숨을 건 노력은 실로 미국의 이 평화와 사랑의 기독교적인 진정한 이상의 부활을 위한 것이었다고 생각한다. 이점 그의 사인(死因)이 미국 전쟁주의자들에 있었다는 일부의 논평과 아울러 그의 사후 존슨이 곧 월남전에 들어간 것을 생각할 때, 나는 끝끝내 평화와 사랑과 도덕으로 이 전쟁을 해결하는 것이 절대 불가능했을 것이라고는 믿고 싶지 않다.

도리어 나는 미국 정치가들이 이상과 진리를 포기한 행위를 탄식하는 바이다. 이는 더욱 큰 의미에서 유물철학의 비진리성에 대한 기독교 진리의 포기요 굴복이기 때문이다. 적어도 오늘날까지의 미국에 대한 하나님의 축복을 나는 저들의 신앙에 대한 것으로 보는 바이다. 존슨이 유엔 대사와 국방장관이 미국의 양팔이라고 말했는데, 이러한 마호메트식의 사고는 기독교 국가인 미국의 이상일 수 없다. 다만 나는 여기서 월남전의 승패 이상으로 미국이 이번 전쟁행위를 통해서 더욱 그들의 건국의 국시(國是)인 신앙과 진리에로 비약할 수 있기를 빌 뿐이다. 나의 미국에 대한 기대는 이 이외에 있을 수 없다.

그러나 나의 문제는 미국보다는 우리의 조국 한국에 있다. 왜 우리는 전날 비전투 부대의 파견에 이어 또다시 정규 전투사단의 월남파병까지 이미 국회의 통과마저 보게 된 것이냐? 오늘날 이 나라 대통령이나 행정 수반이란 소위 무인(武人) 정치가로서 그들에게 평화의 국가 이상(理想)이나 민족 이상을 기대할 수는 없다 하더라도, 국민을 대표하는 그리고 이의 최후 결정권을 갖는 수백 선량 가운데는 국회의장을 필두로 그래도 상당수의 기독교인도 있는 것으로 아는데, 저들 입에서도 한 마디 평화의 주장을 들을 수 없으니 이 어찌된 일이냐?

전투 부대의 파견은 일당 국회 여당의 처사라고 하느냐? 그러나 저번 비전투 부대의 파견시를 생각하면 야당 가운데도 한 사람의 평화주의자가 없었던 것이 사실이다. 언필칭 저들의 하는 소리란 곧장 미국이 얼마를 줄 것이냐, 아니 생각해서 줄 것이 아니냐고 한다. 그래, 이 나라 정치가들이란 청년들의 생명을 팔지 않으면 도시 정치를 할 수 없단 말이냐? 과연 언어도단이다. 10만원 세비가 아직도 부족하냐? 아니면 이가 탐관오리를 먹여 살리려는 비책(秘策)이냐?

그래, 우리의 근대화란 국민의 피가 아니면 이를 수 없다는 주장이냐? 국민의 피도 불사하는 그들의 애국열이 그래, 4반세기동안 국민을 이토록 선대(善待), 우대(優待)한 것이냐? 흥분하지 말고 그대들의 정치와 일본의 식민 정치를 비교하여 보라. 그러면 또 이웃나라에 대한 선의의 도움이라고? 그러나 나는 우리가 아직 절대 타국을 도울 자격은 없다고 본다. 거지는 타인을 도울 수 없기 때문이다. 코앞에 38선을 놓고 또 오늘날 더욱 국내 치안을 위해 군대를 푸는 나라가 어떻게 타국을 군사적으로 도울 수 있단 말이냐?

이상은 차치하고, 도대체 정치가는 물론 전체 지도자가 국민에 대한 사랑, 동정이 없다. 한마디도 평화의 주장이 없음이 단적으로 이를 표시한다. 아, 저들에게 따뜻이 의식주는 못 줄망정, 그래, 자국 지란(自國之亂)에서 겨우 숨을 돌리고 피어나려는 백성을 기껏 해서 또다시 수만리 외국 전선에 몰아내는 것이냐? 그렇다, 우리의 이런 전쟁 상태의 계속이란 결국 우리 소위 정치가, 지도자들의 심중에 터럭만한 평화도, 사랑도, 동정도, 관용도, 선의도 없고, 오직 무서운 분노와 증오와 욕심과 악독과 시기와 질투와 분쟁만이 있기 때문이다.

오늘날 우리의 이 일당 국회, 야당 분열, 데모, 대통령 강력 성명, 위수령 발동, 학생과 군인의 충돌 등의 망국적인 사태는, 결국 기독교가 주장하는 절대 의 평화와 사랑 없는 민족의 상층부, 지도자, 지성인들의 하염없는 증오심의 발로일 뿐이다. 그런데 기독교까지도 아직도 자국의 전승 기도식의 소위 구국기도를 넘어서지 못하고 있는 것이다. 그러므로 우리 정치가와 지도자들에 의한 월남 파병이란 결국 저들에 의한 국민의 희생 이외의 아무것도 아닌 것이다.

그러므로 나는 양같이 우직하고 순하고 수줍어, 수천 년 소위 이 나라 정치가와 지도자들에게 피와 눈물과 땀을 빨려 절망 가운데 년년세세(年年歲歲) 고달픈 날을 보내는 민초 장병 그대들의 죽음은 결코 타국을 위한 것이 아니고, 오늘날 나라도 민족도 안중에 없는 우리 정치 지도자들의 이 평화와 사랑 없는 증오, 분쟁의 속죄와 제거를 위한 희생임을 알아야 한다. 아니, 우리는 아직도 기독교마저도 사랑, 평화를 말할 자격이 도시 없는 백성인 것이다. 그렇다. 제군의 희생은 토스카나 시인이 지적한 자민족끼리의 증오와 살해와 분쟁의 중죄에 대한 희생이요, 속죄인 것이다. 그러므로 장병 여러분은 이 거룩한 희생의 죽음을 용감히 죽어 가라.

(1965년 7월)

무교회 신앙의 앞날

우선 종교란 무엇이냐? 유럽 말에서는 영(英), 독(獨), 불(佛) 다 이를 religion이라고 하는데, 이는 신과 인간 사이의 바른 관계와 결합을 의미한다. 그러므로 거짓 우상 신앙이면 몰라도, 살아 계신 거룩한 하나님 앞에서는 이는 사람의 양심의 깊은 곳, 영혼의 깊은 곳에서 행해지지 않으면 안 된다. 거기서는 무슨 인간적인 불순이나 방법, 계책을 절대 생각할 수 없는 것이다.

그런데 오늘날 우리의 기독교 신앙의 타락과 무력은, 결국 이런 마음의 깊은 곳에 관계되는 종교를 하나의 외적인 형식과 제도와 조직 등, 즉 교회주의와 의식과 교리, 신학 등으로, 그것도 외국의 기성품으로서 안이하게 받아들인 그 천박과, 특히 오늘에 와서는 종교가 하나의 수지맞는 직업으로 떨어진 데 그 근본적인 원인이 있는 것으로 생각된다. 입교(入敎) 백 년에 이르러서야 신앙의 토착화가 교계에서 성히 논의되는 것도 역시 우리의 이런 신앙 소화의 실패를 말하는 것이 아닐 수 없다.

이 점 나의 무교회 신앙이란, 기독교를 외부로부터 기성품으로 받지 않고 기독교의 경전인 성서를 우리 한국인의 심정과 노력으로 깊이 연구, 체험함으로써 신앙의 발현 역시 내적인 데, 즉 영혼문제에만 철저히 국한시켜, 하나님과의 진정한 결합으로 우리의 영혼의 문제를 해결하고, 나아가 양심을 밝게 하여 믿음에서 발로되는 영원한 생명으로 우리 민족의 도덕 생활에 일대 비약과 전환을 가져오려는 것이다. 결국 신앙을 영혼의 일로 받아, 이의 외적 발현은 오직 도덕에 국한하려고 하는 바이다. 그런데 근일 본지 독자 가운데서 종종 무교회 신앙의 앞날에 대해 걱정을 표시하고, 최소한도의 무슨 조직이라도 있어야 운동이 활발할 수 있고 또 장래 명맥을 유지할 수 있을 것이 아닌가 하고 일러 주는 이가 있다. 또 좀 더 신앙 태도가 뜨거워야 되지 않겠는가, 기도가, 회개가 부족하지 않은가 하는 분도 있다. 그러나 나는 무교회 신앙의 앞날 역시 철저히 무교회주의 정신에 맡기려는 바이다.

무교회 신앙에 대해 외적으로는 도덕 생활 이외의 무엇을 강요하지 않는 것이 좋다고 생각한다. 무슨 형식이나 교리 같은 것으로는 믿음을 천만 년 계속했대야 아무 소용없는 것이다. 거기 아무러한 생명이 없음은 물론, 이는 사람의 도덕 생활을 지배할 수 없을 것이다. 도리어 우상교가 되어 결국 타락할 것이다.

그렇다, 인간적인 욕심에서 발하는 열심도, 실없는 거짓 회개도 필요 없다. 영도 기도도 치병도, 다 무당 판수나 우상 종교에도 있는 것이다. 성찬이나 세례를 구원의 조건으로 강요함은 어린애 장난에 불과한 일이다. 무교회 신자는 우리의 종교와 도덕의 이 황무지에서 앞으로 3백 년, 5백 년을 기약하고, 오로지 진리에 의한 이의 진정한 민족적인 체험, 소화, 확립을 위해 오직 성서 한 권으로 가정과 직장에서-아니, 들에서도 좋다, 소수로도 족하다-거짓 없이 성서를 깊이 읽으며 그 진리로 사는 참 생활을 예배로 삼아 진정한 기독교 신앙의 민족사에의 토착화를 이루려는 것이다. 이것이 무교회의 야심이며 목표이다.

(1965년 8월)

생활의 반성

연말이라 지우들의 서신 가운데는 대체로 일 년을 회고하여 육의 일로 영의 일에 등한했다는 반성이 많았다. 사실 우리의 생활이란 곰곰 생각해 보면, '아침 잡수셨습니까?', '저녁 잡수셨습니까?' 하여, 결국 밥으로 깨고 밥으로 지는 것이 고작이 아닌가? 일이다 사업이다 하지만, 결국 이를 위한 것이 아닌가? 기쁘다, 성공이다, 좋다, 궂다, 실패다 하지만 이 역시 다 이 표준에서 하는 말이 아닌가?

그러므로 결국 없는 자는 불평불만이요, 울며 저주와 원한의 날을 보내는 것이 고작이다. 또 있는 자는, 쓰레기통 같은 대한민국이지만 미국이나 일본이 부럽지 않다는 것이다. 앉아서 척척 다 돈으로 그들과 꼭 같은 생활을 한다는 것이다. 먹고, 입고, 타고, 놀고가 다 그들 같이 된다는 것이다.

전체 우리의 사는 표준이 이렇게 되었으니, 돈을 위해서는 선불선(善不善), 죄악, 대소(大小) 기타 공사(公私)를 가리지 않는 품이, 개인이고 단체고, 교사고 학교고, 종교인이고 교회고, 상인이고 회사고, 정부고 관리고 도시 구별이 없이 되었다. 아니, 교육도 학문도 종교까지도 오직 이를 위한 것이 되었다.

여기 혹시 우매한 자가 있어 저들에게 정직한 종교 신앙을 권하면, 우선 사업에 성공해 돈을 번 다음 믿겠다는 것이다. 아, 이 이상의 신(神)에 대한 모독이 있겠느냐? 이리하여 여기서는 영적인 기독교마저 무당 판수같이 치병이요, 가내 평안이요, 사업의 성공이요 하여 완전히 우상교로 전락해 버린 것이다. 종교 자체가 국민의 영혼을 타락시

킴으로써 부도덕을 공공연히 조장하는 사탄의 역할을 하고 있는 것이다.

그러나 다른 종교는 몰라도, 기독교는 밥이 아니고 우선 하나님의 뜻에 순종부터 하자는 것이다. 성공은 못 해도, 아니 실패 가운데서도 순종하자는 것이다. 아니, 순종 없이는 실패도 성공도 없다는 것이다. 굶어 죽더라도 순종하자는 것이다. 정도(正道)를 걷자는 것이다. 예수는 그의 기적과 전능으로도 돌을 떡으로 만들지 않았으며, 저의 종교의 확장을 위해서도 이를 쓰지 않았고, 끝끝내 세상세력에 타협이나 굴함이 없이 죽음의 길, 십자가의 길을 걸었던 것이다. 그리고 이는 곧 이 하나님의 뜻에의 절대 순종이었던 것이다.

사실상 이 길 이외에, 이 신의에의 순종 이외에, 즉 선의와 진실과 정직과 옳은 일을 위해 손해 보는 일과 희생과 인내와 인종(忍從) 등의 생활 없이 그야말로 진정한 성공이란 있을 수 없는 것이다. 있더라도 그것은 있다가 곧 아궁이에 들어가는 들풀의 꽃과 같은 것, 모래 위에 세운 집이다. 기독자는 이런 비눗방울 위에 자신이 안주할 수 없음은 물론, 더욱 국가와 민족의 대계(大計)를 세울 수는 없다. 오직 신의와 진리와 믿음과 순종, 희생 위에서만 이가 가능하다. 이것이 나의 연말 생활 반성이다.

(1965년 11월)

교회냐, 진리냐

나에게, 교회는 안 만들고 무슨 성서 연구고 전도냐고 질문하는 사람들이 많다. 그러나 오늘날 과연 교회를 통하여 사람의 영혼이 구원받는 것일까? 예수도 바리새교인들의 수륙(水陸) 수만 리의 전도를 가리켜, 오직 사람을 지옥 자식이 되게 할 뿐이라고 했다. 프로테스탄트가 교회를 중시하고 이로써 구원받는다고 하는 것은, 보편교회, 즉 가톨릭교회 이외에는 구원이 없다는 소위 가톨릭주의에로 전락한 것이 아니냐? 프로테스탄트 신앙의 본령은 구원이 오직 믿음에만 있다고 하는 것이 아니었더냐?

전도란 도(道), 즉 복음진리, 아니 이 진리의 내용인 진리 자체, 구원 자체인 주 예수 그리스도의 전달인 것이다. 특히 초대 기독교의 전도가 전적으로 이에 집중되었던 것을 우리는 성서에서 볼 수 있다. 그런데 소위 교회주의에 떨어진 현대 교회란 그야말로 정말 의식적이건 무의식적이건 가톨릭화 하여 예배라고 하지만 대체로 의식이요, 진리라고 하지만 헌금과 새벽기도가 고작이 아니냐? 이리하여 결국 현대 교회란 교회와 복음진리를 바꿔친 것이다. 철저히 바꿔친 것이다.

이야말로 가톨릭적인 교회주의로의 타락이다. 루터가 천국에서 통곡할 일이 아니냐. 도대체 현대 교회의 2, 30분짜리 설교가 단적으로 여기에는 복음진리 없음을 증명하는 것 아니냐. 이 점 나의 무교회란 성서 연구에 의한 복음진리의 발현이다. 이로써, 오직 이로써만 루터의 신앙만의 신앙의 한국적인 발현을 피하고자 할 뿐이다. 루터에게도 이는 오로지 초대 바울에 의한, 혹은 교부시대 아우구스트누스에 의한 성서진리의 재발견에 의한 것이었다.

그러므로 "영국의 호미를 든 소년들로 하여금 교황 이상의 성서지식을 갖게 하는 것이야말로 나의 야심"이라고 한 영국의 성서번역자요 개혁자인 틴들의 야심이 또한 나의 조그만 야심일 뿐이다.

(1966년 4월)

정직

그간 이사 때문에 한 달 남짓 서울 변두리 복덕방을 매일같이 출입했는데, 결국 모든 사람들의 최후 부탁은 식구가 적다고 대답하라는 것이었다. 그런데 다 된다던 것이 사실은 내 편에서 이를 못 한 탓으로 깨지고 만 예가 수차 있었고, 그때마다 또 복덕방이 하는 소리란, 아니, 대한민국 안에 거짓말 않는 사람이 누가 있기에, "이이는 참 이상한 사람이야" 하며 고개를 갸웃거리는 표정이었다. 필시 미친 사람 정도로 취급하는 모양이었다.

그리고 또 더욱 놀란 것은 거절한 주인 편에 대해서는, 당신이 식구 적은 사람을 찾아보았자 누구나 이를 속이고 들어온 것을 금방 알게 될 것이니, 도리어 그때 실망하기보다는 아예 속이지 않는 이분을 넣는 것이 마음 편할 것이라는 이야기였다. 꼭 복덕방이 거간비를 먹으려는 상투어만 같지도 않아 실로 놀랐다.

그리고 내가 소학교 때 배운 두 가지 이야기가 연상되었다. 한 가지는 수신(修身) 교과서 첫 장에 있던 거짓말 잘하는 소년 이야기였다. 매일 산에 가서 이리가 왔다고 고함을 쳐서 어른들을 괴롭혔는데, 하루는 정말 이리가 왔는데도 또 거짓말이라고 누구 하나 가지 않아 죽었다는 이야기. 다음은 미국 건국의 아버지 조지 워싱턴이 어렸을 때 아버지가 소중히 여기는 벚나무를 찍었는데 곧 정직하게 자기가 했다고 대답하여, 아버지가 벚나무를 아까워하기보다 거짓말 안 한 것을 더 기뻐했다는 이야기였다. 이는 인간의 진정한 흥망이 정직과 거짓에 달려 있음을 단적으로 가르치는 것이라고 하겠다.

청년 시절 카알라일은 한때, 뜻 있는 영국 사람은 매일 런던거리를 달리며 거짓말 말라고 외쳐야 되겠다고 했다. 그 이유는 거짓 위에는 오막살이 하나 세울 수 없기 때문이라고 했다. 이는 18세기 대영제국이 산업혁명으로 세계의 일대 공장으로 화하여 그 부력(富力) 속에서 돈을 위한 국민의 하염없는 거짓에 직면해서, 이를 걱정한 그가 국민에게 보낸 예언자적인 경고였던 것이다. 나는 전날 본지 32호 '거짓 토대(土臺)'에서 이를 소개한 일이 있다. 나는 사실 그때 이를 이승만 씨의 거짓 정치에 대해 했던 것이다.

실로 거짓이야말로 인간의 진실을 파괴하는 것으로서 만악의 근본이다. 그것은 자기 양심을 속이는 일이며, 나아가서는 양심의 주(主)인 하나님을 속이는 일이기 때문이다. 바울은 하나님을 진리의 하나님이라고 했다. 또 예수 그리스도는 하나님 앞에서 '예'라고만 말했다고 했다. 그러나 신자는 그리스도와 같이 '예' 라고만 할 수는 없으니, 매사에 '예'와 '아니오'를 분명히 하여 거짓말이 없어야 한다고 했다.

결국 오늘날 우리 대한민국의 온갖 부정, 부패, 타락, 죄악은 다 이 거짓말 나무 위에 열린 열매일 뿐이다. 전날 이 박사의 정권이 노인들의 거짓말 위에 섰던 것이라면, 오늘의 우리 정권은 젊은 사람들의 더욱 대담한 거짓말 위에 선 것이 아닌가? 그러나 사람은 속여도 하나님은 속일 수 없는 적이다. 머지않아 여기 하나님의 철추가 가해질 것이 아닌가? 이가 또한 우리의 부정의 속도가 빨라지고 정도가 심해지는 이유이기도 하다.

(1966년 4월)

인내와 믿음

기독교는 믿음의 종교이다. 자기를 하나님의 의(義)와 사랑과 구원과 은혜와 능력에 의탁하고 순종하는 종교다. 그러므로 자연히 믿음의 덕(德) 중 가장 크고 중요한 것은 견디고 참는 일이다. 이는 초인(超人) 철학자 니체의 말처럼 유약(柔弱)도 아니고 무력도 아니다. 도리어 인간의 조그만 힘이나 미약한 정의에 의해 살려고 하는 것이 아니고, 그야말로 무한대인 하나님의 힘과 의와 사랑에, 그렇다, 실로 강력한 신적인 도덕으로 살기 위한 것이다.

불가능을 모른 근세 불세출(不世出)의 영웅 나폴레옹도 유배지 세인트헬레나 섬에서 최후에는 예수의 위대에 머리를 숙였으며, 로마제국 기독교 박해의 최후의 제왕 율리아누스도, "갈릴리 사람이여, 그대는 승리했다"고 외쳤다. 이는 우리의 주 되신 예수의 승리인 동시에 또한 우리 기독자의 승리인 것이다. 예수에게 그것은 또한 하나님에 대한 절대의 순종으로, 세상 모든 멸시와 박해와 고난은 물론 실로 십자가의 죽음을 참고 견디는 일이었다.

우리말에서 견디고 참는다고 할 때 구체적으로 그것이 어떤 내용인지 나 자신 무식해서 잘 알 수 없으나, 그야말로 할 수 없으니 참는다는, 또는 다음 기회를 노린다는 정도의 소극적인 혹은 절망적인 것이 아닌가 생각된다. 그러나 기독교 도덕의 인내에는 신앙적으로 한없이 깊은 의미가 있는 것이다. 예수는 산상수훈 8복에서 온유한 자가 땅을 차지할 것이라고 했다. 이는 실로 하나님의 자녀로서의 기독자의 지구와 우주의 소유 및 상속을 말하는 것으로, 히브리어의 '아나(ענה)'와 관계되는 우주적인 모든 압박과 고난을 엎드려 꾹 참고 하나님을 믿는 신앙자를 뜻한다. 그가 땅을 차지할 것이라고. 그렇다, 인내로써, 그가 하나님의 사랑과 의로써 끝내 인류와 세계와 우주를 새롭게 정화, 완성하고 이를 자기 소유로 할 것을 말한다.

기독자의 이 인내에 의하여 우리가 행여 죄악과 불신을 저질러 하나님의 경륜과 성업(聖業)을 방해하지만 않는다면 우주와 인류의 완성은 기약된 일로서 장차 신자는 이의 주인 될 것이라고 한다. 니체의 영웅주의, 그것은 사탄에의 예속, 악에의 굴복과 협조로서 인류와 세계의, 그리고 우주의 파멸과 죽음의 길일 뿐이다. 요새 지구의 공해 문제와 묵시록의 새 하늘과 새 땅의 출현을 생각한다. 그리고 이는 깊이는 예수의 하나님 앞에서의 절대의 순종, 그 십자가의 인종

(忍從)과 관계되는 것이다.

다음 우리는 바울이 말한 기독교의 인내의 내용을 다시 더듬기로 한다. 골로새서 1장 11절에 "기쁨으로 견디고 참는다"는 구절이 있는데, 여기의 견딘다는 글자 '휘포모네(ὑπομονή)'는 박해와 고난과 유혹에 끝끝내 낙담하거나 좌절 않는 상태, 나아가 비겁하게 굴복 않는 신앙 상태를 말한다. 그리고 바울은 하늘의 희망으로써 이것이 가능하다고 한다.

위 11절의 참는다는 뜻의 또 다른 글자 '마크로수미아(μακροθυμία)'는 모든 타인의 조롱과 모욕에 대해 성내지 않는 상태, 아니 적극적으로 저들을 불쌍히 여기고 사랑하는 상태를 이른다. 이는 기독자가 하나님 앞에서 받은 죄사의 은혜로써, 또는 하나님의 역사와 우주 경륜과 섭리에 모든 것을 맡기는 신앙 태도로써 가능하다고 한다. 그리고 이는 위 기독자의 위대한 우주 상속의 출발인 것이다.

아니, 좀 더 깊이 생각하면 이는 우리에게 새 우주로서의 하늘나라와 관계 될 것이다. 초대 기독자들의 목숨을 걸었던 신앙 싸움을, 그 인내를 생각한다. 오늘날 우리 기독자도 내외로 어려운 현실이지만 이 믿음의 인내로써 모든 것을 견디고 참아 하나님의 우주와 인류 완성에 협조해야 하겠다. 더욱 이의 상속자로서.

(1966년 8월)

신앙만의 신앙

　기독교에 있어서 '신앙만'이라고 하는 것은, 즉 행위가 아니고 신앙만이란 것이다. 모든 종교에서 구원은 행위 즉 선행과 관계되는 것이다. 그러나 기독교는 믿음만이라고 한다. 무엇 때문인가? 한마디로 그것은 기독교는 사람을 도덕적인 행위로써는 구원받을 수 없는 죄악의 존재로 보기 때문이다. 그리고 하나님은 우리 마음속 깊은 데를 감찰하시는 분이기 때문이다.

　따라서 신자가 기독교 신앙에 들어간 것은 도덕의 참패자로, 그리스도의 십자가의 희생에 의한 사죄에 대한 믿음으로, 하나님의 은혜에 의한 구원에 자신을 무조건 의탁하는 것이다. 그러므로 기독교 신앙은 신자의 철저한 자기 부정과 실로 자기 자신의 죽음으로 이루어진 것이다. 이래서 신자의 생활이란 오직 그리스도와 하나님의 구원에 대한 믿음만으로 사는 것이다. 이것이 바울의 신앙만의 신앙, 루터의 신앙만의 신앙이다. 또한 프로테스탄트의 신앙만의 신앙이다.

　진정한 크리스천이란 이제 자기의 행위를, 아니 철저히 저 자신을 운운할 수 없고 문제 삼을 수 없게 된 자인 것이다. 저는 이미 그리스도와 더불어 자기에 죽고 또한 그와 더불어 하나님에 대해 다시 사는 자이다. 그러므로 신자가 행위를 운운하게 될 때 그것은 자기 자신으로 돌아간 것이며, 따라서 이는 곧 하나님에 대한, 그리스도에 대한 불신인 것이다.

　그런데 당장 진실한 신자가 소위 신앙적인 자기반성 내지는 믿음의 강화를 위한다고 하여 믿음과 행위 운운하는 경우가 많은데, 이는 사실 이미 저가 믿음만으로 살지 않게 된 증거로서, 저의 눈이 이미 하나님과 그리스도에게서 떠나 자신과 세상에 팔리게 된 것을 말하는 것이다. 이는 믿음 플러스 알파로서, 저의 신앙의 불순을 말하는 것이다. 그리고 이는 깊은 의미에서 하나님과 그리스도에 대한 신자의 신앙만의 신앙과 구원을 시기하고 두려워하는 사탄의 유혹인 것이다. 이는 또한 신자 편에서 보면 믿음 만에 의한 신앙생활을 불신하는 자기주장, 자기 교만의 발동인 것이다.

기독교 신앙에 들어온 후에도 계속 자기 행위에 전전긍긍하며 하루 세 번 반성하고 양심의 고뇌에 떠는 유교 정신에 물든 동양청년 기독신자에 대한 고귀한 인격의 서양 기독교 신사의 신앙적 충언(忠言)은, "군은 자신을 쳐다보지 말고 군의 구원을 위해 죽은 십자가의 그리스도를 쳐다보라. 군의 믿음은 마치 소년이 화분에 나무를 심고 매일 이를 뽑아 뿌리를 살피는 것과 다를 것이 없다"는 것이었다고 한다. 그렇다, 우리는 열매 운운, 행위 운운 하며 하나님과 그리스도에 대한 우리의 믿음의 뿌리를 잘라 놓는 사탄의 유혹을 절대 경계해야 한다. 뿌리의 충실, 나무의 건전에 전력을 기함이 기독교 신앙이고 또 신앙만의 신앙이다. 이때 열매는 신앙의 분수대로 저절로 맺게 될 것이다.

(1966년 11월)

죽음에 대하여

우선 죽음은 사람에게 공포를 가져온다. 왜 그런가? 죽음이 단순한 생리적 자연 현상이라면 사람에게 있어서 필연적이라고 할 수 있는 이 죽음에 그다지 공포를 느낄 것이 없지 않을까 생각된다. 그러면 이는 생명의 본능이나 생에 대한 애착에서 나온 것인가? 그러나 죽음에 대한 두려움을 본능이나 애착으로만 보기에는 너무나도 심각한 것이 있고 또 엄숙한 것이 있다. 기독교에서는 이를 사람이 죽음을 통하여 하나님의 정의의 심판대 앞에 서기 때문이라고 한다. 그렇다, 죽음의 공포란 생리적인 것이 아니고 도덕적인 것이다.

죽음이란 이렇게 하나님 앞에서 인생을 총결산하는 것으로 중대하고 엄숙한 것임에도 불구하고 사람의 권한 밖의 일, 즉 사람의 힘으로는 어떻게 할 수 없는 일이다. 세상에 자기 목숨을 스스로 끊는 소위 자살자가 없는 것은 아니나, 이는 인생에 있어서 하나의 예외에 속하는 일인 것이다. 단테의 지옥에서 자살자는 나무가 되고 있는데, 이 역시 이성적인 도덕적 존재인 사람으로서는 자살을 할 수 없음을 표시한 것이다. 과연 죽음은 이렇게 만인에게 불가항력적으로 오는 것이며, 또 어느 순간에나 일어날 수 있는 가능성마저 지니고 있다. 그렇다, 그것은 심판자 하나님에게서 온다. 그래서 사람은 또 언제나 이에 대해 무관심 속에 빠진다.

인간의 실존을 파헤친 파스칼은, 사람이 죽음에 대해 무관심한 것은 그것을 생각하면 불안해지기 때문이라고 했다. 그래서 결국 죽음을 생각하지 않으려고 한다는 것이다. 과연 철학자의 말이다. 그러나 기독교적으로 말하면 죽음은 인생의 도덕적인 결산, 즉 심판과 관계되는 것으로, 사람이란 의식 무의식 간에 자기의 의(義)로써는 하나님의 심판을 도저히 이길 수 없다는 것을 알기 때문에 이를 외면하는 것이라고, 아니 이로써 자포자기에, 체념에 떨어지는 것이라고 보아야 할 것이다. 현대인은 특히 그렇다. 그렇지 않으면 우리에게 있어서 오늘날과 같이 이렇게 정의와 도덕이 무시, 모욕을 당할 수는 없는 것이다.

그러나 우리는 자포자기하거나 실망할 것은 없다. '에케 호모'(이 사람을 보라!)다. 여기 죽음을 이긴 이가 있다. 그는 인류를 위해 죽음을 달게 받았다. 그는 인류를 위해 죽으려고 세상에 왔다고 했다. 그는 죽음에 임하여 자기를 죽이는 적들을 용서했으며, 이로써 모든 것을 이루었다고 했다. 그는 죄 없는 하나님의 아들로, 그에 의해 우리는 죽음의 원흉인 죄에서 구속되고, 죽음에서 부활과 생명으로 옮겨진다. 나사렛 예수가 바로 그다.

인류여, 우리는 이제 죄와 죽음의 절망이 아니라 신생과 부활의 생명에서 새로운 삶을 살 것이다. 이제 그리스도 안에 사는 자에게는 죽음이 없다. 그러므로 죽음에 대한 불안과 공포도 없는 것이다.

(1967년 2월)

현대인의 약화(弱化)

현대인은 자신들을 어지간히 강한 존재로 자부하고 있는지도 모르나, 내가 보기에는 대단히 약화된 상태에 있는 것으로 보는데 어떠한가? 아니, 날로 날로 약화되고 있는 것이 아니냐? 그러나 오늘날 인간의 모든 경영은 거대하게만 되어 가는 것이 사실이다. 원자과학에서 보는 것 같은 위대한 힘의 발견! 실로 물질에도 그런 힘이 있었던가 하고 놀랄 뿐이다.

그런데 사람은 정반대로 약화되어 가는 것이 아니냐? 매일 신문에서 보는 악의 범람, 아니 도시에 범람하는 그 오락 기관과 음식점과 심지어 소위 교회와 교육 기관까지. 이는 실로 병든 현대인에 대한 영양제인가. 도대체 현대인이란 물질이나 환경에 대한 의존도가 너무 심하다. 그러나 사실은 이것이 곧 저들의 정신의 약화를 의미하는 것 아닌가?

신문을 보라, 전체가 본능 생활, 아니 죄악의 생활이다. 도덕력의, 정신력의 무력을 표시하는 것뿐이다. 그 행복주의와 찰나주의, 그것은 곧 저들의 생명력의 결핍과 고갈이다. '죽기 전에 행복을!' '아, 거품 같은, 고무풍선 같은 행복을!' 하는 것이 오늘날 현대인이 아니냐? 그렇다, 현대인이란 문화국, 문화인일수록 다 정신박약자, 정신병자라고 하지 않느냐? 이상향(理想鄕) 북유럽에서 자살률이 상승하는 것을 보라. 전 세기의 유명한 저작가 카알 힐티는 인류의 이 앞날을 이미 예언했다. 그리고 그는 이를 물질문명에 의한 인류의 정신력 저하, 심정의 허약 때문으로 봤던 것이다.

그러면 물질문명에 의한 정신력의 저하란 구체적으로 무엇인가? 이는 물질에 대한 정신의 굴복, 예속인 것이다. 그러나 문제는 왜 정신이 물질에 예속되느냐이다. 기독교에서는 사람이 창조주 하나님을 떠났기 때문이라고 한다. 하나님을 떠날 때 사람은 결국 자기 자신에 빠지게 되기 때문이다. 그러므로 결국 현대인의 약화는 하나님을 떠난 인간이 사람 자체의 허약과 추태와 죄와 욕심에 자꾸만 자꾸만 빠져 들어가는 상태인 것이다.

저들의 정신의 쇠약, 그것은 자신의 이 미약과, 자신의 이 죄와, 자신의 이 더러움에 대한 의식 무의식적인 놀람이며 허탈이며 자포자기이며 절망인 것이다. 그러나 저는 이미 자신에 빠진 이기주의자이므로 남을 생각하는 선의와 도덕이 있을 수 없다. 이리하여 철저히 자기 배만 채우려는 탐욕에 떨어진 것이다.

하나님을 버리고 진정한 생명에서 이탈하여 자기 미약에 빠진 현대인이 불로초인양 기껏 영약으로 택한 것이 또한 물질주의인 것이다. 그러나 사람은 떡으로 살 것이 아니요, 하나님의 말씀, 진리로 살아야 한다. 하나님의 의와 생명으로 살아야 한다. 육적인 자신과 물질에 대한 탐닉, 아니 투항, 이것이 하나님에 대한 우러름과 순종으로 바뀌는 날, 현대인은 진정 사람으로 강하게 도덕적으로 다시 살 수 있을 것이다.

(1967년 3월호)

나의 민족 이상(理想)

요새 절실히 느낀 것이 하나 있는데, 우리의 이상에 관한 것이다. 지난 여름 일본서 무교회 계통 여러 청년들이 내한했다. 전날 일본의 지배에 대한 사과와 함께 우리들의 신앙 친선을 위한 여행이었다. 그러나 사실상 나 자신은 이를 별로 달갑게 여기지 않았다. 우리의 현실이란 모든 면에서 저들에게 부끄럽고 수치스럽다는 것이 그 이유였다.

비행장에서 이들을 맞아 종로로 들어오면서 그들과 이야기를 나눈 분에게 나는 그들의 서울 소감이 어떻던가 하고 물었다. 대답은 한국 동란에 다 파괴된 줄 알았는데 의외로 부흥이 빨리 되었다는 이야기더라는 말을 듣고서야 수치는 면한 것인가 했다. 그날 저녁은 모씨가 급하게 서둘러 가정에서 한국 음식을 대접했다. 실례이나 나는 사실 접대에 불비한 점이 있지 않았나 하여 걱정했다. 그런데 다음날 아침 그들은 정성을 다한 성찬에 대한 감사와 더불어, 다음에 여러분이 일본에 온다면 그렇게 대접을 못 할 것만 같다고 걱정했다. 나는 또 한 번 수치는 면했는가 했다.

그들이 돌아간 후 나는 여러 장의 편지를 받았다. 전부가 다 우리의 친절과 사랑에 대한 깊은 감사였다. 개중에는, 전날 일본이 저지른 일을 생각하고 크게 꾸중을 들을 것이라는 두려움을 갖고서 비행장에 내렸는데, 시종 서울서부터 부산 출발까지 말할 수 없는 환대와 깊은 사랑으로 보내 주어 부끄럽고 송구하게 생각했다는 것도 있었다. 이는 한국 분들의 깊은 믿음과 뜨거운 기도에서 나온 사랑의 실천으로서 우리들이 깊이 배울 바로, 모범이라고 한 것도 있었다.

나는 이번 일을 통해 많은 것을 배우고 또 깨달았다. 결론적으로 말하여 우리의 민족 이상을 더욱 신앙적으로 분명히 할 수 있었다. 사실 부끄러운 말이나, 그들이 한국에 오면 오늘의 우리의 이 저개발, 비근대화, 가난 등을 비웃을 것으로만 생각한 것이다. 이점 실로 나도 어느 틈에 정치적인 소위 개발주의자, 근대화론자가 되고 있었다. 이렇게 생각하니 전날 이들을 보내면서 하신 마사이케(政池仁) 선생 말씀도, 미국적인 신문화는 필요 없고 한국의 옛 문화를 보여 달라고 했었다. 또 이들은 우리의 기독교 신앙에 접하기 위해 서울서 몇 곳 교회에도 나갔었다.

그렇다, 폐일언하고, 이들은 역시 우리에게 와서 정치나 경제나 기타 무슨 물질문명을 보려고 한 것은 아니었다. 기독자로서 그이상의 것-신앙, 평화, 사랑, 용서……등-을 찾으려고 했다. 그리고 우리에게 이런 것들이 별로 없는데도 불구하고 그들은 자신들의 믿음과 사랑으로 우리에게 이런 것들이 있는 것으로 착각한 것은 아닌가? 그렇다, 우리의 이상은 결코 소위 물질문명이어서는 안 된다. 믿음과 사랑이어야 한다. 이리하여 산상수훈이야말로 우리의 위대한 민족 이상이 되어야 한다고 생각했다.

(1967년 10월)

조국애에 부침

일제 시대에는 우리 사회에 그래도 이런 말이 있었다. "안에서 싸우느냐, 밖에서 싸우느냐"고. 그렇다, 그때에는 우리에게 밖에서나 안에서나 민족을 위해 싸우는 일, 애쓰는 일만이 있었다. 비록 그것이 주로 정치적인 것이기는 했지만, 그러나 독립이라고 얻은 오늘날 사태는 완전히 변했다. 즉, 어느 누가 민족을 더 많이 긁어 먹는가 하는 것으로 변한 것이다. 그래서 우리의 조국은 부패와 타락과 투쟁, 저주, 원한 속에 묻혀 밤낮으로 눈물을 흘리게 되었으며, 오직 개 무리 속에 놓인 한 대의 가련한 뼈다귀가 되고 말았다. 우리에게도 여기 민족의 예레미야가 있다면 진정 그녀를 위해 애가(哀歌)를 부를 것이다.

그래서 여기서는 기껏해야 먹고 못 먹는다는 시비가 고작이다. 모든 것이 실속 없는 외면뿐으로, 정치 경제는 말할 것도 없고 학문, 종교, 교육이 다 마찬가지다. 오늘 국내 최대 문제가 부정선거방지법 제정이다. 우리 국민 스스로의 불의, 특히 민족의 엘리트라는 정치가 자신들의 부도덕, 죄악, 불의를 스스로 드러낸 것이 아니냐. 더욱이 요새 통탄할 현상은 미국의 소위 브레인(두뇌)수입 정책으로, 그나마 얼마 안 되는 우리의 지성인, 교수들이 조국을 등지고 민족을 저주하고 자신을 하나의 상품으로 맘몬의 나라에 도피시키고 있는 것이다. 이야말로 과연 현대적인 우상숭배가 아니겠느냐? 나는 미국의 이 두뇌 정책에 찬성하지 않는다. 정신적인 자본주의가 아니냐. 인류의 보편적인 향상을 저해하는 것이다. 미국은 자신의 문제를 자기 스스로 해결할 일이다. 이를 못 한다면 미국은 앞으로 도덕적으로 퇴보할 것이다. 바울은 사도행전에서 하나님은 인류에 대해 연대와 경계를 제한했다고 했는데, 인류는 민족적으로 하나님 앞에 각각 사명에 대한 책임을 지는 것이다. 그러므로 시성(詩聖) 단테는 지옥의 모든 죄목 중 조국을 판 죄를 가장 중죄로서 지옥 밑창에서부터 세 번째에서 벌하고 있다.

페일언하고, 우리의 지성들이 정치가에게 밥투정하는 것이 나 자신은 못마땅하다. 우리의 정치인에게 선정을 기대하는 것부터가 민족의 정신 연령에 대한 인식 부족이다. 또 자기 멸시다. 유럽사회에서 인물 평가는 대학교수가 1급이고, 정치가는 3급 내지 4급이다. 이는 국가와 민족의 진보 및 발달이 전자의 손에 있기 때문이다. 이 점 현대 국가로서의 우리의 발전 역시 저들 손에 있다. 그런데 저들은 이 중대한 책임을 팥죽 한 그릇에 파는 에서의 어리석음, 아니 죄악을 범하고 있는 것이다. 이(李) 아무개만이 나라를 판자이던가.

그렇다, 우리는 우선 나라를 만드는 노력을 해야 하지, 이에서 혜택을 바랄 시기가 아닌 것이다. 제군들의 친국인 오늘의 미국은 그야말로 하늘에서 떨어진 것이냐? 얼마나 많은 청교도가 이에 생명을 바치고 눈물을 뿌리고 기도하며 애썼는지, 미국 개척사를 펼쳐 보라. 일본의 애국자 우치무라는 어류학자였는데, 청년 시절 미국 유학 중 동양 어업 경영을 노린 미국인들이 수만금을 제의했으나 다 물리치고, 할 일 많은 조국이라고 외치며 돌아왔다고 한다. 조국애, 모국애, 이는 곧 부모의 자식에 대한 희생적인 사랑을 말하는 것이다. 깊이 각성함이 있어야 하겠다. 그렇지 않으면 불쌍한 우리의 조국, 그녀는 우리들 앞에서 아주 죽고 말지도 모른다.

(1967년 12월)

망국 정신

요새 신문을 통해 월남에서 한국배척운동이 노골화되었다는 소식은 나에게 충격적이었다. 이리하여 우리는 어글리(추악한) 코리언이란 또 하나의 명예를 얻은 것이다. 일본서도 같은 현상으로 '조선인은 할 수 없다'고 되어 있다. 서독서도 망신이요, 남미에서는 '사기꾼'으로 몰리는 모양이다. 미국서도, 한국인으로서는 최고의 지성이요 인술(仁術) 계급인 우리의 의술진이 역시 존경보다 말썽의 대상이 된다고 한다. 옛날 안창호 선생이 젊은 시절에 독립운동 하러 미주에 갔다가 변소 청소로 밥을 먹으며 동포 교화에 나섰던 이유를 우리는 알 수 있게 되는 것이다. 역시 그는 선각자였다.

지구상 어디서나 오도 가도 못하게 앞길이 막히는 이 민족, 과연 딱한 일이 아닐 수 없다. 그래도 아직도 우리 언론기관은 월남을 원망하는 것이냐? 철저한 자기반성, 자기 성찰, 자기 회개가 없는 것이냐? 위정자의 천박은 할 수 없다고 하자. 우리의 언론기관이 수일 전까지만 해도 외지에 나간 동포의 슬기(?)를 얼마나 침이 마르도록 칭찬한 것이냐? 그렇다, 깊은 원인은 사실 이런데 있는 것이다. 결국 간 사람이나 보낸 사람이나 다 따지고 보면 그저 돈, 돈, 돈 때문이었다.

그렇다, 애국정신, 인도정신, 그리고 숭고한 군인 정신이 그렇게 쉽게 간단히 이루어지는 것은 절대 아닌 것이다. 높은 기술이나 상도(商道) 역시 한가지다. 진정한 의미에서 우리에게 무엇이 있다고 떠들어댔느냐? 비애국적이라고 할지 몰라도, 나는 우리에게는 이도저도 다 없다고 단정한다. 외지 동포를 따질 것 없다. 우리의 현실이, 아니 내 현실이 매일 이를 증거하고 남음이 있는 것 아니냐.

일제시대 동경 유학에서 나는 소위 만주국 출신 동창으로부터, 일본인은 또 몰라도 왜 너의 민족은 만주에서까지 그렇게 더럽게 노느냐고 욕을 먹은 일이 있다. 전날 학생 운동 관련으로 일년간 옥고를 치르면서, 일본인 형사나 간수 보다 더 악질적인 것은 동포라는 내 민족이었던 것을 뼈저리게 체험했다. 남의 칼을 차고 제 민족을 괴롭힌 우리다. 권력이라고 쥐면 제 백성, 제 나라에 대해 가차 없이 불의를 감행하는 이 민족이니 외인에 대해서야 오죽했으랴.

아, 이 천벌이 무서운 어글리 코리언! 내 외인 앞에 부끄러워, 아니 하늘이 무서워 얼굴을 못 들겠구나! 아, 神이여, 4천년 민족의 나이에 이렇게도 파렴치한 이 민족, 당신이 철저한 회개를 주실 수 없으시면 아주 지상에서 이의 존재를 끊어, 우리로 하여금 이 수치를 면하게 하소서!

독자여, 심하다고 하지 말라. 아니, 내외로 민족의 이 추태, 죄악, 파렴치에 대해서도 만사태평으로 잘 한다 잘 한다 하는 자들이야말로 진정 어글리 코리언이다. 이야말로 또한 망국 정신이다. 그렇다, 오직 우리에게 필요한 것은 진정한 기독교 복음에 의한 민족의 도덕적인 회개, 신생일 뿐이다. 이 이외 아무것도 이 민족의 망국정신을 뿌리뽑을 수 없다.

(1967년 12월)

치욕의 잔

　북한 공산 게릴라가 우리의 서울을 침범한 후 국민은 바람에 나부끼는 갈대와도 같이 공포에 사로잡혀 있는 것 아닌가? 여학교에 다니는 딸아이의 말에 의하면 다들 미숫가루를 만들고, 보따리를 싸고, 금을 사고, 비행기표를 사고, 강 건너에 집을 마련한다고 했다. 무엇에 대한 공포인가? 공산주의에 대한 것인가, 전쟁에 대한 것인가, 또는 우리의 죄에 대한 것인가, 하나님의 심판에 대한 것인가? 그러나 나는 요사이 공포나 두려움보다는 한없는 치욕과 부끄러움에 사로잡혀 있다. 걷잡을 수 없이 천길 만길 이의 심연 속으로 자꾸만 빠져 들어가고 있다. 이리하여 급기야는 나 자신의 존재마저 저주하고만 싶다. 욥과 같이, 50여 년 전 함경도의 어느 산골에서 사내아이가 났다고 나의 양친이 기뻐한 그 날이 진정 없었더라면 한다.

　아, 무엇을 위한 부끄러움인가? 치욕인가? 내 존재 자체를 저주하는 이 부끄러움의 정체는 무엇인가? 그것은 나의 사랑하는 딸, 내 민족 위에 던져지는 열국의 손가락질 때문이다. 그녀의 수모, 불명예 때문이다. 이북의 동포여, 왜 또다시 이런 동족상잔의 불명예를, 참극을, 인류 앞에서 감행하려는 것이냐? 그래, 주의와 사상이 피보다도 강한 것이라고 하는가? 그러나 티토의 공산주의는 민족적이 아니냐. 소련의 그것도 분명히 슬라브 민족을 발판으로 하는 것이 아니냐. 그렇다, 민족은, 민족성은 생리적인 것, 선천적인 것이다. 사상, 특히 공산주의 사상은 그야말로 세뇌에 의해 비로소 주입되는 것이 아니냐. 전날 동독의 군경들은 민족에 대한 당의 발포 명령을 거절했던 것 아니냐. 호전적인 그들마저 차마 민족의 피를 보기 끔찍해서, 민족의 불명예가 무서워서 그리한 것 아닌가.

더욱이 오늘날 인류가 사상적으로 동서 양진영으로 갈라진 현실에서 전쟁은 국지전에서 세계전으로, 더구나 원자전으로 번질 우려가 짙다. 전 세계 전 인류의 공통적인 크나큰 우려가 이 점에 있는 것이다. 실로 이는 인류사에 일대 파멸을 가져올 수 있기 때문이다. 그런데 또 이유야 어디 있었든 간에 이번 푸에블로 첩보함 사건이야말로 이런 세계전, 원자전의 일촉즉발의 위기를 자아냈던 것도 사실이다. 그래서 우리 민족의 원자전의 하수인으로 인류의 역사상 영원한 치욕과 불명예를, 아니 저주를 감수할 뻔했던 것이다.

이번 게릴라의 남침과 푸에블로 호의 관계는 알 수 없으나 하여간 나는 무조건 이 번 미국의 자중을 감사한다. 그러나 게릴라의 남침에 대해서는 남한도 일단의 책임을 면할 수 없는 것이다. 오늘날까지 20년 동안 우리에게는 왜 선의의, 진정한 의미의 민주주의의 이상적인 실천이 없는 것이냐? 왜 국회는 이 판국에서도 정상을 회복하지 못하는 것이냐? 왜 공공연한 선거의 부정을 아직까지도 씻지 못하느냐? 이 모두가 나의 한없는 부끄러움의 잔인저!

(1968년 1월)

종교와 현실문제

여기서 종교는 물론 기독교를 말한다. 즉, 기독교와 현실 문제의 관계이다. 그런데 나 자신은 깊은 의미에서 기독교는 정치나 경제처럼 직접 현실에 관여할 수 없다고 생각한다. 이 점 엄밀한 의미에서는 기독교 정치, 기독교 경제, 혹은 기독교 문화 같은 것은 있을 수 없다. 또한 톨스토이의 산상수훈의 법제화나 크롬웰의 청교 정치가 현실적으로 실현 불가능 내지 실패를 보게 된 깊은 이유라고 생각한다.

사도행전 처음에 보면 초대 기독교에 일시 공산주의적인 생활형태가 계속된 듯한 면이 있으나, 이는 오래 못 가고 곧 사라져버린 듯하다. 나는 역시 이에서 종교와 현실 문제의 미묘한 관계를 본다. 종교 개혁 시대 루터가 예상외의 개혁 사업의 확대에 따른 각종 세속 사회 문제, 농민 운동 등과 본의 아니게 충돌하고 싸움에 휘말리게 된 것도 역시 이 때문이라고 생각된다.

결국 정치나 경제란 인간의 외적 사상(事象)에 관계되는 것이다. 구체적으로 말하면 의식주와 관계되는 것이다. 그러나 종교는, 특히 기독교는 사람의 내적 문제, 그것도 저의 깊은 심령 세계, 즉 영혼과 양심과 도덕 세계와 관계되는 것이다. 칸트가 사람의 정신 현상을 순수이성과 실천이성으로 구분한 것도 겸하여 생각할 것이다.

따라서 비근한 예를 들어 이 문제를 구체적으로 생각하면 이렇게 된다. 근래 공산 치하의 중공은 옛날에 비해 아주 깨끗해졌다고 한다. 그러나 이는 틀림없이 인민의 청결 관념의 향상과 진보에 의한 것이라기보다는 역시 정치적인 외적 통제에 의해 이루어졌을 것이다. 그러나 종교는 여기에 만족하지 못한다. 이 이상의 내적인 청결 관념 자체를 중시하여 이를 대상으로 하는 것이다. 모든 문제에 있어서 이렇게 생각하는 것이다.

가령 오늘날 미국의 흑백 인종 문제에서 정치는 더 이상적인 입법을 생각할 것이다. 그러나 기독교는 신앙적인 아가페의 발동을 목표로 한다. 또 요새 인류적으로 문제가 되고 있는 정치적인 산아제한에 대해서도, 생명의 가능성을 말살시키는, 흡사 전쟁과도 같은 인구 억제 문제를 계기로 하여 인류의 영성 발달, 사랑과 희생정신, 선의의 발동, 이기심의 지양, 국가와 민족을 초월하는 인도, 애린 정신의 고양 등으로 대처해야 하는 것이다. 전쟁 문제에서도 윤리상 개인에게 살인이 최대의 죄악인 만큼 이를 절대 평화의 이념 위에서 해결하려고 하는 것이다.

오늘날 인류의 인생 백반사를 겨우 정치적으로 해결하려는 정도의 소위 행복주의적인 인생관을 지양하지 못한다면, 인류의 위대한, 실로 무한한 영성 발달을 스스로 포기하는 것이다. 따라서 나 자신은 오늘날 우리의 모든 문제 역시 단순한 정치적인 해결 이상 국민의 도덕적인 자각, 신생에 의하지 않는 한 만족할 수 없는 바이다. 이것 없는 우리의 모든 노력이란 결국 허사로 돌아갈 것이다. 시지프스의 영원한 돌 굴리기밖에 못 될 것이다. 도덕적인 인간에게 그것은 도둑질로 이룬 자식의 행복에 만족하는 부모 꼴 밖에 못 되는 것이다.

(1968년 1월)

진리가 무엇이냐?

예수의 재판에서 로마의 총독 빌라도는 예수에게 "진리가 무엇이냐?"고 물어, 불명예스럽게도 그의 그 천박한 정치가로서의 전형적인 이름을 천추에 남기고 있다. 고래로 정치가가 진리를 모르고, 혹은 이를 권모술수로써 구박함은 양(洋)의 동서와 미개, 문명의 구별이 없는 듯하다. 그러므로 시성(詩聖) 단테는 그의 청운의 뜻으로 끝내 오르고야 말았던 피렌체의 최고 관직인 집정관의 자리를 후일 '신곡'의 지옥편 제1곡에서, 인생 여로(旅路) 절반에 거친 산림 속에서 길을 잃은 생활이었다고 술회했다. 그는 곧 거기서 길을 바꾸어 햇살이 찬연한 도덕의 산정을 향해 오르려 했으나, 다시금 표범(정욕)과 이리(탐욕)와 사자(명예욕)의 완강한 제지를 받고 방성대곡하며 절망 가운데서 다시금 딴 길, 즉 신앙의 길, 종교의 길로써 광명의 산정이 아니라 실로 하나님 나라, 진리의 나라인 천국에 도달하게 되었다.

그러면 도대체 진리란 무엇이냐? 기독교는 예수야말로 진리 자체라고 말한다. 그 자신 "나는 길이요 진리요 생명"이라고 했다. 아우구스티누스는 이를 "생명에 이르는 참 길"이라고 했다. 위 빌라도의 천추의 망신은 실로 이 진리 자체를 눈앞에 보며 이를 몰랐다는 것이다. 그러나 이는 2천 년 전 빌라도만의 망신이 결코 아니다. 특히 요새 나는 세계 최대의 기독교 국가의 원수이며, 또 자신 기독교인인 미국 대통령 존슨이 이 불명예를 당하고 있는 것이 아닌가 하여 걱정한다.

그러나 나는 요새 세계가 그에 대해 떠들어대는 소위 월남전에서의 오산을 말하는 것이 아니다. 나는 존슨이 기독교 국가의 원수로서, 또 자신 기독자로서 왜 높은 예수의 진리의 길, 생명의 길을 택하지 못했나 하는 것이다. 나는 미국 역대 대통령 중 가장 이상적이었던 케네디의 후계자로서 존슨에게 많은 기대를 걸었던 것이다. 따라서 지나친 첩보 활동 같은 것도 유감으로 생각한다. 실로 요새 미국에 팽배해 가는 평화 여론은 저의 정치 생명까지 염려되게 한다. 이렇게 볼 때 선전포고도 희미하게 전쟁 상태에 들어갔던 지난날, 좀 더 국민과 더불어 진지한 평화적인 노력을 했어야 했던 것이 아닌가 하고 생각한다.

그렇다, 나는 오늘날 이 원자전의 위험 하에서 더욱 기독교에서는 단연 전쟁의 방법이 단테의 다른 길, 즉 종교에 의해 달라져야한다고 생각한다. 이슬람교나 공산주의는 칼과 투쟁을 버리지 못할지 모른다. 그러나 기독교는 오늘날 모든 인류의 양식이 평화를 위해 노력하는 이 마당에서 싸우되 실로 예수의 진리와 생명으로, 그렇다, 생명을 살리는 싸움을 해야 한다. 그것은 결국 예수의 위대한, 그야말로 원수를 사랑하는 십자가의 아가페의 사랑을 발동시키는 일이다. 그렇다, 나는 최근 미국의 평화열의 팽배는 이 예수의 사랑에 의한 전쟁의 새로운 변모를 예언하는 길조(吉兆)가 아닌가 하고 기뻐한다.

나는 이가 가능할 것으로 본다. 미국의 요새 하루 전비(戰費)가 7천만 불, 연간 350억 불이라고 한다. 과연 미국이 이를 예수의 사랑으로 세계와 인류에 대해 평화적으로 바쳐, 미국의 국시(國是)요 이상인 자유와 평등과 박애를 인류적으로 실천한다면 대번에 인류 문제 전체의 해결마저 볼 것이다. 나는 이의 실천을 간절히 바란다. 미국의 영광, 인류의 영광이 이 이상 없을 것이다. 이때에 하나님은 또한 여타 각국의 모든 증오와 전의(戰意)와 군비를, 이사야의 이상대로 평화의 실천으로 돌릴 것을 믿는 바이다. 존슨이 한국에 대해서까지 1만 병력을 요구했지만, 이는 또다시 동족상잔의 원인이 될지도 모른다.

(1968년 3월)

부활신앙과 인생

-부활절 강연 요지-

우리 인생에서 무엇보다도 중대한 문제는 결국 어떻게 사는가 하는 문제와 어떻게 죽는가 하는 문제라고 생각됩니다. 즉, 어떻게 의롭게 도덕적으로 사는가, 또 어떻게 죽음을 극복하는가 하는 문제로서, 기독교 신앙에서 이는 예수의 구속 및 그의 부활과 깊이 관계되고 있는 것입니다. 그러나 이 점 속죄는 결국 예수의 부활로써 완성된 것으로, 부활신앙이야말로 기독교에 의한 인생 문제해결의 열쇠라고 할 수 있습니다.

이 점 사실 기독교는 부활의 종교입니다. 복음서의 끝이나 사도행전을 통해 초대 기독교의 출발을 보면, 이가 예수의 교훈이나 사업이나 혹은 생애가 아니고 오직 그의 부활의 전달로써 출발된 것을 누구나 잘 알 수 있을 것입니다. 이것이 또한 기독교가 다른 종교와 철저히 다른 점입니다. 공자는 죽음에 대해, 생을 모르는데 어찌 죽음을 알까 했다고 하며, 소크라테스는 독배를 마시기 직전 제자들에게 너희의 생(生)과 나의 사(死), 어느 것이 행복한지는 모른다고 했습니다.

예수의 전기인 공관복음서에서는 그의 죽음과 부활을 기록하는 수난 부분이 그의 교훈과 일에 대해 거의 3분의 1을 차지하고 있어서 역시 저의 생애의 중요한 특색을 이루고 있습니다. 따라서 성서 전체의 관련에서 보아도, 가령 이에서 내세나 부활을 뺀다면 기독교 신앙은 사실상 하나의 종교로서 성립 될 수가 없을 것입니다.

폐 일언하고, 우리는 역사상 4대성인을 말하지만, 예수 외에는 부활신앙이 없습니다. 그러나 기독교의 부활신앙이란 또한 결코 하나의 교리는 아닌 것입니다. 비신화화(非神話化)의 신학자 불트만은 부활신앙을 속죄신앙에 대한 하나의 유의미성(有意味性)으로서 교리로 보고 있지만, 진정한 부활신앙은 이의 역사적인 사실을 믿는 것입니다. 기독교의 속죄신앙에서 보아도, 부활의 사실 위에서 속죄가 발생한 것이지 속죄신앙의 교리화를 돕기 위해 부활신앙이 조작된 것은 절대 아닌 것입니다. 도대체 부활신앙이란 교리로 구성될 성질의 것이 아닙니다. 이는 인류의 보편적인 죽음의 사실과 또한 절대적인 생명의 요구에 응한 예수의 역사적인, 사실적인 부활에 의해 성립된 믿음인 것입니다. 복음서에서 보면 예수는 최후 상경을 앞에 놓고 수차 그의 죽음과 부활을 예고하고 있습니다.

기독교의 부활신앙은 교리가 아님은 물론 또한 단순한 부활의 사실에 대한 인정만도 아닙니다. 그것은 부활한 예수와의 믿음에 의한 생명적인 관계로서, 즉 기독자 자신의 부활생명의 체험으로 성립되는 것입니다. 아니, 믿음으로 기독자가 저의 부활생명을 소지하게 되는

데서 이루어지는 것입니다. 예수는 자신을 일컬어 부활 자체, 생명 자체라고 했습니다. 이가 사실상 그 자신의 부활과 또한 우리 기독자의 부활신앙의 근거가 되는 것입니다. 이제 우리는 이 부활신앙과 기독교 신앙의 관계에서 다시금 성서의 부활 기사에 대한 근래의 비판을 대충 들어 보고, 나아가 부활신앙 내지 부활생명의 본질에 대해 생각해 보기로 하겠습니다.

근래의 학문적인 결론은 대체로 부활신앙의 발생이 복음서의 예수의 빈 무덤의 기사에 연유하는 것으로 보는 견해가 우세합니다. 그리고 부활의 사실성을 반대하는 쪽에서는 예수의 무덤이 비게 된 원인으로 제자들이 그의 시체를 빼돌리고 예수의 평소의 예언에 따라 부활신앙을 만들어 낸 것이라고 봅니다. 그러나 여기 대해서는 카알라일의 지적대로, 세계 최대의 기독교 신앙이 거짓 위에 성립되었다는, 실로 부활신앙 이상의 커다란 모순에 봉착하게 되는 것입니다. 그런데 성서 자체는 저의 무덤이 빈 원인을 예수가 부활체로서 제자들에게 나타난 것으로 기록하고 있는데, 이것이 사실이라고 보아야 할 것입니다. 예수전의 저자로 유명한 프랑스의 르낭 같은 학자는, 예수의 현현(顯現)이 처음 막달라 마리아에게 있었다는 사실로써 이를 그녀의 히스테릭한 환상으로 돌리고 있습니다. 다음 베드로에 대한 현현조차도 그의 열정적인 성격 때문이라고 같은 해석을 내리는 학자들도 있습니다. 그러나 이 점은 만일 예수의 부활체의 현현이 이 두 인물에게 국한되었다면 백 보를 양보해서 그렇게 생각할 수도 있을지 모릅니다. 그러나 고린도 전서 15장의 사도 바울의 유명한 부활의 변증론을 보면, 예수의 현현은 베드로와 열두 제자와 다시 일시에 5백여 형제들과 다음 야고보와 또 제일 끝으로 자기 자신에게도 있었던 것으로, 특히 그 5백여 형제들 중 태반은 현재 살아 있다고 했습니다. 그런데 고린도 전서는 예수의 사후 대략 25년 정도가 경과한 후에 쓰여진 것입니다. 스위스의 석학 카알힐티는 이를 평하여, 2천 년 전 고대 문헌 중 이렇게 사실적인 문서는 별로 없다고 했습니다.

　다음 근래 학자들의 4복음서 전체의 부활 기사에 대한 종합적인 평언을 들어 보면, 위 현현의 기사가 마가와 마태에서는 갈릴리로 된 데 대해 누가와 요한에서는 예루살렘으로 되어 있어, 이 부조화에 의문을 보내는 자들이 많습니다. 그러나 이는 부활한 예수가 우선 그의 죽음으로 실의에 빠져 갈릴리로 들어간 제자들을 찾아가셨을 것을 생각할 수 있으며, 이 부활의 현현으로 제자들은 다시 용기백배하여 예루살렘에 돌아와, 우리가 사도행전에서 보는 대로 초대 기독교를 출발시킨 것으로 생각한다면, 양편의 복음서가 각각 갈릴리 중심 또는 예루살렘 중심으로 기사를 전개시킨 것으로 보아 무방할 것입니다. 사실 학자 가운데는 사도행전 처음부분에 나오는 예수에 대한 많은 추종자들은 바울이 말하는 5백 여 형제 중 일부가 갈릴리에서 예루살렘으로 잇따라 상경한 것이 아닌가 추측하는 자들도 있습니다.

　성서의 부활 기사에 대한 학자들의 평언은 이 정도로 보고, 이제 다시 위에서 제시한 부활신앙 내지 부활생명으로서의 예수의 본질-이것이 예수의 역사적인 부활의 원동력인 것은 위에서도 지적했지만-에 대해, 역시 위에서 지적한 부활에 대한 우리 인간편의 보편적인 요구라고 할까, 즉 인간의 무한한 절대적인 생명의 요구를 보기로 합니다. 진정 예수의 부활은 우리 인생의 이 절대적인 요구를 만족시키기 위한 하나님의 은혜에 의한 것입니다. 그리고 또한 사람의 생명에 대한 절대적인 요구란, 생명 자체요 생명의 본원이신 하나님 자신이 창조에서 그의 영기(靈氣)로써 우리에게 부여한 가장 본질적인 것으로 생각됩니다.

그러나 이 문제에 대해 소위 유물론자들은, 사람은 물질적인 존재이므로 죽음에 의해 본래의 성분인 물질의 여러 원소로 돌아갈 뿐이라고 간단히 설명합니다. 이 점은 불교에서도 생자필멸(生者必滅)의 오도(悟道)에 의해 무신(無神), 무영혼(無靈魂), 무아(無我)의 상태로써 죽음을 극복하려는 면이 있는 것도 사실입니다. 그러나 인류의 전체적인 정신사 내지는 종교사에서는 역시 영혼 불멸, 내세 긍정이야말로 중심적인 것이 아닌가 생각됩니다. 희랍인의 영혼불멸 역시 현세 육체의 생활을 벗어난 영혼의 상태야말로 인간 본래의 자유스러운 이상 상태라고 보았습니다. 동양의 소위 원시 종교 샤머니즘은 말할 것도 없고, 유교의 제사사상도 단순한 조상 숭배 이상으로 내세 영혼의 존속을 전제로 한 것이라고 보아야 할 것입니다. 그리고 인도인의 바라문교의 윤회설 역시 내용이야 어떻든 영혼의 불사 위에서 이루어진 것이라고 보아야 할 것입니다. 불교의 후기 성불(成佛, nirvana) 사상에서는 영원성이 중요한 요소를 이룬다고 보는 학자들도 있습니다.

이상 사람에게 역시 생명의 요구란 절대적인 것임을 인정하지 않을 수 없습니다. 인간뿐이 아닙니다. 근년에 일본의 유명한 식물학자인 오가(大賀) 박사는 3천 년 전의 연꽃의 씨를 지하에서 파내어 이를 개화시키는데 성공함으로써 세계적으로 큰 센세이션을 일으켰습니다. 더욱이 박사는 연 씨의 생명을 1만 년으로 보고 있습니다. 또 요새 세계의 식물학자들은 한 알의 벼가 적당한 환경에서 보존되기만 한다면 3,500년의 수명을 지닐 수 있음을 알아냈다고 합니다. 과연 식물의 생명체에도 하나님의 이런 배려가 있는 것을 알고 우리는 참 놀라지 않을 수가 없습니다. 그뿐입니까? 오늘날 소위 원자과학을 통해 볼 때 물질계의 원자에 이의 생명이라고 할 수 있는 얼마나 큰 힘이 숨어 있는 것입니까? 과연 놀랍습니다. 기독교가 인간 생명의 내세, 영원성을 생각하는 것은 결코 미신이나 광신이 아닌 것입니다. 아니, 도리어 이 영원한 고귀한 생명을 하루살이같이 생각하고 취급하고 또 살려고 하는 것이야말로 실로 생명을, 그리고 이 생명의 부여자인 신(神)을 모독하는 것이 아닙니까?

그렇습니다. 우리는 여기서 다시 생명의 여러 단계를 생각하지 않을 수 없습니다. 그것은 단순한 물질에서부터 원시적인 미생물, 그리고 식물, 동물, 인간, 천사, 그리스도, 신에까지 여러 단계를 생각할 수 있습니다. 유물론자들은 사람의 생명을 물질적이 혹은 동물적이 단순한 하나의 자연으로 생각하지만, 그렇다면 사람의 죽음 역시 필연적인 하나의 자연 현상으로서, 이에 심각한 두려움 같은, 더욱이 도덕적인 공포감 같은 것은 있을 수 없을 것이라고 생각됩니다.

그렇습니다. 사람의 생명의 본질, 그 고귀성, 그 불사, 불멸성은 사람의 도덕성에, 그리고 그 신적인 것에 있다고 생각됩니다. 그리고 이것이 사람이 자신의 가치관의 파멸로, 혹은 심각한 도덕적인 죄책감으로 자신의 육체적인 생명마저 끊는 자살 행위에 떨어지는 이유이기도 한 것입니다. 그러므로 사람의 생명은 결코 유물론자가 말하는 물질적인 것이 아닙니다. 사실 기독교의 부활이 단순히 우리의 이 육체의 영속을 의미하는 것이라면 일고의 가치가 없을 것입니다.

따라서 예수의 종교의 중심인 속죄와 부활신앙은 결국, 영적생명의 본체이신 하나님에 대한 반역으로 말미암아 죄와 죽음에 전락한 인간에 대해 도덕적이고 영적인 생명의 회복과 함께 부활생명과 신적 생명을 제공하는 것입니다. 이것이 기독교 구원으로서, 바울은 이를 사람이 새 생명으로 다시 나는 것이라고 했습니다. 이것이 또한 기독교의 신생인 것입니다.

그리고 믿음에 의한 이 새 생명은 질적으로 육적 생명과는 완전히 다른 것입니다. 그것은 사람을 의롭게 하고 거룩하게 하고 영화(榮化)하여 영체(靈體)로서 내세에 하나님 앞에서 완성하는 것입니다. 따라서 부활은 결국 그리스도의 구속과 부활생명에 의한, 우리들의 더 높은 완전한 영적인 존재 형식으로의 이행인 것입니다. 이리하여 우리는 비로소 인류 최대의 강적인 죽음을 이길 수 있는 것입니다. 바울은 고린도전서 15장에서, 죽음아, 네 승리가, 네 쏘는 것이 어디 있느냐, 하나님은 주 예수 그리스도에 의해 이 승리를 주셨다고 개가를 부르고 있습니다.

끝으로, 죽어도 죽지 않는 이 부활생명이야말로 우리에게 이 모순과 고난과 죄악과 죽음의 현실에서 죄에 죽고 의에서 사는 윤리적인, 도덕적인 생을 비로소 우리에게 제공하는 것입니다. 오늘날 인류는 원자 시대에 돌입했습니다. 인류를 일거에 멸절시킬 수 있는 강력한 원자탄, 곧 물질력 밑에 놓이게 되었습니다. 이 공포 밑에서 자포자기인 양 인류는 하염없는 죄성을 폭로, 발휘하고 있습니다. 이를 극복하기 위해 또한 근자 세계의 사상계는 전후의 소위 실존주의에서 생명철학으로 이동하고 있는 실정입니다. 그러나 기독교는 이미 2천 년 전에 예수의 부활로써, 그리고 믿음에 의한 부활생명의 소지로써 이 문제를 궁극적으로 해결하고 있는 것입니다.

(1968년 5월)

프로테스탄트 신앙의 본령(本領)

개인이나 단체나 간에 신앙의 저조나 무력, 타락이란 결국 신앙의 본질, 본령에 대한 무지, 몰이해 내지는 신앙의 산 체험 없는 데서 오는 것이 아닌가 한다. 이는 흡사 수학에서 정리나 공리를 무시했다가 응용문제에서 난관에 봉착, 실패하는 것과 같은 이치가 아닌가 생각된다. 대체로 우리 한국 신앙에서 보면, 한 50이 넘으면 전날의 기독교 신앙에서 의식 무의식중에 도교(道敎)나 불교 같은 동양고유의 범신 종교로 넘어가는 분들이 많은데, 이는 역시 위에서 말한 신앙의 본질, 본령 문제와 깊이 관계되는 것이라고 생각된다.

그러면 단적으로 프로테스탄트 신앙의 본질은 무엇인가? 이 문제는 어떻게 생각하면 구미에만도 수백 개 교파의 신교가 있고 한국에도 수십의 교파가 있어서 대단히 복잡한 문제 같기도 하지만, 역사적으로는 프로테스탄트 신앙의 본령은 곧 개혁자 루터 신앙의 본질과

등식 관계로서 크게 문제가 있을 수 없다. 이 점에서는 칼빈, 쯔빙글리, 녹스, 웨슬리 등 그 이후의 어떠한 신교 개혁자나 혹은 인물이라고 해도 결코 루터를 넘을 수는 없는 것이다. 요새 세상을 뜬 바르트의 위기신학 역시 루터 신앙의 신학화, 상품화로 불리는 것이다.

그러면 다시 루터 신앙의 본령은 결국 무엇인가? 이를 여기서는 몇 가지 정의 정도로 밝혀 두기로 한다.

첫째, 가톨릭의 의식, 형식, 교리, 교권, 조직 등 외적 종교로서의 그릇된 기독교 신앙이, 카알하임, 호르 등의 지적대로 루터에 의해 비로소 본래의 면목 그대로 각자 사람의 내심, 심정, 양심, 영혼의 문제로 전환된 것이다. 그리고 이는 개혁 시대에 루터가 교황의 파문장과 모든 교회 법규를 불살라 버린 것으로 구체적으로 증명된 것이다.

둘째, 로마서 1장 17절의 '하나님의 의'를 그 이전에는 '죄인에 대한 하나님의 형벌적인, 심판적인 의'로 해석한 데 반해, '그리스도의 대속을 믿는 신자에게 주어지는, 즉 죄인을 의롭게 하는 하나님의 사랑과 용서와 구원의 의'임을 분명히 한 것이다. 그리고 그 자신 에르푸르트 수도원에서의 절망적인 죄의 고투와 절망에서 이 '하나님의 의'로써 비로소 신생되었던 것이다. 따라서 이 하나님의 의는 우리의 도덕적 행위와는 관계없이 철저히 그리스도의 대속에 대한 믿음에 대해 하나님의 은혜로서 주어지는 것이었다. 그는 자신의 독일어역 성서에서 이를 분명히 하기 위해 로마서 3장 28절을 '믿음만으로' 구원받는다고 '만'자를 넣어서 번역 했던 것이다.

그러면 신자에게 도덕 문제는 결국 어떻게 되는 것인가? 도덕 역시 인간의 노력인 자기 의가 아니라 하나님의 은혜로서의 인의(認義)에서 시작, 역시 은혜에 의해 지상과 천상을 통해 점진적으로 성화(聖化), 영화(榮化)되어 가는 것이다. 이 점 루터에게 신자란 동시에 의인이고 죄인이며, 성자이고 악덕자이며, 하나님의 아들이자 하나님의 원수였다. 결국 신자란 천국의 완성을 바라고 그리스도의 의로 사는 현실의 죄인인 것이다. 그러므로 신앙자는 자기 배꼽을 볼 것이 아니라 믿음으로 그리스도만을 쳐다보고 사는 것이 루터신앙, 아니 프로테스탄트 신앙의 본령인 것이다. 이때에 또한 자기노력 이상의 은혜에 떠밀린 순수한 행위도 나올 수 있을 것이다. 그러나 이가 구원의 이유는 될 수 없는 것이다.

(1968년 12월)

기독교는 무엇으로 서나?

기독교는 무엇으로 서느냐 하는 문제를 생각해 보다 가톨릭교회로, 신교 교회로, 그 교권으로, 조직으로, 교황주의로, 감독주의로, 칼빈주의로 서는 것인가? 그렇지 않으면, 신조와 교리와 신학과 기독교 사상과 기독교의 진리로써 서는 것인가? 혹은 제반 의식과 예배 규례와 행사로써 서는 것인가? 혹은 수도원과 양로원과 고아원과 병원, 학교 등 기독교적인 사업으로 서는 것인가? 혹은 나아가 기독교 문화와 기독교 예술과 기독교 정치와 재정(財政)에 의해 서는 것인가? 또 나아가 기독교 정신, 기독교 도덕, 기독교적 인격, 기독교 생활에 의해 서는 것인가?

　그러나 나는 이 어느 것도 아니라고 감히 단정하는 바이다. 예수는 그리심 산의 성전도 아니요, 예루살렘 성전도 아니요, 오직 영과 진리의 예배라고 했다. 여기 영은 사람의 육적인 생명에 대해 하나님의 영적인 생명을 말한다. 진리는 사람의 불완전에 대해 신적인 완전을 말한다. 그러므로 그리스도에 대한 믿음으로 사람이 하나님의 이 참 생명을 지니게 되는 것이야말로 기독교인 것이다. 그렇다, 기독교는 결국 참 생명의 종교인 것이다. 아니, 기독교는 곧 생명인 것이다. 기독교는, 기독자는 언제나 이 생명을 지니고 이로써 살아야 한다.

　그런데 사람이란 결국 육적인 존재이기 때문에 종교에 대해서까지, 아니 기독교에 대해서까지 이 내적인, 영적인 신적 생명이 아니고 위에 열거한 것 같은 외적 현상만을 바라고 구하고 추구하게 되는 것이다. 이것이 곧 종교의 타락인 것이다. 이래서 생명 없는 의식이요, 형식이요, 교리요, 사업이요, 선행이요, 문화요, 정치요 하여, 이가 생명의 종교에 대치되게 마련인 것이다. 따라서 이는 생명 없는 죽은 껍질이라, 여기서 만반의 추태와 악이 포태되고 발동되는 것이다.

　기독교는 도덕이 아니다. 일이 아니다. 예수가 니고데모에게 말씀한 대로 영의 범람, 영적 생명의 발현인 것이다. 초대 기독교를 발동시킨 바울 신앙이 유대교의 행위주의에 대해 철저히 신앙주의였으며, 중세 루터의 개혁이 가톨릭의 인간주의에 대해 신앙만의 신앙이었던 이유다. 사람은 신앙만으로 하나님의 생명에 접하고 또 이를 지닐 수 있기 때문이다. 그러므로 기독교 역사상 신앙에 대해 언제나 행위 문제가 곁들이는 것은 결국 사탄의 유혹인 것이다. 이가 기독교의 타락을 가져온다.

나의 무교회 신앙이란 우리 한국 신앙에 이 생명의 척추를 넣으려는 것이다. 독일 신앙에 대한 루터의 공헌, 영국 민족에 대한 퓨리턴의 공헌 역시 이것이었다. 이 생명 없는 도덕이나 사업이란 어린애 장난이요, 뿌리 없는 나무일뿐이다. 칸트조차 선의지(善意志)에 의하지 않는 도덕이 얼마든지 있다고 했다.

(1969년 2월)

신앙노력의 초점

전호 '깍두기와 기독교'에 대해, 그러면 깍두기 냄새 나는 한국 기독교 신앙의 확립을 위해서는 구체적으로 어떠한 노력이 필요한가 하는 질문이 더러 있었다. 이에 대해 우선 한 두 가지 나의 생각을 여기 적어 본다.

첫째, 기독교는 진리의 종교요, 하나님의 계시의 종교. 소위 교회 생활이나 의식의 참가나 선행이나 사업으로 기독교를 알 수 있는 것이 아니다. 하나님의 말씀인 성서를 읽고 배우고 깊이 연구하고 살고 체험하는 데서 비로소 복음이 터득되고 믿음이 확립되고 구원에 이르게 된다. 하나님의 뜻을 알게 되어 순종하게 되고 은혜와 평화와 기쁨과 힘에 넘치게 된다.

신교를 설교 중심이라고 하는데, 루터에게 있어서 설교란 한없이 깊고 높은 성서진리의 탐구요 발굴이었던 것이다. 미신이나 인간의 상식을 못 벗어나는 오늘의 2, 30분의 우리 교회식의 설교가 아니었다. 그의 로마서 1장 17절의 깊은 이해와 체험으로, 개인은 말할 것도 없고 실로 중세가 근세로 전환을 보게 된 것이었다.

그러므로 우리의 기독교도 하루 속히 성서 중심으로, 진리 중심으로 돌아가야 한다. 그러나 감정민족으로서 비이성적, 비의지적인 우리에게 이것은 쉬운 일이 아니다. 여기 우리 기독교의 문제점이 있다. 그러나 성서신앙, 성서진리는 화석화된 신학이나 기독교 사상과도 엄밀히 구별되어야 하며, 성서 자체에 의한 우리 자신의 진리의 발굴 작업이야말로 한국 신앙의 확립을 위해 절대로 요청된다.

둘째, 물심양면에서 독립이 필요하다. 경제적인 독립 없이 남의 밥을 얻어먹어서는 사람은 내외로 큰소리를 못 하는 법이며, 결국 꼬리를 젓는 개로 전락하게 마련이다. 예를 들면 감리교단의 밥을 먹는 자는 감리교 이상의 진리를 말하지 못할 것이다. 아니, 총리원의 눈치만 보게 될 것 아니냐? 또 그것이 만일 타락하였으면 어떻게 될 것이냐? 그러므로 기독교가 진정 한국인의 영혼의 양식을 발굴하기 위해서는, 제발 조밥이나 꽁보리밥으로도 만족하는 독립 정신으로 일해야 될 것이다.

예수가 언제 로마인의 돈을 받았던가? 바울은 천막공으로 제 밥을 먹으며 기독교를 믿고 전한 것이 아니냐? 또 스피노자의 철학이나 단테의 시, 파스칼의 사상 등은 절대로 합작이나 누구의 상금에서 나온 것은 아니지 않느냐? 내외로 인간의 비위를 전적으로 거스르는 하늘의 종교인 기독교의 진리는 그야말로 아사(餓死)의 결심 없이는 진정 깊이 이해할 수 없는 것이다. 우리가 오늘날 직업종교가에게 위대한 종교진리를 기대하지 못하는 이유가 바로 이런데 있다.

셋째, 인간 진실의 고수이다. 정직해야 한다. 거짓말을 해서는 안 된다. 바울은 인간이 다 거짓말쟁이라 해도 하나님은 진실하시다고 했다. 히브리어에서 하나님 '야훼'는 be동사에서 온 존재자, 실재자, 영존자라는 뜻이다. 요한은 악마를 허언자라고 했다. 기독교를 특히 진리의 종교라고 할 때, 그것은 존재 자체이신 하나님에게서 발원한 것이기 때문이다. 거짓말하는 자는 이런 하나님의 진리에 대해서 도무지 접근도 할 수 없는 것이다. 헌금을 내고 즉사한 삽비라 부부를 생각한다. 찢고 싸우고 하는 것으로 보면 우리의 종교기관이 다 밀턴의 소위 복마전(伏魔殿)인지 누가 아나?

(1969년 5월)

정치냐, 종교냐

정치란 주로 각 민족 각 국민 전체의 생활에 대한, 즉 그 외적인 생활 형태에 대한 문제이다. 구체적으로 보면 크게 의식주에 대한 것이 중심이다. 그리고 특히 오늘날은 세계적으로 여기에 모든 인류의 관심이 더욱 집중되는 듯하다. 그러나 인간은 국가나 정치문제 이상 각자 인간으로서 갖는 문제가 있는 것 아니냐? 그리고 사실상 이것이 우리의 모든 문제의 중심이고 근본이 아닌가? 과연 먼저 해결되어야 할 문제는 이것이 아닌가?

그러나 오늘날은, 인류가 물질, 과학 문명으로 그렇지 않아도 외적 천박에 떨어지기 쉬운 터에, 또 정치 문제하고만 맞잡고 있는 상태로서-아니, 이 양자에는 깊은 상관관계가 있는 것이지만-더욱 인간 자체가 소외되고 있는, 아니 죽고 동물화 되어 가는 시대이다. 그렇다, 정치란 결국 국민의 생활 형태를 위한 소위 머릿수에 의한 힘의 발동, 즉 금력이나 권력의 발동이지, 결코 진리의 발동이나 인격력의 발동이 아닌 것이다. 아니, 우리에게 있어서는 더욱이 이성의 발동도 아니다.

그러므로 정치는 결코 현대인이 의식 무의식 간에 마음대로 짓밟는 도덕이나 종교의 대용은 될 수 없는 것이다. 오늘날 민주정치의 챔피언인 미국에서도 인종 문제 하나 사랑으로 진리로 해결을 못 하지 않느냐. 여기 깊은 현대 사회의 문제가 있는 것이다. 그리고 크게는 종교개혁 이래 수백 년 간 그래도 인류의 양심을 지배해 온 진리의 종교로서의 기독교가 타락해 버렸기 때문이 아닌가?

결국 진정한 종교 없는 인간의 비종교화, 물질화, 기계화, 본능화, 육화(肉化), 타락이다. 다시 이의 정신화, 도덕화, 자체 가치화, 구원, 의화(義化), 성화(聖化), 영화(榮化), 완성이 이루어져야 한다. 그렇다, 오늘날 외적 우주문명에 대치되는 진정한 인간의 내적 상태란 종교나 도덕 상태의 회복에 있는 것이다.

다시 돌이켜 유럽의 근대적인 정치관 이것이 르네상스와 **The Reformation**(종교개혁)으로, 즉 이성의 자각과 내적 도덕 혁명을 거쳐 이루어진 것임은 아무도 부정할 수 없을 것이다. 그리고 서양사회가 오늘날 신앙적으로 부패했다고는 하지만, 그래도 역시 아직도 이 개혁의 잔류(殘流)가 인도 정신으로 저들의 심중과 사회에 흐르고 있는 것도 부정할 수 없는 것이다. 다만 진정한 의미의 이성적인 자각도 종교개혁도 없이 오로지 정치지상(政治至上), 정치만능으로 인생 문제를 생각하는 우리 동양에, 그중에서도 우리 한국 정치에 문제가 있는 것이다.

카알라일은 일찍이 투표함에서 무슨 좋은 것이 나오랴 했다. 나 역시 우리의 정치에서, 정치가에게서, 투표함에서 무슨 좋은 것이 나오리라고 절대 기대하지 않는다. 이는 물론 국민을 무시해서가 아니다. 그러나 맥아더는 전후 일본인을 열두 살밖에 못된다고 했지만, 우리의 정신 연령, 도덕 연령은 몇 살이나 될까? 사실은 여기에 문제가 있다는 것을 우리는 알아야 한다.

(1969년 8월)

인류의 성적 타락

문명 사가(史家)는 인류의 자각과 진보와 문명을 측정하는 3대 요소로서 유일신교와 사유재산제와 일부일처제의 확립을 들고, 다음으로 미래 전쟁의 폐기를 생각한다. 그리고 여기 일부일처제란 오로지 일신교인 구약 종교나 도덕적인 기독교에 의해 확립을 본 것은 말할 것도 없다. 이는 마호메트교나 유교의 현실 호도, 그리고 과거 희랍

문명이나 로마 사상 내지는 불교 등의 여성 천시로도 증명되는 바이다.

따라서 기독교와 성서는 음탕을, 개인은 물론 국가, 민족의 패망의 결정적인 요인으로 본다. 고대 소돔과 고모라의 멸망이나 계시록의 종말, 대음부(大淫婦)의 멸망을 상기할 것이다. 세속사에 있어서는, 대로마의 멸망이나 폼페이시의 붕괴 등이 다 음탕에 의해서였다. 개인에 있어서도, 구약에 나오는 삼손의 무력과 프랑스혁명 당시 미라보의 탄식 등은 다 결정적으로 그들의 이 음탕과 관계된 것이다.

그리고 성서는 음탕과 우상 숭배의 뗄 수 없는 관계를 말한다. 즉 우상 숭배란 음탕으로 인류를 망치려는 사탄의 간계라고 한다. 나는 밀턴의 '실낙원'에 나오는 타락 천사들의 모의 장면에서 인류를 패망시키려는 음탕의 영 벨리알의 발언을 상기한다. 우리는 여기서 음탕의 패망성을 볼 것이다. 성서는 사람의 몸을 하나님의 거룩한 성전이라고 했다. 음탕은 우상과 야합하여 하나님을 멀리할 뿐만 아니라 하나님의 전으로서의 사람의 몸을 더럽히고, 나아가 그의 영성을 그리고 품성을 완전히 망치는 것이다. 그런데 오늘날 깨끗해져야 할 청소년들이 무슨 족, 무슨 당 하여 이 무서운, 마치 단테 지옥의 음탕자의 옥의 열풍과도 같은 음탕의 풍조와 생활에 전체 휩쓸려 가고 있다.

아니, 청소년들뿐이 아니다. 서구 기독교 국가의 지도자들 사이에서까지 끔찍한 추문이 그치지 않게 되었다. 더욱이 청교주의의 영국에서까지. 그리고 오늘날 인류 선망의 복지국가인 키에르케고르의 덴마크, 스웨덴에서의 성적 광태, 광란을 볼 수 있게 되었다. 루터와 칸트의 나라 서독에 남창이 등장한다고 한다. 언어도단이다. 이야말로 바로 고대 야만적인 원시 사회로의 복귀가 아니냐. 아니, 20세기 인류 문명의 말기 현상이 아니냐?

전날 덴마크의 성 박람회에는 일본, 프랑스 등 전 세계에서, 특히 아프리카 지역에서까지 전세 비행기가 사태가 나도록 순례자가 모여 들었다고 한다. 과연 오늘날 전 세계가 하나의 카니발화, 성(性) 제전화 되고 말았다. 그리고 오늘날 이 인류적인 성적 타락의 깊은 원인은 사랑의 종교, 아가페의 종교인 기독교의 타락에 있는 것이 분명하다. 오늘날 하나님의 거룩한 사랑을, 그리스도의 십자가의 사랑을 본능화 시킨, 야수화 시킨 기독교는 천벌을 받아 마땅한 것이다. 아니, 오늘날 인간의 이 본능화, 동물화가 곧 천벌, 신벌(神罰)인 것이다.

(1969년 11월)

신앙의 유산화 문제

이는 우리의 기독교 신앙을 어떻게 민족적으로, 국가적으로 하나의 신앙 유산이 되게 할 수 있는가 하는 문제다. 즉, 루터의 독일 신앙과 같이, 칼빈, 쯔빙글리의 스위스 신앙과 같이, 혹은 녹스, 틴데일 등의 영미 신앙과 같이, 혹은 우치무라(內村)의 일본신앙과 같이. 그러나 엄밀한 의미에서 이 우치무라의 신앙은 아직 완전히 일본의 정신 유산, 신앙 유산이 되었다고는 볼 수 없을 것이다. 다만 지금 좋은 의미에서 그 과정에 있다고 봐야할 것이다.

종교 신앙이란 어디까지나 우선 개인적인 것이라고 할 수 있다. 기독교 신앙에서 볼 때 그것이 하나님과 그리스도에 대한 개인의 깊은 영혼의 교제여야 할 것은 말할 것도 없다. 그러나 믿음에 의해 우리의 영혼이 죄에서 해방될 때 우리에게 한없는 기쁨이 임하고 진리의 샘이 솟고 사랑이 용솟음쳐, 우선 각기 제 주위에 대해 그리고 국가와 민족에 대해 믿음과 진리와 사랑에 의한 구원을 깊이 염원하게 되는 것이다. 그리고 믿음의 이 공적 성격의 발동과 위의 국가와 민족의 신앙 유산화가 결국 깊이 관계되는 것이다.

그런데 역사적으로 볼 때, 이 개인의 산 믿음에 대한 점화역할이 대체로 위에서 지적한 대로 민족적인 신앙적 인물에 의해 행해지는 것은 부정할 수 없다. 그리고 사실 우리에게는 이 점에 문제가 있다고 생각된다. 기독교 입교 백 년에 아직도 우리는 이런 종교개혁적인 인물을 못 가졌다고 할 수밖에 없는 것이 아닌가? 그러나 계시의 종교인 기독교에서 그것은 철저히 하나님의 은혜로서, 허락으로서만 주어진다. 이는 불평이나 떼쓴다고 될 일이 아닌 것이다. 그런데 종교란 실로 사람의 본질인 깊은 영혼의 문제로서 인생 만문제의 중심이요, 기반이요, 힘인 것으로, 더욱 국가 민족의 정신으로 유산화 하는 데까지 가서 비로소 제대로 크게 그 힘이 발휘되게 마련인 것이다. 따라서 국가 민족에 대해 종교 신앙의 유산화란 지상적(至上的)인 과제요 요청이라고 할 수 있는 것이다.

여기서 나는 감히 이 문제에 대해 종교개혁적인 인물을 못 가진, 그래서 아직도 진정하게 유산화된 진리를 못 가진 우리로서는, 우선 부족한 대로 각자가 소개혁자의 각오로 각각 주어진 믿음에 진실 되게 살기를 제의하는 바이다. 노동자는 일터에서, 상인은 점포에서, 선생은 교실에서, 학자는 연구실에서, 주부는 부엌에서, 병자는 병상에서, 학생은 공부로, 관리는 국사로, 운전사는 운전으로, 의사는 치료로, 법관은 재판으로, 사동(使童)은 청소로, 아이는 아이 대로, 어른은 어른대로, 정치가는 정치가대로, 여자는 여자대로, 남자는 남자대로 믿음에 정진하고 또 모든 것을 믿음으로, 신앙양심으로 할 것이다.

한 사람의 위대한 종교가가 이룰 일을 50명 100명의 우리 평신도의 힘으로 이룰 수도 있을 것이다.

아니, 어차피 위대한 민족적인 개혁자에 의해 이루어진 진리나 믿음이라고 해도, 이의 유산화는 역시 국민의 이에 대한 깊은 체험과 진실한 생활을 통해서만 또한 가능한 것이다.

(1969년 12월)

신앙과 행위에 대해

모든 종교에서 권선징악적인 행위의 권장이 주가 되고 있는 것은 말할 것도 없다. 그러나 기독교는 행위나 선행이 아니고 믿음, 신앙의 종교이다. 기독교는 신앙만의 신앙이라고 하는데, 모세율법의 도덕을 폐기한 것이 예수의 복음인 것이다. 이 점에서 세상 사람은 물론 기독자 자신에게도 믿음과 행위의 문제란 마치 희랍신화의 고르디우스의 매듭처럼 풀기 어려운 것이 또한 사실이다. 이는 깊이 복음이 인간의 길, 도덕이 아니고, 하나님으로부터 오는 하늘의 구원이기 때문인 것이다.

그러나 기독교가 믿음의 종교라고 할 때, 이것이 악을 권장하는 종교가 아님은 말할 것도 없다. 그러면 기독교에서 신앙과 행위는 어떻게 관계되는 것인가? 이는 논리나 신학으로 하면 어려운 문제일지 모르나, 예수의 생애나 복음서의 사실에 의하면 무조건 쉽게 풀리는 면이 있다. 이는 예수의 생애 일거수일투족이 그대로 다 복음이기 때문이다. 그러므로 우리는 누가복음 19장 삭개오의 이야기로 신앙과 행위의 관계를 분명히 할 수 있을 듯하다.

삭개오는 유대인으로서 여리고에서 로마의 세리 된 자인데, 당시 징세(徵稅)는 특히 청부제였기 때문에, 저들은 자민족의 자유를 빼앗은 적국의 세리가 됨으로써 민족의 고혈을 짜내어 치부한 소위 매국노로 국민의 멸시와 지탄을 받는 자들이었다. 어느 날 삭개오는 예수가 여리고에 입성한다는 소문을 듣고, 세리로 전락은 했을망정 그도 아브라함의 자손인지라 예수를 보고 싶은 생각이 불현듯 간절하였다. 그는 길가에 나가 군중 틈에 끼게 되었다.

그러나 키가 작았던 삭개오는 예수를 볼 수가 없었다. 그러자 그는 체면도 부끄럼도 아랑곳없이 앞으로 뛰어가, 길가의 어느 뽕나무에 올라가 숨을 죽이고 예수가 지나가기를 고대했다. 드디어 가까이 온 예수는 천만 뜻밖에도 그를 쳐다보고, "오늘 밤 너의 집에 머물러야 되겠다"고 했다. 삭개오는 자신의 귀를 의심하며 기뻐서 부리나케 뛰어 내려와 예수를 자기 집으로 모셨다. 그러나 군중들은 예수가 죄인의 집에 머문다고 비난이 자자했다.

예수의 뜨거운 사랑에 감격한 삭개오는 세리로서의 자신의 모든 죄를 깊이 뉘우치고, 자기 재산의 반을 빈민들에게 나누어주고 또 부당하게 빼앗은 것은 네 갑절로 갚겠다고 선언했다. 예수도 "아무렴, 삭개오도 아브라함의 자손이지. 오늘 이 집에 구원이 임했다"고 한없이 기뻐했다. 이후 삭개오의 생활이 어떠했겠나하는 것은 삼척동자라도 짐작이 갈 것이다.

나는 이 삭개오의 이야기야말로 이대로, 기독교 신앙에서 믿음과 행위의 문제가 어떻게 해결되는가 하는 것을, 실로 만 권의 신학서나 교리서 이상 단적으로 누구라도 이해할 수 있게 보여 주는 것이 아닌가 한다. 그렇다, 기독교의 행위란 금욕이나 수양이나 도덕적인 자기 노력이나 열심으로 행해지는 것이 아니고, 삭개오의 경우와 같이 예수와 만남으로써 그의 사랑에 접하고, 그의 구원에 의해, 그에 대한 믿음에서 그야말로 저도 모르게 죄를 뉘우치고 감사로, 기쁨으로 행해지는 것이다. 즉, 자기 노력이 아니고 그리스도와 하늘에서 오는 구원의 힘에 떠밀려서 저절로 이루어지는 행위인 것이다.

(1970년 1월)

예수의 죽음

 기독교는 십자가교이다. 십자가는 예수의 죽음을 말하는 것으로, 결국 기독교는 예수의 죽음이 중심이요 전부인 것이다. 기독교는 그의 죽음 위에 선다. 이것이 기독교가 다른 종교와 철저히 다른 점이다. 그는 석가나 공자처럼 많은 제자를 거느리고 천수를 다하지 못했다. 그는 2, 3년의 공생애 끝에 30 청년으로, 그것도 열 둘 밖에 안 되는 제자 중 한 사람인 가룟 유다의 배신으로 로마의 최 극형인 십자가의 이슬로 역사에서 사라졌던 것이다.

 그러나 후일 절세의 영웅 나폴레옹이 유배지인 세인트헬레나 섬에서 임종을 앞에 놓고 한 말이 있다. "나는 왕좌에서 쫓겨나 이렇게 고독 가운데 있지만, 2천 년을 경과한 오늘도 십자가에서 죽은 예수에게는 전 세계를 통해 목숨을 바치려는 무수한 추종자들이 있다"고. 무엇 때문인가? 이는 사실 예수의 십자가의 죽음 때문인 것이다. 인간은 단 한사람의 예외도 없이 죽음을 싫어하고 피하고 또 이를 두려워하는 것이 숨길 수 없는 만고의 사실이며, 또 파스칼의 말대로 극력 이를 입 밖에 내지 않고 생각하지 않으려고 하는 것이 의식 무의식간의 인정, 인간사의 무거운 비밀인 것이다. 그러나 예수는 자기가 세상에 온 목적과 사명은 인류를 위해, 만인을 위해 자신의 생명을 바치는 것이라고 했다(마가 10:45). 그는 최후 예루살렘행, 죽음의 길을 앞에 놓고 수차 자기의 죽음을 예고했던 것이다(마태 16, 17, 20장). 더욱이 요한복음에 따르면, 그는 이를 위해 세상에 온 것은 물론, 죽음을 실로 자취한다고 했다. 또 죽음이야말로 그의 영광의 때라고 했다. 그렇다, 십자가에 들림은 하늘나라 하나님의 우편에 오르는 것이었다(마태 10:18, 12:23, 16:28). 위에서 지적한 죽음에 대한 사람의 무력을 생각할 때, 예수의 이 죽음에 대한 태도야말로 과연 인간의 의표를 찌르는 놀라운 사실이 아닐 수 없다.

그러면 결국 그의 이 사실은 무엇을 의미하는 것인가? 우리들 인간이 죽음을 기피하고 이에 공포를 느끼는 것은, 이것이 우리의 부도덕과 죄악의 결과이기 때문이다. 죽음은 인생의 청산인데도 불구하고, 인간의 죽음에는 아무런 좋은 것도, 힘도, 가치도 없는 것이다. 도리어 그것을 통해 우리는 하나님의 심판에 직면하는 것이다. 그러면 예수가 죽음을 자취한 이유는 어디에 있는 것인가? 이는 그에게 죄가 없었던 것을 말하는 것으로, 그의 죽음이 결국 인류의 죄를 속(贖)하는 결과가 되기 때문이었다. 그렇다, 그의 죽음으로 인류는 죄에서 해방되어 새로운 삶에, 그리고 죽음을 극복하고 영원한 생명에 들어가는 것이다. 이리하여 예수의 종교는 십자가교이며 구속의 종교로서, 그는 죽음으로 자신의 죄 없는 신적 생명을 인류에게 부여하는 것이다.

(1970년 1월)

이중의 사악(邪惡)

고래로 신구약성서의 중심은 로마서라고 한다. 기독교 역사상 모든 종교개혁은 로마서에 의한다고 한다. 그토록 로마서는 기독교의 중심 진리를 분명히 하는 것이다. 그러면 로마서의 중심테마는 무엇인가? 그것은 죄의 문제의 해결이다. 그리고 보통 로마서를 어렵다고 하지만, 이는 결국 우리가 죄를 모르기 때문이라고 생각된다. 로마서의 해설서 중 고래로 가장 고전적인 유명한 것은 아마도 루터의 '로마서 강해'일 것이다. 우리는 이를 통해서 죄를 배울 필요가 있다. 여기 로마서 3장 9절, "모든 사람이 죄 아래 있다"고 한 대목의 루터의 해설을 보기로 한다.

우리는 이 구절은 다 성령에 의해 말씀한 것이라는 점을 이해해야 한다. 즉, 사람 자신의 눈으로 보고 사람들 앞에 선 사람이 아니라, 하나님 앞에 선 인간에 대해 바울은 말하는 것이다. 사람들 눈에 명백히 악한 사람이나 자기 자신의 눈과 타인에게 선하게 보이는 사람이나, 모두 하나님 앞에서는 다 죄 아래 있는 것이다.

그 설명은 이렇다. 명백히 악한 사람들은 겉사람과 속사람 모두가 죄를 짓고 있고, 그들 자신의 눈으로 보아도 그들에게는 추호의 의도 없다. 그러나 자타간 겉으로 선하게 보이는 자들도 실제로는 그 속사람이 죄를 짓고 있는 것이다. 이는 가령 저들이 겉으로 선행을 해도, 벌이 두려워 이를 했거나, 혹은 돈에 대한 사랑이나 명예욕에서, 혹은 다른 물질적인 생각에서 하는 것이지, 결코 자유스러운 의지에서 기쁨으로 하는 것은 아니기 때문이다. 그래서 겉 사람은 그럴듯하게 부단히 선행을 해도, 속사람은 정반대의 것을 구하는 탐욕과 정욕 속에 목까지 빠져있는 것이다.

왜냐하면 그가 벌 받지 않고 행할 수 있다면, 혹은 명예나 평화가 그에게 오지 않을 것이라는 것을 그가 안다면, 그는 다른 사람들과 마찬가지로 도리어 선을 버리고 악을 행했을 것이기 때문이다. 따라서 이미 악을 행하고 있는 사람과, 비록 공포 때문에 이를 주저하고 있거나, 혹은 세상 재보(財寶)에 대한 매혹적인 타산에 현혹되어 아직 악에 착수는 안 했을망정 이를 행하고 싶어 하는 사람 사이에 과연 얼마만한 차이가 있는 것인가?

만일 이런 사람이 그런 외적인 의를 전부로 알고 내적인 의에 대해 가르치는 자에게 반항한다면, 그리고 만일 그가 비난을 받으면 그것은 그가 아무것도 하지 않았기 때문이 아니라 다만 순수한 마음으로 행동하지 않았기 때문이며, 또 그가 행하는 것과는 실제로는 반대의 것을 열망하고 있는 자신의 의지를 개혁하지도 않기 때문이라는 것을 생각하지도 않고 그저 자신을 변호한다면, 그때에 그는 모든 사람 가운데서 가장 악한 자인 것이다.

이러한 경우 그의 선행은 이중으로 사악한 것이다. 첫째는 좋은 의지에서 출발하지 않았기 때문이고, 다음은 터무니없는 교만으로 이를 훌륭하다고 생각하고 변호하기 때문이다. 그러므로 이런 완고함이 하나님의 은총으로 깨끗하게 되어, 벌의 공포나 자애(自愛)에서가 아니고 스스로 기쁨으로 도덕적인 요구, 즉 하나님의 뜻을 행하는데 전심하지 않는다면, 우리는 의당 항상 죄 아래 있는 것이다.

(1970년 3월)

기독교의 속화(俗化)

기독교는 순수한 하늘의 종교이기 때문에, 이 지상에서는 언제나 타락하고 속화되기 쉬운 것이다. 또 그것은 절대적인 진리이기 때문에, 인간에게 그릇 오해되어 인간적으로 속화되기 쉬운 것이다. 그러므로 예수는 제자들에게 누누이 바리새인의 누룩과 사두개인의 누룩을 삼가라고 했다. 또 헤롯의 누룩을 삼가라고도 했다(마태 16:6, 마가 8:15). 이는 결국 기독교 신앙의 세상적인 속화, 타락을 경계한 것이다. 구체적으로 말하면 바리새주의에 의한 종교의 직업화, 사두개파에 의한 종교의 문화주의, 귀족주의화, 헤롯당에 의한 종교의 정치화 등, 결국 한마디로 신앙의 세속화이다.

그러면 예수는 왜 이렇게 자기 종교의 세속화를 경계한 것인가? 그것은 정치에는 정치의, 종교에는 종교의 각각 분명한 요소, 본질, 사명, 일이 있기 때문인 것이다. 이 세상 정치가, 설령 그것이 플라톤의 철인 정치라고 하더라도 결코 인간에 의해 종교를 대체할 수 없음은 명약관화한 일이다. 그 대신 종교가 저의 사명을 잃고 세속화될 때, 그것은 또한 예수의 말씀 그대로 버림을 받아 사람에게 밟히게 될 것 또한 명약관화한 일인 것이다(마태 5:13). 그러면 종교에서 이 무서운 세속화의 양태란 구체적으로 어떻게 나타나는가? 그것은 곧 종교가 본래의 사명과 빛과 맛을 잃고 매사를 세상 사람과 똑 같이 보고 생각하고 행동하는 것으로 나타나는 것이다.

그런데 근일 한국 기독교의 이 타락상, 세속화를 무엇보다도 단적으로 보여 주는 사건이 대대적으로 일간 신문에 보도되어, 나는 실로 벌렸던 입을 다시 다물 수 없었다. 그것은 한국 기독교단의 천여 명 지도자와 목사들이 모여, 미군의 일부 철수에 대해, 미국의 요로(要路)는 물론 전 신도에게 반대 성명을 보낸 일이다. 도대체 성서는 무어라고 했나? 왕은 군대가 많음으로, 용사는 그 힘이 강함으로 구원과 도움을 얻을 수 없으며, 오직 하나님을 두려워함으로 구원받는다고 하지 않았나(시편 33:16-20). 코로 숨 쉬는 인간을 믿지 말라고 하지 않았느냐. 이집트인은 신이 아니며, 그 말들은 영이 아니라고도 했다(이사야 2:22, 31:3). 잠언 기자는, 정의는 나라를 높이고 죄는 백성을 부끄럽게 한다고 했다(잠언 14:34). 오직 조용히 신뢰하라고 했다(이사야 30:15).

소위 목사들의 성명 행위란, 하나님이 신자에게 요구하는 이런 신앙적인 행위와는 정반대되는, 실로 하나님을 노엽게 하는 불신의 행위라고 할 수밖에 없다. 세상 정치가나 군사 전문가나 또 불신의 국민이 이 일에 대해 어떻게 생각하든, 또 그것이 중대한 일이면 그럴수록 신자는 믿음으로 독자적으로 이에 대처해야 할 것 아니냐?

그래, 하나님이 무기보다, 군인보다 못하단 말이냐. 이야말로 하나님에 대한 불신, 멸시, 모독이 아니냐. 아니, 한마디로 싸움의 결판은 무력 이상 그 국가와 민족의, 그리고 정치의 도덕성 여하, 죄악의 유무와 깊이, 아니 결정적으로 관계되는 것이다. 세계사는 세계 심판이라고 하지 않느냐. 우리의 국가, 국민으로 하여금 죄악을 떠나 정의와 양심의 국민, 국가가 되게 하는 것이야말로, 이때에 기독자가 할 최대의 애국적인 임무가 아니겠느냐. 우리는 미군철수보다 하나님을 더 두려워해야 한다. 이것이 신앙이다.

(1970년 7월)

죄 죄 죄

사실 사람의 말 중 죄란 말처럼 우리의 비위에 거슬리는 말은 아마 없을 것이다. 이는 인간의 모든 불의와 악을 총괄하는, 인간의 본질로서 악을 말하는 것이기 때문인가? 가령 기독교 전도자가 세상 사람에게 죄를 회개하라고 했을 경우를 생각해 보라. 그 반발이나 불쾌감이, 자신에게 사실상 죄가 없어서 일어나는 감정일까? 아마 그렇지는 않을 것이다. 혹은 죄의 깊은 비밀의 적발 때문일까? 혹은 제 죄는 덮어 두고 타인의 죄를 말하는 전도자에 대한 무의식적인 염오는 아닐까? 그렇다, 이는 자타간 인간에게 보편적인 죄의 인식에서 오는 것이 사실일지도 모른다.

그러나 역시 그럼에도 불구하고, 깊은 의미에서 사람은 죄를 느끼지 않는 것이, 아니 이를 부정하려고 드는 것이 또한 저의 본성의 하나가 아닌가 하고 생각되는 점이 있다. 이것은 무엇 때문일까? 이는 시편 기자의 말대로, 인간은 죄 속에서 죄로 잉태되고, 죄로 나고, 죄로 자라고, 죄로 살기 때문인가(51편)? 아니, 이는 저에 대한 사탄의 "죄란 없는 거야. 있기는 그런 것이 어디 있어?" 하는 꾐에 넘어간 것일까? 그렇다, 이래서 사탄은 인간을 완전히 자기 부하로 죄 속에 잡아 두는 것이다.

요새 소위 세상을 보도한다는 신문에 실리는 것이란 결국 매일 무시무시한 우리의 죄의 보도 이외의 아무것도 아니지 않느냐. 그리고 그것은 또한 외부에 드러난 것뿐이지, 백지 한 장 두께로 우리 각자의 심중에서 하루에도 몇 번씩 그대로 행해지는 사건들이 아니냐? 나라를 다스리는 일선 공무원들의 비위만 해도, 지난 1년 동안 외부에 드러난 것만 4천여 건에 돈으로는 30억 원을 넘었다고 한다. 이는 또 아마 송사리 떼 만일 것이다. 지위가 높고 크면 더욱 큰 죄가 따르는 모양이니, 무슨 사건, 무슨 의혹 등을 생각할 것이다.

그리고 아직도 봉건주의의 사고를 벗지 못하고 정치지상주의로 인생을 그저 돈과 여자와 지위와 명예로 아는 우리의 현실에서는 똑똑한 사람일수록 이 정치라는 것에 매혹되고 이에 코를 틀어박게 마련이나, 여기는 사실 우리에게는 아직도 사탄이 죄로 사람을 사로잡는 가장 무서운 덫이 놓여 있는 곳인 듯하다. 사탄은 과연 여기 앉아 더욱 그 장(長)들을 하나하나 자신의 포로로, 죄의 노예로 사로잡아 고스란히 이 나라 전체, 이 민족 전체를 그야말로 지옥으로 끌고 가는 듯하다.

그렇다, 사람이란 저가 죄를 인정하든 않든, 과연 죄 속에 있는 존재인 것이다. 저가 똑똑하고 훌륭하고 크면 더욱 그렇다. 그리고 죄란 결코 우리의 정신적인 미약이나 불완전도 아니며, 교양이나 수양으로 퇴치될 수 있는 것도 아니다. 그것은 하나님에 다음 가는 강력한 존재인, 죄의 근원이며 장본인 사탄에 소속된, 즉 저의 노예 된 상태인 것이다. 이것이 예수 그리스도의 구속으로써만 이에서 해방될 수 있는 까닭이며, 기독교가 또한 철저히 하나님과 그리스도에 자신을 의탁하는 믿음의 종교인 까닭이다.

(1970년 8월)

우리 민족 성격 문제

중대한 문제이나, 간단히 통속적으로 이를 생각해 본다. 요새 한국에 오는 외국인들이 제일 놀라는 것은 한국에는 교회당이 많다는 것이다. 발부리에 차이는 것이 교회라고 욕하는 사람도 있다. 이는 물론 양(量)에 대한 비웃음일 것이다. 그러나 반대로, 기독교인구의 다수로 저변이 큰 것이 한국 기독교의 강점이라고 보는 견해도 있는 모양이다. 또 한 가지 한국에 와서 외국인이 느끼는 공통적인 느낌의 하나는, 가난한 분단 민족인 우리의 얼굴 표정이 의외로 너무도 낙천적이라는 것이다. 이는 해방 후에 내한했던 신학자 브룬너도 대단히 희망적이고 기쁜 일이라고 했던 것이다. 또 이와는 관계없을지 모르나, 서양 사람들은 흔히 일본을 거쳐 한국에 오면 비로소 어떤 정신적인 안도감을 느낀다고 한다. 이점 한국 사람들은 지나칠 정도로, 사실 동족 이상으로 외국인에 대해 분수없이 친절과 호의를 베푸는 것도 사실이다.

위 두세 가지 사례로써 만도 나는 우리 민족 성격을 종교적이라고 단정하고 싶다. 그리고 이 두세 가지 사례는 종교적이라는 데서 또한 깊이 관련되는 것이라고 생각된다. 즉 종교적인 것과 평화적인 것과 선의가 깊이 관계된 것이라고 보고 싶다. 우리 기독교 인구에 대한 것인데, 전날 기독교 입교 반세기에 주일이면 철시하는 평양, 선천 등 기독교 도시가 출현한 것을 서양인들은 대서특필했던 것이다. 오늘날 1세기에 우리 기독교가 샤머니즘을 벗지 못하는 것도, 어떤 점 우리 민족의 바탕이 철저히 종교적인 때문인지도 모른다. 전날 우리 민족이 불교를 받아 이를 소화, 일본에 전한 것이 170년 만이었다. 조선조 시대의 우리 유교가 유대의 바리새주의같이 철저히 예전주의(禮典主義)에 떨어졌던 사실을 상기한다.

그리고 나는 특히 우리 수천 년 민족사가 독립사라기보다는 예속사에 가깝다는 사실 역시 반도라는 육교(陸橋)로서의 지정학적으로 갖는 특질에 기인한다기보다는, 흡사 종교적인 유대사의 특질과 같이, 이는 우리 민족의 비호전적인, 평화적인 종교성에 기인하는 것이 아닌가 생각한다. 유대 민족의 종교성은 팔레스타인의 지리적인 특질에서 그렇게 성격화된 것이 아니고, 도리어 종교적인 아브라함의 자손을 축복으로써 하나님이 거기 정착시켰던 것이다. 우리 민족도 평화, 종교 민족으로 하나님이 우리를 이 반도에 인도한 것이 아닐까? 나는 감히 이렇게 생각한다. 우리가 종교민족이 아니었던들,

스파르타의 뒤를 따라 대고구려의 웅도를 동양사에 펼쳤을지 누가 아나. 한국 문화를 높이 평가한 일본의 야나기(柳宗悅)씨는, 한국 문화와 예술은 전체가 철저히 하늘을 향한 그 선(線)에 의해 표시되는 종교적인 데 있다고 했다. 우리는 전날 신라의 불교문화를 생각할 것이다. 나는 이렇게 한국 문화가 지상 육적인, 인간적인 것이 아니고 천적인 종교적인 것이라고 할 때, 이를 크게 영예로, 영광으로 생각하는 바이다. 지상 인간의 모든 가치를 전도시킨 기독교의 복음이 나타나기 전에는, 온갖 힘에 의한 야수적인 인간 역사에서 종교적인 민족이 제일 비참했는지도 모른다. 그러나 이제 복음 시대에는 그렇지 않다. 이제부터 우리는 더욱 철저히 기독교로써 종교적이 되어야 한다. 이것만이 민족의 세계사적인 영광을 위한 길이다. 그리고 여기서 우리 무교회자들은 양적으로만 팽창해 가는 우리 기독교에 대해 성서진리의 탐구로써 이의 내용, 즉 질을 위해 노력할 것이다.

(1970년 10월)

생활이냐 믿음이냐

제목 자체가 좀 이상하게 들릴지 모르겠다. 보통 우리는 믿음은 생활화 되어야 한다고 간단히 생각하고 있기 때문이다. 그러나 좀 깊이 생각하면 이 양자 사이에는 기독교 신앙의 본질상 대단히 미묘한 관계가 있는 것이다. 결국 신앙과 행위의 문제점도 여기 깊이 관계되고 있는 것이다. 따라서 이에는 기독교 신앙의 사활을 결정하는 중대한 문제가 있음을 알게 된다.

즉 그것은 이렇다. 대체 우리는 왜 기독교를 믿는 것이냐? 그렇다, 나의 행복을 위해 믿는다. 아니, 국가, 민족을 위해 믿는다. 나의 안심, 인류의 평화를 위해 믿는다. 나의 구원을 위해 믿는다. 도덕생활을 위해, 건강을 위해, 사업의 성공을 위해 믿는다. 그래서 기독교는 특히 우리에게 정치적인 관심이요, 현실 참여요, 선거운동이요, 십자가 행렬이 된다. 금주 운동이요, 사회사업이요, 교육사업이요, 농촌 사업이요, 수도원이요, 고아원이요, 양로원이요, 병원이요, 전도관이다. 결국 믿음이란 이러한 모든 것을 위해 필요한 것이라고 한다. 그리고 현대인들은 믿음이 이를 못 할 때 헌신짝같이 버린다. 이래서 또 기독교의 교리와 사상과 신학은 동물의 보호색처럼 시시각각으로 세상과 시대와 더불어 자꾸만 변해 간다.

그러나 그러나, 이것이 정말 믿음인가? 믿음은 무엇을 위해 있는 것인가, 무슨 수단으로 있는 것인가, 무슨 이용물로 있는 것인가? 아니다, 절대로 아니다. 신앙이야말로 수단이 아니고, 자체 목적인 것이다. 무엇을 위해 이용될 것이 아니고, 세상만사 만물이 다 도리어 믿음을 위해 있는 것이다. 나 자신도, 가정도, 자식도, 나라도, 사회도, 민족도 도리어 믿음을 위해 있는 것이다. 그렇다, 이는 다 믿음을 위해 희생되어야 하고, 믿음을 위해 바쳐져야 하는 것이다.

그렇다, 민족에 대한 모독이라고 할지 몰라도 차마 나는, 나 자신도 물론 넣어서 이 민족의 행복을 빌지 못하는 자이다. 아니, 국민의 주권을 고무신짝이나 술 한 잔으로 팔고사고 하는 이 국민에게 내릴 하나님의 형벌이 무서워 견딜 수 없는 바이다. 하나님의 진리와 행복을 팥죽 한 그릇에 팔아먹은 기독교회에 하나님의 구원을 기대할 수 없는 바이다.

그렇다, 나는 진리 없는, 회개 없는 이 백성에게 물질적인, 정치적인 행복은 금물이라고 생각하는 바이다. 우리는 완전히 이 백성을 하나님의 진리와 심판에 의해 다시 살려내야 한다. 선거운동이나 투개표의 감시 정도로써는, 결코 여기 민주주의 하나 똑바로 못 세울 것이다.

(1971년 4월)

신앙생활이란 무엇인가?

신앙생활이란 무엇이냐? 그것은 말이 아니고 사는 것 이고, 신학이 아니고 순종이며, 사상이 아니고 희생이다. 따라서 그것은 히브리서 10장 신앙영웅 열전(列傳)이 보여 주는 대로, 타인 혹은 선배의 구체적인 생활을 통해 배우는 것이 제일 빠른 길이다. 이런 의미에서 대단히 죄송하나, 근래 부인이 중풍으로 쓰러진 우리의 신앙 선배 되는 박석현 선생의 사신(私信) 두 통을 여기 올린다.

제 1신-일본서 돌아와 외무부에서 주민증을 찾아 가지고 태극

호로 집에 돌아왔습니다. 그런데 말입니다, 검은 옷의 천사가 제가 돌아오기를 기다리고 있었습니다. 저는 집에 들어서기가 무섭게, 사선(死線)을 방황하는 아내를 택시에 싣고 병원에 달려가 진찰한 다음 곧 입원시켰습니다. 오래 앓고 있던 심장판막협착증의 악화에서 온 뇌혈전색증이란 병명으로 좌반신을 못씁니다. 수일간 철야 교대로 간호한 결과, 맥박은 정상이 되고 정신은 피어나서 좀 안심입니다. 4, 5일간 줄곧 기도로써 지냈습니다. 아직도 안심 불허이오니, 위하여 기도하시기 빕니다. 지금 집에 와 보니 주옥로 선생과 후지사와 선생이 광주에 못 들르고 바로 소록도로 가신다고 했습니다. 주님의 뜻이 계셨던 것으로 믿어지나이다⋯⋯.

제 2信-처의 병은 아무래도 지구전으로 톡톡히 각오하고 당해야 하겠습니다. 저로서는 생애 막바지의 신앙 싸움인 줄 믿습니다. 하나님께서 철저히 부족한 것을 믿어 주신 데 대해 최선으로 보답하도록, 위에서 주시는 힘을 받아 인내로써 순종하고자 합니다. 계속 위하여 기도 빕니다. 오늘 8월호 잡지 잘 받았으며 수고했습니다. 오는 16일부터 대구 집회가 시작된다니 감사하오며, 부족한 대로 기도하겠습니다. 단, 호사다마이오니 부지중 사탄의 간계에 휘말리지 말기를 바랍니다.

호시탐탐 우리의 일을 방해하고 우리를 믿음에서 넘어지게 하려는 것이 이 사탄의 본성이니 말입니다⋯⋯.

이 우리의 메마른 신앙에 대해 얼마나, 그야말로 물기 뚝뚝 떨어지는 구체적인 믿음이냐. 선생은 믿어 주시는 하나님께 최선으로 보답해야 하겠다고 했다. 과연 이야말로 기독교 신앙인 것이다. 그리고 그것은 또한 자의(自意)를 버리고 하나님께 인내로써 순종하는 일인 것이다. 그리고 그것은 또한 시시각각 사탄과의 싸움 가운데서 믿음의 결단으로 바치는 순종인 것이다. 박 선생의 믿음의 은사 되는 안학수 선생은 신앙생활을 '시하(侍下)의 생활'이라고 했다. '모시는 생활'이라고 했다. 선생은 또 하나님과 예수님을 '그 어른'으로 부르셨다. '상전님'으로 부르셨다.

이 점은 사도 바울도 줄곧 자기를 '그리스도의 노예'라고 했다. 노예의 관념이란 무엇보다도 절대의 순종과 관계된다. 생살여탈이 오로지 주인에게 있는 것이다. 여기 또한 자유나 평등만 생각하는 소위 민주주의의 현대인이 기독교 신앙을 저버리는 이유가 있는 것이다. 아니, 이를 못 믿는 이유가 있는 것이다. 기독교는 엄밀히 말해서 소위 민주주의나 인본주의가 아니고 철저히 신민(神民), 신본주의(神本主義)인 것이다. 이가 또한 민주적인 영, 미에서 종교개혁적인 위대한 믿음이 나오지 못하고, 충성의 민족인 독일 민족이 개혁자 루터를 배출한 이유이기도 한 것이다.

(1971년 9월)

체제냐 사람이냐

오늘날 세계란 역시 정치가 판을 치고 있는 것이 사실이다. 기독교까지도 이의 영향 밖에 있는 것이 아니다. 가까운 일본에서도 교회 구조를 혁명적으로 변화시키려는 운동이 일고 있는 모양이다. 그래서 주로 노인층과 젊은 층의 교회원들 사이에 투쟁이 벌어지고 있는 교단도 있다고 한다. 또 기독교 사상가나 학자나 신학자 가운데는 기독교를 마르크스주의적으로 이해하려는 움직임도 일고 있는 모양이고, 또 이런 동향은 유럽 신학계에서도 볼 수 있다고 한다.

그런데 이런 경향은 아주 새로운 것이라고 볼 수는 없고, 물론 강약의 차이는 있으나 지금부터 4, 50년 전 국제 공산주의가 세계를 풍미했을 때 기독교 사회주의의 이름으로 역시 일본서도 상당히 연구 내지는 문제된 일이 있었다. 그리고 이들의 주장은 대체로 예수 자신의 종교는 원래 혁명적인, 즉 예루살렘의 교권과 귀족특권 계급에 대한 계급적인 소위 반체제적 운동으로 예수도 결국 이에 희생된 것인데, 유대주의자인 바울이 이 예수의 운동을 신비주의화 하여 자기 응시의 무력한, 하나의 아편적인 종교로 변질시켜 버렸다는 것이다. 이 점 해방 후 일본의 유명한 불교 철학자 다나베(田邊元)도 그의 기독교 신앙에 대한 고백적인 문장에서, 기독교는 바울의 신비주의에서 예수의 사랑의 종교로 돌아가지 않으면 인류 문제의, 특히 계급 문제의 해결에 공헌할 수 없고, 나아가 마르크스주의와도 대결할 수 없다고 했다.

그런데 요새 우리 현실의 말 못할 소란 가운데, 내게 대해서 또 체제에 대한 무슨 생각이, 행동이, 운동이 있어야 할 것이 아니냐, 그저 그렇게 성서만 풀고 있으면 다냐 하고 핀잔을 주는 이들이 있다. 그리고 나도 현실을 못 보는 장님이 아닌 이상 물론 충고에는 감사한다. 그러나 나는 기독교는 체제나 제도나 오늘날의 소위 이데올로기에 대한 것이 아니고, 그 체제나 제도를 움직이는 사람 자체에 대한 것이라고 생각한다. 괴테가 말한 "인류는 쉴새없이 변하나 사람은 변치 않는다"고 한 이 인간 자체에 대한 것이라고 생각한다. 그리고 기독교는 인간 자체를 죄의 덩어리라고 한다. 이에서 인간의 만악이 배출되는 것이라고.

그러므로 기독교는 체제가 아닌 이 인간 자체를 회심, 신생시켜야 한다고 생각한다. 기독자도 현실에서 사는 이상 하나의 인간으로 정치가 되든, 학자가 되든, 운전수가 되든, 물론 상관할 것이 없다. 그러나 다만 기독자들이 나무 십자가를 메고 종로판을 누비며, 이것이 기독교라고 하는 데는 나는 질색이다. 하여간 나는 우리가 진정 기독교를 알 때까지는 자연 상태, 즉 야만이라고 생각한다. 그래서 나는 아직 우리에게 이상 정치를 기대하지 못한다.

예수도 그래서 당대 민중이 요구한 왕위를 거절한 것 아닌가. 그래서 돼지로 포식하기보다는 사람으로 가난하라고 한 철인이 있는 것 아닌가. 그래서 바울도 도덕적인 율법 종교를 버리고 인간의 의가 아닌 하나님의 의를 찾아 복음만을 위해, 아니 이로써 그 포악한 로마제국도 굴복시킨 것 아닌가. 요새 석학 토인비까지도 인류에게 사랑의 발동을 요구하지 않았느냐. 그렇다, 정치란 요지경속같이 한없이 변하는 것이다. 그러나 복음은 인간 자체를 변화시킴으로써 에파팍스-단번에 인생 만 문제를 영구히 해결하는 것이다. 나 자신은 물론 국가와 민족에 그리고 인류 전체에 대해서도 오직 이 기독교적인 해결만을 바란다. 비위에 거슬리는 자는 욕하려면 욕하라. 나는 당신 속에 무엇이 차 있나 들여다보라고 하고 싶다.

(1971년 10월)

복음적인 구원과 사랑만

모든 종교에는 각기 본질적인 특색 이 있는 것이다. 그리고 그것이 진정한 종교라면 인간 문제를 궁극적으로, 절대적으로 해결할 수 있어야 하는 것이다. 이런 의미에서 기독교의 본질은 무엇인가? 그것은 하나님의 사랑에 의한 인생 문제의 해결인 것이다. 구약의 의의 하나님을 예수는 사랑으로 표시했다. 이것이 기독교의 특질인 것은 말할 것도 없다. 따라서 기독교의 구원이란 구체적으로는 사람의 죄에 대해 하나님의 의가 그의 사랑에서 발동하는 것이다. 즉 그의 사랑으로 우리의 죄를 용서하고 그의 의로 우리를 입히는 것이다.

한편 예수의 종교를 복음이라고 하는 것은, 하나님의 사랑의 발로에 의해 그의 구원이 발동하는 유앙겔리온(εὐαγγέλιον), 기쁜 소식을 말하는 것이다. 그리고 이 유앙겔리온-기쁜 소식이란 말은 예수 당시의 세계에서는 널리 유포되었던 말로, 이방 특히 로마세계에서는 인류 억조창생의 행복을 위한 위대한 제왕의 출현에 대한 대망과 깊이 관계되었던 것이다. 인류의 정치적인 기대와 관련되었던 것이다. 베르길리아누스의 로마 건국시(詩) '에네아스'에 인류의 암흑의 멍에를 부수는 위대한 해방자에 대한 대망을 노래한 대목이 있는데, 역시 이를 말하는 것이다.

그러나 우리가 주목할 점은, 구약에 있어서 히브리 민족의 이대망은 천적인, 신적인 구원자 메시아에 대한 대망과 깊이 관계되었던 것이다. 이스라엘 민족에게 이는 이방의 행복주의에 대해 어디까지나 종교적으로, 하나님의 구원으로 파악되었던 것이다. 교리 사가(史家) 하르나크는 이를 외적인 데서 내적으로, 현세적인 데서 영원적으로, 물질적인 데서 생명적으로, 국민적인 데서 전 인류적으로, 정치적인 데서 도덕적으로, 의식적인 데서 희생적으로 높이 천적으로, 영적으로 전개되었다고 했다. 이를 복음적으로 말한다면 "하나님이 세상을 이처럼 사랑하사 독생자를 주셨으니, 누구든지 저를 믿으면 멸망하지 않고 영생을 얻으리라"고 한 대로, 하나님의 외아들 예수 그리스도에 의해 이것이 이루어진 것이었다.

현세적인, 정치적인 인간의 소위 행복주의로써는 인생 문제가 이렇게 완전히 해결될 수가 없는 것이다. 예수 그리스도에 의한 하나님의 구원, 그의 사랑과 복음을 깨달을 때 비로소 이것이 완전히, 절대적으로 해결되는 것이다. 나의 믿음의 은사 쓰카모토 선생은 지진으로 부인을 잃고 여러 날 비통 가운데서 타월 몇 개를 적시며 우시다가, 이에 하나님의 사랑을 깨닫고 인생문제가 완전히 풀렸다고 했다. 그렇다, 인생 문제는 이렇게 하나님의 사랑으로, 구원으로 풀리는 것이다. 신자들의 소위 사랑이나 희생도 이 하나님의 사랑과 그리스도의 희생과는 관계가 없다. 사회 참여에 의한 정치적인 해결이 아니다. 기독교는 하나님의 이 복음적인 구원과 사랑으로 사람을 완전히 구원해야 한다. 정치가 아니다. 이 복음에 인생의 절대적인 구원이 있는 것이다.

(1971년 11월)

신앙의 기쁨과 학문과 인격

깊은 의미에서 신자에게는 불평불만이 있을 수 없다. 모든 것이 기쁜 것이다. 브라우닝의 시에 "하나님 천상 보좌에 계시니 땅위에 그릇됨이 없어"란 말이 있다. 사실상 신자는 지상 모든 인간들이 언짢다고 하는 일에서도 하나님의 깊은 뜻을 발견하기 때문이다. 만사에서 진리를 배우기 때문이다. 여기에 기쁨이 있는 것이다

그런데 특히 근일 나에게 기쁜 일은, 본지 지우(誌友) 되는 서울대학 조명한 군이 지난 봄 심리학으로 철학박사의 학위를 받고, 요새 또 고대 유희세 형의 수학박사 논문이 통과된 것이다. 특히 두 논문 다 내용도 수준 높은 훌륭한 것이라고 한다. 이에 대해 보통은 공부만 하면 논문 정도야 쓰게 되는 것이 아니냐고 한다. 그러나 우리에게 이는 꼭 그렇지 않은 점도 없지 않다. 여기 신앙적인 문제도 있는 것이다. 우치무라(內村)의 말에, 수학을 모르는 자가 정치가가 되면 허

풍선이 되고 종교가가 되면 미신꾸러기가 된다는 말이 있지만, 우리에게는 믿음에 열심이면 열심일수록 사람을 버리는 수가 일쑤이기 때문이다. 한 가지 예로 전날, 아니 지금까지도 그 더러운 잔재가 남아 있지만, 모모(某某) 등의 사이비 신앙이 더욱 기독교 대학의 여러 교수들과 학생들 사이에까지 큰 소란과 파문을 일으켰던 것을 생각할 것이다. 더러워서 이름을 안 쓰지만, 그중에는 지금도 미국의 4천 가지 미신의 제1호로 꼽히는 것도 있다.

그리고 내가 여기서 사람을 버린다고 한 것은, 신앙이 사람의 인격의 본질인지, 정, 의를 전인적(全人的)으로 건전하게 살려내지 못하고 도리어 이의 활동력을 감퇴시키는 것을 말한 것이다. 그러나 신앙이란 사람의 인격력을 왕성하게 피어나게 한다. 신앙이 이를 못 할 때 그것은 한낱 생명 없는, 죽은 우상 신앙일 뿐이다.

이 점 유럽 역사에서 보면, 게르만 민족이나 앵글로 색슨 민족이 7, 8세기 기독교 신앙에 접하기 전까지는, 역사가 타키투스가 지적한대로 오로지 수렵과 해적 행위로 날을 보낸 사나운 야만인이었던 것이다. 그러나 하루아침에 그들이 생명과 진리의 하나님에 접하고 그들의 손에 이 하나님의 말씀, 성서가 쥐어졌을 때, 그들의 그 야만적인 본능력은 정신적인, 도덕적인 인격력으로 한없이 피어나게 되었던 것이다. 그래서 영국인의 시가(詩歌)와 독일인의 사상은 꽃피기 시작한 것이다. 셰익스피어와 밀턴이 나고, 칸트와 헤겔과 괴테가 나왔다. 세계 발명사상 오늘까지 연면해서 위대한 발명은 다 영국인에 의해서 이루어진다. 소크라테스, 플라톤 등 희랍의 관념적인 도덕 철학은 칸트에 의해 완성을 보게 되었다. 사람의 인격력을 전인적으로 발휘시키는 산 종교 신앙을 갈급하는 바이다.

일전 모 신문에서 미국에 있는 '순교자'의 작가 김은국씨는, 안이하고 쾌락적이며 평면적인 미국인의 생활에서는 깊은 문학이나 사상이 피어날 소지가 없다고 했다. 이 점은 도리어 고난 속에 시달리는 우리에게 더욱 큰 희망이 있다고 했다. 그러나 고난의 유무를 불문하고 위대한 산 종교신앙과 인격을 순화, 향상, 발전시키는 진리로서의 종교신앙이 없는 한, 생래의 본능적인 인간에게는 안이와 쾌락만이 만인의 길인 것이다. 이를 지양시키는 것이야말로 산 종교 신앙인 것이다.

(1972년 6월)

초대 기독자들의 싸움과 주기도

시인 노발리스는 기도가 곧 종교라고 했다. 또 기도는 종교의 맥박이라고 한다. 다이스만 박사는 기도는 신화보다도, 전설보다도, 교리나 도덕, 신학보다도 그 종교의 특질을 잘 보여 주는 것이라고 했다. 이 점 단적으로 말해서, 실로 기도는 종교의 생명인 것이다. 이를 잘 나타내는 사실로서 우리는 주기도를 들 수 있다.

근래 초대 기독교 세계의 발굴 결과를 보면, 주기도를 기록한 많은 파피루스와 조개껍질이 나온다고 한다. 이로 보건대 인쇄에 의한 서적의 분포가 전혀 없었던 당시 기독자들은 오로지 조개껍질에 새긴 주기도로써 신앙생활을 했으며, 나아가 초대의 그 무서운 로마의 기독교 박해를 이겨낸 것 같다고 한다. 기도를 종교의 맥박, 생명이라고 할 때 아마 이는 사실이었을 것으로 생각된다. 더욱이 주기도를 예수 자신이 가르친 점에서도 정말 그렇게 생각된다. 이리하여 원문으로 57어로 적은 주기도는, 말하자면 초대 기독자들의 신앙 전투의 강력한 포탄이 되었던 것이다.

여기서 주기도의 내용을 생각해 본다. 그들은,

1. 하나님이 전 인류에게 거룩하게 되기를 빌었다.
2. 하나님 나라의 지배가 이 세상에 임하기를 빌었다.
3. 하나님의 뜻이 천국에서처럼 지상에도 이루어지기를 빌었다.
4. 하루 그날의 양식을 달라고 빌었다.
5. 지은 죄를 용서해 달라고 빌었다. 그들 역시 타인의 죄를 용서해주었다.
6. 사탄의 유혹과 악에 떨어지지 않도록 빌었다.

한마디로, 이렇게 주기도문 전체가 하나님의 영광과 자신들의 죄에 대한 것이었다. 이야말로 하나님의 영광을 위한 칼빈 신앙과, 죄의 해결을 위한 믿음만의 믿음인 루터의 신앙을 통째로 합친 그야말로 그대로가 신교 신앙, 아니 바울 신앙의 정수(精髓), 아니 예수 자신의 복음이다.

이를 현대인의 한낱 밥투정에 불과한 정치신앙, 사회 신앙, 현세 행복신앙과 비교해 보라. 하늘과 땅의 차이다. 이 점 현대인의 신앙은 실로 신앙이 아니다. 혹자의 지적대로 이는 신의 영광 3, 인간의 영

323

혼의 건강 2, 육체의 건강 1의 비율이다. 여기 위장을 위한 밥은 6분의 1밖에 안 되는 것을 똑똑히 알아야 한다. 이가 정말 기독교 신앙, 예수의 복음, 하나님의 종교인 것이다. 초대신도들은 철저히 이 하나님의 종교, 예수의 복음으로써 세상과 맞잡고 싸웠다. 또 이로써 세상을 이겼던 것이다. 정말 로마제국도 정복했던 것이다.

그리고 또 한 가지 여기 주목되는 것이 있다. 이 주기도에는 끝에 초대 신도들의 찬미, 송영(頌榮)이 붙어 있다. 이는 신앙 집회에서 전 회중이 소리 높이 송창(頌唱)한 것이 분명하다. 즉 "나라와 권세와 영광이 하나님께 영원히 있기를 빈다"고. 이는 초대 신도들의 신앙싸움이 하나님 나라를 하나님 자신의 능력에 의해서 이룸으로써 영원히 하나님께 영광을 돌리려는 것이다.

아니, 하나님의 영광은 하나님의 전 성격, 그의 전지, 전능, 전애(全愛), 전의(全義), 영원한 생명 등의 외적 발로인 것으로, 이의 전 인류에의 성취를 그들의 싸움의 목표로 삼은 것이 분명하다. 이가 사실 기독교 신앙인 것이다. 그런데 오늘날은 기독교의 생명으로서의 이 주기도가, 개혁자 루터의 말대로 혹시 또는 완선히 예배의 프로그램용으로 화하여 기독교 진리의 최대의 포로가 된 데 실로 현대 신앙의 가장 큰 문제가 있는 것이다.

(1973년 4월)

기독교는 사회의 청사진이냐?

우리 사회같이 모순과 혼란과 정치의 불합리, 죄악 등이 심하면 심할수록 기독교의 사회적 정치적인 프로그램화가 극성하게 논의된다. 그러나 나 자신은 대체로 이는 종교의 요소와 본말을 전도시키는 것이라고 반대해 왔다. 현재도 물론 같은 심경이다. 그런데 근래 미국의 저명한 성서학자 E. F. 스코트의 아래와 같은 발언에 접해, 더욱 평소의 자신의 소신을 굳게 한 바이다. 특히 스코트의 이 발언은, 그가 해방 후 세계의 정치적인, 사회적인 혼란을 틈타 로마 가톨릭 교회가 크게 사회 진출을 꾀한 데 대해, 신교 노선을 걷는 미국 기독교 전반에 대한 경고로서 행한 것이라는 점에 유의할 것이다. 요새 우리는 일본 또는 독일 신학계에 기독교복음의 공산주의화를 꾀하는 신학까지 대두되고 있다는 소문에 접하는 차제에, 우리는 이 스코트의 발언을 경청할 필요가 있다고 생각한다.

로마 가톨릭 교회는 기독교의 사회적 방면을 강조한다. 그러나 프로테스탄트의 종교개혁은—이는 물론 바울의 주장에 의하는 것이지만—사람은 믿음만으로 자신을 의롭게 할 권리가 있음을 재주장한 것이다. 그리고 기독교는 결코 집단으로서의 인간을 문제시하는 것이 아니고, 개인의 하나님에 대한 본래의 관계를 분명하게 하는 것을 사명으로 삼는다고 하는 것이 진리이다. 진정 무슨 새로운 계획으로 사회를 조직한다고 하는 것보다 더 예수의 목적에서 떠난 것은 없다.

예수는 빈곤을 철저한 해결을 요하는 사회 문제라고는 생각지 않는다. 그는 다만 인간의 마음속에 새로운 경향을 만들어 내는 것을 염원했다. 모든 사람이 서로 돕고 살 수 있는 의무를 지는 조직된 사회를 현대인은 이상으로 하지만, 그것이 예수에게는 아마도 거의 매력이 없었던 것 같다. 그는 모든 친절이 법률조직 속에 넣어져서 개인적인 동정과 자기희생의 여지가 전혀 없게 되는 세계의 처참한 상태를 분명하게 미리 내다 보았던 것이다.

그런 세계에서는 사람은 더욱 재미있게 살 수 있을는지는 몰라도, 자신의 의지를 하나님의 의지에 합치시킨다고 하는 인생의 진정한 목적은 상실하고 말 것이다⋯⋯.

우리는 여기서 기독교 복음의 진정한 요소, 본질을 분명히 해야 한다. 그렇지 않으면 기독교가 아주 돈 없는 은행같이 진리의 파산을 당하지 많으리라고 누가 단정할 것이냐? 아니, 이미 파산이 온 것 아니냐. 미국 닉슨 행정부의 부패를 보라. 신사도의 나라 영국 상층 계급의 타락을 보라! 무식하게 종교와 정치를 바꿔친 때문이다.

(1973년 7월)

기독교 신앙의 세 유형

크게 역사적으로도 그렇고 개인 신앙 면에서도 그렇고, 우리는 기독교를 신앙의 질적 면에서 대체로 이 세 가지 종류로 나눌 수 있다.

첫째로, 기독교를 하나의 윤리 도덕적인 교훈으로 보는 견해이다. 인도주의자 톨스토이 같은 이를 대표로 들 수 있을 것인가. 그는 기독교의 중심을 예수의 산상수훈에 두고, 이를 개인 윤리의 규범으로 삼았을 뿐 아니라 국가와 사회가 그것으로 법제화되기를 바랐던 것이다.

그러나 산상수훈이 소위 동양 유교적인 의미의 단순한 인간적인 도덕이 아니고, 깊이 예수의 복음적인 하늘의 구원과 관계된 신앙적인, 즉 신앙자의 도덕이라는 점에서, 톨스토이의 이 기독교 이해에는 문제가 있는 것이다. 이 점 소위 윤리적 기독교도 같다. 사회적 기독교는 더 말할 나위도 없다. 기독교는 결코 이상적인 덕목(德目)의 제시가 아니고, 신앙에 의한 도덕 실천의 힘의 제공인 것이다. 종교와 도덕 내지는 정치의 구별이 여기 있는 것이다.

다음은 신앙과 행위, 즉 도덕을 반반으로 보는 견해이다. 가톨릭적인 신앙이해라고 하면 좋을 것이다. 반반이라고 하지만 가톨릭신앙에서는 그것이 신앙생명에 의한 결합이 없다. 즉 신앙생활과 도덕생활 두 갈래 위에 가톨릭 종교는 서는 것이다. 이것이 한마디로, 가톨릭 신앙이 내외로 교규(敎規)와 신학과 그리고 이중 도덕의 규제 등 거미줄 같은 규칙에 의해 움직이지 않으면 안 되는 까닭이다. 과연 가톨릭교는 그 조직과 교규, 신학 등으로, 실로 종교의 이름으로 스콜라적인 논리로써 사람을 완전히 얽어매고 있는 것이다.

이 점에서 가톨릭은 또한 분명히 집단적이요 정치적이다. 사르트르-사르보넬의 지적대로, 바티칸은 크레믈린과 일맥상통하는 것이다. 가톨릭 도덕이 왕왕 생명과 자유 없는, 피가 통하지 않는, 고목같이 그저 기계적인 선행, 금욕적인 소극적인 행위가 되는 까닭이다. 양심의 자유보다는 동양적인, 내외로 표리부동한 정신도덕이 되는 까닭이다.

셋째는 루터의 신앙만의 신앙, 프로테스탄트의 신앙이다. 인간의 도덕적인 무력과 절망에서 오로지 하나님의 의(義)만을 우러르는 신앙만의 신앙이다. 그리스도를 믿는 것이 무엇보다도 우선적인 의미의 믿음이다. 여기서는 도덕과 우리의 생활 전체가 이 믿음 위에 선다. 바울은 이를 사랑을 발동시키는 믿음이라고 했다(갈라디아 5:6). 사람의 도덕적 노력이 아니고 믿음에 의해 사랑과 기쁨과 평화, 인내, 자비, 선량, 진실, 온유, 절제 등, 영의 선한 열매를 맺는 신앙생활인 것이다(갈라디아 5:22, 23).

우리는 남미와 북미의 도덕적인 차이점을 여기서 본다. 가톨릭 국가와 신교 국가의 그것을. 이 점 동양 기독교는 앞으로 철저히 종교개혁적인 의미에서 기독교의 신앙만의 신앙을 이해하기까지는, 다시 말하면 윤리적인 기독교, 정치적인 기독교로써는 동양인의 진정한 의미의 도덕화, 인도주의화, 정치의 이상(理想)상태의 초래가 불가능할 것이다. 그리고 나 자신은 오늘날 전 인류의 도덕적인 부패와 타락 역시 이 진정한 기독교 신앙의 후퇴, 약화에서 온 것으로 보는 바이다.

(1974년 3월)

다시 본지(本紙)의 목표에 대해

여기 본지라고 하나 이는 나의 성서집회에 대해서도 그대로 해당된다. 이 두 가지가 다 해방 다음해에 시작한 것이니까 이제 근 30년이 된 셈이다. 또 사실상 이 둘은 뗄 수 없는 관계에 있다. 즉 집회에서 공부한 것을 본지에 싣는다는 것이 본지의 방침이니까. 그런데 부끄러운 일이지만, 시작한 지 30년에 주일집회래야 회원3, 4십 명을 못 넘고 본지 독자래야 3, 4백을 못 넘는다. 인하여 근일에도 내외를 불문하고 들려오는 소리가, 30년에 그래 고작 그것이냐고 한다.

그러나 이것은 결국 수를 따지는 이야긴데, 나의 선배 중에는 "수를 모으려면 얼마든지 모을 수도 있다. 또 과거 얼마든지 국회의원이 될 수도 있었다. 그러나 그 수가 무슨 소용이 있나? 또 내가 국회의원이 못 되어 한국이 오늘날까지 그래 이 꼴이냐? 아니다, 사실은 국민의 정치지상주의와 종교를 수로 아는 정신이 우리의 현실을 이 꼴로 만드는 것이다"라고 하며, 이제 말년을 더욱 단체가 아니라 철저히 1인 독립주의로 살고 계신 분이 있다.

나 자신은 종교란, 특히 기독교란 믿음이요 진리라고 생각한다. 따라서 부족한 나의 생애와 집회와 본지지만, 나는 오로지 이를 기독교의 경전인 성서 자체의 진리를 분명히 하려는 데 걸었다. 성서진리의 탐구가 없는 데에 기독교도, 믿음도 있을 수 없다. 그래서 우리의 유명 종교가가 기독교와 유불선(儒佛仙)을 같다 하며, 일류 신학자가 단군을 여호와라 하며, 진보적인 교회의 예배가 무당의 굿으로 화한다.

그러나 나는 그리스도가 하나님의 로고스로서 하나님의 산 말씀을 지상에 전한 이래 2천 년 동안 바울을 통해, 터툴리아누스, 오리게네스, 크리소스톰, 아우구스티누스 등을 통해, 루터, 칼빈 등을 통해 심오 방대한 성서진리의 발현으로 종교개혁과 더불어 인간과 인류의 회심과 개종과 신생을 끌어온 사실을 생각한다. 이리하여 서구 문명은 여하간 기독교 문명이 된 것이다.

요새 이런 일이 있었다. 십여 명 되는 대전의 본지 독자들이 성서연구회를 열기로 하고 대전 사회를 향해 널리 신문과 방송을 통해 광고하기로 했는데, 막바지에서 이를 다 중지해 버렸다. 하나님의 말씀에 대한 진리 탐구에 사람들이 상가집 개 모양으로 들락날락 기웃거리는 것을 차마 볼 수 없기 때문이었다. 수라고 하지만 키에르케고르는, 베드로가 하루에 3천 명에게 물세례를 주는 것으로 초대 기독교가 출발한 데 기독교 타락의 근원이 있다고 했다. 그렇다, 수란 정말 물질에 의해, 돈에 의해, 광고에 의해, 운영에 의해 좌우되는 것 아니냐?

일언이폐지하고, 나는 하나님의 진리로 되지 않는 것이란 그것이 정치건, 경제건, 생활이건, 학문이건, 예술이건, 도덕이건 다 한 푼의 가치도 없는 물거품 같은 것이라고 생각한다. 그런데 이것들을 정말 진리로써 발현시키기 위해서는 우선 우리에게 위대한 진리에의 노력이, 그리고 이의 체험적인 파악이 있어야 될 것 아니냐. 그리고 이것이 오로지 부족한 본지가 거는 목표이다. 그러나 나 자신 더욱 역시 몹쓸 한국 종자이기 때문에 정말 잘 안 된다. 어린애같이 자꾸 눈이 물질에만, 먹을 것에만, 땅에만 팔린다.

(1974년 9월)

표적(表蹟) 신앙

하나님을 믿고, 그리스도를 믿고, 진리를 믿는 것이 기독교다. 그러나 하나님은 이방 종교의 우상이 아니다. 불교 같은 고등종교에도 우상이 있다. 그러나 기독교는 철저히 우상을 배격한다. 십계명 제일조가 실로 이 우상 금지이다. 하나님은 영적 존재이기 때문이다. 그리스도 그렇다. 기독교의 종파에 따라서는 예수의 교훈을 중시하는 파가 없는 것도 아니나, 역시 진정 기독교가 예수에게서 중시하는 것은 그의 십자가의 죽음이요, 더욱 이 죽음에서의 부활인 것이다. 역시 영의 예수인 것이다. 또 기독교의 진리라고 해도 이것이 사회과학적인 또는 자연과학적인 진리가 아님은 물론, 철학적인 진리도 아니다. 도대체 학문적인 의미의 진리가 아닌 것이다. 예수는 자신을 가리켜 진리 자체라고 했다.

따라서 기독교의 이해나 파악이란, 이런 점에서 우리에게 어려운 것이 되겠다. 더욱이 정신이 약하고 심정이 무딘, 그래서 오로지 물질적, 관능적으로 되어 버린 현대인에게는. 그리고 이 점은 기독신자에 있어서도 다를 것이 없다. 저들도 코로 숨 쉬고 우선 배가 불러야 하는 인간이니까. 그래서 이 현상은 오늘날에만 한한 것도 아니다. 인간의 종교가 원시 이래 전체 우상 종교인 것을 보라. 바울 선생은 고린도 전서 1장 하반부에서, 유대인은 표적을 구하고 희랍인은 지식을 구한다고 했다. 이때 희랍인의 지식 역시 논리적인 증명을 위한 것으로서, 유대인의 표적 신앙과 그 내용은 같은 것이다.

바울 때뿐이 아니다. 현대의 한국 신앙을 보라. 치병이다, 방언이다, 떤다, 뜬다가 다 이 표적 신앙이 아니냐. 지난여름 어느 미신파 기독교의 두목이 익사했는데, 신자들이 부활을 기다리며 장사를 지내지 않아 법의 제재로 겨우 매장한 사실까지 있다. 철저한 표적 신앙이다. 이런 생태와 겹쳐 우리 신학자들의 성서탐구 없는 오로지 서양 신학의 아류, 모방으로서의 그 신학열 역시 희랍적인 의미의 지적인 합리 신앙, 표적 신앙일 뿐이다. 터툴리아누스의 모순을 믿는 신앙이야말로 기독교의 위대한 진정한 신앙인 것이다. 우상교 아닌 영적 기독교에 있어서. 사실 하나님께도 예수님께도 또 세상에도 우리에게도 이가 있는 것 아니냐? 모순 없는 인간이 세상 어디에 있나? 모순은 위대의 증거라고도 한다.

예수는 표적을 구하는 유대인들에 대해, 악하고 음란한 세대가 표적을 구한다고 깊은 탄식으로 그들을 통박했다(마태 16:4, 마가 8:12). 칸트는 도덕에 행복이 낄 수 없다고 했다. 하나님을 믿는데 표적은 무슨 표적이냐. 표적을 구하는 믿음은 하나님을 하나님으로 믿는 믿음이 아닌 것이다. 남녀의 결혼 관계에서 돈이나 미모나 학벌이나 가문이 문제된다면, 거기 벌써 진정한 결합은 있을 수 없다. 도대체 하나님을 세상 무엇으로 증명하나? 표적으로 믿은 하나님은 또 다른 표적, 다른 증명에 의해 부정되고 말 것이다.

우리의 마음이 하나님 이외의 것에 향할 때 증거를, 표적을 구하게 되는 것이다. 그런 신앙은 증거를 하나님 위에 떠받드는 신앙인 것이다. 아니 불신이다. 깊이 따져서 정체를 보면 그것은 곧 우상 신앙, 공리(功利) 신앙인 것이다. 자기 배를, 인간의 행복을, 욕심을 믿는 신앙인 것이다. 그렇다. 우리 인간과 하나님 사이에 신앙 이외에는 아무엇도 개재될 수 없다. 그래서 기독교는 철저히 신앙만의 신앙인 것이다.

(1974년 9월)

민족 이상(理想)에 깨야

한국은 근세 동양사에서 그 발칸 반도적인 소위 지리적 요충으로 열강의 눈독에 올라, 결국 일본의 식민지로 반세기를 신음 속에 누웠던 것이다. 그런데 역시 2차 대전 후 오늘날도 4강의 완충지대 운운으로 동양 정국(政局) 내지는 세계 정국의 주목처로 클로즈업되고 있는 것이 사실이다.

김교신 선생은 이 점에서 우리나라를 동양 정국의 중심이라고 했다. 우리에게도 우수한 소질과 담력만 있어 정신적, 영적 소산의 파악을 위하여 복음으로 신(神)의 경륜에 관한 사상을 이해만 한다면, 지정학적인 면에서 이 땅에 집중되는 동양, 아니 세계의 모든 고난도 극복하고, 나아가 동양이 궁극적으로 산출해야 할 무슨 고귀한 사상도 필연코 이 반도에서 산출될 것이라고 했다.

실로 지정학적 내지는 역사철학적인, 신앙적인 민족 사명, 그리고 이상에 대한 찬란한 신적인, 예언적인 단정이요 선언이 아닐 수 없다. 돌이켜 선생의 예증(例證)대로 희랍 반도와 이탈리아 반도, 섬나라 영국, 소국 이스라엘, 스위스 등의 세계사적인, 인류적인 찬란한 종교,

도덕, 철학, 사상, 예술 등의 창조와 기여를 생각하고, 앞날 우리 역사의 숭고, 위대한 영감에 소리 높여 아멘을 연발하지 않을 수 없다.

아, 그러나 이는 내가 백일몽 속을 거니는 것인가. 우리의 현실은 너무나도 처참함이여! 이상도 없고, 정신도 없고, 도덕도 없고, 종교도 없고, 그저 온 백성이 병아리처럼 땅만 뒤지고 있으니, 찬란한 민족 이상, 사명에 대해 이 망국적인 현실! 이때 들려오는 소리, "매일 백만의 복음의 정병(精兵)이 모이는 5·16광장에 나와 보라!"고.

그러나 종교는 쇼가 아니다. 신앙은 데몬스트레이션으로 표시되는 것일 수는 없다. 바울의 이른 바, 공중의 권세자 사탄과의 싸움이다. 정신적인, 도덕적인 싸움이다. 이사야의 이른 바, 조용히 하나님을 신뢰하는 일이다. 조용히, 그것은 곧 회개다, 기도다. 하나님의 눈 밖에 나지 말아야 한다. 전쟁이라고 하느냐? 전쟁은 왜, 누가 일으키나? 승패는 무엇으로 나나?

그것은 만군의 여호와가 발동자요, 죄에 대한 심판이며, 결코 무력으로만 승패가 결정되는 것은 아니다. 하나님의 뜻을, 손가락을 계산에 넣어야 한다. 발틱 함대의 파멸을 못 보느냐? 십자군 운운하나? 무식도 이만저만, 그래 십자군이 승리했단 말이냐? 우리는 하나님을 군신(軍神)으로, 예수를 살인자로 규정하는 모독을 저질러서는 안 된다. 하나님은 죄의 심판자요, 예수는 죄의 구속자다. 오로지 죄만을 문제 삼으신다.

위정자여, 국민이여, 우리는 우선 우리의 숨은 죄를 떠나야 한다. 기독교는 하나님이 우리 편이라는 터무니없는 우상적인 미신을 버려야 한다. 하나님은 앗시리아를 이스라엘을 징계하는 몽둥이로 삼기도 하지 않았느냐. 우선 우리 기독자는 재를 쓰고 골방에 들어가 우리의 붉은 죄를 회개하고, 하나님의 진노 앞에서 민족의 속죄의 제물이 될 수 있어야 한다.

(1975년 6월)

우리 신앙의 혼미(昏迷)

우리 기독교 신앙계란 입교 1세기에 아직도 혼미를 못 벗어나고 있는 것이 아닌가. 그 증거로서 나는 아직도 우리 교계에서 자취를 감추지 않고 있는, 아니 도리어 계속 접종해서 일고 있는 기독교계의 소위 싱그레티즘적인 신흥 종파의 붐을 든다.

원리파요, 천년왕국이요, 용문산이요, 삼각산이요, 관악산이요 하는 소위 계룡산식의 신흥 종파들이다. 이들 중에는 버젓이 한국산 기독교로서 세계를 활보하는 것조차 있다. 실로 민족의 망신, 아니 기독교의 치욕이 아닐 수 없다.

또 이뿐이 아니다. 요새 서울 거리에는 본산지에서까지 외면을 당한 외국산의 불미한 기독교 신앙마저 생선이 물을 만난 듯 전도에 판을 치고 있다. 언필칭 그들은 자타가, 한국은 위대한 종교 민족이요 신의 축복 가운데 있다고 서로 감탄을 아끼지 않는다. 이 뿐만도 아니다. 기독교회의 신학자마저 문(文) 모씨의 원리론을 위대한 한국적 신학으로 추켜세우고, 창조주 유일신 여호와를 단군화, 잡신화, 우상

화하고, 복음을 성주풀이화 하는 신학이 있고, 회당을 서낭당으로 개축한 대교회도 있고, 기독교의 예배와 의식을 좀 더 굿에 접근시키거나, 또는 기독교의 진정한 이해는 이의 동양사상화를 꾀해야 된다는 논의와 노력도 없지 않다. 이에 또 더하여 요사이는 머릿수에 의한 정치적인 힘의 과시, 나무 십자가의 행진 등등, 이는 다 나에게는 우리 신앙의 딱하디 딱한 혼미로만 보인다.

그러면 입교 백 년에 우리의 기독교가 이렇게 혼미만 계속하는 그 원인이란 도대체 어디에 있는 것이냐? 단적으로 이를 나는 아직도 우리가 기독교를 신앙적으로 도덕적으로 인격적으로, 그렇다, 정말 산 진리로서 우리 것으로 진정 소화하고 체험하지 못했기 때문이라고 생각한다. 이는 위의 신흥 종파의 창시자들이 대체로 교회의 직분을 거친 자들이라는 것으로도 증명되고 남음이 있는 사실이다.

결국 우리의 이 혼미란 신앙과 진리의 양화(良貨)가 없어서 생기는 악화(惡貨)의 범람이다. 기독교의 신앙과 진리는 천적인 것이므로, 우리는 이제 악화가 양화를 구축한다는 그레샴의 법칙을 거꾸로 써서 우리의 순정한 믿음을 체험해 내야 한다. 이를 위해 우리는 초대에 신앙 토대를 놓은 바울을, 희랍 철학과 로마 사상을 분쇄한 아우구스티누스 등 교부들을, 그리고 교황교를 타도한 루터와 칼빈 등의 개혁적인 신앙을 소화해 내야 한다.

그러나 이들은 오로지 성서의 신앙과 진리에 의해서 싸운 것이다. 여기서 순정한 신앙진리가 파악되고, 나아가 이가 만반 개혁의 근원이 되는 종교개혁을 폭발시킨 것이다. 우리는 루터와 칼빈 등의 성서의 진리를 위한 그 열성을 본다. 거대한 그 성서적 저작과 주해들을 본다. 일찍이 우리의 김교신 선생 역시 성서 위에 한국을 세우라고 했다. 3백 년, 5백 년 후를 내다보며 이를 열심히 연구하라고 했다. 이야말로 실로 우리의 종교개혁적인 이상이요, 비전이요, 야망이 아닐 수 없다. 그렇다. 오로지 이로써만 차츰 우리의 신앙적인 혼미도 걷힐 것이다.

(1975년 7월)

하르나크의 아우구스티누스의 '고백'을 읽고

천고마비의 우리의 계절, 무의식적으로 발이 종로 1가의 고서점에 멈췄다. 백원으로 아돌프 하르나크가 쓴, '아우구스티누스의 고백'에 대한 소책자를 살 수 있었다. 야마야(山谷)씨의 일어번역판이었다. 전에 한두 번 읽었던 것이나 나이 관계인지 완전히 잊고 있어, 이번 다시 그야말로 청신하게 감동적으로 읽을 수 있어 참 좋았다. 얄팍한 소책자이나 많은 것을 배울 수 있었다. '고백'은 아우구스티누스의 많은 저작 중 그 자신이 제일로 손꼽은 것이라고 해서 더욱 놀랐다. 이 점 나의 졸견을 말한다면, 기독교 고전 중 단테의 '신곡'과 이것이 최대의 것이 아닐까 한다.

하르나크도 천오백 년 동안 인류의 문화, 사상, 철학, 종교에 있어 아우구스티누스만큼 심대한 영향을 끼친 사람은 없다고 지적하고 있었다. 교리사가 하르나크의 박식으로 하는 말이니 틀림없을 것이다.

이 점 유럽 사회의 모든 저작가들이 오늘날도 그의 천재적인 위대한 머리와 심성에서 창조되어 나온 수많은 언어들을 의식 무의식중에 사용하고 있다고 했다. 예를 들면, '무언(無言)의 요설가', '속아 넘어간 기만자', '부끄러운 영예', '나 자신은 나 자신에 대해 일대 의문이다', '인간은 일대 심연이다', '산란한 정신은 자체 형벌이다', '공포는 악사(惡事)이다', '주여, 평안은 신에게만' 등등 많은 것을 들고 있었다.

특히 내가 흥미를 느낀 것은, 생에 대한 결론은 다르게 났으나 '고백'과 괴테의 '파우스트'의 서론과 결미가 다 유사한 것으로 비교되고 있는 사실이었다. 아니, '고백' 속에 살아 있는 파우스트가 나타나 있다고 했다. '파우스트'는 괴테가 80 평생을 통해 완성한 문학 작품이고, '고백'은 아우구스티누스가 46세에 쓴 것으로 그의 34세까지의 반생에 대한, 그야말로 거인적인 회심으로 믿음에 의해 하나님 안에서 평안을 발견하는 전말의 기록인 것이다.

두 사람은 다 같이 인류사의 자이언트지만, 괴테는 일생 문학으로 하수구에서 코를 못 돌리고 인생을 뭉개고 돌아간 것이 아닌가 한다. 그러나 아우구스티누스는 영혼의 산 부르짖음으로 도덕적으로, 종교적으로 회심을 통해 전반생에 이미 이를 해결한 것이 아닌가 하고 생각한다. 그렇다, 두 사람의 생애는 결국 인간의 영과 육을 각각 대표한 것이라고 생각한다. 그러나 영혼의 깊이만큼, 그 고귀만큼, 아우구스티누스가 더 깊고 더 높은 것이 아닐까? 이것은 나의 아전인수인가?

이제 다시 이 종교면, 신앙면의 아우구스티누스를 생각해 본다. 그는 바울 이후의 최초의 바울 이해자라고 한다. 그러나 그는 역사에서 로마 천주교의 의식 종교, 권위 종교, 아니 교황교에 체계와 이론을 제공했다고 한다. 16세기 문예부흥의 거장들도 대개 그로부터 부흥 운동의 정열을 흡수했다고 한다. 또 나아가 종교개혁의 거장 마르틴 루터의 신앙만의 신앙에 불을 지른 것도 역시 그였다고 한다. 결국 그는 고대 세계의 문화와 종교와 철학의 모든 정수(精髓)를 기독교와 함께 거두어 중세에 넘긴, 실로 정신적, 신앙적 거인이었다. 그러나 기독교에서 고대 종교의 그 의식과 인간적인 권위와 그 철학 등은 예수의 영적 복음에서는 결국은 떨어져 나가야 할 불필요한 것들이었다. 아니, 유해한 것들이었다.

후일 개혁자 루터로써 이 분리의 난작업이 가톨릭과의 싸움으로서 행해진 것이다. 즉 가톨릭의 신앙과 행위의 반반주의에 대해 루터의 신앙만의 신앙주의로써. 그러나 루터 역시 가톨릭의 흙탕물에서 완전히 헤어나지는 못하였다. 그래서 그는 신앙만의 개혁주의에 제도 교회와 세례, 성찬 등 의식을 남겼던 것이다.

그리고 나 자신은 이를 깊이는 아우구스티누스의 영향에서 온 것이 아닐까 한다. 그래서 다시 철저한 신앙만의 신앙으로 기독교에 일단의 진보를 가져온 것이 오늘날 우치무라 간조(內村鑑三)의 무교회 신앙이라고 감히 나는 생각한다. 그리고 루터가 극복 못했던 것을 우치무라가 할 수 있었던 것은, 그것은 서양 정신이 못 한 것을 동양 정신에 의해 한 것이라고 생각한다.

(1975년 10월)

민족의 개종(改宗)에

요새 나에게, 현실 참여 없는 무교회 신앙 그것은 죽은 신앙일 뿐이라고 핀잔과 비판을 던지는 이들이 있다. 그런데 나로 말하라면, 이들은 또한 애국이나 현실 참여에 믿음을 희생시켜 버린 것이 아닌가 한다. 더욱이 십자가의 믿음을. 그들에게는 나무 십자가가 전날 일본 군국주의자들의 특공대 폭탄 역할을 하는 것에, 나는 모골이 송연함을 금치 못한다. 그렇다, 그들은 소위 3·1운동 모양, 믿음을 정치에 팔아먹고 있다.

이 점 나는 변명은 아니지만 믿음을 위해, 아니 믿음에 대해 모든 것을, 즉 현실이고 정치고 민족이고 역사고 일체를 걸었다. 종교로, 진리로, 진정한 회개로 되지 않는 일체의 개혁을, 운동을 부정한다. 이로써 나는 기독교의 애국을 삼는다. 구체적으로 말하면 민족의 개종을, 신생을 유일의 목표로 삼는다. 이것이 없으면 우리의 역사, 정치, 문화, 사업, 인격, 노력, 아니 기독교까지도, 그렇다, 일체의 영위가 오로지 죄의 덩어리일 뿐이다. 회칠한 무덤일 뿐이다. 그것이 위대하고 훌륭하면 할수록 신묘한 배우의 명연기같이 더욱 하나님 앞에 도금한 무서운 위선일 뿐이다. 하나님과 진리를, 역사와 민족을, 아니 저의 영혼을 빼서 팔아먹고 영원히 암흑 속에 처박아 죽여 버리는 것일 뿐이라고 생각한다.

이를 위해서는 우선 순수한 믿음을 체험해 내야 하겠다. 이를 위해서는 또한 교리나 신학이나 소위 기독교 사상 아닌 성서 자체의 진리가 2천 년 기독교 유산에 의해 분명히 돼야 한다. 너무 거창하다고 해서는 안 된다. 기독교는 정말 우주적인 진리인 것이다. 나는 사실 이로써 이 민족 4천 년의 부패와 타락을, 무력을 딛고 신생, 개종하는 그날을 기대하는 바이다. 이를 위한 애국 이하의 애국은 애국이 아니라고 나는 생각한다. 이 점에서 우리의 애국은 세인의 그것, 소위 국수주의자들의 그것과는 철저히 달라야 한다고 생각한다. 기독자는 학문 탐구나 돈벌이나 의료나 교육, 농사 정도로 최대의 애국을 삼아서는 안 된다. 정치적인 의식주나 민주적인 이데올로기 정도로 이를 대신해서도 안 된다.

이 점에서 아직도 우리에게는 진정 우리의 생명을 바칠 만한, 우리 자신이 탐구하고 체험해 낸 진리의 발현은 없는 것 아니냐? 3·1운동 같은 것도 이의 대신이 될 수는 없다. 그것은 종교개혁이 아닌 것이다. 그런 것은 백 번 있어도 이 민족을, 이 민족의 현실을, 역사를 도덕적으로 개혁, 신생, 개종시킬 수가 절대 없는 것이다. 아, 우리에게 기독교도 이미 백 년, 1세기다. 예수의 목표가, 바울과 요한의 신앙 체험이, 교부들의 이교 사상과 철학에 대한 그 싸움이, 초대의 생명을 건 제왕 숭배에 대한 신앙 싸움, 그리고 루터, 칼빈 등의 성서진리와 신앙 탐구에 의한 종교개혁이 진정 우리의 목표가 되어야 하겠다. 아니, 부족한 우리의 신앙생활이지만 오로지 이의 포도(鋪道)작업이 되어야 하겠다.

(1976년 2월)

우리 신앙의 재출발

나는 적어도 매사에 최상의 이상주의자로 처하고 싶다. 이는 우선 내가 현실적으로는 언제나 최대의 실패자, 죄인의 자리에 처해 있기 때문인지도 모른다. 그러나 하여간 우리의 수레바퀴를 에머슨이 이른 바 저 멀리 반짝이는 별에 연결해야 하겠다. 용두사미란 말도 있지만, 현대인이란 처음부터 개나 돼지밖에 그리려하지 않으니 곤란하다. 특히 인생에 있어서 가장 근본 되는 종교에 대해서까지. 그렇다, 과연 언어도단이다.

따라서 나는 입교(入敎) 백 년이라고 하지만, 우리의 기독교 현실에 대해 만족하지 못한다. 실례이나 아직도 청계천 하수구를 헤매고 있는 것이 아닌가 한다. 그렇다, 한 민족이 하나의 종교를 자주적으로 소화하여 이를 민족의 살과 피로 삼아 민족의 정신과 심지(心志)와 도덕을 살리고, 나 아가 철학과 사상과 예술에 꽃을 피우고, 국민의 현실, 사회생활까지 정화하기까지는 최소한 수백 년이 걸려야 될 것이라고 생각한다. 이 점은 서구 기독교사나 우리의 불교사만 생각해도 알 것이다. 이렇게 생각할 때 우리의 기독교 신앙 현실이란 출발 정도인 만큼 이의 너무 지나친 기대란 아직 금물인지도 모르나, 그러나 속담에도 될성부른 나무 떡 잎부터 안다고, 출발이 또한 중요한 것이다. 시작이 절반이다. 도대체 자주성이 없지 않으냐. 형식이고 제도고 믿음이고 신학이고 심지어 돈까지 다 빌려 입고 얻어먹고 하는 어릿광대 노름이 아니냐, 어린애의 모방뿐이 아니냐. 모방도 또 똑똑하게 제대로 하면 모르려니와 믿음이 전체 유사종교화 하지 않느냐. 인생 문제에서 가장 진지하고 거룩해야 할 종교에 있어 이럴진대, 우리에게 어느 면에 무슨 소망이 있을 것이냐. 자타 상하가 다 인간의 죄와 욕심과 부패와 타락에 휩쓸리고 있는 것 아니냐. 이 우리의 현실이 그대로 이의 사실이 아니냐.

이리하여 나는 사실 절망에 잠긴다. 그것도 아주 인간에 대해, 또 민족에 대해, 키에르케고르의 소위 본질적인 종교적인 절망에 빠지는 것이다. 이때에 우연히 학문의 본고장인 유럽에서 공부한 친구가, 그쪽에 가 보니 진지하게만 하면 우리에게도 학문의 길에 전혀 희망이 없는 것은 아니라고 했다. 이리하여 나도 역시 기독교를 다시 한 번 재출발시켜 보면, 하고 용기를 내게 되는 것이다. 이때에 우리의 노력의 방향은 일단 서양적인, 유럽적인 기독교의 제도나 사상, 신학, 그리고 나아가서는 소위 기독교 문명, 문화, 생활 등 부차적인 것에서는 일체 떠나, 기독교 초대의 사도들과 성서 자체와 더불어 청신한 초대 신앙의 이해와 체험에 주력해야 할 것이다.

그리고 이에 덧붙여 아우구스티누스 등 교부들의 싸움과, 또 내려와 루터, 칼빈 등 개혁자들의 초대신앙의 재 체험인 그 신앙만의 신앙의 본질을 체험해 내야 할 것이다. 그리고 이는 상당 기간에 이르는 피투성이의 신앙 탐구와 체험과 진지한 생활을 요하게 될 것이다. 여기서 비로소 차츰 우리의 자주적인 기독교 신앙의 형성과 더불어, 이가 국민 생활과 여타의 모든 면에 하나의 힘으로 작용하게 될 것이다. 이를 위해 우선 나 자신 신앙생활을 재출발해야 하겠다.

(1976년 4월)

인생의 방향에 대해

나 자신 70을 바라보게 되었는데, 사실 살고 보니 솔직한 고백이, 초로인생(草露人生)이란 말도 있지만 결코 우리의 일생이란 그리 길지 않다고 하는 느낌이다. 특히 현대인처럼 시간에 쫓기고 보면 더욱 그럴 것이다. 그러므로 우리는 성공한 만족스러운 인생을 위해서는 가급적 일찍 자기 인생에 방향을 정하고, 생애를 걸고 그야말로 이에 전력투구를 해야 할 것이라고 생각한다.

그런데 우리나라 동양학의 석학인 유영모 선생 말씀에, 사람들은 대체로 자기 인생을 세 토막을 내서 가운데 큰 토막은 쓸데없는데 바치고, 그것도 늦게야 대가리와 꽁지 토막을 부둥켜 쥐고 무얼 하려고 하나 결국 아무것도 되는 것 없을 것은 뻔하지 않으냐고 했다. 실로 지당한 말씀이다. 그리고 가운데 토막은 대체로 모든 사람이 돈이나 명예, 지위 등 세상적인 욕망에 바치게 마련인데, 그것은 사실 이루어졌다고 해도 진실로 성공한 만족한 인생은 되지 못하는 것이다.

요새 2백억 달러의 유산을 남기고 세상을 뜬 미국의 억만장자 폴 세니 옹은 사람늘이 자기를 세계 제일의 갑부로 부르는 것을 가장 싫어했다고 하는데, 이는 자신을 불구자로 느끼게 하기 때문이라고 술회했다고 한다. 맘몬에 굴복한 인생 때문일까? 사실 옹에 대해 동정을 금할 수 없다. 요새 한국에서 흔히 보는 소위 사장족들의 불미한 생활이란 역시 저들의 인생이 이 불구의 인생이기 때문일 것이다. 이점은 지위나 명예에서도 같다. 카알힐티 선생은 그것은 공적인 강요 이외에는 자진해서 취해서는 절대 안 된다고 했다. 역시 인생을 덧없이 손해 보는 것이기 때문이라고.

그러면 여기서 다시 어떤 인생이 성공된 인생이냐, 또 방향은 어떻게 잡아야 되는 것이냐를 간단히 생각해 본다. 그것은 우선 재능과 성격이 무시되지 말아야 할 것이다. 근대 프랑스의 유명한 화가인 마네는 청년 시절까지 자신은 아무 일에도 쓸모없다고 생각하고 심한 방탕에 떨어졌는데, 우연히 친척의 권고로 그림을 그리게 되어 대성한 인물이다. 재질을 말할 때 또 흔히 돈이 없다는 원성을 듣게 되는데, 사실은 천재에게는 불행이나 빈곤은 부차적으로 필요한 정신력 내지는 영감, 신념, 종교 신앙의 촉발제가 됨으로써, 이 역시 사실은 저의 대성을 위해 필요 불가결한 요소가 되는 것이다. 이것은 하늘이 준 저의 재질에 대해 현세 인간이 치러야 할 응분의 대가인 것이다.

다음 일반적인 경우 인생의 방향과 목표란 이기적인 것, 또 낮은 것이 되어서는 우선 자신부터 만족을 못 하기 때문에 스스로 인생을 파탄에 빠뜨려 넣게 되는 것이다. 그러므로 목표를 높은 데, 자기를 위한 것 아닌, 남을 위한 일에, 그리고 가치 있는 일, 정신적인 일, 도덕적인 일에 두어야 한다. 아니, 하나님의 뜻에 두어야 한다. 그때 이것이 우리의 심중의 모든 선의와 사랑과 희생정신을 끌어내고 또 이를 성장시켜 우리의 인생과 일을 빛낼 것이며, 이것이 또한 하나님과 사람 앞에 기쁨이 될 뿐 아니라 우리 자신에게까지 기쁨과 만족이 될 것이다.

요즘 봄 날씨에 피는 꽃, 우는 새가 다 우리를 기쁘게 기쁘게 하려는 것 아닌가. 이것이 나의 식물 철학, 동물 철학이다. 이기주의는 진정 인생과 인간의 살상제일 뿐이다. 미국의 카네기나 워너메이커 등이 심한 가난 가운데서 선의의 목표를 세우고 축재에 성공, 대사업을 이룬 것을 상기한다. 끝으로 한마디만 더, 물론 일에 귀천은 없을 것이지만, 인생생애의 목표에서, 특히 아직 한국 같은 데서 피할 것은 소위 연예계나 정치판은 피하는 것이 좋을 것이다. 거기서는 실없는 허황된 오로지 거짓말 인생으로 인생을 크게 실패하고 말 것이기에.

(1976년 5월)

무교회의 앞날

또다시 이를 생각해 본다. 사실은 요새 우인(友人)들 중에 이 문제를 진지하게 생각하고 우리 무교회의 앞날에 대해 걱정하는 분들도 많은 모양으로, 다시 한 번 나대로 이를 생각해 본다. 누구에 대한 강요는 절대 아니다. 특히 걱정하는 분들 사이에서는, 우리의 무교회에는 에클레시아가 없다느니, 신앙 공동체가 없다느니, 사랑이 없다느니, 협력이 없다느니, 나아가서는 김교신 선생의 무교회도 말년에는 교회주의로 기울어졌다느니 하여 논의가 많은 모양이다.

이 점 아무것도 아닌 나에게도—본지를 발간하니 공인(公人)이란 의미인지는 모르겠으나—신앙 신앙 하면서 행위가 없다느니, 허구한 날 그저 공부 공부 하고 진리 진리 하며 실천이 없다느니, 독립 운운으로 사랑이 없다느니, 세속 참여, 사회 참여 없는 믿음이 공전한다느니 등등, 비판이 많다. 이래서 결국 에클레시아의 성립도, 공동체의 성장도 없는 우리 무교회의 앞날이 걱정된다는 것이다.

그러나 그 소리가 그 소리지만 나에게도 할 말은 있다. 나는 사실 우리 기독교에는 아직도 민족적으로 체험, 토착된 진정한 믿음은 없다고 감히 생각한다. 사랑이라, 봉사라 하지만 우리의 그것이 초대 삽비라 부부의 그것을 얼마나 벗어났느냐? 제발 자선의 북을 삼가 치기를 바란다. 우선 조용히 자신의 생활을, 소유를 다 바칠 일이다. 나는 사실 초대교회의 공산 생활의 파탄을 하나님께 감사하는 바이다. 그것은 인간의 도덕 의지와 종교 신앙의 파탄을 의미하는 것이기 때문이다. 또 독립 독립 한다고 타박하지만, 사실 사랑 사랑, 선행 선행, 사업 사업 하면서 민족의 체면에 흙칠하는 일은 없느냐? 바울의 손할례당들을, 개들을 삼가라고 한 심한 말씀을 상기한다(빌립보 3:2). 나는 사실 사회 참여나 현실 참여로 우리에게 이상 정치나 인도(人道) 사회가 온다고 생각하는 자들의 머리를 의심하는 바이다.

이리하여 나 자신은 산 종교 신앙과 진정한 진리로 되지 않는 모든 일에 대해 별 흥미를 못 가진다. 특히 예수의 복음이란 이점에서 절대적인 신앙이라고 생각한다. 따라서 그 이해와 파악 역시 만만치 않다고 생각한다. 바울에서 루터까지 천오백 년이다. 섣불리 이의 이용 운운은 더욱 있을 수 없다. 모독이다. 루터의 로마서 강해를 깊이 읽어 보라. 우리 무교회의 앞날 역시 오로지 믿음과 진리의 유무로 결정될 것이다. 이것이 없이 허우대만 멀쩡한 체제로서의 소위 교회적인 공동체, 혹은 동창회식의 믿음을 나는 타기한다. 루터 교도, 쥬네브의 개혁파도 그들의 그 철저 방대한 성서진리의 발현 위에 선다. 이의 반대는 절대 아니다. 일본의 무교회 역시 우치무라(內村)의 저작

위에 서는 것이다.

우리에게도 우리의 루터, 우리의 칼빈, 우리의 우치무라가 나와야 비로소 우리의 신앙, 우리의 무교회도 살 것이라고 생각한다. 또 종교는 허우대나 체제가 아니고 궁극적으로 신앙 정신인 것이다. 오로지 이의 형성과 진리에 나의 야심이 있는 것이다. 우선 진리탐구를 위한 성서에 의한 집회로-물론 가정 집회도 좋다-최대한의 나의 무교회로 삼는다.

(1976년 8월)

민족의 신앙 정착을 위해

전에 읽은 에커만의 '괴테와의 대화'에서 특히 잊혀지지 않는 것이 있다. 그 하나는, 괴테가 자기 이후에 문학을 지망하는 자들의 노력의 범위가 더욱 커질 것에 대해 동정을 표시했던 것이 있었던 것 같다. 그러나 공부할 것이 많다고 하여 아예 하지 않는다든지, 또 그래서 제멋대로 한다든지 하면 도저히 문학에 성공할 수 없을 것은 뻔한 일이다.

그런데 우리 기독교의 신앙 정착을 위해서도 이런 문제가 있는 것이 아닌가 생각한다. 기독교가 2천 년의 굉장한 유산을 갖고 있을 것은 더 말할 것도 없다. 사실 좁혀서 경전 즉 성서 중심으로 생각해도-또 사실 이것이 가장 중요한 것인데-서양 세계의 어떠한 문학이나 사상도 그 연구나 해설에서 이와는 비교가 될 수 없다. 그런데 우리 기독교가 이런 유산을 얼마나 열심히 받으려고 노력하고 있는가? 대체로 목사의 설교 이상을 생각 못하는 것이, 또는 산에 가서 기도나 하면 진리가 깨우쳐진다고 생각하는 것이, 또한 신학교라고 하지만 목회술이나 공부하고 아직도 코로 숨쉬며 살고 있는 경향적인 신학자들의 뒤꽁무니나 따라다니는 것이 고작이 아니냐.

그리고 도대체 왜 일이 이렇게만 되는 것인가? 소위 4천 년 민족수명으로 우리의 정신이 노쇠한 때문인가, 혹은 감정 민족이어서 사고력이 약해서 그런 것인가, 혹은 사상면이 약한 미국을 통해서 주로 기독교를 배운 때문인가? 그러나 또 이렇게 따져 봤대야 별 수는 없다. 결국 할 것은 해야만 된다. 공부나 노력이 싫든, 또 몰라서 못 하든 간에 그저 기도로 생판 떼만 쓰면 될 것인가? 가령 하나님께서는 일단 아우구스트누스나 루터를 통해 계시한 진리는, 그들을 통해 너희도 열심히 배우라고 하는 것은 아닐까? 이렇게 유산에 대한 배움이나 노력이 없으니 우리의 기독교는 자꾸만 결국 강신교(降神敎)가 되고 마는 것 아니냐. 또 자칫하면 교회가 서낭당이나 무슨 클럽이나 웅변 연습장 내지는 사교장, 토론장 혹은 밥벌이 대상이나 하나의 재산 정도로 되고 마는 것 아니냐?

결국 우리도 유산 소화를 해야 된다. 이는 지상적(至上的)인 것이다. 이를 못 한다면, 우리는 영구히 기독교를 못 가질 것이다. 소질도 없으니 사실 최소한이라도 이를 해야 하겠다. 공부라고 할 때, 우선 성서 신구약을 가급 원문으로 읽는 노력도 필요하다. 문학이나 사상 정도도 번역으로는 될 수 없지 않으냐. 전날 유교의 원문에 의한 경전 암송에 주력했던 우리 조상들의 문리자통(文理自通) 이해를 생각할 것이다. 또 수준 높은 성서의 주해서나 연구서 독파에도 최소한의 원문 이해가 필요하다.

다음, 기독교가 이방 종교 내지는 사상과 싸워 이의 세계 진출의 길을 텄던 교부시대를 배울 필요가 있는 것이다. 우리의 동양 종교내지는 동양 사상과의 싸움에 이가 절대 필요한 것이다. 다음 신교신앙의 원천인 루터, 칼빈 등을 통해, 특히 그들의 그 성서 연구를 통해 믿음의 본질을 배워야 한다. 그리고 그 이후의 오늘날까지의 정평 있는 고전적이고 학술적인 성서 주해와 성서 연구, 예를 들면 구판 마이어에서 신판 마이어에 이르는 독일의 연구와 칼빈에서 비평 주해(ICC), 맥밀란 신약 주해 등에 이르는 영미의 새로운 연구에 의해 성서 자체를 깊이 배워야 하겠다. 그리고 사실 이정도의 노력이란 우리로서도 별로 어려울 것은 없으리라고 생각한다. 특히 본지 젊은 독자들에게 이를 기대한다. 기독교 신앙의 진정한 민족 정착을 위해 발분을 비는 마음 간절하다.

(1976년 9월)

우리 신앙 노력의 방향

요새 본지의 독자요, 내가 존경하는 연로하신 강원도의 송 목사님을 뵙고 선생의 긴 전도 생애에 대해 여러 가지 들을 수 있는 기회를 갖게 되어, 나로서도 많은 것을 배우고 또 깨달을 수 있어 기뻤다.

전도라고 하지만, 선생의 전도는 어디까지 소위 교회적인 데는 흥미가 없이, 예수의 복음진리에 대한 절대적인 인식과 체험으로 사람의 영혼의 고귀성에 주목하여 이의 복음적인 구원에만 오로지 전력, 나아가 이로써 국가와 민족의 앞날에 대한 찬란한 희망에 불탔으며, 그것도 거룩한 구령 사업에 행여나 인간적인 욕심으로 장해라도 일으키면 어찌나 하여, 생애 대체로 생계도 자급하며 도시와 농어촌, 산촌을 누빈 것인데, 현재에 와서는 내가 정말 몇 사람의 영혼을 구한 것인가, 몇 사람이 정말 내 복음에 귀를 기울였는가 할 때, 실망뿐으로 장탄식을 금할 수 없다고 했다.

그런데 선생이 이렇게 오로지 복음 중심의 목회 내지는 전도에 전념하게 된 데는, 젊은 시절에 받은 일본의 우치무라의 깊은 복음진리의 영향 때문이라고 했다. 그리고 부족한 나의 잡지에 대한 말씀으로는, 거기서 특히 코이노니아에 오른 독자들의 신앙 간증과 주필의 일기에 크게 관심을 갖는다고 했다. 본지를 통해 어떠한 믿음이 발현되는가 하는 점에서 코이노니아에 오른 그 신앙에 기쁨과 만족을 표한다고 했다. 또 이를 위해 주필이 내외로 어떻게 움직이고 있는가 하는 것이 중요하므로 일기에 주목한다고 했다.

그리고 또 교회 전도의 근본적인 문제점은, 교회가 믿음으로, 복음으로 비로소 형성되어야 될 것인데 반대로 교회라는 허우대, 형식, 조직을 만들어 사람을 덮어씌우니, 그 속을 그저 천국으로 알며, 또 거기 들어만 가면 믿음이고 기독교고 진리고 복음이고 구원이고 다 알고 또 이를 소지하고 있는 것으로 믿게 되니, 거기서 결국 복음은 재래 우리의 민간 신앙의 범위를 벗어날 수 없다고 했다. 그리고 우리의 어농산촌(漁農山村)의 정신과 지적 수준이 낮음을 들었다.

여기 대한 직감적인 나의 생각은, 우선 최소한도 허우대 아닌 성서에 의한 가정 집회 정도로 복음과 믿음의 내용이 분명히 되어야할 것. 적어도 수백 년 노력으로, 전도가 소위 직업적 종교가나 책벌레 학자 아닌 복음으로 무르익은 평민 개인에 의해, 특히 저의 애국심에 의해 행해질 것. 그리고 종교진리의 순수, 그 절대성을 위해 이가 소위 농촌 사업이나 교육이나 의료 등 기타 무슨 명목의 사업도 곁들이지 말고, 오로지 고난과 희생과 복음적인 기쁨과 생명 속에서 행해질 것, 다음 이런 전도의 결과로 얻어지는 성서진리와 믿음의 내용은 필히 신앙 문서화되어야 한다는 것 등등. 그리고 나는 이를 생각하며 과거 우리 유교의 서당과 유대의 시나고그 회당을 생각했다.

(1976년 9월)

기독교 신앙의 본질

-대구 성서 강연-

오늘 저녁 세 사람의 말씀이, 의논하고 된 일은 아닙니다만 결국 부족한 대로 기독교의 본질 문제에 대한 것이 되었습니다. 두 분의 '기독교 복음의 본질'과 '기독교 신생의 중심'에 대해, 저는 '기독교 신앙의 본질'에 대해 생각해 보려고 합니다. 우선 우리는 기독교를 생각할 때 엄밀히 성서 자체에 의하지 않으면 안 된다고 생각합니다. 특히 오늘날 기독교에 대해 세계적으로 빈번히 유행되는 신학 사상 내지는 각 파의 조류 가운데서, 또 우리 주위에서 잡다하게 소용돌이치는 우리 기독교의 엎치락뒤치락 하는 이 소란가운데서 더욱 그렇습니다.

성서는 기독교의 카논(canon), 즉 경전입니다. 카논이란 원래 척도를 의미합니다. 그러므로 성서만이 엄밀한 의미의 기독교의 척도가 돼야 합니다. 교리도, 신학도, 교회도, 우리의 신앙생활도 오로지 이로써 재어져야 하겠습니다. 기독교의 경전은 물론 신구약성서로서 구약 39권, 신약 27권입니다. 내용상으로는 창세기의 하나님의 인간과 천지 창조에서 출발, 묵시록에 의한 인류, 우주의 완성에 이르고 있습니다. 한편 성서는 수천 년 동안에 수십 명의 기자들에 의해 쓰였지만 오로지 하나님의 성령에 의해 기록된 것인 만큼, 완전히 한 책으로서 생명과 호흡이 통하고 있는 것이 또한 사실입니다. 희랍어와 라틴어에서는 성서를 비블리아(Biblia)라고 하는데, 흥미로운 것은, 희랍어에서는 이가 복수로 여러 책을 의미하는 데 반해 라틴어는 단수로 한 책을 의미하고 있습니다. 이렇게 성서는 여러 저자가 쓴 여러 책인 것은 사실이나, 그 내용과 정신은 유기적으로 한 생명으로 된 한 책인 것도 사실입니다.

그러면 신구약을 관통하고 있는 그 유기적인 생명은 무엇인가? 그것은 곧 신앙, 믿음인 것입니다. 그렇습니다, 성서는 신구약 구구절절, 마디마디에 다 믿음의 진액이 배어 있습니다. 아니, 이로써 연결되어 있습니다. 그러면 왜 그렇게 되는 것인가? 그것은 성서는 본질적으로 하나님과 인간의 관계를 분명히 하는 것이기 때문입니다. 하나님은 인간의 아버지십니다. 사람의 아버지십니다. 그리고 기독자 신자란 하나님의 자녀인 것입니다. 그러므로 아버지 하나님과 자녀 인간 사이에는 오로지 신뢰와 순종으로 믿음만이 요구되는 것입니다.

그런데 이 점은 물론 예수에 의해 하나님의 부성(父性)과 사랑과 구원이 분명히 된 신약에서는 의심의 여지가 없겠으나, 구약에서는 어떻게 되는가 하고 의심할 분도 있을지 모르겠습니다. 그러나 한마디로 말해 구약 역시 같습니다. 족장 되는 구약의 아브라함이 기독교에서 신앙의 아버지로 불리는 것으로 족한 줄로 압니다. 아브라함이 하나님을 믿으매 이가 하나님 앞에 의로 여김을 받았다고 했습니다(창세기 15:6). 그리고 구약의 높은 봉우리인 예언서를 보면, 특히 호세아나 예레미야에서 하나님과 이스라엘 국민 사이가 부자의 관계를 넘어서 부부의 관계로 더욱 심화되고 있는 것을 봅니다.

그러나 이가 예수 당시 유대인들의 극심한 율법주의로 말미암아 그들은 행위와 공덕 사상에 떨어져 유대교의 위선적인 바리새주의에 의해 인간주의와 교만으로 신앙을 완전히 망각하게 되어, 하나님의 사랑과 구원을 전달하는 예수를 십자가에 다는 대죄를 범하는 비극에까지 이르렀던 것입니다. 그러나 예수의 사후 사도 바울에 의해 믿음에서 출발, 믿음을 거쳐 믿음으로 완성되는 신앙주의로써 기독교의 토대가 놓인 것은 부정될 수 없는 기독교사의 사실인 것입니다(로마서 1:17).

그러나 이가 또한 천 년 이상 유대교의 율법주의와 인간주의를 방불케 하는, 아니 그 이상인 가톨릭주의로 전락하여, 중세를 통해 인간의 양심과 역사 자체를 암흑 세계화했던 것입니다. 이때 개혁자 마르틴 루터가 나와 바울의 신앙만의 신앙을 재 체험하여 이를 분명히 했던 것입니다.

이상 서론이 길어졌습니다. 저는 이제 마태 16장 1-4절의 성서 본문을 통해 이 기독교 신앙의 본질을 생각해 보려고 합니다. 이는 유대인들이 예수에게 하늘의 증거, 표적을 구한 데 대해 예수가 이를 거절한 대목입니다. 즉 표적 신앙, 기적 신앙에 대한 예수의 거부입니다. 비슷한 내용이 마태 12장 38-42절에도 있습니다. 학자 중에는 이를 동일 사건으로 보는 자들도 있으나, 바울도 희랍인은 지혜를 구하고 유대인은 표적을 구한다고 했듯이(고전 1:22), 생각건대 유대인들은 예수의 생애를 통해 표적으로 예수의 메시아성, 신자(神子)성을 집요하게 시험하려고 했을 것입니다. 우선 마태 16장의 본문을 읽어 봅니다.

¹바리새인과 사두개인이 와서 예수를 시험하여 하늘의 징조를 보이라고 청했다 ²그가 그들에게 대답했다. '너희는 저녁이면 말한다. 내일은 날씨가 좋겠다. 노을이 섰으니까 라고. ³그리고 아침이면 말한다. 오늘은 비바람이겠구나, 흐리고 노을이 섰으니까 라고. 천기는 분별할 줄 알면서 왜 때의 징조는 모르느냐. ⁴이 사악한 배신의 시대가 징조를 구하나, 요나의 징조 이외에 다른 징조는 주어질 수 없다.' 그리고 그들을 버리고 떠나셨다.

여기 예수를 시험한 바리새인과 사두개인은 당시 유대의 2대 종파를 대표하는 종교가들입니다. 전자는 율법주의자들로서, 그들의 믿음은 화석같이 굳어져 오로지 거짓 행위주의로, 공리, 공덕주의로 떨어졌던 것입니다. 후자 사두개인들이란 직업적인 성전 종교의 대표자들로서, 희랍과 로마 문화에 심취한 소위 귀족계급으로 철저한 세속주의자들이었습니다. 예수는 이들에게 날씨는 분별하되 때를 분별 못한다고 했습니다. 때란 사실 시간의 장단보다는 인간 생활에서 역사의 연대기에서 보는 대로 사건 중심인 것입니다. 예수의 이 말씀은, 메시아로서의 자신의 도래로서 하나님의 인류 구원의 새 복음 시대가 열렸는데도 너희는 이를 감지하지 못하고 증거를 구하는구나 하는, 그들에 대한 심한 질책입니다. 종교가로서의 그들의 신앙의 타락, 영적 불감증, 진리에 대한 무지를 책하는 말씀입니다.

다음 4절의 배신의 시대 운운한 이 '배신'은 '간음'으로 번역할 수도 있는 말로, 종교가들의 하나님에 대한 불신, 아니 두 마음을 폭로한 실로 무서운 말입니다. 그들이 예수를 죽인 것도 이유가 없다고 할 수는 없겠습니다. 아니, 예수가 간음 운운으로 그들을 공격했을 때 이는 분명히 그 자신 목숨을 걸고 한 말이 아니겠습니까? 그러나 또 예수는 거짓말할 분도 아닙니다. 종교가들이 알건 모르건 이것이 사실이기 때문에 하신 말씀이었을 것입니다. 이 점은 2천 년 전 예수 당시 종교가들뿐이 아니라 오늘날 우리의 신앙생활에서도 그대로 사실일 수 있는 점에서 실로 두려운 바가 있습니다. 예수가 이 대목에서 표적 신앙을 거부한 것은 이렇게 거기 무서운 사실이, 즉 그것이 인간의 믿음을 죽이고 하나님을 거부하는 독소가 들어 있어서 그랬을 것입니다.

다음 우리는, 예수가 요나의 징조 외에 다른 징조는 주어질 수 없다고 한 데서 역시 그가 죽음을 각오한 것을, 아니 그들 종교가들이 그를 죽일 것을 미리 알고 계신 것을 볼 수 있습니다. 그러나 그의 죽음과 십자가를 통한 부활이야말로 내외로 그의 메시아성을 분명히 할 유일의 표적이라고 했습니다. 하여간 예수의 생애는 이렇게 전체가 자신의 목숨을 건 활동이었습니다. 아니, 그의 생애와 진리 자체가 이렇게 죽어서 부활하여 인류를 죄에서 구원하는 것이었습니다. 그러나 예수의 부활로써 유대인이 정말 예수를 믿게 되었습니까? 여기에 대한 대답은 역사적으로 2천 년 동안 부정적인 것입니다. 우리는 여기서 표적 신앙의 본질, 그 두려움을 보는 것입니다. 실로 표적 신앙이란 기독교 신앙과는 이렇게 상극적인 빙탄(氷炭)의 사이인 것입니다.

 그러면 기독교 신앙과 표적 신앙이 이렇게 상극이 되는 원인은 도대체 어디에 있는 것인가? 이는 기독교 신앙의 본질상 그렇게 되지 않을 수 없는 것입니다. 세상의 보증에 있어서도, 나의 보증자는 인격이나 금력, 신용, 연세 등 모든 면에서 나보다 더 위라야 되는 법입니다. 그런데 하나님은 전지, 전능, 전애, 전의, 전선, 모든 면에서 절대 거룩 자체로서, 세상의 아무러한 인간도 또 아무러한 것으로도 저를 증명할 도리가 없는 것입니다. 이 점은 하나님의 아들 예수에 대해서도 같습니다. 오로지 믿고 신뢰하고 순종해서만 알 수 있는 것입니다. 이 점은 부모와 자식 사이도 같습니다. 이는 모든 것을 감싸 주는 절대의 관계인 것입니다. 거기 무의식적으로 절대의 신뢰 관계가 작용하고 있는 때문입니다.

 위에서도 지적한 대로 하나님과 인간 사이, 그리스도와 인간사이란, 그것이 저의 인간의 창조와 구원을 싸고 오로지 사랑관계로써 성립되는 만큼, 역시 인간 편에는 믿음과 신뢰와 순종만이 요구되는 관계인 것입니다. 이 점은 모든 깊은 인간관계에서도, 부부 관계 건 우인 관계 건 오로지 이를 바탕으로 전개 되는 것입니다. 비근한 예로 금전적인 대차 관계 역시 인간의 인격적인 타락에 의해 보증서의 교환이 개입됩니다만, 하여간 이 신용, 신뢰 관계위에서 행해지는 것입니다. 신인(神人) 관계뿐 아니라, 인격적인 인간관계에서도 이것이 원 모습인 것입니다.

표적 신앙에는 이런 기독교 신앙의 본질적인 관계를 떠나 생각해도 도저히 믿음에서 용납될 수 없는 비 신앙적인 불신이 개재해 있습니다. 그것은 곧 인간이 구하는 표적 또는 증거물 자체가 인간과 신 사이에 개재해서 신과 인간 사이를 가로막게 되고, 따라서 이로써 사람은 정면으로 하나님을 볼 수 없게 되는 것입니다. 이 점에서 표적이나 증거 신앙은 그야말로 증거 또는 표적을 믿는 신앙이지 진정 하나님을 믿는, 그리스도를 믿는 믿음은 아닌 것입니다. 이는 마치 현대의 청춘 남녀들이 결혼에서 미모나 돈이나 가문과 상대의 인물 자체를 바꿔치는 것과 같은 상태라고 할 수 있는 것입니다.

기독교 신앙의 본질상 하나님을 믿는다고 하나 저를 볼 수 없는 점에서, 미식(美食) 진미(眞味) 후에 더욱 더 미식을 찾고 진미를 구하게 되는 것과 같이, 표적 신앙 역시 한없이 이 표적에서 저 표적으로 전전하며, 표적 자체를 신으로 섬기며, 이를 엔조이, 향락하게 되는 소위 기형 신앙을 이루게 되는 것입니다. 실로 인간의 욕심은 한이 없는지라, 바울이 이른 바 자기 배를 신으로 하는 우상 신앙에 떨어지게 되는 것입니다(빌립보 3:25). 그렇습니다. 치병이다, 사업의 성공이다, 축재다, 지위의 획득이다, 가내 원만, 안심입명, 교역(敎役)의 성공 등이 다 표적 신앙, 증거 신앙, 무당 신앙, 아니 예수가 지적한 두 마음, 탐심, 간음 신앙에 불과한 것입니다. 이 대목에서 봐도 종교가들은 4천 명을 먹인 떡 기적을 보고도(마태 15:32-39) 또 다시 여기서 파렴치하게도 표적을 구하고 있는 것입니다. 요한복음 6장에서 보면 5천 명 빵 기적 후 그들은 그를 왕으로 추대하려고 획책하자, 예수는 산으로 도피하는 사태까지 발생했습니다(6:1-15).

이 점에서 우리는 역시 예수는 절대 자신을 위해 표적을 구하지 않고 이를 행하지도 않은 것을 중시해야 합니다. 그는 사람들을 위해서는 동정과 사랑의 자연적인 발로로써 병도 고치고, 갈릴리 바다의 폭풍도 진정시키고, 나사로같이 죽은 사람도 살렸습니다. 그러나 사탄이 집요하게 그를 시험하려고, 자신의 배고픔을 덜기 위해 돌로 떡을 만들라, 혹은 그의 신자성(神子性)의 증명을 위해 성전꼭대기에서 뛰어내리라고 한 것이나, 또는 민중이 십자가에서 뛰어내리면 믿겠다고 한 것 같은 표적은 모두 단호히 거절했던 것입니다(마태 4:1-7, 27:42). 인간은 하나님을 믿지 못하여 표적을 구합니다만, 우리는 예수가 표적을 거절한 이것이 믿음 안에서 바로 그가 하나님의 아들이었던 무엇보다도 분명한 증거였다고 생각하는 바입니다.

현대인은 왜 하나님의 그 위대, 절대에서 오는 신비 내지는 불가해를 그렇게 지식적으로, 신학적으로 파헤치려고만 합니까? 또 감히 파헤칠 수 있다고 생각합니까? 이야말로 교만입니다. 믿음 없는 태도가 아닙니까? 이것이 자식의 부모에 대한 태도나 대접이 아닌 것같이, 아니 그 이상 더욱 인간의 하나님에 대한 태도가 아닙니다. 오로지 믿음과 신뢰와 순종으로 하나님의 뜻은 분명히 될 것입니다. 그것은 하나님과 인간의 관계란 어디까지나 인격적인 사랑 관계이기 때문입니다. 이런 신앙에 관한 한 교리나 신학 역시 하나님에 대한 증거를 찾기 위한 것으로 표적에 불과한 것입니다. 타기할 일입니다.

단적으로 말해서, 믿음이 순수한 인격 관계를 떠나 눈에 보이는 무슨 감각적인 표적이나 기적에 치중하게 될 때, 이는 진정한 하나님 신앙은 아니며, 결국 이는 인간의 욕심을 만족시키는 공리(功利), 우상 신앙, 무당의 푸닥거리 신앙에 불과한 것입니다. 이 점에서 우리는 오늘날 입교 1세기를 맞는 한국 신앙 역시, 치병이다, 은혜다, 방언이다, 뜨겁다 하여 떠들지만, 이는 다 유대인의 표적 신앙에 불과한 것입니다. 오늘날 교계 신학자들의 평으로도, 우리 신앙은 재래 민간 신앙 혹은 샤머니즘을 벗지 못한 상태로서, 이의 진정한 토착화란 아직도 앞이 요원하다고 하는 것으로 가히 증명되고 남음이 있다 하겠습니다.

그런데 한편 우리의 신학자들 사이에는 기독교 신앙의 동양사상화 내지는 여호와 하나님과 단군의 동질화를 피하고, 혹은 세뇌공작에 의해 소위 통일교의 추잡한 생활을 기독교의 무식한 동양철학화 내지는 그 위대한 한국 신앙, 신학으로 추키는 자들이 있음은 또한 어찌된 일입니까? 이는 결국 저들의 2천 년 교회사에 대한 무지를 표명하는 것일 뿐입니다. 위에서 예수가 간음 운운했습니다만, 저들은 다 기독교와 저들의 재래 신앙 내지는 사상과의 혼합, 야합을 꾀하는 혼합주의자들입니다. 타기해야 합니다. 기독교는 싱크레티즘, 혼합 종교가 아니라, 복음적인 생명으로 모든 종교와 민족을 개종, 신생시켜 이를 도덕적으로 정화하는 것입니다.

그러면 여기서 끝으로, 표적 신앙으로는 기독교 신앙의 본질적인 인식 내지는 파악이 불가능하다고 할 때 믿음에 대한 우리의 바른 태도란 결국 무엇인가? 이것이야말로 중대한 문제가 아닐 수 없습니다. 표적 신앙은 곧 감각 신앙입니다. 외적, 물리적인 자연종교입니다. 그러나 기독교는 양심의 종교입니다. 저가 진정 인간인 이상 거기 문제가 있는 것입니다. 그렇습니다, 죄에서 오는 문제, 즉 절망과 고민이 있는 것입니다. 속아서는 안 됩니다. 파스칼은, 이 점이 인간이 지닌 최대의 모순으로, 부단히 인간 본래의 이 내부의 실존에서 도피해서 이를 잊으려고 거짓 유희로서 오만가지 인간적인 외적 생활을 영위해 낸다고 했습니다. 그러므로 감옥이 감옥 되는 까닭은 그가 거기서 이 죄를 깨닫고 비로소 자신에 대해 고민하고 절망하게 되는 때문이라고 했습니다.

이 점은 도덕 철학의 창시자 소크라테스에 있어서도 같았습니다. 그는 인간 자신을 떠나서 외적 세계만 쳐다보고 있던 자연철학자들의 눈을 그의 그 위대한 변론술에 의해, 아니 칼같이 예리한 그의 산 양심에 의해 그들의 내부 세계로 끌어들였던 것입니다. 그리고 자신을 알아야 된다고 했습니다. 그것은 인간의, 아니 자신의 철저한 무지를 알라는 것이었습니다. 그러나 소크라테스의 철학 역시 인간 철학입니다. 인간이 거룩한 하나님 앞에 설 때 그는 무지 정도가 아니라 실로 죄의 덩어리임을, 신에 대한 반역자임을 느끼게 되는 것입니다. 그리고 진정 키에르케고르의, 번연의, 루터의, 아우구스티누스의, 바울의 도덕적인 고민과 절망에 빠지게 되는 것입니다. 인간을 이 인간의 본질적인, 실존적인 죄에서 구속자 그리스도에 대한 믿음으로 구원하는 것이야말로 기독교 신앙의 본질인 것입니다.

기독교는 결코 표적이나 기적, 또는 소위 사회적 복음이다 데모다 하는 불도저식 환경 정리에 의해 사람에게 개털보다도 가볍고 싸구려인 세상적인 안심입명이나 행복, 기쁨을 제공하는 천박한 종교가 결코 아닙니다. 그리스도의 의로써 저의 죄를 제거하고 그 인격과 정신과 심정과 영혼을 그리스도의 영으로, 생명으로, 진리로 자극하고 향상시키고 계시를 주어 아주 신생시켜 내는 것입니다. 본능적인 인간에서 저를 사람 되게 하고, 인도주의화 하고, 아가페로 자비롭게, 그래서 거룩한 하나님의 자녀 되게 하는 것입니다. 하늘나라의 백성 되게 하는 것입니다. 이것이 진정한 기독교신앙의 본질입니다.

우리의 믿음을 진정 살려내기 위해서는, 1세기 백 년 동안 우리와 하나님 사이를 가로막아 온 우리의 모든 불신의 우상적인 표적신앙을, 생명 없는 교리와 신학을, 진리 없는 허우대뿐인 교회신앙을 일단 부정해 버려야 하겠습니다. 아니, 허물어 버려야 되겠습니다. 그리고 다시 우리의 복음의 새 포도주를 우리의 새 가죽부대에 넣는 새로운 노력이 진정 시작돼야 하겠습니다. 좀 심한 말이 됐는지 모르겠습니다. 잘했건 못 했건 우리의 진정한 신앙을 생각하고 나의 소신을 말한 것뿐입니다. 타의는 없습니다. 관서를 빕니다.

(1976년 12월)

무교회 신앙과 예배

무교회에는 교회도 없거니와 예배조차 없다고 핀잔하는 교회주의 자들이 있다. 그렇다, 무교회는 교회뿐이 아니고, 예배뿐이 아니고, 일체의 의식과 형식과 제도, 전통을 필요로 하지 않는다. 오로지 집회에 의한 성서진리의 탐구만이다. 그러면 도대체 그것은 무엇이냐고 물을 것이다.

무교회주의의 창시자인 우치무라(內村) 자신의 글이 생각난다. 대충 이런 내용의 글이다. 그의 주일 성서연구회에 참석했던 어느 유명한 독일 목사가, "여기는 성서 연구만 있고 예배가 없지 않느냐?"고 한 데 대한 대답으로 우치무라는, "그렇다, 여기는 신앙진리를 분명히 하는 성서 연구만으로, 예배는 없다"고 했다. 그러자 독일 목사는 다그쳐 "그러면 예배는 어떻게 되는 것이냐?"고 물었고, 다시 우치무라는 "일주일의 생활 전체가 예배"라고 대답했다는 것이다. 그렇다, 무교회에는 특정한 의식이나 형식으로서의 소위 예배는 없다.

그리고 또 한 가지 이 문제와 관계되는 것으로서, 우치무라 자신이 무교회주의의 정신과 본질을 분명히 한 간단한 유명한 말이 있다. 여기 이것도 올려 본다. "우리들은 프로테스탄트주의를 그 논리적인 귀결에까지 끌어가지 않으면 안 된다. 신 프로테스탄트는 완전히 자유이고, 거기 털끝만한 교회주의의 흔적도 있어서는 안 된다. 진정한 생명은 제도가 아니고 친교이며, 조직 또는 단체가 아니고 영혼의 자유스러운 교제이다"라고 했다.

이상 두 가지 우치무라의 말로 무교회와 예배 내지는 교회주의, 의식, 형식 등의 문제는 대체로 명쾌하게 된 것이 아닌가 하고 나 자신은 생각한다. 그리고 물론 나 자신은 이로써 무교회 신앙에 전적으로 공명하고, 이로써 나의 기독교 신앙으로 삼는 바이다. 그런데 나 자신이 오늘, 아니 예수 이후의 기독교에 대해 정말 이상하게 생각하는 것은-그리고 이는 정말 알다가도 모를 일이지만-어떻게 복음서의 예수의 생애와 교훈에서, 가톨릭은 말할 것도 없고 오늘날 더욱 퇴화한 소위 신교의 교회주의, 형식주의, 예배주의의 기독교가 생겨나는가 하는 것이다.

가톨릭에서는 인간은 나면서부터 가톨릭이라고 한다. 그래서 결국 그들은 예수의 종교를 인간 종교의 요지경, 만화경으로 만들어버린 것인가? 그래서 결국 또 루터의 개혁교도 자꾸 퇴화해 가는 것인가? '인간은 나면서부터 가톨릭', 이야말로 정말 타락한 인간의 우상교적인 종교성의 본질을 그대로 노출시킨 실로 무서운 말이 아닌가 한다.

그러나 그렇기 때문에 예수는 소위 인간의 종교 아닌 하늘의 구원을, 생명을, 진리를 분명히 한 것이라고 생각한다. 예루살렘과 게리짐의 소위 예배가 아니라, 하늘에 근원하는 영과 진리의 예배, 이것이 예수의 종교인 것이다. 소위 의식적인 예배 종교란 가톨릭의 교황 종교를 만들어 낸 종교 상인배들의 머리에서 나온 것 아닌가? 바울은 신자의 몸이 성전이라고 했다. 하나님의 구원과 진리와 생명과 사랑을 구체적으로 이 몸에 받아 사는 것이야말로, 생활하는 것이야말로 진정한 예배, 예수의 종교인 것이다. 성서진리에 의한 생활의 목표인 예배화, 이것이 오로지 무교회 신앙의 예배요 또한 신앙 목표인 것이다.

(1976년 12월)

미군철수에 즈음하여

그새 특사가 다녀가고 카터의 성명도 나오고, 결국 철수는 기정사실로 되는 것 같다. 이에 대해 국내에서는 불평도 없지 않은 모양이다. 또 기독교회의 반대 데모도 있었던 모양이다. 어떤 점 나 자신도 이로써 열강에 둘러싸인 우리 민족의 소위 '자연결정적 역사', '지정학적 위험지대' 혹은 '지정학적 희생물' 등 소위 국제정치학에서 말하는, 어느 면 운명적이라고 할 수 있는 우리의 면모에 접하는 듯해서, 수천 년 민족의 고난이 일시에 내 등을 무섭게 억누름을 느끼지 않을 수 없었다. 나의 솔직한 고백이다.

그러나 역사의 현실이란 언제나 이렇게 엄혹한 것이다. 우리는 그새 해방 후 동맹 관계라고 하지만, 결국 외세 밑에서 너무 안이하게 지낸 것은 아닌가? 그래서 나약하게 된 것은 아닌가? 하여간 과거야 어떻든 간에 이제 이를 왈가왈부할 여유도 없다. 오로지 명실상부하게 독립 민족, 독립 국가로서 내외로 국민의 확고한 자각과 각오가 요구될 뿐이다. 그리고 이는 우리 민족에 대한 실로 생사가 걸린, 지상적(至上的)인 역사의 엄혹한 요청임을 우리는 또한 알아야 한다.

나는 여기서 하나의 민족으로 우리가 국가를 갖고 이의 국민이 된다고 하는 것은, 특히 이때에 있어 그것은 이미 자연적인 관계이상 실로 우리 개개인의 의지적인 생사와 결단을 요구하는 중대사임을 절감하는 바이다. 그리고 이 시점에서 아마 위정자나 국민의 대부분은 경제력이나 군사력에 대해 중대, 심각하게 생각하고 있을 것이다. 그러나 나는 종교적인 입장에서 무엇보다도 위정자, 국민의 도덕면을 중시하지 않을 수 없다.

  쉴러의 '세계 역사는 세계 심판'이라는 말이나 역사가 니부르의 '민족의 패망은 자살적'이란 단정은 다 이 도덕면에서 하는 말이다. 그리고 여기서 알아야 할 것은, 보통 막연히 우리가 군사력이라고 할 때 이는 엄밀히는 다분히 하나의 물리력을 생각하고 있는 것이다. 그러나 여기야말로 도덕력이 절대로 요청되는 것이다. 우리는 이번 대전(大戰) 후 중국 국부군(國府軍)의 본토에서의 패망이나 최근 월남의 멸망을 생각할 것이다. 그것은 분명히 전투에 앞서 그들의 부패에 의한 정신과 도덕의 무력, 아니 쇠망이었던 것이다.

  그리고 여기서 또한 우리가 유의해야 할 것은, 전기 쉴러의 '세계역사는 세계 심판'이란 신의 절대적인 심판을 말하는 것으로, 이점에서 우리는 신의 이 도덕적인 요청을 절대 자의(自意)로 상대적으로 약화해서는 안 되는 것이다. 도덕이야말로 인간의 본질이므로 우리는 이를 절대적으로 받아야 하는 것이다. 그리고 부도덕은 역시 사람을 제 숨결에도 놀라도록 약화시키는 것도 알아야 한다. 끝으로, 나는 위에서 우리 역사의 운명적인 면을 말했다. 그러나 신의 역사 섭리에는 소위 운명론이란 없는 것이다. 도리어 거기에는 언제나 하나님의 찬란한 깊은 인류사적인 의도와 영광이 숨어있는 것이다.

  고대 세계의 육교(landbridge)로서의 그 불우한 팔레스틴, 그리고 그 소국 유대역사 속에 하나님은 종교, 도덕의 찬란한 사명을 두었던 것이다. 우리는 물론 한반도와 한국사에 운명적인 비극의 씨가 내포되었음을 부정할 수는 없다. 그러나 종교적으로는 여기 역시 인류사적인 위대 찬란한 신적인 사명이 있는 줄로 믿는다. 이 점 한국은 극동의 심장 혹은 완충, 평화로 불리운다. 나는 우리에게 주위 세속사에 복음과 평화를 제공할 천직이 있다고 생각한다. 그리고 이제 우리는 이를 위해 신앙적으로, 도덕적으로 진정 깨어날 때가 왔다고 감히 주장하는 바이다. 그래서 이 신적 사명을 우리 민족의 존재 이유, 사명으로 받을 때 우리 민족의 복음적인 평화의 사명이 인류사에 분명히 될 것이다. 우리는 민족의 위급에서 민족의 대사명을 깨달아 이를 극복할 수 있어야 한다.

(1977년 5월)

도덕적 신생(新生)을!

기독교는 도덕적인 종교다. 행복주의적인 우상 종교가 아니다. 구약은 철저히 모세의 율법, 도덕 종교이다. 또 예언자들에 의한 유대 민족의 현실과 정치에 대한 열화 같은 도덕적인 비판을 볼 것이다. 그리고 그것은 저들에게 도덕적인 부패, 불의, 죄악이란 개인이고 민족이고 하나님의 심판에 견디지 못하기 때문이었다. 신약에 들어와 역시 우리는 예수의 선구자 세례 요한의 그 추상같은 정의의 주장과 더불어 불의에 대한 국민의 규탄과 회개의 촉구를 생각할 것이다. 그러므로 인류의 구원자 예수의 복음은 또한 철저히 인류의 죄에 대한 속죄와 부활, 그리고 하나님의 의(義)에 의한 신생, 구원이었던 것이다.

그리고 도덕은 칸트의 이른바 지상적(至上的)인 것으로서, 실로 이는 인간과 짐승이 갈리는 표지인 것으로서, 인간은 하나님의 의를 믿고 진정 신생에 들어가는 것이다. 그리고 이야말로 인생 문제의 궁극적인 최고, 최후의 해결로서, 기독자는 이에 의한 자신의 도덕문제의 해결에서 다시 국가, 민족, 나아가서는 전 인류의 이의 해결을 기원, 간구하게 되는 것이다. 그리고 기독자에게 이는 또한 하나님의 심판과 더불어 국가, 민족, 인류의 흥망성쇠와 깊이 관계되는 절실한 요구이고 기원인 것이다.

2차 대전 후 맥아더는 일본에 상륙, 일본인의 정신 연령은 열 두 살밖에 못 된다고 했다. 그러면 오늘날 우리의 정신 연령, 도덕연령은 과연 얼마나 될 것인가. 요새 나는 김 모 씨에 의한 미국의회에서의 발언을 통해 우리의 이 도덕적인 연령을 생각하고 실로 실망하지 않을 수 없다. 요새 신문에 의하면 재미동포들은 모두 얼굴을 들고 다닐 수 없다고 하는데, 이 점은 국내 동포들도 다 같은 심정일 것으로 안다. 미군 철수 문제로 그렇지 않아도 우리가 세계적으로 클로즈업되고 있는 터에, 설상가상 이 세계적인 수치, 이 치욕은 또 무엇인가? 진정 민족의 망신이 아닐 수 없다.

그러나 신앙적으로 나는 특히 우리에게 민족의 중대 문제라고 할 수 있는 미군 철수 문제와 이 사건이 이렇게 곁들이게 된 데는, 우리에 대한 하나님의 깊은 섭리가 있는 것이라고 생각한다. 그렇다, 나는 실로 민족의 이런 죄가 우리의 이 중대시기에 그대로 끝끝내 감추어진다면 이야말로 더욱 큰일이라고 생각한다. 단적으로 말한다면 이렇게 하나님이 우리의 죄를, 우리의 수모를 드러내는 것은 이 중대 시기에 처하여 하나님이 그래도 우리를 불쌍히 여겨 우리의 회개를 위해 이를 한 처사라고 생각하는 바이다. 그러므로 국민은 다 지도자고, 정치가고, 종교가고 이 수모를 외면하지 말고, 아니 수모 가운데서 재를 쓰고 진정한 회개에 들어가야 한다. 이만이 우리가 진정 사는 길이라고 생각한다.

(1977년 6월)

무서운 하룻밤

기독교는 인간을 죄의 덩어리로 본다. 이것이 또한 자타간 기독교가 세상에서 환영을 받지 못하는 이유이기도 하다. 여기 바울의 죄목을 들어 본다. 그는 사람을 모든 불의와 악과 탐욕과 악의에 찬 자, 질투와 살의와 분쟁과 사기와 악념에 차 있는 자, 사람을 헐뜯고 비방하고 신을 모독하는 불손한 자, 교만한 자, 큰소리하는 자, 악을 꾸미는 자, 부모를 거역하는 자, 무지, 불성실, 무정, 무자비한 자라고 했다(로마서 1:29-31).

세상에는 아마 나만은 이에서 예외라고 할 사람도 있을 것인가? 또 마음대로 이를 물리칠 수 있다고 할 사람도 있을 것인가? 그러나 나는 요새-지난 13일 밤 9시 34분부터-밤새 정전 사태로 미국 뉴욕시에서 일어났던 약탈과 방화와 폭력 사태에 접해 인류의 현실에 대해 깊은 실망, 실로 절망에 빠지지 않을 수 없었다. 이에 대하여는 뉴욕 시민의 성분, 또는 그날 밤의 무더위를 말하는 사람도 있다. 더위 때문에, 아니 사람의 얼굴이 안 보인다고 이 추태, 이 죄악. 실로 야만, 아니 짐승 이하다. 또 오늘날 최대의 기독교 국가에서.

폐일언하고, 선인, 악인, 또는 행 불행을 막론하고 이야말로 모든 사람에게 죄란 실로 백지장 한 장의 차이인 것이다. 또 이래도 좋다는 자포자기자도 있을 것인가? 그러나 저가 인간인 이상 이에는 내심의 이율배반도 없을 수 없을 것이다. 기독교는 그리스도의 속죄로 현세 내세를 통한 이 인간의 죄의 제거를 목표로 하는 것이다. 해방 후 구미 사회에서 심리학과 정신의학이 한때 종교를 대신한다고 떠들어 댈 때가 있었던 듯한데, 실로 이야말로 인간의 교만, 무지의 소리였다. 이 기회에 기독교 국가 미국의 신앙 반성을 간절히 촉구하는 바이다.

(1977년 7월)

세계의 신앙 동태

근래 유럽을 돌아본 이들의 이야기를 들으면 영국이나 독일 같은 데서도 교회 인구가 줄어드는 것은 사실이나, 한편 또 소수 가까운 사람끼리의 자유스러운 가정 집회 형식, 즉 무교회적인 조그만 모임으로 주일을 지키는 현상이 현저하다고 한다. 이때에 더욱 그것은 성서 중심의 집회라고 들었다. 나는 이 현상을 전부터 성서진리 없이 제도적인, 너무나도 의식과 형식 등에 기울어진 생명 없는 교회주의적인 현대 기독교에 대한, 신앙의 진실을 찾는 이들의 반발이 아닌가 하고 생각되어 내심 기뻐하기도 했던 것이다. 아니, 반발이 아니라 무신(無神)주의, 무종교 시대에 바알에 절하지 않는 7천 명을 남기려는 하나님의 섭리가 아닌가도 생각했다.

그런데 얼마 전 교계(敎界) 모씨의 이야기에, 우리 교계의 동향으로도 그렇고, 또 이는 세계적인 기독교의 현상으로서 소위 정치 참여, 현실 참여, 진보신학 등 위주의 소위 진보 신앙이 후퇴하는 경향이고, 보수적인 순수 신앙, 즉 모씨의 표현대로 하면, 십자가·속죄·부활신앙 편이 승세, 부흥을 보이고 있다고 했다. 그런데 나는 최근 미국 신앙계에도 전체 이런 현상이 일고 있는 것을 알게 되었다. 이것은 나의 가까운 친구가, 얼마 전 모국을 방문했던, 하버드 대학 출신으로 현재 하와이에서 목회하는 역시 가까운 친구를 통해 직접 들은 이야기니 틀림은 없을 것으로 생각된다. 그런데 최근 미국의 신앙계도 전체로 같은 동향으로, 목회자에 대한 신자의 요구가 달라지고 있다고 했다.

이를 한마디로 하면, 성서의 원리를 신앙적으로 잘 풀어 주고 응용은 자기들에게 맡겨 달라는 요구가 강해졌다고 한다. 내가 친구에게서 들은 대로 좀 더 적어 보면, 성서 이외의 이야기를 달가워하지 않는다는 것이었다. 특히 시사적인 것에 관한 것을. 이런 세상일에 대해서는 텔레비전이나 책을 통해 알고 있으므로 목사의 계몽을 필요로 하지 않는다는 것이었다. 그리고 성서에 대해서도 신학적인 학설이나 윤리적인 해설 같은 것은 반응이 좋지 않다고 했다. 즉 성서 자체를,

그것도 이스라엘 역사나 혹은 구약과의 관련에서 직접 목회자의 신앙 체험에 의해서 푸는 것을 가장 좋아한다고 했다.

여기 대한 이유나 비판으로서는 물론 여러 가지 문제가 있을 수 있을 것이다. 심하게는 기독교 신앙의 미신적인 퇴보로 단정하는 사람도 있을 것이다. 혹은 서구나 미국 같은 철저한 민주주의 사회, 부유 사회, 혹은 언론 자유의 사회에서는 기독자들이 그렇게 움직일 수 있을 것이라고 수긍할 이도 있을 것이다. 그러나 나 자신은 이렇게 조건을 붙여 생각할 것이 아니라, 종교적인 요구란 인간에게 의식 무의식간에 절대적인 것이므로, 이는 오늘날 기독교 자체의 내용의 저하와 후퇴에 대한 깊은 인간 심정의 숨김없는 발동이라고 생각하고 이를 기뻐하는 바이다.

(1978년 6월)

교회와 신앙은 별도

전달 하루 부산에 가서, 내가 6·25 때 피난했던 김해 대지리에서 그때 크게 폐를 끼친 고 금석호(琴錫浩) 선생 댁을 찾아 아드님 되시는 금도연씨를 오래간만에 만나, 더욱 씨의 진지한 신앙생활담을 들을 수 있어 정말 기쁘고 감사했다. 씨의 말씀을 대충 여기 적어본다. 6·25동란 후 우리의 초대신앙의 용장(勇將) 되시는 금석호 선생도 이미 돌아가셨는데, 도연씨는 처가가 장사하는 집안이 되어 한때 부산에 나가 장사도 꽤 크게 본격적으로 벌였다고 했다. 그런데 성격에 맞지 않아 결국 축재는 되지 않았다고 했다. 나로서 생각하면, 성격도 성격이겠지만, 이것은 씨가 결국 금선생의 믿음을 철저히 이어받은 데서 온 결과가 아니었겠나 하고 생각되었다.

  이에 씨는, 아버지께서 전날 세상에서 모든 것을 걸고 또 희생했던 하나님과 그리스도에 대한 그 믿음을 내가 이어받아 이를 대대손손 전하는 것이 나의 생애의 최대의 일이고 사명일 터인데 이렇게 내가 무얼하고 있는 것인가 생각하고 표연히 장사를 버리고, 연중 내내 2, 3천 평 되는 농토를 다루며 농촌 교회를 돕고 있다고 했다. 그리고 특히 다행한 것은 고등학교 나온 장남도 농촌에서 축산으로 나갈 각오가 서고 믿음도 차츰 깨닫게 되는 것 같다고 했다. 그리고 씨는 오늘날 교회는 하나의 생활이지 거기서 믿음을 배우고 깨닫기는 어렵게 되었다고 했다. 즉 교회와 신앙은 별도라고 분명히 말했다. 그리고 내가 피난 당시 금 선생께서 가장 아쉬웠던 그 곳의 손(孫)형도 근일에는 교회에 안 나가고 집에서 신앙생활을 착실하게 한다고 했다. 그 이유로는 오늘날 교회는 교회원의 진실한 신앙 충고는 통 받아들일 수 없게 되었기 때문이라고 했다.

  따라서 씨는 신앙은 철저히 전날 아버님의 방식을 따른다고 했다. 즉 조석으로 신구약성서의 끊임없는 독송에 의한다고 했다. 그리고 믿음이란 무엇보다도 하나님의 뜻에 대한 순종일 때, 이가 무엇보다도 신앙생활에서 가장 중요한 일이 아니겠는가 했다. 그리고 아버님은 갈라디아서 같은 순 신앙면의 책을 많이 읽고 암송했는데, 자신은 산상수훈 같은 것이 좋고 또 이를 매일 암송한다고 했다. 예언서도 많이 읽는다고 했다. 나는 속으로 아버님의 믿음이 씨에 의해 생명적으로 생활로 살아나고 있는 것이 아닐까 했다.

아니, 보기에도 씨는 믿음의 힘에 넘치고 있는 듯했다. 나는 씨에 의해 내가 평소 생각하는 무교회 신앙의 산 모습에 접한 느낌이었다. 나의 무교회 신앙 역시 오로지 성서진리와 믿음의 생명을 소위 교회가 아니고, 개인으로 혹은 소집회로써 이렇게 민족적으로 생활로써 삼천리 방방곡곡에 살려내자는 이외 아무것도 아닌 것이다.

(1979년 11월)

1세기 우리 기독교의 혼미

3월이 되면 언필칭 한국 기독교는 3·1운동 당시 기독교인의 항일 동원을 들먹인다. 그뿐이 아니다. 구약성서 중 출애굽의 민족동원이 오늘날도 역시 우리 기독교의 최고의 목표가 되고 있는 모양이다. 그래서 실국 밈모스 교회, 교회도시 운운하는 소리가 높다. 실로 우리란 질(質)을 모르는, 수에 게걸이 든 백성인가. 아, 종교까지도.

더욱이 요새는 한국 기독교를 이끄는 소위 신학자들의 민중 신학 운운의 소리가 자못 요란하다. 그리고 이 민중 신학이야말로 세계 신학에 대한 한국 신학의 위대한 공헌이요 기여라고 입을 모아 자화자찬하고 있다. 이래서 또 우리 기독교의 저변 확대를 위해서는 신앙진리에 물을 좀 타도 좋다고 주장하거나, 또는 우리 재래신앙과의 싱크레티즘으로 혼합 신앙적인 야합마저 주장하는 신학자도 있다. 나에게는 우스갯소리로만 들린다. 아니, 복음에 대한 모독이다.

이것이야말로 성서나 기독교 진리는 차치하고 교회사의 한 페이지도 들여다보지 않은 철부지의 무식한 소리라고 하지 않을 수 없다. 결국 우리 기독교는 일제 36년 이래 오늘까지 계속 딴전만 피우고 있는 듯하다. 목표가 뒤틀려져 있는 듯하다. 역시 수 중심의 대중 동원이란 세속적이고 사업적이며 정치적인 데 목표가 있는 것이다.

물론 기독교인이라고 해도 사람인 이상, 사회의 일원인 이상, 또 직업 생활을 해야 하는 이상 정치나 사업이라고 못 할 것은 없다. 신앙 양심을 굽히지 않는 한 무엇이고 할 수 있고 또 해야 할 것이다. 그러나 기독교 자체는 달라야 할 것이다. 인간에 대해, 세상에 대해, 또는 국가, 사회, 민족에 대해 그 자체의 절대적인, 그만이 할 수 있는, 아니 그만의 사명이 있어야 할 것이다. 그것은 한마디로 복음 진리에 의한 인간의 양심 문제, 도덕 문제, 죄의 문제의 해결일 것이다. 정치적인 구원 이상, 우선 영혼의 구원일 것이다. 인간의 본질은 정신적인, 도덕적인 것이기 때문이다. 본능적인 것은 결코 아니다. 그러므로 기독교가 현실에 기여한다고 해도, 그것은 정치의 시궁창 청소부로서가 아니고 복음진리에 의한 국민의 도덕 문제의 해결, 정신의 재생에 의한 것이라야 할 것이다.

다시 기독교의 발전을 본다. 초대 기독교는 바울, 요한 등의 예수의 복음에 대한 깊은 신앙진리의 발현에 의해 고대 세계와 대결했다. 여기 또 교부들의 깊은 사상적인, 철학적인 노력이 곁들여져 로마제국 내지는 로마의 사상 및 희랍의 철학과 대결, 결국 이를 패배시켰다. 그 후 유럽 세계의 개종, 그 문화와 문명 역시 루터나 칼빈 등의 위대, 방대한 성서진리의 깊은 이해와 체험에 의한 신앙 발현으로 이루어졌던 것이다.

나는 진리 없는, 이에 대한 노력 없는, 수 위주의, 그래서 자꾸만 변질되어가는 천박한 우리 기독교를 타기한다. 민족운동가 안창호까지 우리 민족 문제를 교육자적 입장에서 생각했던 것이다. 김구나 이승만과는 달리 신라 불교의 기라성 같은 원효 등 많은 불교 사상가를 생각한다. 백 년 우리 기독교에는 아직도 유교의 퇴계도 율곡도 없지 않으냐? 이래서 나는 우리 기독교 백 년의 천박, 혼미를 생각한다.

(1982년 3월)

너무나 민족적!

니체의 책에 '너무나 인간적'이라는 것이 있다. 나는 요새 세계의 동태, 인류의 자태를 볼 때 너무나 민족적이라고 탄성을 발하게 된다. 그리고 이는 인간의 본질적인 면에서 니체의 말과 깊이 관련되고 있는 것인가. 아니, 민족적인 이것이 집단적인 면에서 전쟁 등을 유발하니 더 악질적이라고 할 것이다.

요새 우리는 PLO와 이스라엘의 전쟁 관계에서도 매일 이를 뼈저리게 느껴 왔다. 특히 민족의 울부짖음 속에서 이루어진 PLO의 레바논 철수와, 그리고 친족 수만을 죽인 이스라엘 민족이 자신들의 위대를 들먹이는 신문지면을 통해 인류가 민족을 초월하지 못하는, 그래서 오로지 적자생존, 우승열패의 동물적인 생존에만 몰두하는, 아니 원자전에 의한 악마성으로 더욱 후퇴하고만 있는 상태에 대해 큰 울분과 가슴을 치는 통곡조차 금할 길이 없다.

그리고 일본의 교과서 문제 역시 단적으로 그들의 이 국수주의를 보여 주는 것일 것이다. 일본은 아마 전날 한국에 대한 것은 차치하고, 2차대전 중 아시아 천지에 대해 저지른 그들의 천인공노할 만행만 해도 30년이 아니라 실로 백 년을 속죄한대도 부족할 것이다. 그런데 정말 일본의 문교 정책이란 거짓말 교육으로, 다시 군국 침략주의를 부활시키려는 이외의 아무것도 아니지 않으냐. 요새 전 아시아가 일본의 그 무서운 전날의 죄상을 백일하에 드러내고 있다. 이래서 결국 그들은 자기들의 그 무서운 죄를 알아가는 것인가.

또 놀라운 것은 요새 그들의 제 1급의 정치가들이 만주국 건설을 오족협화(五族協和)의 이상국 건설을 위한 것이었다고 하며 건국 비석 건립을 서두른다고 하니, 이야말로 미친 수작이라고 하지 않을 수 없다. 한편 일본의 이런 처사에 대해 매일 신문지를 뒤덮는 우리의 기사들이 민족의 이성적인, 도덕적인 반성이란 털끝만큼도 없이, 그저 증오의 폭발과 더불어 약자의 설움과 자민족에 대한 터무니없는 자찬, 과대평가만 하고 있는 데 접하여, 나는 이 역시 우리들의 더러운 국수적인 심사(心思)의 소치라고만 생각되어 타기하고만 싶어진다.

폐일언하고, 이제 원자전 시대에 처한 인류는 고루한 이 민족중심의 사고에서 벗어나 민족 이상을 진정한 인류의 평화 추구에 두어야 하게끔 되었다. 그러나 이것이 과연 가능한 일인가? 구약종교인 유대교에서 이것이 불가능하다는 것은 요새 우리가 눈앞에서 보아 온 바와 같다. 칼과 코란의 회교나, 수단과 방법을 안 가리는 공산주의도 같다. 기타 무슨 철학, 사상, 종교가 다 같다. 모두 다 자체에 극복 못할 모순을 안고 있다.

나는 이제 이의 가능성을 오로지 예수의 복음에만, 그리고 그의 산상수훈을 인류가 수용하는 데에만 있다고 주장하는 바이다. 그처럼 하나님 앞에서 남을 사랑하는 자기희생에만 있다고 믿는다. 참다운 기독교 신앙, 즉 진정한 예수에 대한 믿음은, 신(神)에 반역하고 원죄적인 인간의 교만에 떨어져 철저히 자기중심적이 된 인간을 진정 죄에서 해방하는 것이다. 혁명도 쿠데타도 데모도 다 쓸데없다. 오로지 진정한 복음 전달에 의한 인간 심성의 개조, 국민과 인류의 신생만이 필요하다. 특히 이교국인 근동 등 동양에서 더욱 그러하다.

(1982년 8월)

레바논 학살사태에 접하고

2차 대전이 끝나고 이스라엘 민족 국가가 출발한 후 6일 전쟁 등 수차례의 전쟁이 저질러졌던 것은 우리들의 기억에 아직도 새롭다. 그런데 끝내 그들의 군인 정권인 베긴 내각은 레바논에 군대를 투입, 많은 살상을 내고 결국 PLO를 내몰았으며, 급기야는 게마일 대통령 당선자의 폭사 사건이 터져 증오에 불타는 기독교민병대 수백 명을 무장 PLO의 축출을 명목으로 팔레스타인 난민촌에 진입시켜 근 이틀 동안 무고한 남녀 노유 수천 명을 학살케 하였으니 실로 치가 떨리는 무서운 일이 아닐 수 없다.

특히 이 일이 기독교의 모교(母敎)인 유대교에 의해, 또 예수의 이름을 지닌 소위 기독교 민병대에 의해 저질러졌으니, 오늘날 하나님의 종교, 그리고 예수의 종교의 타락도 최정점에 달했다고 할 것인가. 요새 아랍측은 미국이 이스라엘 군의 레바논 침입에 길을 비켜준 것이라고 주장하며 평화유지군의 조기 철수를 주장하고 나섰다. 이리하여 나는 오늘날 인류가 중세 십자군전쟁 시대로 후퇴하는 것이 아닌가 하고 걱정하게 된다. 아니, 아라파트의 복수 선언에서 보듯이 분명히 이를 위한 씨를 뿌리고 있는 것이 분명하다.

그런데 이번 사건에서 보는 베긴이나 샤를의 논리는 무엇이냐, 그 무서운 확신의 근거는? 이를 나는 미국 레스턴 기자가 분명히 했다고 믿는다. 그것은 가나안 땅은 하나님이 그 옛날 그들에게 주었다는 종교적인 확신, 아니 광신인 것이다. 이 광신이 그들 정치적인 민족국가 발족과 더불어, 이의 수호를 위해서는 무엇이고 해야 한다는 무서운 논리로 변한 것 같다. 그러나 유대인의 존재가 하나님의 존재를 증명한다는 근세 유럽 세계의 격언화 된, 다분히 유대인의 민족 신앙을 두둔하는 듯한 이 말은 깊은 의미에서 유대교를 지양, 예수의 사랑과 하나님의 의(義)에 대한 신앙, 즉 진정한 예수의 복음종교에 의해 민족을 초월하여 범세계적 인류적이 된 것을 우리는, 아니 유대인은 더욱 알아야 한다.

레바논 학살 사건 후 논자(論者) 가운데는 이스라엘의 와해를 말하는 자도 있는 듯하다. 사실상 구약에서 사울 왕조가 출발할 당시 사무엘은 이것이 신의(神意)가 아님을 들어 반대를 표시하기도 했지만, 아브라함 시대 이래 하나님의 장자로 제사와 율법을 관장하는, 즉 도덕·종교 민족으로 출발한 그들이 다윗 왕조를 절정으로 민족적으로 하락의 길을 걷다가, 그리스도의 출생과 더불어 국가 없는 세계의 이산자(離散者)가 되어, 그야말로 2천여 년 동안 고난과 박해 중에서 진정 하나님의 증명자로서 인류의 정신문명에 지대한 영향을 끼쳐 온 것이야말로, 하나님의 역사적인 큰 섭리에 의했던 것인지도 모른다. 이 점 시오니즘 속에도 소위 민족국가를 부정하는 일파가 있는 것도 사실이다. 2차대전 이래 영미의 다분히 불순한 획책 가운데서 이루어진 건국이 종교·정신주의의 면을 일탈, 베긴주의처럼 광신적인 소위 민족국가주의로 치닫게 될 때, 이들이야말로 인류사에 큰 화를 가져올지도 모를 일이다.

그러므로 인류는 이번 이 처참한 사건을 사실대로 받아야 한다. 어떻게? 그렇다, 즉 이것이 인간의 본질, 그 죄성인 것이다. 2차 대전 이래 오늘날까지만 해도 어느 민족도 유대인의 이 학살 사건을 정년으로 규민온 못 할 것이다. 인류는 철인(哲人) 소크라테스의 말대로 여기서 자신의 모습을 철저히 깨달아 이로써 전화위복을 만들어내는 것만이, 악마적이기는 하나 또한 이성적 존재이기도 한 인간이 취할 길이기 때문이다. 이스라엘 국내에서도 전쟁과 학살에 대한 규탄은 높다.

이번 사건으로 도리어 아랍 세계와 이스라엘 민족 간의 수 천 년에 걸친 앙숙 관계가 어떤 모양으로나 풀리기를 간절히 빈다. 이대로 간다면 양 민족과 인류가 다 파멸의 늪에 빠져 들어갈 뿐일 것이기에. 요르단의 후세인 왕은 PLO와의 연정을 발표했다. 이스라엘 식자 중에는 아랍의 사막을 낙토화해서 공존 공영하자는 논의도 있으니, 이스라엘이 선의로 이를 받아들여 양 민족의 평화가 인류 현대사의 위대한 하나의 기적으로 일어나기를 빌 뿐이다.

(1982년 9월)

납세(納稅)문답으로 본 예수의 강세(降世)목적

예수는 정치가, 시인, 문학자, 사상가, 과학자 등 무어나 될 수 있었을 것이라고 나는 생각한다. 그것은 링컨, 워싱턴, 단테, 밀턴, 톨스토이, 칸트, 키에르케고르, 다빈치, 렘브란트, 바흐, 베토벤, 케플러, 패러디, 에디슨 등도 신앙 상 다 그의 제자였기 때문이다. 그에 대한 믿음 없이는 이들의 그 찬란한 인류 문명에의 기여란 있을 수 없었기 때문이다. 그래서 나는 예수야말로 무어고 될 수 있었던 천재라고 생각한다. 사실상 첫날부터 예수의 천재성에 대한 논의도 많았다.

그러나 예수는 또한 이런 아무것에도 직접 관여하지는 않았다. 그러나 근래에는 이 점에서 예수의 강세 목적, 그의 인격의 본질, 또는 그의 죽음의 의미, 부활의 내용 등에 대해 많은 해석 또는 견해가 쏟아져 나오고 있다. 특히 머리 좋은 독일 학자에 요새는 또 심심치 않게 일본 학자까지 곁들어 그야말로 백가쟁명식이다. 그래서 심지어는 그를 유대의 독립을 전취하려던 민족운동자였다느니, 빈자들과 민중을 위해 지배 계급과 싸운 혁명가였다느니 하는 신학론도 있다. 특히 근래 남미에는 공산 혁명에 전적으로 협력하는 가톨릭교도, 아니 신학자들도 있는 모양이다. 우리 한국의 산업 전도나 반체제 운동을 상기한다.

그러나 나는 예수의 종교의 본래의 목적은 이런 데 있는 것이 아니라고 생각한다. 이를 나는 여기서 성서에 나오는 납세 문답으로 보려고 한다. 이야기의 내용인즉 이렇다. 예수는 최후 예루살렘에 올라가, 수일 후에 그를 죽일 종교가들과 결사적인 싸움에 들어갔다. 예루살렘 성전이 강도의 소굴이 되었다고 일대 숙청을 감행했다. 포도원에 일하러 간다고 대답만 해 놓고 안 가는 나쁜 자식들이라고 했다. 아니, 주인의 아들을 죽이고 포도원을 빼앗으려고 하는 무도한 소작인들이라고도 했다. 그래서 하나님은 저들의 도시를 불태우고 저들을 진멸할 것이라고. 70년 로마의 장군 티투스에 의한 예루살렘의 완전 파괴를 생각한다.

이렇게 심하게 두들겨 맞은 바리새교인들과 헤롯당원들은 숙의끝에 납세 문답으로 예수에게 올가미를 씌우려고 했다. 이것은 예수가 로마 황제에게 인두세(人頭稅)를 바치라고 하면 유대 민족에 대한 하나님의 지배권을 부정하는 거짓 메시아로 민족의 이름으로 규탄을 받을 것이고, 반대로 바치지 말라고 하면 로마 정부에 의해 당장 불온 인물로 검거될 수밖에 없는, 예수로 하면 사실상 진퇴양난의 난제(難題)였던 것이다.

예수는 이에 대해 서슴지 않고 로마의 데나리 돈을 보이라고 하여 거기 새겨져 있는 황제의 초상을 저들 자신들로 하여금 확인케 하고, 황제의 것은 황제에게 하나님의 것은 하나님께 바치라고 했다. 이리하여 저들은 예수에게 손끝 하나 댈 수 없었다. 그러면 여기 이 예수의 유명한 대답의 깊은 뜻은 무엇인가? 고래로 많은 해석과 논의가 있었다. 결국 강조점은 하나님께 바치라는데 있다. 즉 황제의 초상이 그려진 돈은 황제에게 바치고, 하나님의 모습(창세기 1:27)인 너희 자신들은 하나님께 바치라고 한 것이다. 그렇다, 예수 강세의 목적은 인간을, 인류를, 나 자신을 하나님께 바치게 하기 위한 것이다. 그런데 오늘날 우리의 기독교란 사람을 어디에다 바치고 있는 것이냐? 맘몬에게가 아니냐!

(1982년 10월)

민족 이상(理想)

―레바논 파병 문제와 곁들여―

저번 이스라엘의 레바논 침공으로 야기된 이스라엘과 PLO와의 대진(對陣)으로 이루어졌던 무시무시한 사태 및 이와 곁들였던 난민촌 학살 사건 등은 아직도 우리의 기억에 새롭다. 그러나 미국 하비브 특사의 끈질긴 노력으로 PLO의 철수와 함께 미(美)·불(佛)·이(伊)의 평화유지군 2차 진주로 우선 소강상태에 이르러, 레바논의 대통령 선거와 함께 정부의 성립에까지 이른 것은 크게 다행이라고 하지 않을 수 없다.

그러나 현재도 사태는 용이치 않아 매일 포성과 살상이 끊이지 않는 모양이다. 대체로 이는 레바논의 종교적인 파벌 사태에서 빚어지는 것으로, 우리는 실로 이에 경악을 불금하는 바이다. 파벌사태라고 하지만 이는 주로 각각 3파로 나뉜 회교와 기독교의 6개 파로서, 이 중에는 회교와 기독교가 한 파를 이룬 것도 있는 모양이다. 이들은 대체로 만 명 정도의 병력으로, 현재로는 이들이 레바논 각 지역의 치안을 장악하고 있다고 한다. 이들은 또한 이스라엘 주둔 병력 7만과 시리아의 주둔군 4만, 그리고 PLO 잔류 1만 병력과, 또 여기 2만 정도의 정부 정규군과 각각 깊은 연대 관계를 갖고, 역시 현재도 계속 불안, 공포와 살상을 초래, 조성하고 있는 모양이다.

고래로 종교가의 질투란 말이 있지만, 같은 종교에서까지 이렇게 많은 파벌로 나뉘어, 그것도 정치 군사적인 주도권을 싸고 타종교와 상쟁(相爭)하에 장기간의 내전 상태를 벌여 왔다고 하는 것은, 오늘날 정교(政敎) 분리의 원칙 하에서는 도저히 이해하기 곤란한 사실이라고 하지 않을 수 없다. 흡사 중세의 가톨릭의 교황과 황제 사이에 끊이지 않았던 상쟁의 재판이라고나 할 것인가. 이는 분명히 종교와 정치의 야합에서 일어나는 반문명적인 현상이라고 할 것이다. 결국 이는 종교의 이름으로 절대적인 만능의 신을 이용하는 인간 최악의 죄악인 교만의 발로이다. 아니, 인간이 자신의 욕망을 위해 신을 대행하려는, 아니 자신을 신화(神化)하는 모독이다.

하여간 이렇게 회교, 기독교, 유대교 등 종교의 이름으로 매일 살상이 벌어지고 있는 레바논 사태에 대해 우리는 깊은 동정을 금할 수 없는 바이다. 인하여 또한 요새 이의 평화 상태의 조성을 위해 우선 평화유지군의 증원과 함께 이의 차출을 위한 구체적인 방안이 널리 세계적으로 논의되고 있는 것도 깊은 이해로써 주시하고자 한다. 한국도 레바논 정부로부터 정식으로 군대 파견의 교섭을 받고, 정부에서도 이를 신중히 고려하고 있는 것으로 안다.

그러나 나는 결론적으로 이에 대해 감히 반대를 주장하는 바이다. 나는 여기서 전날 우리의 월남 파병을 상기한다. 그리고 월남전의 비극적인 종말을 회상하게 된다. 사실 나는 그때에도 본지를 통해 이에 반대를 표명했던 것이다. 그때 나의 이유는 물론 기독교는 절대평화교라는 점에서 "칼을 쓰는 자는 결국 칼로 망한다"는 예수의 말씀에 근거했던 것이지만, 더욱 구체적으로는 6.25의 수백만 동족의 상잔(相殘)에서 겨우 숨을 돌리게 된 그때, 그 정전 시점에서 38선을 코앞에 놓고 무슨 실리를 따져 청년들을 일개 용병으로 외국에 내보내는 것은 절대 있을 수 없다고 했다. 미국이 또 그것을 이해 못할 것도 아니므로 정치가는 이런 무자비한 생각을 해서는 안 된다고 했던 것이다. 그렇다, 돈과 생명은 절대 바꿀 수 없는 것이다.

이번 레바논 파병 문제에 대해서도 나는 역시 반대다. 위에서 동정은 간다고 했지만, 역시 반대다. 나는 결정적으로 민족 이상과의 관계에서 이를 강력히 반대하려고 한다. 우리는 사실상 대국인체, 경제대국인 체, 군사대국인 체할 수는 없는 것이다. 그것은 국토로도 그렇고, 인구로도 그렇고, 국민 성격으로도 그렇다. 우리가 심한 자체 출혈에도 불구하고 60만 대군을 가짐은 결코 군사 국가를 위한 것은 아니다. 우리의 인구로써만도 우리는 경제대국은 절대 될 수 없는 것이다. 요새도 4강 체제 속에서 소국으로서의 운명을 겨우 유지한다면 유지하고 있는 것이다. 우리 역사란 사실상 전체 대국들의 눈독과 손톱질로 편안한 날이 없었다고 보는 것은 역사의 비애국적인 왜곡만은 아닌 것이다. 우리 국민의 사대성(事大性)이나 당파성이 유독 심했다면 그것은 외세에 대한 하나의 눈치작전에서, 또는 이를 등에 업고 자국지란(自國之亂)을 벌여 온 것으로 볼 수밖에 없다고 나는 생각한다.

그러므로 이제 우리는 다분히 이 우리의 지정학적인 면에서 결정되었던 우리의 과거 역사를 깊이 궁구하여 종교 철학적인, 섭리사적인 면에서 재조명해서, 우리 민족사의 진정한 방향 설정과 이상과 진로를 분명히 해야 된다고 생각한다. 그렇지 않으면 우리의 앞날의 역사 역시 노예사의 테두리를 벗지 못할 것이다. 아니, 이에 대한 이성적인 자각과 도덕적인 반성 없이는 우리는 앞으로 역사의 종말, 비극적인 패망, 멸절에 직면할지도 모른다. 쉴러의 "세계 역사는 세계 심판", 니부르의 "국가의 패망은 자살적"이라는 말을 상기한다.

따라서 우리는 이제 국가의 목표, 민족의 이상을 정신적인 데, 도덕적인 데, 종교적인 데 두어야 한다. 그리고 이익 추구와 함께 우리 민족의 존망을 강대국의 힘에 의존하지 말고, 앞으로는 역사의 어느 시점에서 스위스식의 평화, 영세중립국으로서 설 수 있어야 되겠다고 생각한다. 이래서 우리는 전날의 그 구차했던 사대성을 벗고 민족 독자의 사명을, 실로 세계사적인 사명을 행할 수 있어야 하겠다. 이야말로 우리 민족의 진정한 살 길이며, 이는 또한 소위 요새 일컫는 우리 주위의 강대국 체제 속에서는 어떤 점 쉽게 이루어질 수도 있는 길이라고 생각한다. 우선 우리는 앞으로 우리의 이 찬란한 민족 이상의 방향과 더불어 이의 성취를 위한 위대한 출발로서, 이번 레바논 출병도 절대 응하지 말아야 한다고 생각한다.

그렇다, 이 찬란한 평화의 이상 때문이다. 오늘날 인류의 최고의 염원이 평화인 점에서 이가 우리 민족의 위대 찬란한 인류사적인 사명이 될 것이다. 이를 위해서는, 철학자 야스퍼스의 말대로 우선 우리 민족이 진정한 기독교의 개종을 통해 평화자로, 평화 민족으로 다시 나야 한다. 그러나 이는 우리가 오늘날 우리의 현실에서 보는 우리 기독교 같은 기독교로서는 절대 이루어질 수 없는 것이다. 루터의 독일 신앙, 혹은 영국민족의 청교 신앙 같은 신앙이 자주적으로 우리에게도 이루어져 이로써 우리 민족이 새롭게 다시 나야 이는 가능한 것이다.

(1982년 11월)

민족 문제에 대해

인류 문제 중 이것이 가장 중요한 문제라고 생각한다. 오늘날의 정치란 전체가 이 문제이며, 요새 양대 진영 문제라고 해도 대국이 여러 민족을 이끄는 점에서 결국 이 민족 문제인 것이다. 잘못하면 이 문제로 인류는 핵전쟁에까지 이르러 자멸의 위기를 맞는 것 아닌가. 요새 미국의 소련에 대한 군비 및 전쟁 백서를 읽은 사람은 아마 다 이를 느꼈을 것이다.

  나는 여기서 우선 근래 두드러지게 문제 되고 있는 팔레스타인과 이스라엘 문제에 국한해서 보기로 한다. 나는 사실 신생 이스라엘국가가 출발한 후 수차에 걸친 아랍 세계와의 전쟁에서, 그들의 국가 창설이 앞으로 대(對) 소련 관계 등에서 세계사에 큰 화를 미치지나 않을까 하고 걱정한 나머지 조속한 이스라엘 국의 와해마저 원했던 것이다. 그러나 요새는 좀 생각이 달라졌다. 사실상 이스라엘의 팔레스타인에 대한 연고지 운운도 수천 년 그들의 구약세계가 거기서 이루어지고 또 전개되었던 만큼 이를 아주 무시할 수도 없는 일이다. 이렇게 생각할 때, 그러면 결국 아랍 세계 속에 폭탄 같은 이 이스라엘 창설의 그 섭리사적인 의미는 과연 무엇인가?

  그렇다, 나는 전체 아랍 세계의 자각과 각성과 향상, 진보, 발전을 위한 하나의 기폭제로서 이스라엘을 여기 두는 것이라고 생각한다. 요새 레바논, 가자, 팔레스타인 등을 현지 취재하는 국내 신문보도에서 보면, 모든 기자들이 이구동성으로 길 하나 혹은 다리 하나를 사이에 둔 아랍 세계와 이스라엘의 현격한 발전의 차이를 말하고 있다. 경제, 농업, 기술 등의 발전은 차치하고, 이스라엘은 그 황폐했던 돌밭을 서구의 어느 도시보다도 더 푸르고 기름진 녹지대의 전원도시로 만든 반면, 아랍 세계 특히 그 팔레스타인의 근거지란 어디를 가도 사막처럼 황무지로서 보기에도 민망할 정도였다고 했다. 팔레스타인 측의 어느 대신문 편집국장은 눈앞에 펼쳐진 두 지역을 바라보며, 우리는 아직도 독립할 자격이 없다고 잘라 말했다는 기사도 있었다.

  나는 이 점에서 아랍 세계는 그저 이스라엘을 원수시하고 인명살상에나 의하는 고식적인 방침을 지양하고, 우선 민족의 일대 정신적인 각성을 위해 분기하기를 바라는 바이다. 이것이 섭리가 아랍 세계에 대해 강요하는 길이라고 생각한다. 듣는 바에 의하면 팔레스타인의 극단파란 소수에 불과하다고 하니, 아라파트를 중심으로 한 현 지도층이 이스라엘과 친선에 들어가 양 민족의 협조에 의한 진정한 민족 재기의 일대 정신적인 방향 전환을 단행하기를 간절히 비는 바이다. 이는 아주 불가능한 일은 아니다. 전날 사다트의 굳은 결의에 의해 이루어졌던 이집트와 이스라엘의 평화를 상기한다. 그리고 이로 인한 그 후 이집트의 발전을 생각한다.

일본의 종교가 우치무라(內村)의 말에, 비문명 지대로서 아프리카의 존재 이유는 인류의 도덕성의 진보를 위한 것이라는 유명한 말이 있다. 핵전쟁에 의한 인류의 파멸을 앞에 놓고 모든 민족은 교만이나 시기, 살상, 증오가 아니고, 선린과 친애 가운데서 공존 공영하는 길을 취해야 한다. 인류사 7, 8천 년, 이제 인류는 이에 대오 각성할 때라고 생각한다. 이점 이스라엘 역시 구약의 전투의 여호와가 아니고 예수의 사랑의 아버지로서의, 인류 구원의 하나님께로 하루 속히 돌아와야 한다.

(1983년 1월)

우리 기독교의 무당종교화

1, 2년 전 일이다. 나는 청주에 가려고 영등포 쪽에서 버스를 타고 청주행 고속도로 쪽을 향해서 달리고 있었다. 그런데 서울 어느 지점인지는 잘 알 수 없었으나 꽤 오래 달리는 사이에, 왼편에 계속 한두 집 건너 대단치도 않은 2, 3층 건물 위에 십자가가 우뚝우뚝 솟은 것을 보고 그때, 이것이 아마 세평에 자자한 우리 목사 전도사 나부랑이인 소위 교회 브로커의 소행인가 하고 놀랐다. 그런데 요새 강북인 우리 동네에도, 신설 거리라 싼 건물이 많은 때문인지 역시 특히 새벽에 보면 많은 십자가가 휘황찬란하게 우뚝우뚝 몇 집 건너 하나씩 2, 3층 건물 위에 높이 서게 되었다.

새벽에 산책이라도 하노라면, 불도 안 켠 이 속성 교회에서는 울고불고 고함을 지르는 등 괴성의 기도 소리가 온통 밤거리를 요란하게 진동시킨다. 분명 그것은 우리 재래 무당들의 굿판보다도 더하면 더했지 결코 못하지 않은 난장판이라고 생각되었다. 아니, 한국의 대소 모든 교회가 이렇게 새벽기도를 한다고 한다. 이래서 기독교는, 그렇지 않아도 동양 3국 중 가장 감정적인 민족인 우리 민족의 감정을 더욱 격화시키고 있다. 어느 서양인은 나에게 왜 한국인은 이렇게 울기만 하느냐고 했다. 약하냐고 했다. 사실 나 자신은 철없는 어린애를 연상하게 된다. 서양인이나 일본인은 우는 것을 수치로 알고 있다.

사람은 인격적 존재이며, 인격의 요소는 지정의(知情意)의 통합으로 이루어진다. 그런데 왜 우리는 감정뿐이냐? 수천 년 동안 여자 무당에 의한 샤머니즘을 종교라고 삼아 온 때문이 아닌가 하고 생각해 보기도 한다. 그래서 결국 인류의 종교 중 최고 고등종교라고 하는 기독교도 여기서는 이렇게 미신적으로 무당교화 해버린다. 이것이 한국인의 종교 생리인 듯하다. 영·미나 독일 가서 신학을 했다는 학자들도, 이런 식으로 기독교가 민중을 사로잡아 맘모스 교회로 성장하는 것을 교회사상 드물게 보는 우리의 신앙위대라고 자찬 또 절찬하고 있다. 그래서 그들은 아예 찬송가도 성주풀이화해서 부르자고 떠들고 있다. 학·박사라고는 하나, 정말 무당의 영, 귀신에 잡힌 자들이라고 하지 않을 수 없다. 미신치고는 고등 미신이라고 할 것인가?

우리가 신앙을 배운 김교신 선생은 여기서는 냉수를 쳐서 머리를 식히며, 부흥식이 아니라 학구적으로 성서를 깊이 공부해서 신앙을 배워 가야 한다고 했다. 사실 기독교가 2천 년 동안 모든 민족을 정복해 온 역사는, 민족 신앙의 조장이나 이와의 타협 내지는 혼합이 아니라 복음진리에 의한 그 미신성의 정화, 지양(止揚)이었던 것이다.

기독교를 사랑의 종교라고 할 때, 이를 감정 종교로 알아서는 안 된다. 그것은 소위 love가 아니고 아가페(άγάπη), 즉 희생적이고 도덕적, 의지적인 사랑인 것이다. 헤겔은 신학을 최고의 학문이라고 했다. 기독교의 신적 진리는 일반 철학 이상의 밝고 깊은 이성의 힘을 요한다. 그래서 사람을 전인적으로, 도덕적으로 살려내는 것이라야 한다.

(1983년 3월)

일에 대해

-인생 3분론(3分論)-

나는 사실 생애 소위 전공도 없이, 따라서 직장과도 관계없이 일생을 지냈다. 중학 시절 한방 의사였던 부친은 나에게 서양의학을 하고 동양 의학과 비교 연구하면 곧 박사도 될 수 있고 또 큰일을 할 수 있을 것이라고 했다. 그러나 나는 의사가 되어 사람의 육체의 병을 고치는 것보다는 영혼의 병을 고치는 것이 더 중대하다고 생각했고, 또 나 자신의 내심 도덕 문제의 고민과도 관계되어 성서 연구에 뜻을 두고 끝내는 본지 출간에 뛰어들었다. 그러나 사실 자신의 불의·부덕·부실의 소치로 70을 넘은 현재 일이라고 별로 된 것이 없다. 부끄러운 일생이라고 할 것인가?

따라서 해마다 2, 3월이란 직장 문제로 소란한 때니 이 일 문제를 좀 생각해 본다. 사람은 아무래도 세상에 사는 한, 일을 하고 밥을 먹게 마련이다. 정치나 경제 또는 사회 체제 때문만은 아닌 것이다. 깊이는 하나님께 대한 반역, 타락과 관계된다. 땀을 흘리고 수고해서 밥을 먹어야 한다(창세기 3:17-19). 동양에서도 소인(小人)이 한거(閒居)하면 죄나 짓게 마련이라고 했다.

우리는 물론 일을 통해 밥을 먹고, 또 이로써 국가와 민족, 사회에 봉사하고, 이를 향상 발전시키고, 나아가 이에 훌륭한 문명을 창설하는 데 이바지해야 한다. 또 이로써 세계사에 기여해야 한다. 이것이 곧 전공이나 일을 통한 국가와 사회에의 우리의 봉사의 시작이고 의미이다. 이때에 직업의 귀천이나 이로 인한 개인의 자만 또는 비굴이란 있을 수 없다. 오직 일에 대한 충성도로써만 저의 인격이 평가될 것이다.

그런데 오늘날 자본주의 사회에서는 바로 여기 문제가 있다. 모든 사람이 세상에서 전공대로 또 기호나 재질대로 일할 수는 없다는 것이다. 그래서 나는 요새 시간으로 인생의 3분론(三分論)을 철저히 주장하려고 한다. 8시간은 잠잘 것. 8시간은 밥 먹는 일을 할 것, 그리고 8시간은 정말 자신의 내적 생명을 위한, 이에 만족을 주는, 이를 살리는 인생에 대한 사명적인 일을 해야 하겠다고. 또 나아가서 이것이 진정 국가와 민족과 사회를 정신적으로 도덕적으로 살려낼 것이라고 생각한다. 예수도 사람은 밥으로만 살아서는 안 되고 하나님의 말씀으로 살아야 한다고 했다.

그런데 오늘날 인류란 이 세 번째 8시간을 전체 향락에 쓰고 있다. 먹고 노는 데만 쓰고 있다. 이래서 자신을, 인간을, 인류 전체를 망치고 있다. 막스 베버는 과거 종교개혁을 거치면서 특히 구미인의 신앙생활이 그 이전의 천민적(賤民的)인 자본주의를 윤리적으로 변모시켜, 결국 구미 사회의 기독교 문명 창조에 크게 이바지했다고 했다. 나는 본지 독자들에게 전체 직업 생활을 충실히 할 것은 물론, 더욱 8시간 자기 생활을 철저히 신앙생활로 돌려, 아니 신앙을 위한 또는 진리 탐구를 위한 생활로 돌려서, 이 천민화로 죽어가는 우리 국민을, 거짓 기독교를, 역사를 도덕적으로 살려내야 한다고 강력히 주장하는 바이다. 그렇지 않으면 우리 자신은 물론 민족사의 끝이 해괴망칙하게, 아니 무서운 파멸에 이르게 될 것이다.

(1983년 3월)

죄·십자가·부활·재림

죄는 타락한 인간에게 도덕적인 자의식(自意識), 양심의 가책으로 절망을 일으킨다. 인간에게 죄는 궁극적으로 죽음과 깊이 결부되고 있다. 예수의 십자가의 죽음은 인간의 죄의 절망과 죽음으로부터의 구속, 자유, 해방을 위한 것이다. 이것이 곧 죄 없는 하나님의 아들 예수의 우리들의 죄에 대한 대속, 희생인 것이다. 그리고 예수의 부활은 그의 신자성(神子性)을, 그의 희생에 의한 속죄의 사실성을, 그리고 우리들의 신생과 죽음의 극복을 분명히 했다. 예수의 이 죽음과 부활은 우리들 인간 개개인의 구원과 신생과 영생에 그치는 것이 아니고, 인류 전체의 구원과 인류사의 악의 제거와, 그리고 더 나아가 우주 만자연의 완성에까지 이르는 것이다. 이는 곧 인간 현실에 하나님 나라의 도래인 것이다.

하나님 나라의 도래는 궁극적으로는 부활하신 천상의 예수의 이 지상 현실에의 재림에 의해 이루어진다. 이것이 곧 묵시록의 새 하늘과 새 땅의 출현이다. 그러므로 우리들의 부활신앙은 깊이 예수의 지상에의 재림신앙과 구체적으로 결부되어야 한다. 그리고 이는 깊이는 인간의 하나님에 대한 반역, 타락에 의한 하나님의 전창조 질서와 목표의 혼란과 파괴에 대한 복구와 재완성을 위한 것이다. 오늘날 인간의 현실로는 우리는 인류의 도덕 문제, 평화 문제, 공해 문제 등의 자체 해결은 도저히 기대할 수 없다고 생각된다. 인류의 우주적인 핵전쟁을 앞에 놓고 더욱 그렇다. 그러므로 "주여 오시옵소서!" 했던 초대의 재림신앙이 오늘날 우리에게도 절실하게 되었다.

(1983년 4월)

6·25의 신앙적 의미

6·25도 벌써 33주년이 되었다. 그 의미가 망각되어가고 있는 것은 아닌가? 이래서 이를 간단히 여기서 생각해 보기로 한다. 해방 후 우리 역사에서 아마 대사건이라고 하면 이를 꼽을 수밖에 없을 것이다. 이데올로기 때문이라고 하지만 수백만의 동족상잔이었고, 또 여기서 자유 진영만 해도 6, 7만의 젊은 생명을 잃었다. 아니, 분명히 세계사적인 사건이었다. 그리고 동족상잔이라는 점에서 이는 또한 세계사와 인류에 대한 우리 민족의 치욕이 아닐 수 없다. 똑똑한 민족이라고 하면 진정 이럴 수는 없을 것이기 때문이다.

그리고 역사에서 대사건에는 언제나 의미와 교훈이 있게 마련이다. 이 점 이스라엘 역사에서 이집트로부터의 민족 탈출, 홍해의 도하(渡河)가 차후 그들 역사의 위대한 신앙적인 추진력이 된 것이다. 그렇다, 그들은 이를 철저히 그들에 대한 하나님의 위대한 섭리적인 은사로 받아, 민족의 사명을 여호와 신앙으로 종교적인 데, 모세율법으로 도덕적인 데 두고 오늘에 이른 것이다. 그러면 우리 현대사의 대사건, 아니 세계사의 사건이 된 6·25의 의미는 대체 무엇인가?

우리는 여기서 우선 이스라엘 민족의 이집트 탈출은 하나님의 저들에 대한 은혜로서 이루어진 것이고, 우리 6·25동란, 동족상잔은 하나님의 심판, 매로서 우리에게 이루어진 것을 분명히 해야 한다. 그리고 은혜나 매라고 할 때 우리는 이것이 하나님의 인류지배의 위대한 사랑의 양면임을 철저히 깨달아야 한다. 이 매야 말로 하나님의 더욱 강렬한 사랑의 발로, 교육 의지의 발동인 것이다. 6·25란 서울

인사들에게, 그리고 남한 백성에게 한갓 북한의 강도적인 남침이었더냐? 아니다. 강도의 침입에 대해서는 이편의 문단속이 중요한 것이다. 역사에서 문단속이란 무어냐? 그것은 지배자와 국민의 도덕적인 각성, 자각 태세이다. 사실상 6·25동란은 남한 장병들이, 그 장성들이 주일이라고 일선을 비우고 먹고 마시고 춤추고 오입하는 사이, 온갖 죄악을 감행하는 사이에 덮쳐 왔던 것이다.

우리는 여기서 잠시 해방 직후의 우리의 현실을 회상해 본다. 40년 외침에서 벗어났던 순간의 우리 민족의 그 죄악적 현실을 왜 일본인도 그렇게 못 했던 민족의 선각자, 어른들을 제 손으로 다 죽였느냐? 이승만 정권의 그 부패, 독재, 살상, 그리고 그 무서운 파벌 등, 이를 하나님이 북한의 남침으로 친 것이, 그래 잘못이냐? 그렇다면 어떻게 하나님이 선하게 인류와 역사를 다스릴 수 있느냐? 여기서 우리는 하나님의 현명했던 처사에 더욱 놀랄 뿐이다. 그렇다, 북한 동포의 그 무서운 죄로써 남한의 그 무서운 죄를 쳤던 것이다. 서로 죄를 치는 그 끔찍한 비극적인 사태로써 하나님은 우리민족에게 다시 회개와 사랑을 일으켜 우리를 죄에서 구원하려고 했던 것이다. 그래서 우리를 신생시켜 새로운 민족으로, 새로운 사명으로 일깨워 세우려고 했던 것이다.

그런데 그 후 33년이 지난 오늘날 우리의 현실은 과연 어떠한가? 우리는 6·25로써 깊이 반성해야 한다. 우리 개인은 물론 실로 4천년 민족사를, 그 죄악사를, 아니 현재를 철저히 도덕적으로 반성해야 한다. 38선이, 이북의 남침이 무섭다고 하느냐? 그러면 더욱 반성이 절대적으로 요청된다. 심판자 하나님에 의해 요청되고 있는 것이다.

(1983년 6월)

기독교와 우상숭배

십계명 제 2조는 우상 숭배의 금지를 이렇게 말하고 있다. "너는 자신을 위해 아무런 우상도 섬겨서는 안 된다. 또 위로 하늘에 있는 것이나 아래로 땅 아래 물속에 있는 것의 어떤 형상이고 만들지 말며, 이를 경배하지 말며, 이를 섬기지 말라····"(출애굽 20:4-6)

이것은 인류에 대한 창조주의 엄명이다. 그리고 그것은 인간이 하나님의 창조의 으뜸으로서 하나님의 형상대로 지음을 받았기 때문이다(창세기 1:27). 천상천하 우주의 모든 창조는 신의 위대한 은혜로서 인간에게 인간의 삶을 위해 주어진 것이다. 그러므로 인간은 창조의 으뜸으로 모든 창조물 위에 있는 것이다. 그래서 인간은 하나님만을 섬겨야 한다. 이때에 그는 또 비로소 진정 자신의 존엄을, 양심을, 신적 가치를 깨닫게 된다. 그렇지 않으면 자신을 신화(神化)하거나 절대시하는 모독과, 또는 자신을 낮춰 창조물을 숭배하는 우상 숭배에 떨어지게 마련이다. 그리고 인간 역시 피조물이므로 자신의 절대화 역시 일종의 우상 숭배일 뿐이다.

그러므로 하나님 아닌 것에 대한 인간의 모든 소망, 그것은 다 우상이 될 수 있다. 종교, 사상, 지식, 기능, 재산, 명예, 권력, 지위 등의 추구도 우상 숭배일 수 있다. 그렇다, 인간 자신을 창조자 하나님께 바치는 것만이 진정한 기독교인 것이다. 예수는 인간을 속죄해서 그 자신으로 하여금 하나님의 자녀가 되어 하나님 앞에 나가게 하는 것이다. 그러므로 이제 기독자는 돈이나 의식, 형식으로, 또는 무슨 교회 생활로, 율법으로, 교리로 하나님을 섬겨서는 안 된다. 각인은 하나님의 자녀로 하나님과 함께 살아야 한다.

예언자 미가의 말대로 겸손히 하나님과 함께 걸어야 한다(미가 6:6-8). 바티칸의 성당 같은 교회당도 필요 없다. 세례나 성찬 같은 의식도 그렇다. 하나님은 손으로 지은 전에 계시기보다는(행전 7:48) 우리 마음의 성전을 더 원하신다(고전 6:19). 그래서 예수는 영과 진리로 예배하라고 하셨다(요한 4: 24). 또 제사보다 화해를, 긍휼을, 사랑을 더 원하신다고 했다(마태 9:1).

그렇다, 제도적이고 형식적인 종교 생활, 교회 생활이란 우리의 인간으로서의 자유스럽고 인격적이고 전적인 도덕 생활을 제약, 감퇴시키는 면이 있다. 사실 심하게 말하면 종교 의식에는 마술성이 깃들어 있어서 사람의 양심을 무디게 하는 면이 있다. 그러므로 나는 기독교를 루터의 신앙주의 혹은 영국의 퓨리턴 정신같이 하나의 신앙 정신으로, 생명력으로, 또는 인생관으로 직접 우리의 생활력이 되도록 순화시켜야 한다고 생각한다. 이것이 곧 나의 무교회 신앙, 무교회 정신이다. 링컨이나 카알라일이나 키에르케고르, 우치무라, 김교신 같은 선인(先人)들은 교회 없이 신앙 정신을, 복음을 그대로 산 분들이다. 나는 교회나 교인보다는 이들의 뒤를 따라 진정 신앙을 살려고 한다.

이때 소위 제도적인 교회가 아니고 성서진리 탐구 중심의 가정 집회나 공동 집회가 필요할 뿐이다. 그래서 이 성서의 근본 진리가 우리를 죄에서 해방해서 인생 전체, 생활 전체를 그야말로 하나님 앞과 세상에 대해 진정한 예배가 되게 해야 할 것이다. 이때에 비로소 기독교가 도덕적으로 이 민족을 살릴 것이다. 종교 생활이나 의식으로,

교규(敎規)로 하는 예배란 진정한 예수의 종교, 복음은 아니라고 생각한다.

(1983년 7월)

교회가 무어냐?

교회는 희랍어에서 에클레시아(ἐκκλησία)라고 한다. 이것은 민주 정치의 희랍에서 민선 의원들의 민회(民會)를 일컬은 말이다. 그러므로 교회는 결국 하나님이 세상에서 뽑아 낸 신앙자들의 집회인 것이다. 그래서 요새 성서 번역에서는 집회로 번역하는 경향이다. 그러면 크리스천, 신자들의 신앙은 무엇이냐? 예수는 마태 16장 베드로의 신자고백(神子告白) 장면에서, 베드로 위에 교회를 세우겠다고 했다. 가톨릭에서는 교황을 베드로의 후계자로 철통같은 교권 제도를 만들어냈다. 이의 개혁교인 신교는 베드로의 신앙 고백 위에 교회를 세운다고 하며 결국 오늘날과 같은 제도교회를 만들었다.

이 제도교회에는 자연히 의식, 형식, 교리, 신학, 예배 등이 첨부된다. 그러나 바울은 고린도서에서 세례보다 복음 전달에 치중한다고 했다. 그의 진리 중심의 신앙주의라고 할 것이다. 하나님과 그리스도에 대한 순종 위주의 신앙생활이라고 할 것이다. 루터는 성찬을 다소 미신적인 공존설(共存說)로 해석하고, 쯔빙글리는 상징설을 취했다. 이 점 신앙생활에서 또 저의 구원에서 의식이나 형식이 또 교회 생활이 절대적인 것은 될 수 없을 것이다. 개혁 신앙에서 루터 역시 이를 신앙 만에, 사랑을 발동시키는 신앙 만에, 두었던 것이다. 그러므로 제도교회가 인간 구원의 절대 조건이라면, 신교교회들도 인류 종교 형태의 모든 것을 구비한, 소위 그들이 말하는 공교회 가톨릭교회로 복귀해야 할 것이다. 그러나 이는 루터의 일격으로 이미 분쇄된 것이다.

요새 나에게 무교회도 교회이니 교회에 들어와야 한다고 한 직업종교가 있다. 도대체 교회가 무어냐? 우선 예수의 네 복음서에도 교회란 말이 몇 마디 없다. 요새 학자들은 이를 대체로 가톨릭 편의 삽입으로 보기도 한다. 역시 오늘날 소위 제도교회로서의, 천국의 매표소 같은 면죄부 판매소격인 교회란 예수나 바울이 생각한 교회는 아니라고 생각한다. 바울은 신자인 너희 몸이 교회라고 했다. 교리사가 하르나크도 교회의 이상은 결국 신자 1인 1교회에 있다고 했다. 초대 바울의 산 교회는 대체로 소집회로서 가정 모임 중심이었다.

예수도 두 세 사람이 모인 곳에 내가 있겠다고 했다. 대집회, 그것은 우리에게도 기업화와 함께 사탄의 놀음, 돈 놀음, 인간놀음이 많다. 지상의 대교회는 아마 로마의 바티칸일 것이다. 그러나 그토록 비복음적인 교회는 또 없을 것이다. 도대체 오늘날 우리들의 교회, 그 2, 30분의 설교와 의식, 헌금, 거기서 어떻게 신앙진리가, 진정한 믿음이, 인간 신생이, 거듭남이, 양심 신앙, 사회 개조, 국가변혁이 일어날 수 있느냐? 이는 무당 놀음이고 정치 놀음일 뿐이다.

나의 무교회는 의식이나 형식 등은 일단 배제하고 가정 집회나 소집회로서 성서진리 중심으로 신앙을 이해하고 신앙을 살리려는 것이다. 2, 30분 설교나 성찬 떡이나 먹자고 교회에 들어갈 필요를 느끼지 않는다. 사실 이런 이유로 교회에서 나오는 이들도 있다는 것을 교회는 알아야 한다. 요새 본지의 연로한 지우분의 탈교회 출애굽 소식에, "소생도 수십 년 다니던 교회에서 출애굽 하고 금년 첫 주일부터 1인 상대 집회를 갖고 있습니다. 진작 독립 못한 것이 후회스럽군요. 요새 한국 교회의 실상이 실로 두렵습니다" 라고 했다.

(1986년 2월)

후천성 면역결핍증 유감

육체의 병이라 나 같은 것은 잘 알 수 없으나, 하여간 오늘날 이가 전 인류에게 크나큰 공포를 일으키고 있는 것은 사실이다. 금세기 말까지 환자 1억을 세게 된다고, 이에 의한 인류의 종말 운운의 소리도 높다. 요새 이 병이 과거의 페스트나 암 이상의 자리에 오른 모양이다. 또 병 자체의 성격상 더욱 그렇게 되는 페스트는 밖에서 병균이 쥐에 의해 체내에 들어갔고 또 암은 오늘날 환경오염에 의한 화학 물질이 체내에 침입하여 생겼는데, 이 병은 인체를 보호해야 하는 세균 자체의 돌연변이로, 에이즈(AIDS)의 바이러스는 인간의 면역 기능을 파괴하는 데 심각한 치명적인 문제가 있다고 한다. 즉 이는 결국 생물 진화의 법칙의 부정으로, 생물 개체의 자살 행위라고 보여 진다. 결국 인간 행동, 삶에 의한 인체 자체의 자살 행위라고. 이래서 이는 인류사에 대한 시한폭탄으로 불리기도 한다. 이 병은 남녀 동성애, 성행위의 난조(亂調), 또는 마약 중독 등 순리를 짓밟는 반자연적인, 다시 말하면 신의 창조의 법칙 위배에서 일어난 것이 된다. 이래서 이를 일명 천형병(天刑病)으로 부르기도 한다. 과거 문둥병의 천형병 운운과는 달리, 이야말로 인간 행위 자체의 하나님의 법 위반과 무시에 의한 진정한 천형병일 것이다. 이런 점에서 세계보건기구가, 이 병은 인간의 행동 자체로 싸울 수밖에 없다고 한 것을 상기할 것이다.

바울은 로마서 1장 18절 이하에서 고대 로마 인의 죄를 열거하는 가운데 이 반자연적인 동성애의 정욕에 대해, 하나님이 분노로 저들을 죄에 처박아 둔 때문이라고 했다(1:26-27절). 사실 로마제국이나 폼페이시의 멸망 역시 이와 관계된 것이 아니었는지 모르겠다. 그러면 현대의 에이즈는 결국 무엇인가? 오늘날 이는 또 미, 영, 불, 독 등 기독교 국가에서, 그리고 LA, 뉴욕, 런던, 파리 등에서 심한 것으로 되어 있다. 요새 서양 세계에는, 이제 인류는 정치의 진보에 의해 의식주, 특히 밥 문제를 어느 정도 해결하였다는 소리가 높다. 그러나 결국 밥을 먹고 하는 일이 성의 향락에의 하염없는 전락이라는 데 문제가 있다고 하겠다. 특히 미국을 필두로 소위 선진 기독교 국가에서 더욱 극심한데, 이는 결국 인류의 동물화로서, 이것이 문제라고 하겠다. 전날 미국 건설의 기수였던 청교도들의, 그 부부간의 또 가정의 철저했던 정결을 상기한다. 에이즈 바이러스는 아프리카의 성의 동물로 불리는 녹색 원숭이와 관계가 있다고 논의되는 모양인데, 그러나 그것이 인간에 대해서는 철저히 역기능을 일으킨다는 면에서 나 자신은 결론적으로, 에이즈는 인간의 원숭이화, 즉 동물화를 불허하는 창조자 하나님이 오늘날의 하염없는 성의 타락에 대해 내리시는 응징, 아니 인간을 이에서 구원하려는 섭리적인 행위라고 생각하는 바이다. 결국 인간의 인간으로서의 도덕적인, 신적인 진정한 사랑의 각성을, 정결의 회복을 위한 것이라고. 그래서 나 자신은 이를 천형(天刑) 아닌 하나님의 은혜라고. 실례이나 백신도 한 30년 나오지 말기를 비는 바이다.

(1987년 3월)

신앙전투의 귀감

-김교신 선생 기념회에서-

저는 금년부터는 연사에서 빠졌는데, 인사라도 하라고 하여 여기 섰습니다. 금년에도 근 2백 명이 참가하여 성회를 이루어 기쁩니다. 오늘 세 분 연사의 말씀을 들으니 요새 우리의 이 소란한 정치판에서 정치적인 발언이란 전혀 없었고, 도리어 이에 대해 신앙적인 차원에서 비판적인 말씀도 더러 있었으나, 말씀은 대체로 신앙진리를 분명히 하는데 집중되었던 듯합니다. 일제 앞에서도 강철의 의지로 신앙과 진리의 소신을 끝내 굽히지 않았던, 그리고 우리에게 애국의 화신으로 비쳤던 선생이 오늘날 계신다면 어떻게 처신하셨을까 하는 것은 알 길이 없으나, 하여간 선생이 우리에게 3백 년, 5백 년 후를 생각하고 전날 한국교회의 소위 부흥 신앙을 지양하고 냉수로 머리를 식혀 가며 성서와 신앙진리를 위해 앞으로는 학구적으로 노력해야 한다고 하셨던 점에서는, 무교회 신자들은 끝내 이에 고착, 일탈하지 않는 것이 좋다고 생각합니다. 더욱이 선생의 민족 이상은 정치나 교회 이상 성서진리에 의한 도덕적인, 종교적인 애국을 목표했던 점에서 더욱 그렇습니다.

우리의 정치판도 조만간 변할 것입니다. 그것은 우리의 정치악에 따른 국민의 정치적 자각에 의해서일 것입니다. 아니면 악이 받친 봉기나 혁명, 살상에 의할 것입니까? 그러나 이는 우리가 문명사에서 보는 진정한 진보, 발전이라고 할 수는 없는 것입니다. 외적 정치적 변화 이상, 국민의 정신적인 도덕적인 변화야말로 더욱 선생이 원했던 진정 민족 장래의 대계(大計)였다고 생각됩니다. 그리고 이 도덕적인 변화란 인간의 내적, 심적 변화로서 종교에 의할 수밖에 없는 진정 진리의 길로, 데모나 봉기 같은 정치적 정도의 안이한 길은 절대 아닌 것입니다.

이 점 무교회자들은 정치의 밑이나 닦고 돌아가서는 안 되며, 민족의 4천 년 죄악과 철저히 진리로써 싸워야 할 것입니다. 정치로써 인생 만문제가 해결된다면 전날 일제의 퇴각과 더불어 우리에게 곧 이상 정치가 왔어야 할 것입니다. 우리는 정치판에의 불참을 부끄럽게 여겨서는 안 됩니다. 기원 70년 유대의 열심당이 대로마를 포위한 예루살렘 옥쇄 작전에서, 초대 기독자들은 예수의 산상수훈의 무저항주의와 애적(愛敵)의 교훈으로 예루살렘을 탈출, 광야에 피신하여 비겁자들로 지탄을 받았던 것입니다. 그러나 그후 신앙적으로 로마의 황제 숭배와 박해에 대해 오로지 목숨을 건 애적으로 싸워 대로마를 전복시켜, 차후 진리의 종교로서 기독교의 세계적인, 인류적인 토대를 놓았던 것입니다. 이것이 우리의 신앙 전투의 귀감인 것입니다.

(1987년 6월)

체르노빌 원자로 폭발에서

재작년 이 폭발 사건으로 나는 크게 충격을 받았었다. 당시 여러 재료를 수집해서 본란에서 한마디 하려고 했는데, 재료들을 분실해서 이를 이루지 못하고 말았다. 그런데 작년에 일본에 갔을 때 어느 친구 집에서, 체르노빌 폭발 사건의 1주년 기념으로 NHK가 만든 텔레비전 프로그램을 보게 되었던 것이다.

그것은 1년 후의 그 영향을 소련 현지는 물론 유럽 등 여러 나라에 가서 직접 취재한 것이었다. 우선 1년이 지났는데도 그 영향이 광범위하고 또 심각한 데에, 또 이에 대한 세계의 낮은 관심도에 나는 놀랐다. 폭발 당시 그 영향은 백 리 밖인 키에프에까지 미쳤다고 했으며, 앞으로 수만 명이 이의 영향으로 원자병에 시달리게 될 것이라고 했다. 그런데 이번에 보니 그 영향은 스칸디나비아와 서독 등지에까지 미치고 있어 더욱 놀랐다.

노르웨이에서는 서양 사회에서 많이 소비하는 소고기와 우유를 못 먹게 되어, 부모들이 아기들의 건강을 위해 바닷가와 호숫가에 직접 가서 간단한 검사기로 생선을 찔러 보며 다니고 있었다. 또 서독에서는 우유 제품을 못 먹게 되자, 업자들이 이를 대량으로 아프리카의 에티오피아 등 기아권에 팔아먹으려고 수십 대의 화차에 이를 싣고 가려다가, 반핵 단체의 데모에 의해 저지당하는 장면도 있었다.

또 이런 원자 공해 산업의 존폐 여부를 놓고 유럽의 EC와 세계보건기구가 회의를 벌이는 장면도 나왔는데, 찬반 양론으로 결론을 못 내리고 있어 이에도 놀랐다. 소련 현장에서는 폭발근방의 땅을 수백 척의 지하의 것과 바꾸는 작업도 하고 있었다. 또 폭발시에 옮겨진 피난민들의 생활도 보여주었는데, 연로자들은 하루 속히 고향으로 돌아가고 싶은데 허락이 안 난다고 불평하고 있었다. 소련 당국은 그 광대한 국토를 갖고도 이들 난민의 완전정착을 아직도 못 이루고 있는 듯해서, 이도 딱하다고 생각되었다. 더욱이 공산 국가로서 이도 못 하는가 했다.

나로서는 아직도 인류가 원자 공해에 대한 인식도가 부족한 것 아닌가 하고 생각되었는데, 이에 대한 철저한 인식을 위해서는 미·소 등 기타에서 이런 폭발 사건이 종종 일어날 필요가 있다고까지 생각되기도 했다. 인류의 경각심을 위해. 사실 원자로폭발만 해도 그 영향이 이렇게 무서웠다. 그리면 원자전이나 핵전은 어떨 것이냐? 아니, 지구와 인류의 멸절일 것이다. 인류는 핵 문제에 대해, 이의 완전 폐기에 의한 인류의 완전한 평화 문제를 생각해야 한다. 인류의 존망에 대한 긴급한 문제이다.

(1988년 4월)

4. 26 선거 소감

나 자신은 투표를 기권했다. 이 유는 여(與)는 더럽고 야(野)는 미워서였다. 야의 연합 실패 때문이었다. 결국 1대 4로 크게 패해서 우리 정치의 역사적인 파쟁성의 버릇을 좀 뗄 수 없을까 했다. 그런데 결과는 도리어 야가 여에 대해 견제력을 갖게 되었다. 그리고 이는 여뿐 아니라 요새 야당 당수들이 다투어 차기 대권에 도전을 표시하고 있는 터라, 이들의 앞으로의 정치 행동에 대해서도 여러 가지 면에서 국민이 견제력을 발휘할 수 있게 되었다고 할 것이다.

이는 결국 백성들이 수십 년 동안 막걸리 몇 잔이나 고무신짝에 표를 팔아먹던 선거 양상에서 좀 깨어난 것이라고 할 것인가? 사실 신문에 의하면 이번 선거에서 20억 내지 50억을 쓴 자도 있는 모양이 고, 6,7만 원이 든 봉투도 돈 모양인데, 그리고 이는 대체로는 여권의 소행이었을 터인데도 불구하고 여의 참패란 국민이 먹고도 안 찍은 것으로, 이는 분명히 국민의 선거상의 일단의 진보라고 그러나 한편 언론에 의하면, 해방 후 이번 선거 같은 타락 선거도 없었다고 한다. 돈도 돈이지만, 유세장이 온통 술 파티, 소란, 김 빼기, 등 돌리기 등 작전으로 수라장을 이룬 모양이었다. 죽은 사람도 더러 있었던 모양이다. 딱한 일이라고 생각된다. 또 나로서 문제는 이번 선거에 돈 보따리를 든 공천 희망자들이 야당 당수의 문전에 성시를 이룬 모습 역시, 우리가 아직도 정치지상주의를 벗지 못한 것이니, 조선 시대의 관직 매매와 다를 것이 없다고 생각되었다.

이는 정치 이상 도시 학문·사상·종교 등 정신세계에, 도덕세계에 눈을 못 뜬 상태로서, 이런 우리의 정신 상태가 한편 지역적인 몰표와 함께 선거의 과열 현상을 빚은 것이 아닌가 한다. 결국 위 국민의 유세장의 모습이나 국정에 참여한다는 정치 지망자의 모습이나 다를 바 없는, 서양 중세의 봉건적인 정신 상태를 그대로 보여 주는 것이라고 하지 않을 수 없다. 20세기에 중세를 사는 무식한 백성이라고 생각된다.

결국 눈이 땅에만 붙은 이 백성에게는 소위 경제 성장이란 것도 돼지에게 죽물 정도가 아닐까 한다. 돈이 아까웠다. 아니, 이가 정신성 없는 국민을 앞으로 자꾸 영혼까지 썩혀서 동물화에 박차를 가할 것이다. 유럽 사회에서는 정치인이란 역시 삼류급에 속한다. 경제적 중산층이 아니라, 사람이니까 우리에게도 정신과 도덕의 중산층이 생겨나야 한다. 진정 우리의 사상과 종교가 살아나서. 끝으로 몰표 문제와 지역감정 문제가 심각히 논의되나, 우선 이의 가까운 책임은 해방 후 계속 총칼로 장기 집권한 경북 지역과 여당에 있다 할 것이다. 하여간 이번 여를 견제하게 된 것은 불행 중 다행으로, 앞으로 우선 지역감정의 해소가 차후 대한 도전자들에 대권 정치 평점이 되었으면 한다.

(1988년 4월)

이스라엘과 아랍 세계

얼마 전 이스라엘에 총선거가 있었다. 현재 집권당인 리쿠드당과 노동당의 대결로 세계의 관심을 모으기도 했다. 거기는 이유가 있었다. 즉 해방 후 이스라엘의 건국과 그간 아랍세계와의 수차의 전쟁으로, 현재 150만의 팔레스타인인들이 요르단 서안과 가자지구에 집단으로 정착하게 되었다. 이는 유엔의 개입으로 선이 그어진 그들의 거주 지역이기도 하나, 이스라엘은 현재 이를 점령지구라고 하여 여기서 또 계속 양 민족의 지배와 자유를 둘러싼 알력과 충돌이 계속되고 있다.

이스라엘의 우익 리쿠드당은 현재 이 지역에서 비인도적인 무력행동으로 세계의 빈축을 사고 있다. 그러나 노동당은 이 문제에 평화적인 해결을 표방하고 있고, 또 이스라엘의 지식 계급사이에는 평화주의 운동도 있는 것으로 알아 나 자신은 노동당의 승리를 기대하고 있었는데, 결국 결과는 참패여서 실망했다. 그런데 요새 이 시점에서 팔레스타인의 망명 정치단체 중 중도 온건파에 속하는 아라파트가 알제리에서 팔레스타인인의 이 지역에서의 자결(自決)을 선포했다. 그는 이때까지의 무기한의 대 이스라엘 게릴라식의 무력 투쟁에서 일보 후퇴, 이스라엘의 생존권을 처음 인정하고 이렇게 나왔다. 나는 이 순간 노동당이 승리했다면 했다. 그러나 역시 리쿠드는 이를 상대 않는다고 했다.

우리는 전날 사다트가 이스라엘과 평화 없이는 이집트의 발전을 기할 수 없다고 이를 결행했던 것을 상기한다. 그러나 이스라엘은 팔레스타인을 이렇게 가까이 둘 수 없다고 한다. 나는 가까이서 이집트처럼 제발 친해지기를 빈다. 가령 팔레스타인을 광대한 아랍세계 어디에 쫓아 버린다면, 이는 3백만 이스라엘이 2억의 아랍세계를, 그것도 원한과 증오 속에서 영구히 또 상대하게 되는 것으로, 이때에 나는 신판 십자군 전쟁을 생각하기도 한다. 하여간 정치는 잘 모르나, 아라파트가 누그러지는 것도 단순한 제스처만이 아니라 요새 세계의 화해 무드와 관계되고, 또 무엇보다 동족의 수십 년의 한없는 고통도 생각한 것이 아닐까 한다.

　나는 이스라엘에 대해 신생 국가를 해체하고 나라 없는 세계의 이산(離散)민족으로 되돌아가라고는 하지 않는다. 신명기의 교훈대로 전날 이집트에서의 고역(苦役)과 2천 년의 유랑과 박해 받은 설움을 생각하고, 팔레스타인을 작은 소국가로 맞아 공생의 길을 걸을 수 없을까 한다. 이스라엘의 식자 가운데는 우리의 지식과 기술로 아랍 세계를 낙토화 하자는 평화주의자, 종교적인 이상주의자도 있는 것으로 안다. 이제 이스라엘은 선민의 자부와 이에 근거한 고루하고 무모한 종교적인 국수성(國粹性)을 버려야 한다.

　신민의 이상은 메시아로서의 예수의 사랑과 속죄와 평화로써 이미 이루어졌다고 믿는다. 나는 오늘 부토 여사의 파키스탄의 민주화를 보며, 아랍 세계에서도 차츰 회교의 칼의 교리가 자취를 감출 때가 머지않아 오지 않을까 하고 생각해 본다. 나는 칼이 보습이 될 것이라는 이사야의 예언이 예수의 고향인 이 근동에서 이루어지는 날을 고대하고 있다. 이스라엘의 복음에의 개종을 간절히 빈다.

　이스라엘은 앞으로 2억 아랍 세계의 발전을 외면해서는 안 된다.

내가 수년 전 갈릴리 근방 어느 키부츠에서 들은 이야기지만, 이 평화 없는 상태에서 청년들의 키부츠행이 줄어든다고 했으며, 아랍 세계에서 비행기가 떴다 하면 3분 이내에 방공호에 대피하는 훈련을 어린이들이 매일 한다고 했다. 나는 이를 평화를 명하는 역사의 섭리적인 사태로 봤던 것이다. 이스라엘은 속히 요새 국가—사실 그들의 신축 아파트 건물에는 총 쏘는 작은 창이 있었다—를 벗어나야 한다. 그래서 선민으로서 인류의 진보를 위한 세계사에 대한 사명을 계속할 수 있기를 간절히 바란다.

(1988년 10월)

나의 유일의 기원

기독교의 박해 시대, 로마제국의 붕괴를 앞두고 황제 율리아누스는 "갈릴리인이여, 그대는 승리했다"는 유명한 말을 역사에 남겼다. 그로부터 근 2천 년간 기독교는 서양사와 더불어 서진(西進)코스를 취해 유럽의 기독교 문명을 낳았고, 이제 미국을 거쳐 바야흐로 태평양 시대로써 우리 동양에 진입 태세를 취하고 있다.

우리 동양은 토인비가 말하는 유대교와 회교와 불교와 유교 등 고등 종교의 산지(産地)로서, 서양 세계 이상의 위대한 구약적인 종교세계를 갖고 있다. 이제 바로 여기 예수의 복음의 씨가 떨어지려고 한다. 2천 년 서양 기독교 이상의 동양적인 복음의 찬란한 꽃이 여기서 피어나기를, 그래서 인류의 일단의 진보를, 평화를 가져오기를 간절히 빈다. 이 나의 유일의 기원인저!

(1988년 11월)

400호의 변(辯)

보잘 것 없는 부족한 본지가 이번 호로 400호가 되었다. 그러나 한 일 없이 나이만 먹은 꼴이 되어, 지우들과 하나님 앞에 죄송할 뿐이다. 인생은 오직 일 회 경기인데, 내가 본지에 걸었던 성서연구가 전혀 부진 상태로 계획대로 못 되었기 때문이다.

따라서, 그러면 너는 결국 무어냐? 무얼 하고 왔단 말이냐? 하고 다그쳐 묻는 이도 있다. 또 교계 친구 중에는, 당신처럼 부인 덕분에 밥만 먹을 수 있었다면야 그 정도의 일이겠느냐고 하는 이도 있다. 결국 이렇게 되니 이 시점에서 내 편에서는 아무 일도 못 된 것은 사실이고 변명의 여지도 없지만, 하여간 나에게도 위에서 적었지만 부족한 대로 나의 생애를 걸고 온 일이 있었던 것을 좀 더 구체적으로 이야기하지 않을 수 없다.

이 점에서 지우 중에서도 때로 나에게 여러 가지 요구나 제의가 있었던 것도 사실이다. 즉 좀 큰 잡지를 만들라느니, 무교회의 대교회를 만들자느니, 어느 장로도 성공하는데 좀 크게 외쳐 보자느니 등등. 또 타인의 일에도 좀 협력할 줄도 알아야 되지 않나, 또 너도, 더욱 무교회도 반체제 대열에 끼어야 할 것 아니냐고. 함석헌 선생은 나에게 수도원을 해 볼 생각은 없느냐, 또 무교회도 사회적으로 일해야 된다고 한 일도 있다.

그러나 나 자신은 실례이나 그 어느 것에도 응하지 못했다. 아니 응하지 않았다. 그러나 이는 타인에 대한, 또 타인의 일에 대한 무시는 결코 아니었다. 결국 나는 내 일만 혼자 하자는 것이었다. 한 사람이 한 가지 일을, 한 사람이 한 가지 기술을 혼자 독립으로 하자는 것뿐이었다. 좌우를 살필 사이도 없이 오로지 내 길을 혼자 가야 된다는 것이었다.

여기에는 나의 한계의 문제도 있고, 우리 사회의 수준이 아직도 협력이나 공동으로 일할 소비도 못 되고, 또 내 일 자체가 협력으로 될 일도 아니었기 때문이다. 가령 우리의 교육 활동 하나만 봐도, 우리에게 교육 철학이나 페스탈로찌가 있는 것도 아닌 이상 교육당사자가 스스로 만들어 나가야 되는 점에서, 제삼자가 이에 서툰 훈수라도 하는 것은 절대 옳지 않다고 나는 생각한다.

나는 사실 세상에서 여러 사람들이 손발이 척척 맞아 성공했다는 일에는 별로 흥미가 안 쏠린다. 큰소리 같지만, 인류 역사상 고상한 일, 위대한 일이란 다 독립으로, 단독으로 되는 일이라고 생각한다. 단테의 시편이나 베토벤의 음악, 렘브란트의 그림 등이 다 그렇다. 한 개인의 땀과 피와, 아니 생명의 소모, 희생으로써 되었다고 생각한다. 일은 이렇게 돼야 한다고 생각한다.

반체제 운동, 혁명이라고 하느냐? 우리 사이에는 칸트를 현실도피자로 모는 풋내기 철학자도 많다. 그러나 나는 독일인 루터의 신앙진리의 발현과 칸트의 비판철학은 몇 개의 독일과도 감히 바꿀 수 없다고 생각한다. 국가와 민족의 레종 데트르(존재 이유)가 도대체 무어냐? 그것은 카알라일의 이른바 진리의 생산이라고 생각한다. 이스라엘 역사는 예수로, 희랍 역사는 소크라테스로, 서양 중세사는 단테의 출현으로 사실상 끝난 것이다.

근세에 들어와 유물 공산주의가 진리로 자처하며 얼마나 기독교를 비웃고 예수를 모독했던가. 그러나 이제 그들 자신이 이의 진리성을 포기했다. 진리의 실존, 아니 엄존을 생각한다. 갈릴레오는 중세 종교재판에서 지동설을 부인했으나, 법정을 나오며 그래도 지구는 돌고 있다고 말했던 것이다.

그래서 나 자신도 사실 강아지 범 무서운 줄을 모르는 치기(稚氣)로써 나름대로 성서의 진리 탐구에 나의 생애를 걸었던 것이다. 예언자 이사야가 "풀은 마르고 꽃은 지나 우리 하나님의 말씀은 영원히 선다"고 한 하나님의 말씀인 진리에, 우주·인간 창조와 역사지배와 그리스도에 의한 그의 인류 구원의 복음진리에 걸었던 것이다. 쉴러의, '세계 역사는 세계 심판'임을 믿고.

사실 걸어도 이만저만 건 것이 아니었다. 이를 못 할 바에는 아무 것도 안 해도 좋다고까지 생각했던 것이다. 2차, 3차의 것은 나에게는 필요 없다고 생각했다. 그런 것은 사실 내 안중에 없었다. 진정 민족의 도덕적 척추를 세우고 양심을 살려내는 것은 기독교뿐이고 복음진리뿐이라고 생각했다. 돈 없는 은행같이 진리 없는 우리 기독교, 허우대뿐인, 형식뿐인 이것을 복음진리로써 살려내야 된다고. 무당 신앙과의 야합으로 아직도 우리 기독교가 정착하지 못했다는 것이 오늘날 우리 신학자들의 정평이다. 퇴계의 유교가 우리에게는 망국이 되었으나 일본에서는 현대 국가의 발족이 되고, 또 그것이 오늘날 그들 경제 발전의 힘이 되고 있는 것을 생각한다.

이래서 이는 역시 나에게는 역부족, 아니 나의 부실, 불신으로 실패였다고 생각한다. 부끄러운 일이나, 요새는 하나님께 죄송하나 한 생(生)만 더 줍시사 하는 심경이다. 아니 복음진리, 신앙진리가 너무도 크고 깊고 높아서 나에게 부쳤던 모양인가. 그러나 요새 우리 사이의 세찬 민주 바람, 혼란 속에서 또 내가 걸었던 목표만은 틀리지 않았다고 확신한다. 진리 없는 종교, 그것은 미신이고, 참 종교 없는 정치, 그것은 자유요 민주라고 해도 인간 동물화에 박차를 가할 뿐이라고 생각한다. 인간이므로 아우구스티누스의 말대로 현실 정치 이상의 진리의 세계에 설 수 있어야 한다. 미국이나 일본을 봐도 다 같다. 나는 여기서 진리 자체인 예수 앞에서 진리가 무엇이냐고 물어 수치를 천추에 남긴 로마의 총독 빌라도를 생각한다.

(1989년 2월)

여행소감-청결문제

금년에도 8월 중 3주 정도 일본 여행을 했다. 이번에는 특히 그들의 청결도가 눈에 띠었다. 매일 밤 목욕을 하고, 여름인 때문인지 옷도 매일 갈아입는 듯했다. 차내에서도 노인이나 소년들도 휴지 등은 꼭 찻간 밖에 나가 버리고 있었다. 또 이에 대한 방송도 하고 있었다.

서양 사회에서는 예전부터 문명과 야만의 척도와 구별은 특히 공공시설의 청결도에 의하고 있다. 이 점 자국의 문명도에 대해, 공원에 가보면 아직도 멀었다고 하는 일본인도 있었다. 이 점은 해방 후 일본인의 유럽 여행이 러시를 이룰 때 낙서, 휴지 처리 등으로 욕도 먹은 것으로 안다. 그래도 요새는 하천의 오염도까지 많이 변하고 있어, 나로서는 근래 일본인의 세계적인 남녀 노령화가 물론 그들의 식생활과도 관계되겠지만, 이 청결도와도 관계되지 않나 하고 생각해 보기도 했다. 그런데 우리의 이 문제에 대해서는 나에게 잊지 못하는 한 가지 기억이 있다. 그것은 해방 직후 어느 분이 우리의 동양 철학의 권위자인 유영모 선생에게 가서 우리 민족의 독립의 전망에 대해 물었다고 한다. 그러자 선생은 한마디로, "똥 눌 줄도 모르는 것이 무슨 독립이냐? 서울역에 가 봐"라고 했다고 한다. 나도 사실 그 당시 서울역에 몇 번 가보고, 해방 민족의 자부심이 쑥 들어갔던 경험이 있다. 똥물이 역 밖에까지 넘치고 있었다.

구한국 말엽 우리의 수교사절이 일본에 가면, 그곳의 많은 학자들이 조선 학자들의 학문과 시가가 깊고 훌륭하다고 다투어 큰 존경심으로 배웠다고 하는데, 다만 변소를 더럽히는 데는 크게 질색했다는 이야기가 전해지고 있다. 또 이런 이야기도 있다. 조선말엽 일본의 한국 침략이 한창 시작되던 때, 어느 일본의 젊은 정치가가 당시 한국에 와서 동대문을 보러 갔다가 거기가 온통 사람의 오물 천지가 된 것을 보고 돌아가, 조선은 먹을 수 있고 또 먹어도 좋다고 했다는 이야기가 있다. 또 우리에게도 6·25 때 남한 전체가 오물 천지가 되어 오물론이 나오는 등 문제가 되었던 것을 생각한다.

부끄러운 일이나, 나는 사실 어린 시절 여름철 냇가와 설의 함박목욕 외에 몸을 닦은 기억이 별로 없다. 우리 민족의 불결이란 이렇게 4천 년 역사적인 것이었는지도 모르겠다. 그러므로 우리의 민족 문제는 종교, 도덕, 정치, 경제 이상 우선 이런 데서부터 손을 대야 되지 않나 하고 생각한다. 의무교육에서 이런 면을 시정 못하는 한, 우리는 아직도 야만을 면치 못할 것을 알아야 한다.

종교 민족인 유대인의 인간관의 특색은 사람을 심신 내외로 구별하지 않고 통째로 하나로 보는 데 있다고 하겠는데, 사람에게 내외로 청결과 도덕 문제가 깊이는 종교 문제와 관계가 있다고 봐야 한다. 그러므로 이 문제를 현재 중공이나 싱가포르가 법적문제로만 다루는 데는 문제가 있다는 것을 우리는 알아야 한다. 모세 오경에서 보는 대로, 구약 종교에서 청결 문제가 신경질적으로 다루어지고 있는 점에 유의할 것이다. 불결이란 결국 어린애에게서 보는 대로 인간의 내적 성장도의 지진을 말하는 것인지도 모르겠다.

(1989년 8월)

빵이냐, 자유냐?

그새 고르바초프씨의 해방론이 나오더니 동구, 동독은 자유 민주주의와 자유 경제 체제 쪽으로 완전히 돌아서고 있다. 고르바초프는,

그러나 앞으로 문명의 방향은 자유민주적인 사회주의가 유리하다고, 소련은 일당주의를 고집할 것이라고. 그러나 소련서도 이가 흔들리고 있는 형편이다.

결국 세계적으로 루마니아와 중국과 우리의 이북이 공산주의로 버틴다고는 하나 언제까지 갈 것인지, 풍전등화가 아닌지 모르겠다. 세계 지성들 사이에서는 공산주의의 완전 종국과, 자유 민주주의와 자본주의 경제 체제의 절대 진리성에 대한 논의가 한창인 모양이다.

그런데 공산주의 세계에서의 이런 역사적인 놀라운 변동은, 1세기 이상의 찬란한 이의 이상 추구가 도리어 경제의 빈곤이라는 자체모순적인 결과에 부딪혀 운신을 못 하게 된 데, 이번 이 대변동의 요인이 있는 것으로 보인다. 그러나 나로서 여기서 생각하려는 것은 이때에 우리는 이 역사적인 대변동이 상기 경제의 부진, 즉 빵 때문이냐, 그렇지 않으면 자유 민주주의, 자유 경제 하는 이 자유의 갈망 때문이냐 하는 문제다. 즉 인간에게 빵이냐 자유냐 하는 문제다.

독일의 경우만 봐도, 철벽인 장벽이 무너지더니 백만 이상의 동독인이 서독을 휩쓸고 다녔다. 그런데 물건이라고 손에 사 든 것은 기껏 과일 몇 개나 커피 몇 봉지였다. 또 정작 직장과 고임금이 기다리는 서독으로의 완전 이주도 별로 많지 않았던 것으로 전해지고 있다.

그러면 결국 백만 동독인이 서독 공기를 마시러 갔던 것인가? 그렇다, 나는 그들이 의식 무의식 장벽을 자유로이 내 발로 걷고, 서독의 자유의 공기를 실컷 마셔 보려고 갔던 것이라고 생각한다. 전날 미국 독립전쟁 시 자유 아니면 죽음을 달라는 절규가 번졌던 것을 생각한다.

빵은 개돼지도 찾는다. 그러나 자유는 신으로부터 인간에게만, 그렇다, 신적 본질로서 인간 본질로, 생명으로 주어진 것이다. 그렇다, 인간의 모든 영위는 그 역사의 진보까지도 선악의 선택도 다 인간 자유로, 자율로, 자발적으로 되어야 하는 것이다. 이래서 칸트는 선악의 기준을 철저히 자유에 두었으며, 인간 이성의 역할 또한 선에 대한 자유 선택에 있는 것이다. 그러므로 근자의 인류사의 대변동을 우리는 이 자유를 위한 인간 진보의 일단으로, 서광으로 보려고 한다. 쉴러는 세계 역사를 세계 심판이라고 했지만, 이는 인간을 자율로 몰아가는 하나님의 회초리가 아닌가 한다. 인류는 방종 아닌 자유에 대해 각성해야 한다. 깨야 한다.

(1989년 12월)

우리 민족성격의 감정성에 대해

이는 본지를 통해 때때로 지적해 온 바이지만, 지금도 나 자신은 우리의 민족 성격을 이것 이외로는 생각할 수 없다. 감정이란 사람의 인격성의 단순한 표현인 지정의(知情意) 3성(性)에서 하는 말이다.

우선 여기서 이의 내용을 분명히 하면, 지(知)는 머리로써 하는 사고이며, 의(意)는 지체로써 표시되는 행동성을 말한다. 정(情)은 인체의 중심에 위치한 가슴에서 발로되는 감정이다. 이를 이렇게 볼 수도 있다. 지(知)를 선악의 판단, 의(意)를 선악의 행동, 정(情)은 애증(愛憎)

의 표시로.

지난날도 같은 꼴이었지만 요새도 우리 민주 국회가 피투성이의 난장판이 되는 것은 감정의 발로다. 한편 해방 후 파리나 모스크바에서 우리의 성격이 반짝한 것은 역시 이 감정면의 음악이나 미술이었다.

또 우리 민족의 역사적인 과정을 봐도 역시 독립 정신의 기상(氣像)이나 침략 같은 것은 별로 없고 도리어 평화적인 수세(守勢)의 역사였다는 점도, 남성적인 행동의 민족이기보다는 여성적인 감정 민족이기 때문이 아니었나 하고 생각된다.

이 점에서 나는 우리 민족의 기원에 대해, 살벌했던 고대사의 와중에서 그것이 타의건 자의건 평화를 갈급해서 대륙 중원으로부터 반도로 피신해서 정착한 것이 아닌가 하고 생각해 보기도 한다. 그것은 흡사 유대사에서 족장 아브라함 일가가 근동 고대사에서 미신 종교와 부도덕으로 오로지 쟁탈의 각축장이었던 메소포타미아를 등지고, 인간과 세계의 주(主)가 되는 진정한 창조신을 찾아 가나안 땅에 정착한 사실과 같다고 생각해 본다.

다시 우리는 여기서 지성적인 희랍 민족에 의한 철학과, 남성적인 로마 민족에 의한 대로마의 건설과, 인류의 종교, 도덕을 위한 유대 민족의 희생적인 고투가 예수의 복음 종교, 사랑과 희생의 종교를 산출한 것을 생각할 것이다.

그런데 다시 돌아가 우리의 민족 성격을 보면, 여성적인 성격으로 하여 비이성적인 면이 감정적인 시기와 질투로 발로되고, 이가 또한 의지의 소산인 인내력과 지속성의 결핍으로 그야말로 양철통 끓는 식이 되어, 요새 반짝하던 우리의 경제가 붕괴 위기에 빠지는 등 위기 현상을 빚고 있다. 깊이 민족의 성격에 의한 현상이라고 보고 싶다.

요새 정치판의 무자비한 투쟁 역시 감정 민족의 작태라고 할 것이다. 시기와 질투, 미움의 폭발로 분출하고 있다. 이성적인 판단도, 의지적인 억제력도 볼 수 없다. 특히 우려되는 것은 손바닥만 한 나라에서 지역감정의 심화이다. 특히 정치판의 그것이다. 나라가 경남북의 소유는 아닐 것이다. 박정희나 전두환의 것도 아닐 것이다. TK사단의 것도 아닐 것이다. 국민 전체의 것 아니냐?

여기서 우리가 깊이 생각할 것은, 이 우리 민족의 감정성에서 발로되는 시기, 질투, 미움 등의 반대 면이다. 그것은 측은, 연민, 동정, 사랑 등이다. 이는 인간에게서 가장 고귀한 품성에 속하는 것이다. 그리고 위에서도 지적한 대로 이것은 그대로 예수의 복음종교의 내용인 것이다. 그는 모세의 도덕 중 가장 으뜸가는 것으로 하나님에 대한 사랑과 이웃 사랑을, 그것도 자기 몸같이 사랑하는 것을 들었던 것이다. 이래서 기독교는 사랑의 종교가 된 것이다. 교리 아닌, 그 자신의 죽음과 희생에 의해 분명히 된 것이다. 더욱이 그는 이것이 하나님의 인간 사랑과 구원을 위한 것이라고 했다.

요새 우리의 기독교 인구가 천만에 육박한다고 해서 세계의 경이가 되고 있다. 한편 이의 샤머니즘화가 문제시 되고있다. 그런데 인류학자에 의하면 샤머니즘은 종교성으로서 원래 동양 민족의 특성인데, 중국이나 일본 민족에서는 이미 합리성으로 이가 제거되었으나 유독 한국민에게는 민족성으로 지금까지 남아 있다고 한다. 이래서 세계 전체로는 기독교 인구가 감소 현상을 보이는데 대해 우리에게서는 반대 현상이 나타나고 있는 것 아닌가 하고 보인다.

우리는 여기서 철학은 이지(理知)와, 정치는 의지(意志)와, 도덕은 종교와 깊이 관계되는 것을 생각할 것이다. 그리고 도덕 종교로서 예수의 사랑의 종교를 생각한다. 따라서 예수의 복음 종교만이 우리 민족의 감정성에서 유발되는 불미한 죄악적인 시기, 질투, 미움 등을 연민, 동정, 사랑으로, 그것도 예수가 우리에게 보여준 신적인, 천적인 아가페의 사랑으로, 자기희생적인 사랑으로 변모시킬 수 있다고 생각한다.

예수의 종교는 2천 년 동안 서양 세계에서 모든 미신적인, 우상적인 종교를 순화, 퇴치하면서 오늘날 인류의 도덕성과 문명을 이끌어 온 것이다. 앞으로 우리 민족의 종교적인 감정성이 예수의 복음에 의해 순화되어 동양 세계에서 고귀한 종교적인 인류애의 발등을 통해 역사적인 사명을 다할 수 있기를 간절히 비는 바이다. 이야말로 우리 민족의 인류사적인 위대 찬란한 신적 사명인 것이다.

(1990년 7월)

독일 통일을 보며

요새 독일이 2차 대전 후의 긴 고난의 분단사를 극복하고 통일을 이루었다. 그들에게 분단은 물론 그들이 저지른 2차 대전의 결과이기는 하지만, 하여간 일단 기쁨을 금할 수 없다. 동독민이 서독으로 달아난다고 동독에서 거대한 장벽을 방아 올렸던 사실과, 이번 공산주의의 몰락과 함께 이가 철거되던 모습이 나로서는 무엇보다 인상적이었다. 공산주의가 영원히 인류사에서 철거된 것인가. 차제에 나는 앞으로 국가, 민족의 독일적인 자기 우수를 주장하던 국수적인 민족관 내지 불미한 정치 이데올로기가 지양되고, 모든 민족의 친선과 인류의 평화가 이루어지는 화려한 비전마저 그려 보았다. 또 곧 이루어질 EC에 의한 유럽 통합이 연상되기도 했다. 그리고 이는 또 비전에 그치는 것이 아니고, 현재 페르시아만 사건의 생생한 인류사적인 현실이 이를 인류사의 이정표로서 강력히 요구하고 있는 것도 부인할 수 없다.

그런데 독일 민족의 이 분단의 극복이 우리 민족으로 하여금 분단의 고아로 남게 한 것이 나에게는 충격이 아닐 수 없고, 또 인류 앞에 우리들의 수치가 아닐 수 없다. 그리고 전날 독일 민족의 전쟁은 크게 세계 상대였으나 우리들의 그것은 공산 독재를 위한 민족상잔이었으며, 김일성은 아직도 이북을 공산주의의 지상 최후의 보루라고 이의 위대를 운운하고 있으니, 이야말로 더욱 큰 부끄러움이 아닐 수 없다.

그리고 우리는 여기서 이번 독일 민족의 통합의 주역이 기독교 민주당으로, 이가 역시 기독교 정신에 의했음을 알아야 한다. 이 점은 동유럽도 소련도 강약의 차는 있어도 다 같다고 할 것이다. 그렇다, 기독교 정신에 의한 진정한 민족의 화합이었다. 가령 이번 독일 통합에서 가장 두드러진 것은, 2차 대전 후의 성공적인 서독의 경제가 가장 큰 힘이 되었으며, 서독의 이 경제적 성공은 오늘날 세계가 다 아는 바 그들의 아카데미 운동에 의했던 것으로, 이는 결국 기독교 정신에 의한 노사의 철저한 화합에 의했던 것이다.

한편 또 독일 민족의 민족성을 생각하면, 전쟁이고 경제고 정치고 다 깊이는 그들 민족의 양극적인 이 성격에 의했다고 할 것이다. 즉 니체나 히틀러로 대표되는, 그리고 1, 2차 대전의 요인이 되기도 했던 독일 민족의 반문명적인, 악마적 성격에 대해, 루터나 칸트로 대표되는 기독교 정신에 의한 그들 민족의 이상적인 선 추구가 이번 그들이 이룬 이 통일의 깊은 요인으로 작용한 것임을 우리는 분명히 해야 한다. 즉 그것은 이 후자 즉 선에 의한 승리인 것이다.

그런데 우리는 여기서 이 독일적인 양극적 성격이 우리에게 크게 문제를 던져 주는 면이 있는 것도 분명히 해야 한다. 그것은 곧 그들의 이 양 성격의 배후에 깊이 잠재하고 있는 강력한 충성심인 것이다. 그리고 깊이 현시점에서 문제는, 이 독일적인 소위 충성심이 앞으로 그들의 민주화에 장애가 되지 않을까 하는 점이다. 철저히 민주주의의 나라인 영, 미가 이를 걱정하는 것도 그 이유가 여기에 있는 것이다. 그리고 현재 세계에서 이 충성심만을 독일민족과 함께 공유하고 있다고 볼 수 있는 일본이 소위 천황주의 때문에 민주화가 되지 않고 있는 점을 우리는 또한 깊이 생각할 것이다.

나는 앞으로 독일 민족의 민주화가 차츰 차질 없이 이루어져, 그들이 칸트의 도덕 철학의 부흥으로 인류 정신을 정화하고 나아가 또 루터의 종교개혁을 부흥시켜, 2차 대전 후 과학 물질주의에 휩쓸려 후퇴 일로를 걷고 있는 오늘날의 인류의 종교 신앙의 부흥에 일대 기여를 할 수 있기를 빌어 마지않는다. 피히테도 종교개혁은 독일인만이 할 수 있다고 했던 것이다. 이가 또한 그들의 근세사에 대한 속죄가 될 것이다. 이와 함께 나는 여기서 희랍 정교에 의해 기독교가 낙후되어 있기는 하나, 앞으로 민주화로 러시아 민족의 위대한 슬라브 정신이 힘차게 발휘되기를 또한 간절히 비는 바이다.

이렇게 공산주의의 몰락과 더불어 서양 세계의 민주화의 희망적인 앞날을 생각하면, 나에게 한없이 비감을 안겨주는 비 기독교권, 비 민주권인 중국·일본 등 동양의 현실, 특히 그 가운데서도 통일을 향하고 있는 우리 민족이 군사 문화와 공산 이데올로기, 그리고 기독교의 철저한 샤머니즘화 등에 의해 정신 부재, 도덕 부재의 길을 치닫고 있는 현실이 나의 노쇠해 가는 가슴을 더욱 압박하고 있어 견딜 수 없다. 더욱이 앞으로 통합을 놓고 그 과정에서, 또 통합 후에 벌어질 그 추태를 우리 민족의 현실 또는 조선 왕조 5백 년에 비추어 생각하면, 나 같은 것은 하루 빨리 죽어 4천 년 동안 되풀이만 하는 우리 역사의 그 꼴을 보지 않는 것이 행일 것이라고 생각되기도 한다. 그러나 나로서 끝으로 용기를 내서 한마디 한다면, 이제 앞으로 남북 양측은 소위 정치 쇼나 속에 없는 거짓말을 그만두고, 제발 세계의 해방 물결에 발을 맞춰 전날의 군사 독재와 공산 독재로 저질렀던 끔찍한 죄악들을 진심으로 회개하고 진정한 민주화의 경쟁에 나서기 바란다.

남한에서는 민주 정치가까지 영구 집권욕에 빠지고 있는 터에, 김일성은 쌓아 올린 독재력으로 남한 이상 철저히 민주주의를 실천했으면 한다. 앞으로 통일에서는 이로써 남북의 승패가 결정될 것이다. 그리고 이북은 나의 고향인데, 제발 인명 살상의 혁명은 없기를 바란다. 언제나 피는 또한 피를 부르기 때문이다.

(1990년 10월)

공산주의 패망을 보고

나의 기억에 의하면, 2차 대전 후 연합군의 승리로 소련은 유럽 등과 우리의 이북에까지 점령군으로서 진주하게 되었는데, 더욱이 이때에 소련의 과학자들은 스푸트니크의 발사에 성공, "신이 있기는 어디 있어" 하고 오만불손을 떨었던 것이다. 또 우주 비행사들 가운데도 "천체 어디에도 신은 없더라"고, 종교에 대한 불신을 공공연히 터뜨리는 자가 있었다. 그런데 그 후 미국의 우주 비행사들은 대개 하나님의 창조 세계에 대해 찬탄하여, 소련의 비행사들과는 대조적이었다.

자본주의에 대한 공산주의의 우위를, 자유민주주의에 대한 통제주의의 진보성을 주장하며, 그들은 자신들의 주장대로 역사의 필연으로 머지않아 이상 사회가 이루어질 것이라고 하며 특히 종교에 대한 공격이 심했던 것이다. 그들은 마르크스의 유물론과 다윈의 진화설에 의해 인간의 관념 세계나 정신 작용은 한밭 윗집의 소산일 뿐이라고 하여, 이제 공산주의로써 밥만 잘 먹이면 사람은 다 선인이 되어 인간 사회는 유토피아, 이상 사회가 곧 이루어진다고 떠들어댔던 것이다.

그리고 그들은, 기독교에서 말하는 소위 인간의 죄가, 특히 원죄가 어디 있느냐, 사람은 떡으로만 살 것이 아니라는 예수의 말씀은 오로지 부르주아지의 피착취 계급에 대한 마취제인 아편에 불과하다고 기독교를 공격하여, 유럽에서는 그들과 기독교 사이에서, 혹은 기독교 내에서 심한 찬반, 진리 논쟁이 벌어지기도 했던 것이다. 기독교 편에는 스위스인의 자유정신과 기독교의 윤리성을 주장한 신학자 에밀 브룬너의 활약이 돋보였는데, 끝내 그는 공산주의 편의 암살 리스트 제1호에 오르기도 했다. 이때 신학자 바르트는 공산주의에 다소 동정을 보내기도 해서, 두 신학자 사이 에 가벼운 논쟁이 벌어지기도 했던 것으로 알고 있다.

결국 위의 공산주의와 기독교의 진리 논쟁은, 좁혀 보면 사람은 떡만으로 살 수 있다, 혹은 떡만으로는 살 수 없다는 논의에 귀착한다고 할 것이다. 그런데 소련은 종교를 부정, 70년간 빵만의 철저한 공산 정치로써 인민을 다 동물로 퇴화시켜 이제 자체 패망하고 만 것이다. 이는 또한 짓궂게도 그들 사상의 무기이기도 했던 다윈의 진화론의 법칙이 자신들에게 적중한 것이기도 했다.

이제 우리는 예수의 진리는 백발백중 인류에게 적중하는 산 하나님의 말씀인 것을 알아야 한다. 결국 공산주의는 떡만으로 산다는 유물주의로 망했다. 그런데 현대 자유민주주의, 자본주의사회란 또한 결국 성서를 '떡만이 아니고 하나님의 말씀으로', 즉 떡과 하나님의 말씀으로라고 해석하는데, 사람이란 위에서 본대로 육적인 죄의 존재로, 하나님의 말씀 진리보다는 언제나 떡 편에 기울기 마련으로, 오늘날 민주 세계 역시 기독교가 심한 타락과 부패 속에 빠지고 있는 것이다. 이때에 우리 한국은 요새 유독 이가 심해서 망조를 보이고 있는 형편이다.

우리가 여기서 또 알아야 할 것은, '떡과 말씀으로'라는 이때까지의 성서 본문은 '떡이 아니고 말씀으로'라고, 즉 사람은 하나님의 진리의 말씀만으로 산다고 읽어야 된다는 것이 요새 성서학자들의 다수설이라는 점이다. 예수가 산상수훈에서 하나님 나라와 그의 의를 구하기만 하면 그 외 모든 것은 하나님이 덤으로, 은혜로 주신다고 한 것을 상기할 것이다. 사람은 떡, 즉 의식주 등, 정치가 아니고 말씀 진리로, 즉 종교 신앙으로 살아야 될 것을 요구하는 것이 하나님의 말씀으로서의 성서의 진리인 것이다.

(1992년 3월)

본회퍼와 우치무라(內村)

실례이나 본회퍼에 대해 나는 별로 아는 것이 없다. 다만 그가 2차 대전 말기 히틀러 암살 계획에 참가했다가 이가 탄로되어 사형을 당한 것으로 안다. 2차 대전 후 그는 전 세계 신학계에서 크게 각광을 받았던 것으로 기억하고 있다. 그러나 나는 그의 이 암살 계획 참가에 대해서는, 다만 신앙 면으로 크게 회의적으로 생각하고 있었던 것이다. 그런데 근래 친구를 통해 그와 함께 이 계획에 참가했던 그의 친구 니메라 목사는 그 후 이것은 옳은 일이 아니었다고 했다는데, 그 이유는 히틀러가 꿈에 그에게 나타나 당신들은 왜 나에게 전도하지 않았는가 해서 그는 표연히 이를 뉘우쳤다는 것이었다. 있을 법한 일이라고 생각된다. 나는 여기서 히틀러가 생시 독일 신교 연맹에 대해 국가사회주의에 협력을 구했을 때, 연맹은 기독교는 국가사회주의에 대한 협력으로 국가에 봉사하는 것이 아니고 복음을 전하는 것으로 국가에 봉사하는 것이라고 단호히 거절했던 일을 상기한다.

이하에서 나는 우치무라의 절대비전 평화론을 기억에 의해 대충 적어 보기로 한다. 그는 청일전쟁 때는 동양 평화를 위한다는 일본의 전쟁 이유에 찬동해서 반대하지 않았다. 그러나 일본이 전승 후 더욱 교만하게 되어 침략주의로 도리어 동양 평화를 위협하는 악의 세력으로 행동하게 되자, 전쟁이 인간 최악의 죄악임을 깨닫고 노일전쟁에서는 자신과 일가의 아사와 죽음을 각오하고 이를 결사 반대했던 것이다.

일본 국민들이, 그러면 러시아의 침략을 좌시하여 나라가 망해도 좋으냐고 하면서 그를 국적(國敵)으로 몰았을 때 그의 대답은 이러했다. "국가가 진리에 순(殉)해서 망하는 것은 국가 민족의 영광이며, 이렇게 인류의 진보에 기여하는 것이야말로 민족 존재의 의무. 그러나 일본 국민이 진정 전쟁의 옳지 못함을 깨닫고 기꺼이 진리 편에 서서 군비를 모두 태평양 바다에 갖다 버린다면 하나님은 일본을 멸망시키지 않을 것이다"고.

그는 또 그의 절대비전론에 호응해서 징병을 거부하려는 그의 성서 잡지의 독자에 대해서는, "용감하게 전쟁에 나가라. 전쟁과 같은 인간 최대의 죄악을 인류사에서 없애기 위해서는 많은 평화주의자가 희생의 피를 흘려야 된다!"고 했다. 그는 또 미국의 배일 운동으로 미일 관계가 점차 악화되고 있던 어느 여름 가루이자와 피서지의 서양인 교회에서 행한 설교에서, "만의 하나라도 앞으로 미일 전쟁이 일어난다면 나는 이렇게 여러분 앞에 서서 일본인의 총탄을 막을 것이다"고 해서, 만당의 서양인들을 숙연케 했다고 한다.

그는 1차 세계대전 당시 유럽의 모든 기독교 국가가 의전(義戰)이라고 하여 앞을 다투어 대독전(對獨戰)에 참가했을 때 미국의 불참에 한 가닥 희망을 걸었다가 미국마저 이에 참전하자, 근 1년 동안 일본 전국을 통해 신앙 동지들과 더불어 예수의 재림만이 전쟁을 없앨 수 있다고 일대 재림 운동을 일으키기도 했다. 그러나 이 운동의 여파로 불건전하게 신앙의 광신자들이 속출하자 그는 이를 곧 중단하고 다시 조용한 성서진리의 구명과 이의 천명에 돌아갔던 것이다.

(1992년 10월)

대통령 선거를 보고

우리는 그새 정치의 광란, 우여곡절 속에서 대통령 선거라고 겨우 치렀다. 그런데 나는 다음날 아침 새벽같이 틀 줄도 모르는 텔레비전을 겨우 틀어서 개표 상황을 보고, 역시 영호남의 지역감정의 대결이었구나 하고 생각하며 이를 껐다.

지역감정이란 것은, 크게 서양사에서 보면 봉건 중세에서 인민들이 군주나 영주, 또는 혈연과 지연 등에 매였던 노예적인 예속과 지배를 벗어나 차츰 직종 혹은 계층별로서 군소 조합에 의해 자신들의 지도

자를 선출하면서 인간 자각에 의한 시민 사회의 발전으로 차츰 사라져 갔던 것이다.

그리고 내려와 르네상스와 종교개혁으로 이성적인 완전한 인간자각과 종교·도덕적인 각성에 의한 민주적인 인권 관념으로 근대정치와 사회를 이루게 된 것이다. 헤겔은 '역사철학'에서, 서구사회는 이로써 비로소 장년 시대에 이른 것이라고 했다. 그는 희랍시대도 소년, 로마 시대도 청년 시대에 불과하다고 했다. 그는 또 이 점에서 동양인을 평하여, 저들은 자신이 왕의 가마를 메기 위해 세상에 태어난 것으로 알고 있다고 혹평했다.

그런데 인간에게 이 자의식 없는 어린애 상태란, 또 개인 인격의 독립을 모르는 노예적인 예속 상태의 그 특징이란 두려움과 공포심인 것이다. 나는 이번 선거 다음날 이발소에 갔는데 면도하는 아가씨가, 강원도에서는 이번 선거 때 여당이 김대중씨를 빨갱이로 모는 바람에 노인 어른 젊은이 할 것 없이 무섭다고 다 표를 여당에 넣었다는데 이럴 수 있습니까 했다. 민주표를 군사 정권 잔당에 팔아 국민의 노예성을 조장하여 대선의 승리를 꾀한 영삼씨에 대해, 어떻게 그럴 수가 있었나 싶었다. 면도하는 아가씨보다도 못한 사람 아닌가 하고 생각되기도.

나는 여기서 다시 우리에게 있었던 30여 년전 군사 정권의 출발을 생각한다. 그때 박정희, 김종필 등 몇 사람 군인들의 한강도하가 무섭다고 당시 장면 수반은 수녀원에 들어가 수녀들의 치마 밑에 숨었고, 윤보선 대통령은 피가 무섭다고 손을 들었으니, 그래 나라를 지킬 정치가가 그렇게도 피가 무서웠나? 역시 이들도 어린애였던 것이다. 공포에 질려 미8군과 이한림 장군도 잊었던 모양인가. 이래서 우리에게 30년의 노예 생활이 시작된 것이다.

그때 박정희가, 온 국민이 38선이, 이북이, 김일성이 무섭다고 다 미국에 도망갈 채비를 하고, 까마귀만 까욱 하고 울어도 소스라쳐 넘어질 지경이라, 내가 살려 주지 하고 나왔던 것이다. 그래서 반공 군사 독재로 국민을 주먹 안에 넣었던 것이다. 그리고 이가 오늘날까지 꼬리를 물고 계속되는 것이다.

오늘날 공산주의가 세계 역사에서 헌신짝같이 되었는데도 우리는 여전히 이를 도깨비 모양 무서워만 하고 있으니, 실로 어이없는 백성이라고 생각된다. 어린애가 아니라 백치 민족이 아닌가 하고 생각해 본다. 사실 내 고장만 생각하고 나라와 전체를 생각하지 못하는 이 백성, 변화와 진보를 모르는 이 백성, 이로써 이 민족이 무슨 대사업 대사명을 할 수 있을 것인가! 역사에서 사라지는 것이 상책이 아닐까도 생각해 본다. 아, 내가 바보여서 4천 년 위대한 민족 앞에 이렇게 실례를 저지르는 것인지도 모르겠다.

(1993년 1월)

인간 정신의 빈곤과 부패

박물 전공인 김교신 선생은 지역이나 나라의 최대의 산물을 사람이라고 했다. 그래서 선생은 학교 박물 수업에서도 교과서는 읽는 정도로 하고 전체 교훈 중심의 교육을 했던 듯하다. 전날 카알라일의 '영웅숭배론'에 대해 이를 영웅 사관이라고 하여, 사회주의 편에서 자신들의 민중 사관을 들어 심한 비판을 가한 일이 있다. 그러나 카알라일의 영웅의 정의는 성실과 진실의 화신인 인물들로, 이들이야말로 역사를 창조, 발전시킨다고 했던 것이다. 그리고 카알라일의 이 사관(史觀)은 깊은 의미에서 역사의 사실로서 인정되어야 할 것이다.

그런데 유물론자들의 위 민중사관이란 인류사의 진전에서 주로 민중에 의한 외적 건설면에 대한 것이었다. 그러나 진정한 의미에서 인간 내지 인류의 진보 발전이란 크게 정신면, 도덕면에 의한 그것을 의미하는 것이다. 유물론적인 면 이상 이는 유심론적인 면인 것이다. 이 점 서구 문명은 후자에 속하고 아직 연소한 미국 문명은 전자에 속하고 있어, 이에서의 정신면과 도덕면의 전환을 나 자신은 크게 앞날에 기대하고 있는 터이다. 요새 나는 소련에서 유물론적인 공산주의의 붕괴로 이 물질 공산주의에서 해방된 위대한 슬라브 정신에서, 전날 러시아 문학이 보여 준 것 같은 인류적인 철학, 사상, 종교 등, 깊은 정신·도덕 문명이 앞으로 서서히 배출되기를 비는 마음 간절하다.

전기 카알라일 비판과 관계시켜 여기서 나의 결론을 말한다면, 이미 문명비평가 르낭이 지적한 대로, 인류 문명의 발원 내지는 발전을 위한 위대한 정신은 기원전에 소크라테스, 공자, 예수 등으로 시작되었고, 그 후는 오직 이의 발전사 내지는 해석사에 불과하다고 한 것이다. 몇 사람 안 되는 이들 위대한 인류의 사표가 없었더라면 하고 생각해 보라, 인류사가 어떻게 되었을까 하고!

나는 사실 이 제목으로 해방 후 우리 4, 50년 역사의 인물 빈곤을 말하려고 한 것인데, 서론이 이렇게 길어졌다. 즉 요새 김영삼씨의 문민 신정부가 그 간의 우리 사회 각계각층의 비리와 부정을 파헤치는 중인데, 우리는 우리 사회의 정치 주역들이 염치도 부끄럼도 없을 정도로 이렇게 도둑놈이 된 줄은 정말 몰랐다. 요새 전직 대통령 중 수조의 재산을 가진 자도 있다는 풍문이다. 한사람은 적어 두지 않아 모른다고 했다. 김씨에게도 선거 시 줄 돈이 들어갔을 것이라고. 그런데 내가 받지는 않았으니 깨끗하다고 우기고 있는 모양이다.

우리에게 이는 조선 시대 변사또식 탐관오리 정신의 계속이라고 생각된다. 신앙에서 보면 인간 죄성의 발로로서, 구체적으로는 재신 맘몬에게 사로잡힌 상태이다. 치명적이다. 기독교 신앙을 살려내야 하겠다. 이는 또한 세계적인 현상으로 이탈리아, 프랑스, 남미 등이 극심한데, 아니 세계가 다 같은 꼴인데, 이 역시 2차 대전 후 물질문명에 밀린 기독교 신앙의 후퇴가 원인인 듯하다. 여기서도 기독교 신앙이 부흥해서 인간 도덕을 재생시키는 것이 긴급사이다.

(1993년 4월)

한국 통일에 대한 이중의 언어

저번 우리 일간지에 위 제목으로 기사가 있었는데, 그것은 프랑스의 일간지 '르 피가로'지가 서울발 기사로 발표한 것으로서, 그 내용인

즉 우리에게 중대 문제가 아닐 수 없는 것이었다.

그것은 이렇다. 한국을 둘러싼 러·중·일 등 강대국들은 한국의 통일을 입으로는 극구 찬성하나, 내심으로는 이로써 한국이 강대국으로 부상하는 것에 사실 불안을 느끼고 있다는 것이다. 그리고 계속해서 한국에 주재하고 있는 미국의 고위 관리의 말이라고 전제하고, 한반도가 과거 주기적으로 위 주변 강대국의 야심의 희생물이 되어 온 점을 감안할 때 통일 후 계속 안전을 지킬 수 있을지가 의심스럽다···.

그런데 그 후 다시 미국의 월스트리트 저널의 보도라고 하여 이런 것도 있었다. 냉전 종식 후 아시아 국가들 사이에는 지역적인 대립과 상호 불신이 조장되고 있으며, 이 점 한국의 국방 관계자들은 북한 이상 일본을 걱정하고 있으며, 일본도 앞으로 군사대국으로 부상할 중국과 핵 잠재력을 가질 한국을 걱정하고 있다고.

여기 대해서는 국민 각자는 물론 정치가들은 국시(國是)면에서 깊은 생각이 있어야 할 것이다. 나도 여기서 국민의 한 사람으로, 또 기독교 신앙인으로서 이에 대해 자신의 의견을 적어 보기로 한다.

오늘날 아직도 인류가 정치적으로 민족 이기주의를 버리지 못하고 있는 것은 사실이다. 근래 동구라파 등에서 처참한 난민들이 양산되자 서구 기독교 국가들까지 다투어 이들의 입국을 막는 폐쇄적인 법 제정을 서두르는 부끄러운 모습을 드러내고 있기는 하지만, 그렇다고 이들 국가들이 곧 전날 같은 소위 제국주의나 침략주의로 돌아가 자타 인류의 멸절이 예상되는 핵전을 일으킬 수는 도저히 없게 되었다. 현실에서 보는 소국가들의 종족 또는 종교 상쟁의 피라미 싸움은 계속될 것이나, 그러나 이도 사실은 이번 이스라엘과 팔레스타인의 평화와 같은 화해 무드도 전혀 예상할 수 없다고는 못 할 것이다. 그런데 위 핵전쟁에 대해서는 벌써부터 이의 전적 금지가 문제되어 있고, 소국가들의 분쟁도 앞으로 UN의 중재에 의해 대체로 저지가 가능하게 되지 않을까 한다.

이때 나는 크게는 서구 기독교 사회 이상, 아직도 이교국인 우리 동양 사회의 기독교적인 변화를 시급한 과제로 꼽지 않을 수 없다. 더욱 21세기로 성히 논의되는 태평양 문명 시대의 개막을 앞두고. 이 점에서 전기 한국 문제를 생각할 때 나는 특히 우리와 가까운 관계에 있는 일본에 대해, 어려운 기대이기는 하나 그들이 우치무라간조(內村鑑三)의 개혁적인 기독교 신앙과 더불어 그의 절대평화주의를 수용하는 날이 하루 속히 오기를, 그리고 이와 함께 일본의 미신적인 민족 종교를 고수하여 저들의 국수 정신의 본산이 되고 있는 천황이 다시 한 번 제2의 인간 선언을 행하여 진정한 민주주의와 민주 정신이 일본에 넘치기를 빈다.

이때에 어떤 점에서 전날 동양의 발칸 반도격인 역할을 하여 온 우리 한국으로서는 더욱 평화의 국시를 분명히 해야 된다고 생각한다. 나는 우리의 민족 성격 자체를 감정 민족으로서의 평화로 규정하고 싶다. 내외로 사가들은 우리 역사를 지정학적으로 반도적인 희생물이라고 하여 설익은 호박의 손톱자국 같은 상처투성이의 고난사라고 하지만, 나는 도리어 이를 우리 민족 자체의 평화성과 깊이 관계된 것으로 보고 싶다. 우리 민족의 기원 역시 살벌했던 고대 동양 천지에서 평화를 찾아 한반도에 정착한 평화민족이 아닌가 하고 생각한다.

그리고 이 평화성이야말로 우리민족의 종교성과도 깊이 관계되는 것이라고 생각한다.

세계의 인류학자들은 종교의 원초 원시 형태인 샤머니즘의 무당종교가 동양에서 이미 다 사라지고 우리에게만 그대로 남아 있는 것으로 우리 민족의 종교성을 높이 평가하고 있는데, 오늘날 구미기독교 사회에서까지 기독교가 물질문명에 밀려 나 심한 후퇴현상을 빚고 있는 가운데 우리의 기독교 인구가 급증하는 것 역시 우리의 이 종교성과 무관하지 않다고 생각된다.

이제부터 우리는 종교의 원시 형태인 샤머니즘을, 특히 오늘날 우리 기독교에서의 그것을 인류 모든 종교의 완성자인 예수의 복음진리로써 지양하여, 깊이 기독교 신앙의 본질과 중심으로써 우리들의 신앙을 민족 종교로서 정화, 순화시켜야 할 것이다. 여기서 우리는 다시 예수의 종교의 중심 교훈을 찾아야 한다. 그것은 아무래도 기독자의 마그나 카르타, 대헌장으로 불리는 예수의 산상수훈이 아닐까 한다. 우리의 김교신 선생은 이를 예수의 자서전적인 교훈이라는 유명한 말씀을 남겼다.

그러면 다시 산상수훈의 가장 핵심 되는 중심 교훈은 무엇인가? 그것은 분명히 원수 사랑일 것이다. 평화주의자 톨스토이는 이를 모든 민족의 헌법으로 해야 한다고 했지만, 여기서 말하는 예수의 사랑은 인간의 본성으로서의 사랑 소위 love는 아니고, 하나님의 사랑 아가페(ἀγαπή)를 말하는 것이다. 그것은 바울의 주장대로, 하나님과 그리스도에 대한 믿음에 의해 신앙자에게 부활한 그리스도로부터 부어지는 하나님 아버지의 사랑인 것이다. 예수도 이로써 인류의 속죄를 위한 희생자가 된 것이었다.

따라서 한국 기독교는 개혁자 루터의 신앙만의 신앙으로 바울의 신앙을 깊이 이해하여 예수의 원수 사랑의 실천에까지 나갈 수 있어야 할 것이다. 그래서 앞으로 어느 민족이고 행여나 약탈자 이리로 변해서 우리를 침범하는 일이 있더라도 종교 민족으로서의 신앙적인 원수 사랑으로 악에 목숨을 바칠 수 있어야 한다. 이야말로 종교민족으로서 우리의 이상이 되어야 한다. 그리고 우리는 집단적인 인간 살상인 전쟁이야말로 최대의 인간악으로, 모세 율법에서도 살인할 수 없다는 것이 십계명 대인율(對人律)의 첫 조목이 되고 있는데 주목해야 할 것이다.

그리고 종교 민족으로서 우리들의 기독교 신앙이 복음진리로써 여기까지 찬란하게 고양되었을 때, 이 민족 이상의 성취로써 우리는 비로소 동양 내지 세계사에 대해 진정한 영세 중립국으로서의 평화 국가의 선언을 당당히 할 수 있고, 이로써 인류의, 아니 더욱 하늘의 천둥 같은 갈채와 환호를 받게 될 것이다. 내가 좀 더 젊었다면 이 민족의 세계사적인 찬란한 복음적인 평화의 사명을 위해 나의 목숨을 바치고 싶은 생각이 간절하다. 나는 이 이상의 민족을 위한 대사업을 달리 생각할 수 없기 때문이다. 본지 독자 중 이에 뛰어들 대망의 야심가는 없느냐. 이는 또 분명히 노벨상감이기도 한 것이다. 그렇다, 평화 민족으로서 한국사는 5천 년 동안 위대한 이에의 도전자의 출현을 학수고대하고 있다고 생각된다.

(1993년 8월)

우리의 요한복음 이해에 대해

나는 해방 후 부족한 대로 신앙 탐구를 위한 성서 공부를 목적으로 본지를 출발시켰는데, 그때 공부 제목으로 요한복음과 로마서를 택했던 것이다. 그런데 당시 나로서는 로마서는 예수의 사후 복음서가 나오기 전 바울에 의한 기독교의 본질에 대한 해명으로, 요한복음은 그 후 수십 년의 초대 기독교의 진전에서 바울 신앙의 개화(開花)로서 신앙의 꽃이라고 생각하고, 따라서 이 두 책으로 기독교를 진정 알 수 있다고 생각했던 것이다.

그런데 여기 대해서는 그 후 성서학의 발전과 관련, 평자에 따라 왈가왈부는 있을 줄로 아나, 나로서는 성서를 보통 바울 문서, 복음서, 요한 문서의 셋으로 나누는 방법도 있지만, 이때에 로마서와 요한복음은 이 양 문서의 중심으로, 역시 이가 또 복음서의 중심 본질을, 아니 단적으로 예수의 복음신앙의 본질을 분명히 하는 것이라고 생각한다. 그런데 우리에게는 이 요한복음서 인식 내지는 이해에 대해 중대한 문제가 있다고 생각한다. 이 점에 대해 한마디 하려고 한다.

한국 기독교는 처음부터 지금까지 요한복음에 대한 선호가 강하다. 그 이유는 요한복음이 정신적인, 영적인 복음서라는 데 있는 듯하다. 이는 또 우리 민족의 감정성과도 관계되는 것이 아닌가 한다. 그런데 여기는 깊이는 우리의 동양적, 특히 불교적인 혹은 노자적 정신주의와 관계되는 면이 있는 것이 아닌가 한다. 이점에서 나는 우리의 동양 철학에 이해가 깊었던 유영모 선생이 요한복음을 즐겨 전날 YMCA에서 장기간 강의했던 것을 기억한다. 그리고 특히 동양 사상에서 유 선생의 제자격이었던 함석헌 선생의 기독교 이해가 차츰, '죄가 있기는 어디 있어' 하는 등 동양 종교 내지는 노자식으로, 순 정신적으로 변해 갔던 것을 지적하고 싶다.

그러나 기독교는 절대 불교나 노자식의 소위 동양적인 정신주의나 또는 동양 신비적인 영적 종교는 아닌 것이다. 이 점 요한복음이 서문에서 희랍의 소위 로고스 철학에 대한 비판과 대결로 시작하고 있는 것을 볼 것이다. 한마디로 기독교는 하나님의 구원종교이다. 즉 하나님의 아들 예수의 복음으로서의 저의 십자가와 부활에 의해 인간의 죄와 죽음의 문제를 해결하는 것이다. 이점에서 나는 우리 민족 신앙의 올바른 방향을 위해 요한복음의 깊은 신앙적인 학구적 연구로써 전체 동양 종교 내지는 사상과 대결하는 저작이 나와야 한다고 생각한다.

(1993년 10월)

우리 사회의 부정과 죄악

해방과 더불어 독립을 싸고 폭풍같이 휘몰아친 우리 사회 각인 각 당 각파의 데모, 증오, 질투, 살해, 방화 등 그 무서운 소용돌이 속에서, 이야말로 조선조 5백 년의 계속, 아니 4천 년 민족 죄악의 폭발이구나 하고 생각한 나는 어디 가 숨을 데도 없고, 생각다 못해 부족한 대로 성서진리의 탐구로써 기독교에 의한 국민의 도덕적인 자각을 불러일으켜 이와 대결하자는 태세로 작은 개인지를 시작, 오늘에 이르렀다.

따라서 해방 후 50년 동안 나의 얄팍한 잡지는 권두문, 성서연구, 일기를 막론하고 전체가 양심, 도덕, 자각 등의 낱말 투성이로 피투성이가 되었다. 18세기 산업혁명으로 영국이 물질적으로 부패, 타락해 갈 때 예언자 카알라일은 뜻 있는 사람은 거짓말 말라고 외치며 매일 런던 거리를 뛰어다녀야 되겠다고 했지만, 나 역시 도덕 도덕 하며 그저 50년을 미친 자처럼 외쳐댔는지 모르겠다.

사실 그새 우리들의 모든 분야의 관심이란 오로지 정치, 사회, 그리고 장사와 돈에 기울어진 것도 사실이다. 따라서 기독교가 복을 주어 사람의 욕심을 재워야 하지 도덕은 무슨 도덕이냐고 욕도 많이 먹었다. 나를 데모에 끌어내려고 한 데모광도 있었다. 나의 야당 입당을 꾀한 정치광도 있었다. 신앙 대집회를 조른 독자도 있었다. 반체제 대열에 끼라는 성화도 심했다.

그러나 나는 진리로, 도덕적인 자각으로, 윤리로 되지 않는 해결방법이란 이도저도 다 거절했다. 진정한 영구적인 해결이 될 수 없다고 생각되어, 우리 국민 모두가 민족사적 대사건이라고 하는 3·1운동이나 4·19 같은 군집에 의한 집단 운동에도 별무관심이었다. 사실 여기서는 언제나 깡패들도 한 몫 하는 것이다. 그런데 근래에 와서 우리 사회의 극심한 부정, 부패에, 아니 이의 무서운 현실에 접하고는, 언론과 정치면에서도 겨우 모기 소리 같은 도덕, 양심 소리가 새어 나오기 시작했다. 나에게 선견지명을 말하는 이도 있으나, 나로서는 인간 본질로서 이를 외쳐 왔을 뿐이다.

사실 이미 전 세기에 덴마크의 실존철학자 키에르케고르는, 국왕에 의한 그들 역사의 대사건인 의회정치가 무혈혁명으로 선포되어 국민이 전체 축제 분위기에 싸인 속에서, 이는 인간의 실존적인 윤리성의 결여라고 하며 별무관심이었다. 이 점 또한 나는 전날 인도의 간디가 진리의 주장으로서 한 무저항주의 운동이 독립의 전취(戰取)와 동시에 그의 죽음과 인도의 양분을 가져 왔던 비극적인 역사적 사실을 상기한다. 데모에 의한 무저항주의, 그것은 결코 예수의 그것은 아니었던 것이다.

그래서 키에르케고르는 육의 지상 천국을 꿈꾼 마르크스의 공산당 선언과, 인간의 철학적인 정신의 왕국 건설을 목표한 헤겔의 관념철학과, 신을 안다는 신학자들의 오만과 독신(瀆神)에 대해서도 노우, 아니라고 외치며, 인간의 '죽음의 병'인 죄의 치료를 위해 쓴 그의 명저, '기독교의 수련'을 통해 인간의 도덕성을 희석하여 영혼을 죽이는 국교회의 교회주의를 죽음을 걸고 공격하여, 모순적인 예수의 신성을 믿는 초월적 신앙으로 윤리적이고 실존하는 인간의 본래적인 삶을 복구하려고 그 옛날 아테네의 소크라테스같이 외치다가 쓰러졌던 것이다.

우리의 김교신 선생 역시 5백년을 걸고 성서진리의 발굴로써 민족의 이를 하려고 애쓰다가 45세로 삶을 희생했던 것이다. Entweder-Oder, 이자 택일이다. 이를 못 하는 자는 사탄에 포로 된 자인 것이다. 이래서 오늘날 우리 사회는 그야말로 사탄의 소굴, 아니 사탄의 왕국, 그렇다, 생지옥이 되어 가고 있는 것이다. 무서운 일이다.

(1994년 12월)

현대 물질주의 비판

근대 과학 문명은 기독교 신앙과 깊이 관계되어 있다. 근대 과학문명을 주도한 것은 18세기 영국에서 출발한 증기기관 등의 왕성한 발명이었는데, 이는 대체로 국교회 같은 제도교회보다 신앙이 개인적으로 살아 있었던 독립교회의 철저한 신앙가들에 의해 이루어졌던 것이다. 이것은 신앙과 발명의 관계를 조사한 통계에서도 확인되고 있다.

이것은 결국 신앙자의 신의 우주 창조에 대한 신앙과 그 법칙성의 탐구에 의한 깊은 진리 탐구의 일환으로써 발명이 행해졌음을 말하는 것이다. 이때에 우리는 또한 기독교의 발족 이래 2천 년 동안 인류의 진리 탐구와 학문 진보가 주로 일신교신앙의 유대민족에 의해 행해진 사실에 주목할 것이다. 더욱 근대에 그들이 노벨상 수상을 휩쓴 것도 아울러 생각할 것이다.

여기서 우리는 금을 얻으려는 환상에서 시작된 연금술로 이루어진 중세 아랍인들의 과학적 탐구-이는 우연한 발명을 다소 남기고 역사에서 사라졌지만-를 생각한다. 더 올라가, 철학 민족인 희랍인들은 우주 생성 등 자연계의 신비에 대한 자연철학에서 소크라테스에 의해 도덕철학으로 방향을 돌렸던 것이다.

우리는 이를 다시 인류의 문명 발전사에서 봐야 하는데, 그것은 결국 크게 유물론이냐 유심론이냐로 갈리게 마련이다. 이 점 인류의 진보와 발전에서 볼 때 역시 유심론이 우위를 점하고 온 것은 아무도 부정할 수 없다. 더욱이 우리는 현재 이 유물론에 입각했던 공산주의도 완전히 역사에서 자체 그 진리성을 상실하고 자멸한 것에 접하게까지 되었다.

그럼에도 오늘날 인류는 희랍 철학에서의 인간의 도덕적인 방향설정도, 기독교의 일신교적인 종교 신앙에 의한 방향 설정도-철학자 헤겔은 인류의 도덕적 자각에 의한 장년 시대는 루터의 종교개혁에 의해 비로소 이루어졌다고 했는데-타박하면서, 구미기독교 세계를 포함하여 인류가 온통 무신적이며 부도덕한 과학물질주의의 예찬자로 화하여, 이 과학 문명으로 인류와 역사의 유토피아, 이상 상태가 이루어지기를 목을 빼고 기대하고 있다.

그러나 현실은 철저히 이를 부정하고 있는 것 아니냐? 산업공해가 도시 공해로 이어지고 인류의 자연 파괴가 우주 공해로 이어져 근래의 동서양의 수재, 한재에까지 이르고, 인간 교만은 천재인 지진까지 부른 것, 더하여 매일 신문지상을 덮는 교통사고에 의한 사상(死傷), 인간악 민족 악에 의한 인명 살상, 민족상쟁, 폭탄 테러, 독극물 살포와, 야만 종교에 의한 인간 무더기 살상 등, 이는 결국 다 인간 도덕의 지상권(至上性)을 부인하고 이의 부여자인 신을 버린 인간 자체의, 인간 심성에 깊이 깃들인 원죄, 즉 죄악성에 대한 판단력과 억제력의 상실에서 저질러지는 것 이니냐?

이것이 그래, 물질과학주의와 기계 문명이 산출하는 유토피아-낙원이란 말이냐? 아니, 그것은 **not topos**(희랍어 어원에서는 '어디에도 없는 곳'이란 뜻)의 어의(語意) 그대로, 공상, 몽상, 환상일 뿐이다. 인간의 물질화, 그것은 도덕적인 자의식을 갖는 인간으로 하여금 불신과 더불어 사탄에 떨어지게 하는 것이다. 불신의 현대, 그것은 분명 인간이 다 작은 신, 악마가 되는 시대인 것이다. 그래서 세상은 날로 정말 끔찍한 무서운 세상이 되어 가는 것이다. 신은 이렇게 인간에 의해 인간을 처벌하고, 그래서 죄악의 인간을 멸망시키는 것이 아닌가 한다.

(1995년 3월)

우리 기독교의 이상과 사명

거창한 제목이긴 하나, 우리가 세상 모든 진리와 종교의 완성인 기독교 복음을 믿을진대 이는 생각지 않을 수 없는 문제이다. 사실 나는 앞이 얼마 남지 않아 이 문제가 강하게 나의 마음을 두드리는 것을 어찌할 수 없다. 그런데 요새, 특히 지난 여름 성서집회 후 이 문제가 구체적으로 자꾸 떠오르기 시작했다. 이는 물론 나 개인의 생각이지만 여기 이를 적어 본다.

나의 여름과 겨울 성서집회는 해방 후부터 시작되어 오늘까지 계속되었는데, 처음에는 나 자신과 몇 분 특정인에 의한 강의로 내려오다가 근래에는 많은 본지 지우들을 동원해서 영·독어에 의한 수준 높은 학술적인 성서 주해서에 의한 성서 연구로 대치하게 되었다. 그래서 이번에도 7, 80명 참가자에게 12, 3명이 발표하게 되었는데, 결국 발표자나 듣는 자 다 함께 열심히 성서를 깊이 배우게 되었다. 만 3일 동안 아침 6시부터 저녁 9시까지 여러 명의 강사가 40분에서 한 시간씩, 휴식 시간이 없었던 것은 아니나 집중적으로 성서 강의를 행했다.

젊은 분들의 강의는 세계적인 대학자들에 의한 깊은 연구 내용의 소개격이기도 하고, 연로한 분들의 것은 여기에 자신의 신앙 체험이 곁들인 깊은 내용이기도 했다. 또 한편 학문적인 연구에 고무되어 외국어에 의한 공부가 아니고 한국인으로서의 독자적인 자신의 깊은 성서신앙의 순수 체험을 피력하는 분도 있어, 우리들의 신앙진리가 점차 깊어 가는 것을 느낄 수 있어 기뻤다.

이 점 최후 감화회에서도 많은 분들이, 특히 이번에는 성서강의가 좋았으며 많은 것을 배웠다고 기쁨을 표시해서 우리들의 진리의 이해와 진보를 분명히 느낄 수 있었다. 그리고 일제시 우리민족의 종교·도덕입국을 주장했던 김교신 선생이 우리들에게 300년 후를 바라고 학구적으로 성서진리 탐구에 열중하라고 했던 기대에 부응하는 것이 아닐까 해서 적이 기쁘기도 했다.

여기서 생각하는 것은, 부족한 연구지만 많은 지우들이 합심해서 앞으로 이를 1, 2백 년 꾸준히 계속해 나간다면 우리 민족 독자의 성서진리의 이해와 체험도 깊어지고, 성서집회도 차츰 증가하고, 본격적인 성서연구서 출판도 왕성하게 되고, 국민문학으로서의 훌륭한 성서 번역도 이루어져 이가 많은 국민의 일상 애독서가 되어 신앙진리 면에서 우리 전체 신앙에 대해, 또 우리 사회 전반에 대해 종교에 대한 이해를 증진시키고, 나아가 입신으로 진정한 토착을 이룸으로써 종교개혁적인 도덕적 신생과 정신의 부흥과 함께 개인은 물론 민족 성격에도 일대 변화를 가져올 수 있을 것이라는 점이다.

이렇게 될 때 비로소 우리에게도 루터의 종교개혁 후 유럽역사에서 보는 문학, 사상, 예술, 학문 등의 르네상스적인 왕성한 홍기와 함께 현실 정치와 사업, 교육 등 문화 전반, 생활 전체에 새로운 양심적인 삶의 생기가 진작될 것이다.

그리고 이것은, 오늘날의 합리적인 과학 첨단 시대에도 변함없는 우리 민족의 깊은 성격적인 종교성이, 인류 모든 종교의 완성의 진리인 기독교의 찬란한 복음을 통해 우리에게 인류적으로 활짝 개화된 결과로써 이루어지는 것이다.

그것은 또한 우리 민족의 종교성을 드러내는 한 표상으로 오늘날 세계 종교와 철학계의 지대한 관심과 연구의 대상이 되고 있는 퇴계의 하늘을 향한 유학적인 성자에의 도덕적 노력이 반신적인인간 죄성의 장해를 끝내 극복하지 못하고 바리새화에 떨어지고만 데 대한 예수의 속죄에 의한 복음적인 극복이며, 더 올라가 원효에 의한 불교의 철학적인 인생 오도(悟道)와 내세의 희망적인 관조에 대해 창조신의 인간 구제를 위한 하나님의 아들 예수의 죽음과 부활이 우주적인 신적 사실로써 역사적으로 성취된 때문인 것이다.

여기서 이제 우리 기독교의 이상과 사명을 우리는 논하게 되는 것이다. 그리고 이 두 가지는 각각 대내, 대외으로 생각할 수 있을 것이다. 한마디로 하면 대내적으로 기독교는 신앙적인 우리 국민으로 하여금 하나님의 축복에 의한 하늘나라의 백성, 하나님의 자녀로서의 신앙 민족의 순교의 희생정신으로 세계만방, 특히 우리를 둘러싼 강대국에 대해 우리의 지상국가가, 김교신 선생이 말씀한 심장의 역할로서의 영구평화국가임을 선언하는 것이다.

이로써 이사야 이래의 인류사의 대 이상이, 인류의 멸절을 위협하는 가공할 원자전의 공포 속에서 우리 민족에 의해 서서히 평화의 실천으로 이루어짐으로써 인류는 비로소 부성의 신의 평화의의지에 마침내 회귀될 것이다. 그리고 이것은 또한 모든 민족이, 하나님이 인류를 구원하기 위해 보내신 예수의 복음을 믿음으로써 받을 때에만 잘 이룰 수 있는 것이다.

이제 다시 여기서 우리 종교 신앙 민족으로서의 사명이 대외적으로 논의되지 않으면 안 된다. 그것은 우선 앞으로 다가 올 우리 민족의 동양 전도의 세계사적인 사명이라고 할 것이다. 그것은 또한 위에서 지적한바 유교와 불교에 대해 그 인간 구원의 한계성을 깊이 체험하고, 이제 모든 종교의 신적 성취인 복음의 전파자로, 그것도 전 세계가 이에서 후퇴, 혹은 이를 철저히 거부하고 물질 과학문명에, 혹은 정치적인 문제 해결에 몰두하는 상황에서 하나님이 부여하신 민족 성격으로서의 우리들의 깊은 종교성 때문에 하나님의 택정에 의하는 것이라고 할 것이다.

서양 세계 이상 유교·도교·불교·힌두교 등 역사적으로 깊은 정신세계를 소지했던 동양 세계의 기독교 신수(信受)는 2천 년 동안 서양세계를 거친 복음신앙 자체에 일단의 심화를 가져올 것이 기대된다고 할 것이다. 그리고 나아가 회교의 아랍세계와 유대교가 기독교 복음에 개종한다면 마호메트의 광신적인 칼의 종교가 평화로 돌아 올 것이며, 특히 도덕 민족인 유대 민족의 복음에의 개종은, 이가 구약 이사야의 메시아 예언에서 보는 대로 기독교의 모교인 만큼, 원래 그들 이상의 성취라고 할 수 있는 예수의 복음에 대해 본질적인 면에서 최대의 기여를 할 것으로 생각된다.

바울이 로마서에서 예수를 죽인 유대인들의 개종은 인류 최후에 올 것이라고 한 것은 그들의 입신이 복음 내용의 진리성을, 또 그 인류 구원의 만능력(萬能力)으로서의 위대와 광휘를 한없이 드러낼 것이라고 한 것으로 생각해야 할 것이다. 그 이유는, 그들이 망국 이후 2천 년 동안 이산민족으로서 박해 가운데서 인류 문명사에 끼친 그 학문 진리의 위대를 생각할 때, 그들의 개종은 본래의 종교 민족으로서의 학문 진리 이상의 기독교 복음에 대한 종교적인 최후의 사명적인 기여를 할 수 있을 것이기 때문이다.

그리고 이것은 2천 년 복음 진리 탐구에 대한 화룡청점이 될 것으로, 이로써 복음은 다시 양 날개를 크게 펼쳐 아프리카의 복음의 황무지와 서양 세계의 기독교의 쇠잔에 대해 생명력을 폭주할 것이다. 그럼으로써 인류의 종교 생명과 도덕 쇠퇴의 원인이었던 과학 만능 사상과 인간 두뇌의 기계화, 가슴의 본능화, 의지의 야수화에 박차를 가한 물질주의, 배금주의의 격랑이 서서히 퇴조하게 될 것이다. 그래서 이가 동양적인 위대한 제2의 종교 개혁이 될 것이다.

또한 루터의 종교개혁의 모토였던 사랑을 발동시키는 믿음을 개별주의 서양 기독교가 끝내 믿음과 행위로 2분해서 복음적인 믿음과 행위 다 실패했으나, 이제 동양 세계를 통과한 기독교 복음은 동양 정신의 화합과 포용으로 이를 통합하여 비로소 복음신앙이 인간의 죄를 철저히 물리쳐 새로운 인류사의 장을 여는 왕성한 진보와 발전력이 될 것이다.

끝으로 이상 논의에 대한 한 가지 중대한 문제 제기를 우리는 생각할 수 있다. 그것은 동양 세계의 기독교화에 대한 강한 거부이다. 역사가 토인비도 앞으로 중국의 세계 지배를 말하지 않았는가, 또 그는 유교·불교·힌두교·회교 등을 기독교와 함께 세계 5대 고등 종교로서 동렬에 놓지 않았는가, 전날 '인도 도상의 그리스도'를 쓴 스탠리 존즈의 인도 전도도 실패한 것 아닌가, 21세기는 태평양 문명 시대, 동양의 세기라고 하지 않는가 등등에 의해서이다.

그러나 여기 대해서는 간단히 나의 생각을 제시하고 이 글을 끝내려고 한다. 우선 오늘날 동양 세계 전체가 정치 체제와 경제체제로서 민주주의와 자본주의의 성공에 역점 두고 노력하고 있는 점을 우리는 주시해야 한다. 이는 국민의 인간적인 자각과 빈곤 퇴치를 위한 긴급한 노력인 것이다. 이 점 중국의 자본주의화에 의한 민주사회화나, 인도 또는 회교 세계의 정교분리에 의한 민주화도 시간문제일 것이다. 그리고 민주화는 인간의 자유와, 개인 인권의 자각과, 나아가 개인의 도덕적 자각과 인간 죄의식의 자각을 불러일으켜, 동양 철학의 인간의 성선설에 대한 깊은 회의와 더불어 민주주의의 원리가 되고 있는 기독교의 이해와 이에의 접근을 가져올 것으로 믿는 바이다. 우리는 역사상 민주 정치와 윤리적인 자본주의의 출발이 칼빈의 종교개혁 정신에 깊이 연원한 영국 청교주의의 신앙 정신에서, 그러나, 한마디로 기독교 신앙에서 발원된 것을 깊이 생각할 것이다.

(1995년 9월)

신앙과 인생

초판 1쇄 인쇄 2016년 09월 01일
초판 1쇄 발행 2016년 09월 07일

저자❦ 노평구   편자❦ 한병덕
펴낸이 김양수
표지 본문 디자인 곽세진

펴낸곳 도서출판 맑은샘   출판등록 제2012-000035
주소 (우 10387) 경기도 고양시 일산서구 중앙로 1456(주엽동) 서현프라자 604호
대표전화 031.906.5006   팩스 031.906.5079
이메일 okbook1234@naver.com   홈페이지 www.booksam.co.kr

ISBN 979-11-5778-152-2 (03230)

*이 책의 국립중앙도서관 출판시도서목록은 서지정보유통지원시스템 홈페이지(http://seoji.nl.go.kr)와 국
 가자료공동목록시스템(http://www.nl.go.kr/kolisnet)에서 이용하실 수 있습니다.
 (CIP제어번호 : CIP2016021473)
*이 책은 저작권법에 의해 보호를 받는 저작물이므로 무단전재와 무단복제를 금지하며, 이 책 내용의 전
 부 또는 일부를 이용하려면 반드시 저작권자와 도서출판 맑은샘의 서면동의를 받아야 합니다.
*파손된 책은 구입처에서 교환해 드립니다.   *책값은 뒤표지에 있습니다.